Schriftenreihe der ASI – Arbeitsgemeinschaft Sozialwissenschaftlicher Institute

Reihe herausgegeben von
F. Faulbaum, Duisburg, Deutschland
S. Kley, Hamburg, Deutschland
B. Pfau-Effinger, Hamburg, Deutschland
J. Schupp, Berlin, Deutschland
J. Schröder, Mannheim, Deutschland
C. Wolf, Mannheim, Deutschland

D1617945

Reihe herausgegeben von

Frank Faulbaum
Universität Duisburg-Essen

Stefanie Kley
Universität Hamburg

Birgit Pfau-Effinger
Universität Hamburg

Jürgen Schupp
DIW Berlin

Jette Schröder
GESIS – Leibniz-Institut für
Sozialwissenschaften

Christof Wolf
GESIS – Leibniz-Institut für
Sozialwissenschaften

Weitere Bände in der Reihe http://www.springer.com/series/11434

Sabine Häder · Michael Häder
Patrick Schmich
(Hrsg.)

Telefonumfragen in Deutschland

 Springer VS

Hrsg.
Sabine Häder
GESIS – Leibniz-Institut für
Sozialwissenschaften
Mannheim, Deutschland

Patrick Schmich
Robert Koch-Institut
Berlin, Deutschland

Michael Häder
Technische Universität Dresden
Dresden, Deutschland

ISSN 2625-9427 ISSN 2625-9435 (electronic)
Schriftenreihe der ASI – Arbeitsgemeinschaft Sozialwissenschaftlicher Institute
ISBN 978-3-658-23949-7 ISBN 978-3-658-23950-3 (eBook)
https://doi.org/10.1007/978-3-658-23950-3

Die Deutsche Nationalbibliothek verzeichnet diese Publikation in der Deutschen National-
bibliografie; detaillierte bibliografische Daten sind im Internet über http://dnb.d-nb.de abrufbar.

Springer VS ist ein Imprint der eingetragenen Gesellschaft Springer Fachmedien Wiesbaden GmbH
und ist ein Teil von Springer Nature
Die Anschrift der Gesellschaft ist: Abraham-Lincoln-Str. 46, 65189 Wiesbaden, Germany

Inhaltsverzeichnis

Sabine Häder & Michael Häder

Vorwort

Unter dem Titel „Fragwürdige Umfragen: Von wegen repräsentativ" berichten Björn Christensen und Sören Christensen am 16. Oktober 2015 im Spiegel: „Selbst Telefonumfragen können verzerrt sein, wenn ein Teil der Angerufenen die Teilnahme verweigert und einfach auflegt. Ob sich die Ergebnisse sinnvoll auf alle Deutschen übertragen lassen, hängt sehr von der Fragestellung ab. Häufig hilft nur der gesunde Menschenverstand, um die Ergebnisse einer Umfrage richtig bewerten zu können." Das zentrale Ziel dieses Bandes ist es, die angesprochene Beliebigkeit in der Bewertung von Ergebnissen aus Telefonumfragen zu verringern und dem gesunden Menschenverstand ein wenig wissenschaftliche Hilfestellung zu leisten.

Der vorliegende Band verdankt sein Entstehen einer ganzen Reihe von Telefonumfragen zugewandten Personen und Institutionen. An erster Stelle soll die Deutschen Forschungsgemeinschaft (DFG) genannt werden, die die Förderung des MiMoSe-Projektes übernommen hatte. Zwei anonyme DFG-Gutachter trugen mit ihren Hinweisen dazu bei, das Profil des Projekts zu schärfen. Das Manuskript entstand als ein Ergebnis dieser Projektförderung. Unser Dank richtet sich auch an die Arbeitsgemeinschaft Sozialwissenschaftlicher Institute (ASI), die das Erscheinen dieses Bandes im ihrer Reihe ermöglicht hat.

Viele weitere Personen haben bei dem Projekt mitgearbeitet und können sich für dessen Erfolg verantwortlich fühlen. Nahezu alle jene finden sich in diesem Band als Autorin oder als Autor wieder. Wichtig erscheint uns der Hinweis, dass Inhalt und Struktur des Bandes von allen gemeinsam diskutiert und auch alle Entwürfe in der Gruppe beraten wurden. In einer Reihe von Abschnitten in diesem Band werden die Ergebnisse aus unterschiedlichen Studien berichtet. Die Aufbereitung der verschiedenen Datensätze ist ebenfalls das Ergebnis gemeinsamer Bemühungen im Rahmen der Arbeiten am MiMoSe-Projekt. Es verdient auch erwähnt zu werden, dass die Gruppe der Verfasser der vorliegenden Texte aus dem akademischen Bereich (GESIS und TU Dresden), aus dem Bereich der Datennutzer (Robert Koch Institut Berlin) sowie aus dem Bereich der Erhebungsinstitute (USUMA

GmbH) stammt. Sie alle bringen ihre spezifischen Erfahrungen mit telefonischen Befragungen ein.

Mit den „Telefonumfragen in Deutschland" wenden wir uns an verschiedene Leserkreise. Im Blick haben wir vor allem Forscher mit ganz unterschiedlichen professionellen Hintergründen, die ein Interesse an Informationen über die soziale Wirklichkeit haben. Dies können beispielsweise Politikwissenschaftler, die sich für Wahlprognosen interessieren, Soziologen, die etwas über den Wertewandel erfahren möchten, Erziehungswissenschaftler, die an den Determinanten von Bildungserfolgen interessiert sind, Mediziner, die sich mit der Einstellung der Bevölkerung zum Impfen auseinandersetzen, Juristen, die die Hintergründe abweichenden Verhaltens erforschen oder Betriebswirtschaftler, die etwas über die Absatzchancen neuer Produkte erfahren möchten, sein. Sie alle sind potenzielle Nutzer telefonischer Befragungen und damit häufig auch Kunden entsprechender Umfrageinstitute. Vermutlich verfügen sie jedoch nur über relativ geringe Kenntnisse zum Funktionieren dieses Instruments. Weiterhin dachten wir beim Leserkreis an Studierende, die sich im Rahmen ihrer Ausbildung mit telefonischen Befragungen beschäftigen. Schließlich wenden wir uns auch an die Kolleginnen und Kollegen aus den Umfrageinstituten, die für ihre Kunden telefonische Befragungen anbieten. Wir wollen ihnen eine Hilfestellung bieten, um ihrer Klientel die erforderlichen Informationen, angefangen bei der Ausschreibung einer Studie, über die relevanten Aspekte der Fragebogenerstellung und zum Verständnis der Auswahlstrategie, bis hin zum Inhalt der Methodenberichte, zu geben.

Die Struktur des Buches verlangt es nicht unbedingt, dass alle Abschnitte der Reihe nach gelesen werden. Die einzelnen Texte enthalten Informationen zu spezifischen Sachverhalten und wir haben uns bemüht, diese so zu verfassen, dass sie – ähnlich wie in einem Handbuch – für den Leser jeweils für sich verständlich sind. Im Anhang finden sich dann weitere Hinweise vor allem für die Dokumentation telefonischer Studien. Diese sind wiederum für Sekundäranalysen von großer Bedeutung.

Wir möchten uns ganz herzlich bei Bettina Zacharias (GESIS, Team Publikationen) für die umsichtige und geduldige Fertigstellung des Manuskripts bedanken.

Die Herausgeber sowie die Autorinnen und Autorin würden sich freuen, wenn mit diesem Band die Grundlagen für erforderliche methodische Standards bei Telefonumfragen gelegt werden können. Diese sollten als Orientierung dienen, um diesem Instrument zu einer angemessenen Qualität zu verhelfen – und damit eher auf eine theoretische und praktische Fundierung als den gesunden Menschenverstand zu vertrauen.

Bärbel-Maria Kurth & Patrick Schmich

Vorwort Robert Koch-Institut

Das Robert Koch-Institut hat als Public Health-Institut die Aufgabe, den Gesundheitszustand und das Gesundheitsverhalten der in Deutschland lebenden Bevölkerung zu beobachten, Trends bzw. Trendwenden festzustellen und diese Erkenntnisse adressatengerecht zu kommunizieren. So kann unter anderem eine Evidenzbasierung für gesundheitspolitische Maßnahmen geschaffen und im Idealfall folglich auch deren Auswirkung beobachtet werden. Die hierfür zur Verfügung stehenden Datenquellen sind für Infektionskrankheiten reichhaltiger als für die nichtübertragbaren Krankheiten. Die Lücken, die für letztere durch die routinemäßig erfassten Informationen gelassen werden, wurden am Institut seit über 30 Jahren durch repräsentative Untersuchungssurveys geschlossen. Der Vorteil, dass dafür die Teilnehmenden nicht nur befragt, sondern auch standardisiert untersucht werden, hat den Preis eines höheren Zeit- und Kostenaufwandes. Bestimmte Fragen brauchen eine schnellere Antwort, als sie von den Untersuchungssurveys gegeben werden können. Daher wurde um die Jahrtausendwende am Robert Koch-Institut damit begonnen, telefonische Surveys in Eigenregie durchzuführen. Mit dem ersten offiziell ausgewerteten telefonischen Survey im Jahre 2003 (GsTEL03) war eine effektive und schnelle Methode zur Informationsgewinnung etabliert. Diese wurden dann fester Bestandteil des ab 2008 durch das RKI durchzuführenden Gesundheitsmonitorings (Kurth et al. 2009). Durch die Einrichtung eines eigenen CATI-Labors hatte das RKI die Möglichkeit, die Informationsgewinnung von der wissenschaftlichen Konzipierung über die Umsetzung und Durchführung bis zur Datennutzung in einer Hand zu behalten und entsprechende Erfahrungen in allen drei Bereichen zu gewinnen. Auch wenn heute die Befragungsstudien des Gesundheitsmonitorings (anders als die Untersuchungssurveys) größtenteils nach außen vergeben werden, bleiben diese Erfahrungen bei der Gestaltung der Schnittstellen der drei Bereiche von großem Vorteil.

Zwar hat das Telefon als Instrument zur Erfassung von Informationen mittlerweile an Marktanteilen verloren (laut ADM liegt der Anteil quantitativer telefonischer Befragungen ihrer Mitgliedsinstitute 2017 bei 29%), dennoch bleiben telefonische Befragungen ein wirkungsvolles Instrument zur Informationsgewinnung. Dies liegt auch daran, dass in den letzten Jahrzehnten viel in die methodische Forschung zu diesem Erhebungsmodus investiert wurde und dass dadurch eine fundierte Basis zur Nutzung des telefonischen Modus vorliegt. Dieser Umstand kann als besonderer Vorteil des telefonischen Erhebungsmodus gesehen werden. So sind für diesen Modus grundlegende Fragen des Stichprobendesigns, der Fragebogengestaltung und der Qualitätssicherung bereits beantwortet.

Wie bereits erwähnt versetzt der telefonische Erhebungsmodus das RKI in die Lage, schnell und effizient Daten und die damit verbundenen Informationen für die wissenschaftliche beziehungsweise politische Diskussion zu generieren. Die strukturierten Prozesse ermöglichen eine effiziente Steuerung der jeweiligen Studien. Das RKI setzt mit dem Format der Ad-hoc Studien auch weiterhin auf den telefonischen Modus. Die Ad-hoc Studien stellen eine effiziente und schnelle Erweiterung zu den großen und aufwendigen Monitoringstudien des RKI dar (vgl. Schmich et al. 2018). Dabei setzt das RKI auf eine enge Zusammenarbeit in Form eines Rahmenvertrags mit einem externen Berliner Markt- und Sozialforschungsinstitut. Dieses Vorgehen erlaubt dem RKI, den Prozess der Datenerhebung durch eigene Supervisoren und Qualitätssicherungsmaßnahmen transparent zu gestalten.

Das Ziel dieses Sammelbandes ist es, eine umfassende Aufstellung der Prozesse zu bieten, die mit telefonischen Befragungen zusammenhängen, und Qualitätskriterien zu formulieren. Dies ist umso bedeutsamer, da die stetig wachsende Nachfrage nach evidenzbasierten Daten in Verbindung mit einem ebenfalls steigenden Kostendruck öffentlicher Institutionen in den letzten Jahren zu einem erheblichen Druck auf Firmen im Segment der Markt- und Meinungsforschung geführt hat. So häufen sich Meldungen in unterschiedlichen Medien (siehe u.a. Spiegelonline vom 1.2.2018: http://www.spiegel.de/wirtschaft/unternehmen/manipulation-in-der-marktforschung-wie-umfragen-gefaelscht-werden-a-1190711.html), in denen dezidiert Fälschungen von Umfragen thematisiert werden. Diese Fälschungen sind nicht zuletzt auf mangelnde Transparenz der Arbeit der Erhebungsinstitute, aber auch auf die mangelnde Erfahrung der Auftraggeber zurückzuführen. Für die Außenvergabe von telefonischen Befragungen und die dazu erforderlichen Ausschreibungen muss letztlich der gesamte Prozess der Datenerhebung im Vorfeld durchdacht und damit auch bekannt sein. Potentielle Auftraggeber (inhaltlich Forschende) benötigen hierfür als

Handreichung eine Art „Checkliste" für die Prozesse und Qualitätsparameter, die beachtet werden müssen. Diesem Bedürfnis trägt der vorliegende Band kompakt und in komprimierter Form Rechnung, was für interessierte Forschende in diesem Feld effizienter sein könnte als eine Vielzahl von Einzelpublikationen.

Das RKI ist im Rahmen des Gesundheitsmonitorings nach wie vor auf den telefonischen Mode als Erhebungsmethode angewiesen und hat in den letzten 10 Jahren solche Befragungen mit ca. 100.000 Personen über diesen durchgeführt. Die, zum Teil durch ein hauseigenes Telefonlabor realisierten, Studien haben eine große Menge an Prozessdaten generiert. Um diese aufzubereiten und zu analysieren, wurde von Anfang an eine enge Kooperation mit externen Institutionen wie z.b. der TU Dresden oder der GESIS angestrebt. Wir sind stolz, unsere Ergebnisse in diesem Band einem methodisch interessierten oder inhaltlich forschenden Adressatenkreis zugänglich machen zu können und unsere Erfahrungen mit den Schnittstellen von Theorie und Praxis zu teilen.

Literatur

ADM Arbeitskreis Deutscher Markt- und Sozialforschungsinstitute e.V. https://www.adm-ev.de/zahlen/?L=1%2525252525252527#c245 (Zugriff am 25.03.2018)

Schmich, P., Lemcke, J., Zeisler, M. L., Müller, A., Allen, J. & Wetzstein, M. (2018). Ad-hoc-Studien im Robert Koch-Institut. *Journal of Health Monitoring* (Manuskript in Vorbereitung).

Kwasniewski, N., Maxwill, P., Seibt, P. & Siemens, A. (2018). Wie Umfragen gefälscht und Kunden betrogen werden. *Spiegel Online* vom 01.02.2018 Erhältlich auch unter: http://www.spiegel.de/wirtschaft/unternehmen/manipulation-in-der-marktforschung-wie-umfragen-gefaelscht-werden-a-1190711.html

Kurth, B.-M., Lange, C., Kamtsiuris, P. & Hölling, H. (2009). Gesundheitsmonitoring am Robert Koch-Institut Sachstand und Perspektiven. *Bundesgesundheitsblatt 52*, 557-570. DOI 10.1007/s00103-009-0843-3

Sabine Häder & Michael Häder

1 Einleitung und Motivation

Es existieren schon diverse deutsche und internationale Publikationen zur Methodik von Telefonumfragen. Wozu wird also ein weiteres Werk benötigt? In der Diskussion um Erhebungsmethoden melden sich gegenwärtig verstärkt Protagonisten, die eine Verlagerung weg von Zufallsstichproben, darunter insbesondere auch für telefonische Befragungen, und hin zu nonprobabilistischen Auswahlen skizzieren. Dies wird mit sinkenden Responseraten, aber auch technischen Veränderungen begründet. Tatsächlich muss gegenwärtig von einer starken Dynamik bei der technischen Entwicklung der Telefonie ausgegangen werden. Die entsprechenden Stichworte lauten hier: immer häufigeres bzw. ausschließliches Telefonieren über das Internet (IP-Telefonie) sowie verstärkte asynchrone Kommunikation, bei der unangekündigte Anrufe inzwischen oftmals als unhöflich gelten (Spehr, 2017). Beides stellt den Modus Telefonbefragungen vor Herausforderungen. Die Autorinnen und Autoren des vorliegenden Bandes meinen jedoch, dass die in der Vergangenheit bewährten Telefonumfragen in naher Zukunft keinesfalls vor dem Aus stehen, sondern im Gegenteil noch akribischer erforscht werden sollten, um Zeit für die theoretische und praktische Entwicklung alternativer Befragungsmethoden zu gewinnen und in der Zwischenzeit trotzdem akkurate Umfrageergebnisse garantieren zu können. Ein Beitrag zur weiteren methodischen Durchdringung des Prozesses telefonischer Befragungen soll hier geleistet werden.

Die Autorinnen und Autoren beziehen ihre Erkenntnisse aus verschiedenen Quellen:

Zunächst wurde vor einiger Zeit im Arbeitskreis Mobilsample, einem Zusammenschluss von Statistikern und Methodikern aus der akademischen und kommerziellen Umfrageforschung, diskutiert, dass es an verschiedenen Institutionen teilweise recht umfangreiche, aber bislang ungenutzte Datensätze aus Telefonbefragungen gibt. Gerade in diesem Befragungsmodus fallen bei der Erhebung Para- und Metadaten an, die aus methodischer Sicht relevante Informationen zur Befragung enthalten.

© Springer Fachmedien Wiesbaden GmbH, ein Teil von Springer Nature 2019
S. Häder et al. (Hrsg.), *Telefonumfragen in Deutschland*, Schriftenreihe der ASI – Arbeitsgemeinschaft Sozialwissenschaftlicher Institute, https://doi.org/10.1007/978-3-658-23950-3_1

Eine weitere Motivationsquelle ist mit der Tatsache verbunden, dass telefonische Befragungen der deutschen Allgemeinbevölkerung derzeit nur noch sinnvoll parallel über das Festnetz und über den Mobilfunk erhoben werden können. Damit handelt es sich um einen Mixed-Device-Ansatz, der aus methodischer Sicht ebenfalls eine besondere Herausforderung darstellt und Anlass zu neuen Betrachtungen gibt. Auf diesem Gebiet sind die Autorinnen und Autoren dieses Bandes führend in der deutschen Umfrageforschung.

Telefonische Befragungen werden in der Bundesrepublik zumeist von Telefonlabors geführt, die von kommerziellen Umfrageinstituten betrieben werden und die – beispielsweise mit den Predictive Dialern sowie mit umfangreichen Interviewerstäben – über eine anspruchsvolle technische und personelle Ausrüstung verfügen. Solche Institute besitzen damit ebenfalls ein hohes Maß an sehr spezifischer Kompetenz bei der Umsetzung telefonischer Befragungen. Damit lag die Einbeziehung dieser Kompetenz bei der Erstellung des vorliegenden Bandes nahe.

Der Verbund dieser drei Erkenntnisquellen führte zu einem erfolgreichen Projektantrag an die Deutsche Forschungsgemeinschaft. Dieser beinhaltete die gemeinsame Bearbeitung der oben genannten Fragestellungen unter der Maxime, für anwendungsorientierte Forscher Empfehlungen zum Einsatz von Telefonbefragungen geben zu können. Dafür erschienen insbesondere Sekundäranalysen mit den vorliegenden Datensätzen als die geeignete Strategie. Bearbeitet wurde das Projekt „Qualitätsmanagement bei Telefonbefragungen im Rahmen von Mixed Mode Surveys (MiMoSe)" schließlich von Kolleginnen und Kollegen von GESIS - Leibniz Institut für Sozialforschung in Mannheim, vom Institut für Soziologie an der Technischen Universität Dresden, vom Robert Koch-Institut in Berlin und vom Markt- und Sozialforschungsinstitut USUMA GmbH in Berlin.

Im Verlauf der gemeinsamen Arbeit stellte sich heraus:

- Telefonische Befragungen über das Festnetz und den Mobilfunk sind auch weiterhin ein attraktiver Erhebungsmodus, der gegenüber anderen Modi zahlreiche Vorteile bietet. Relativ geringe Kosten, eine gute Kontrolle der Interviewsituation und eine fehlende territoriale Klumpung der geführten Interviews sind dafür wichtige Argumente. In der Abbildung 1 wird deutlich, welche Rolle telefonische Befragungen im Vergleich zu anderen Modi bei den ADM-Instituten bisher gespielt haben. Die Autorinnen und Autoren rechnen mit einer stetigen Fortführung der angegebenen Trends und damit einer Berechtigung telefonischer Befragungen auch in naher Zukunft.

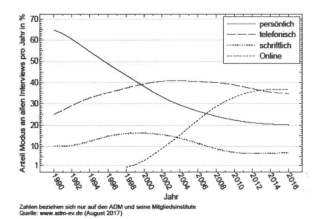

Zahlen beziehen sich nur auf den ADM und seine Mitgliedsinstitute
Quelle: www.adm-ev.de (August 2017)

Abbildung 1.1   Relativer Anteil der Befragungsmodi
              (eigene Darstellung, Quelle: ADM, 2016)

- Es existieren noch zahlreiche Wissens- und damit Forschungslücken beim Einsatz telefonischer Befragungen. Qualitätsstandards und Best-Practice-Routinen verdienen vor allem Aufmerksamkeit. Wir bemerkten eine große Beliebigkeit bei der Umsetzung telefonischer Befragungen in nahezu allen Phasen des Forschungsprozesses. Die Bestimmung der Response Rate, die gesamte Dokumentation der Methodik, die Kontrolle der Interviewer, die Anwendung von Gewichtungsprozeduren, die Bewertung der Datenqualität, die Erhebung von Para- und Metadaten, die genutzten Anrufzeiten und die Anzahl an Anrufversuchen, um nur einige wesentliche Aspekte zu nennen, zählen dazu.

- Zu konstatieren ist ein Mangel an Literatur mit einem komplexen Überblicks- und Anleitungscharakter für die Nutzer des Instruments Telefonbefragungen. Aufgrund verschiedener (vor allem technischer) nationaler Besonderheiten beim Telefonieren ist dabei ein Fokus auf die Bedingungen in der Bundesrepublik durchaus angebracht.

Daraus resultiert nun unser mit dem vorliegenden Band verbundenes Anliegen. Anhand des umfangreichen Materials[1] soll den Nutzern von Daten
aus telefonischen Befragungen, die nicht über tiefere Kenntnisse zu den
empirischen Methoden verfügen, die aber Interesse am Zustandekommen
der Daten haben, die Grundlagen dieses Verfahrens nahegebracht werden.
Gedacht haben wir beispielsweise an Personen, die mit den Daten Sekundäranalysen vornehmen wollen, an Multiplikatoren wie etwa Journalisten
oder Pädagogen, an empirisch arbeitende Politik- und Kommunikationswis-
senschaftler usw. Ihnen möchten wir vor allem zeigen, wie die Daten aus
Telefonbefragungen zustande kommen und welche Qualität sie erwarten
können. Hilfestellung soll aber auch jenen Personen gegeben werden, die
eine eigene telefonische Befragung bei einem Erhebungsinstitut in Auftrag
geben möchten. Ein zentraler Gedanke dabei ist, die dafür erforderlichen
Kriterien herauszuarbeiten. Weiterhin sollen geeignete Indikatoren für die
Bewertung der Qualität von Befunden aus telefonischen Befragungen auf-
gezeigt werden.

Wir möchten den mit telefonischen Befragungen vertrauten Fachwissen-
schaftlern Standards vorschlagen, wie mit den diversen Problemen dieses
Erhebungsinstruments umgegangen werden kann. Beispiele sind hier die
Responseratenberechnung und die Entwicklung von Gewichtungsprozeduren.

Es sollen sich Studierende – vor allem der Sozialwissenschaften – mit
dieser Grundmethode der empirischen Sozialforschung vertraut machen
können. Es wäre ein guter Erfolg, wenn wir Interessenten damit auch einen
Berufseinstieg ermöglichten.

Der vorliegende Band besitzt folgenden Aufbau:

Als Klammer für alle Überlegungen dient den Autorinnen und Autoren die
Qualitätssicherung. Dazu wird das theoretische Wissen um den Total Survey Error (TSE) herangezogen. Der Anspruch, diesen Fehler zu minimieren,
gilt schließlich für alle Phasen der telefonischen Befragung. Dazu müssen

---

1   Die Analysen in diesem Band basieren im Wesentlichen auf den folgenden drei
     Studien des RKI: Influenza, GEDA2010 und GEDA2012. Außerdem werden die
     Ergebnisse von CELLA1 und CELLA2 genutzt. Diese Datenquellen werden in
     einem gesonderten Abschnitt im Anhang ausführlich vorgestellt.

möglichst alle die Qualität beeinflussenden Faktoren bekannt sein und entsprechend gesteuert werden. Das Ablaufschema einer empirischen Studie bestimmt daher die Struktur der Darstellungen. Mithilfe spezieller Stichprobendesigns werden zunächst die für die Projektbearbeitung geeigneten Untersuchungseinheiten ausgewählt. Im Verlauf der Erhebung im Feld sollten neben den substanziellen Fragestellungen auch bestimmte Meta- und Paradaten gewonnen werden, die eine Bewertung der Datenqualität erlauben. Der Fragebogen steuert dann die gesamte telefonische Untersuchung. Während der Feldarbeit erheben die Interviewerinnen und Interviewer die relevanten Daten. Dabei unterliegen sie ebenfalls bestimmten Maßnahmen der Qualitätssicherung, beispielsweise in Form von Schulungen und der Kontrolle. Die erzielten Responseraten sind ein Indikator (von mehreren) für die Qualität der erzeugten Daten. Die Ermittlung dieser Responseraten erfordert ebenfalls besondere Aufmerksamkeit. Dies gilt auch für die Gewichtungsverfahren. Das Projekt bedarf schließlich einer ordentlichen Dokumentation, um die einzelnen Schritte nachvollziehen zu können. Im Anhang zu diesem Band finden sich schließlich hilfreiche Unterlagen für die Nutzer bzw. für die Auftraggeber einer telefonischen Befragung.

Literatur

Spehr, M. (2017). Wozu noch Festnetz? *Frankfurter Allgemeine Sonntagszeitung* vom 9. Juni 2017. Erhältlich auch unter:
http://www.faz.net/aktuell/technik-motor/digital/alles-mobil-oder-was-wozu-noch-festnetz-15046198.html

Hagen von Hermanni

2 Das Total Survey Error Modell in telefonischen Befragungen

Auf einen Blick

▸ Es lassen sich verschiedene Qualitätsdimensionen unterscheiden, die Forscher bei der Planung und Durchführung von telefonischen Studien berücksichtigen sollten.

▸ Grundlegend wird die Güte einer Studie anhand der zu erwartenden systematischen und zufälligen Fehler, die die Genauigkeit der Ergebnisse reduzieren, gemessen.

▸ Das Total-Survey-Error Modell stellt eine umfassende Systematisierung der möglichen Fehlerquellen dar und erlaubt somit eine gezielte Berücksichtigung im Forschungsdesign.

Obwohl dem Begriff ‚Qualität' in der Regel eine wertende Bedeutung beigemessen wird, dient er in seiner einfachsten Form als wertfreie Beschreibung des Zustandes oder der Beschaffenheit von Produkten und Prozessen. Dabei lassen sich praktisch beliebig viele Eigenschaften oder Dimensionen zur Beschreibung zugrunde legen, was gerade in der Umfrageforschung zu historisch unterschiedlichen Diskursen geführt hat (Groves 2004).

Zunächst lassen sich vier grundlegende Kriterien wissenschaftlicher Standards identifizieren, nach denen sich die Güte empirischer Sozialforschung bemessen lässt. Hierzu zählen die (1) inhaltliche Relevanz der Arbeit, (2) die methodische Strenge in der Durchführung und Analyse, (3) die Einhaltung ethischer Standards sowie (4) die Präsentationsqualität (Döring und Bortz 2016). Die Bewertung der methodischen Strenge (‚*scientific rigor*') in Form von Erhebungsinstrumenten und deren Anwendung, erfolgt dabei aufgrund der drei Gütekriterien *Objektivität, Reliabilität und Validität*. Einfach ausgedrückt bemisst sich die Qualität einer Erhebung danach, wie unabhängig die Messung von Einflüssen der Forscherseite ist, wie reproduzierbar die Ergebnisse sind und inwieweit die Forschungsfrage anhand der Daten beantwortet werden kann (M. Häder 2015).

© Springer Fachmedien Wiesbaden GmbH, ein Teil von Springer Nature 2019
S. Häder et al. (Hrsg.), *Telefonumfragen in Deutschland*, Schriftenreihe der ASI – Arbeitsgemeinschaft Sozialwissenschaftlicher Institute, https://doi.org/10.1007/978-3-658-23950-3_2

Während über die Bedeutung dieser Konzepte ein genereller Konsens herrscht und sie zur konzeptionellen Arbeit unerlässlich sind, eignen sie sich nur bedingt zur Bemessung der Qualität in der Umfrageforschung. Dies liegt zum einen an ihrem Anspruch auf Allgemeingültigkeit, der sich universell auf den Forschungsprozess und alle empirischen Methoden bezieht, dabei aber den spezifischen Anforderungen von Surveys nicht gerecht wird; zum anderen an ihrem normativen Charakter, der keine quantifizierbaren und somit auch keine vergleichbaren Aussagen zur Qualität einer konkreten Umfrage erlaubt.

Der Spezialfall der Umfrageforschung und damit auch die Frage nach der Qualitätsdefinition ergibt sich aus den Eigenschaften des Erhebungsinstrumentes selbst – der Umfrage. Auch mit Blick auf die weitere Verwendung in diesem Buch lassen sich Umfragen dabei wie folgt definieren:

- Daten und Ergebnisse beruhen auf den Angaben von Probanden;
- Die Sammlung von Daten erfolgt durch Interviewer, die den Probanden Fragen stellen und deren Antworten notieren, oder durch die Probanden selbst, nachdem sie Fragen gelesen oder gehört haben;
- Informationen werden nur für eine Teilmenge (eine Stichprobe) der untersuchten Population erhoben.

Diese Definition von Groves et al. (2004, S. 3) lässt sich um eine weitere Kondition erweitern soweit aus den Angaben der Stichprobe auf die Lage und Verteilung von Parametern in der Gesamtpopulation geschlossen werden soll:

- Die Auswahl der Stichprobe erfolgt auf Grund eines methodisch-probabilistischen Auswahlprozesses[1].

Die als Inferenzschluss bezeichnete Ableitung von Populationsschätzern aus den Daten der Stichprobe stellt häufig das eigentliche Ziel von Umfragen dar und setzt implizit voraus, dass es für den gesuchten Schätzer einen tatsächlichen oder ‚wahren Wert‘ (‚true score‘) in der untersuchten Grundgesamtheit gibt. Dabei handelt es sich um eine notwendige Annahme, die nicht immer zweifelsfrei unterstellt (Hansen et al. 1951) und die empirisch nur im Vergleich mit den Ergebnissen anderer und (vorzugsweise

---

1   Für eine noch detailliertere Auseinandersetzung mit dem Survey Begriff und dessen Voraussetzungen siehe Lyberg (2012).

bewährter) Umfragetechniken überprüft werden kann (Deming 1960). Anders als bei deskriptiven Analysen, die absolute Aussagen erlauben (bspw. den Anteil an Frauen in der Stichprobe), schließen die Schätzungen inferenzstatistischer Verfahren auch immer die Angabe von Fehlerbereichen (Konfidenzintervalle) und die Möglichkeit von Signifikanztests mit ein (M. Häder 2015). Damit stellt die Genauigkeit, mit der eine Schätzung den wahren Wert in einer Population abbildet eine zentrale Qualitätsdimension in der Surveyforschung dar.

2.1 Fehlertypen und Mean Squared Error

Die Qualität von Umfragedaten ergibt sich somit aus der Summe der (fehlerhaften) Abweichungen zwischen dem auf der Erhebung beruhenden Schätzer und dem wahren Wert in der Population, wobei sich zwei Fehlertypen unterschieden lassen:

- Systematische Fehler oder Bias (im Weiteren als Bias bezeichnet) bezeichnet alle Einflussgrößen im Forschungsdesign, die zu einer systematischen Verzerrung des Schätzers gegenüber dem wahren Wert führen und auch bei wiederholten Messungen auftreten. Faulbaum beschreibt ihn daher auch als die *„durchschnittliche Performance* des Schätzers in Bezug auf den [untersuchten] Populationswert" (2014, S. 441):

$$BIAS(\hat{y}) = E(\hat{y}) - (y) \qquad (1.1)$$

Dabei beschreibt y den untersuchten Populationsparameter; $\hat{y}$ den Parameterschätzer für die einzelne Messung und $E(\hat{y})$ den Durchschnitt der Schätzer über wiederholte Messungen bzw. dessen Erwartungswert. In Umfragen lässt sich ein solcher Bias regelmäßig bei der Untersuchung von heiklen Themen beobachten, wobei Angaben zu sozial erwünschten Verhaltensweisen (Wählen gehen oder Spenden) systematisch ‚überberichtet' und sozial unerwünschtes Verhalten (Drogenkonsum oder Delinquenz) ‚unterberichtet' werden (Biemer 2010; Krumpa|et al. 2015). Dabei wird in beiden Fällen jeweils der Mittelwert der Schätzung (nach oben bzw. unten) verschoben, ohne dabei die Varianz des Schätzers zu beeinflussen.

- Der Erwartungswert $E(\hat{y})$ entspricht dabei dem Mittelwert des Schätzers $\hat{y}$ und ergibt sich aus der Summe aller Teilstichproben, wobei $p(s)$ die Auswahlwahrscheinlichkeit und $\hat{y}(s)$ den Schätzer für die Stichprobe s darstellen:

$$E(\hat{y}) = \sum_s p(s)\hat{y}(s)$$ (1.2)

- Zufällige Fehler oder Variable Error (im Weiteren als Error bezeichnet) beschreiben die Varianz und damit die *Präzision* eines Schätzers, die sich aus den variierenden Angaben bei wiederholten Erhebungen ergibt. Folglich leitet sich die $VAR(\hat{y})$ aus der mittleren quadrierten Abweichung zwischen den Stichprobenschätzern und dem Erwartungswert ab:

$$VAR(\hat{y}) = \sum_s p(s)\left[\hat{y}(s) - E(\hat{y})\right]^2$$ (1.3)

Bei wiederholten Messungen variiert die Zusammensetzung der Stichprobe, wodurch die jeweiligen Schätzer um den (wahren) Populationswert schwanken. Diese Abweichungen heben sich bei der Betrachtung des Erwartungswertes (also dem Mittelwert aller Schätzer) gegenseitig auf[2], wodurch die Lage des Erwartungswertes unberührt bleibt, während die Varianz steigt und (unter sonst gleichen Bedingungen) die Konfidenzintervalle größer werden.

Die Unterscheidung zwischen den beiden Fehlerarten ist zunächst theoretischer Natur und beruht auf der Annahme, das Erhebungen wiederholt werden können, wobei die Varianz des Schätzers in Abhängigkeit der variablen Fehler über die einzelnen Erhebungen schwankt, die durch den Bias verschobene Lage des Schätzers hingegen, gleich bleiben wird (Groves 2004; Groves et al. 2004). Der Bias leitet sich somit direkt aus den spezifischen Eigenschaften der jeweiligen Umfrage ab, die in der Literatur als die ,*essential survey conditions*' bezeichnet werden (Hansen et al. 1961). Dadurch lässt er sich in seinem Umfang auch nur mittels zusätzlicher Informationen, wie bspw. durch Vergleich mit einer anderen Umfragetechnik ermitteln (,*golden standard*').

Die Summe aus dem variablen Fehler (Error) und dem Quadrat des systematischen Fehlers (Bias) ergibt den Mean Squared Error (MSE) bzw. die *mittlere quadratische Abweichung*. Dieser stellt die Gesamtheit aller Fehler-

---

2   Ergibt die Summe der Abweichungen zwischen dem wahren Populationswert und den jeweiligen Schätzern nicht Null liegt somit offensichtlich ein Bias vor.

quellen auf einen spezifischen Schätzer und somit den zentralen Indikator für die Qualität der Erhebungsdaten dar. Er ergibt sich aus der Summe der Varianz des Schätzers und dem Quadrat des Bias:

$$MSE(\hat{y}) = E\left[(\hat{y}-y)^2\right] = \sum_s p(s)\left[\hat{y}(s)-y\right]^2 = BIAS(\hat{y})^2 + VAR(\hat{y}) \qquad (1.4)$$

Während Schätzer ohne Bias als unverzerrt oder erwartungtreu (unbiased estimator) und Schätzer mit geringer Varianz als präzise (precise estimator) bezeichnet werden, sind Bemühungen zur Steigerung der Qualität immer auf die Reduktion von beiden Fehlerarten ausgerichtet. Umso niedriger der MSE ist, desto geringer ist die Streuung der Messwerte um den Schätzer und umso stärker nähert sich der Schätzer dem wahren Populationswert an (Groves 2004).

Dabei lässt sich der MSE immer nur für ein spezifisches Item oder eine Teststatistik berechnen, was vor allem einen Vergleich identischer Items über unterschiedliche Erhebungen nahe legt. Während der Bias in der Regel nur indirekt bestimmt werden kann und im Verhältnis zum Varianzterm häufig vernachlässigt wird, steigt der Einfluss des Bias mit dem Umfang der Stichprobe an und kann diese bei großen Stichprobenzahlen entsprechend dominieren (Kish 1987). Obwohl der MSE eine Grundgröße in der Qualitätsmessung von Umfragedaten darstellt, wird er aufgrund der mangelnden Informationen über den Bias nur selten vollständig bestimmt (Schnell 2012).

2.2   Fehlerquellen und Total Survey Error

Dies liegt nicht zuletzt daran, dass sich zahlreiche Fehlerquellen im Survey-Prozess identifizieren lassen, die jeweils sowohl Bias als auch Error hervorrufen und somit die Qualität beeinflussen können. Das MSE-Modell (Andersen et al. 1979; Biemer und Lyberg 2003; Groves 2004; Hansen et al. 1961; Kish 1965) systematisierte diese erstmalig in einem gemeinsamen theoretischen Rahmen, was die methodische Integration von Konzepten aus unterschiedlichen wissenschaftlichen Disziplinen – vorwiegend dem Sampling Error aus den statistischen Methoden und Problemen der Messung von Einstellungen und Verhalten aus der Psychometrie - erlaubte.

Um dies zu berücksichtigen schlug Groves (Groves 2004) neben der Unterscheidung von Fehlertypen (Error / Bias) auch eine Unterteilung der Fehlerquellen vor, je nachdem ob sie aus einem Mangel an Beobachtung in der Zielpopulation (‚*Errors of nonobservation*') oder aus einer fehlerhaften Messung (‚*Errors of observation*') resultieren. Während Erstere sich vorwiegend der Frage widmet, ob die Stichprobe tatsächlich zur Abbildung der Grundgesamtheit taugt, beschäftigen sich Letztere mit der Adäquatheit der Messung selbst. Diese Unterscheidung wurde (wenn auch implizit) von Biemer und Lyberg (2003; Groves et al. 2004; Weisberg 2005) zur Definition des *Total Survey Errors*[3] (TSE) übernommen:

$$Total \; Survey \; Error = Sampling \; Error + Nonsampling \; Error \qquad (1.5)$$

Da die einzelnen Fehlerquellen in den folgenden Kapiteln näher beschrieben werden, erfolgt hier nur jeweils eine kurze Definition:

Der *Sampling Error* (oder Stichprobenfehler) beschreibt alle Fehler die daraus resultieren, dass lediglich eine Auswahl aus der zugrundeliegenden Population untersucht wird, wohingegen der *Nonsampling Error* Fehler betrachtet, die bei der Erhebung und Verarbeitung der Daten entstehen und sich in die folgenden Fehlerquellen aufteilen lassen:

Der *Specification error* (Spezifikationsfehler) behandelt das grundlegende Problem der Validität von Umfrageergebnissen und beschreibt die Diskrepanz zwischen dem theoretischen Untersuchungsobjekt und dem durch die Operationalisierung gemessenen Konstrukt.

Der *Coverage Error* beschreibt Fehler, die aus einer mangelnden Übereinstimmung des *Auswahlrahmens* (oder ‚*sampling frames*') mit der untersuchten Grundgesamtheit resultieren. So ist beispielsweise nur noch ein geringer Anteil an vergebenen Telefonanschlüssen in zentralen Registern eingetragen. Würde man nun eine Stichprobe auf Grundlage des Telefonbuches ziehen, erhielten Anschlüsse, die nicht eingetragen sind, eine Auswahlwahrscheinlichkeit von Null (undercoverage). Dies kann dann zu einem Bias führen, wenn die untersuchte Größe mit der Wahrscheinlichkeit, sich nicht im Telefonbuch eintragen zu lassen, korreliert.

---

3   Währen dieser Begriff von Anderson et al. (1979) populär gemacht und seit dem regulär verwendet wurde (Groves 2004; Lyberg et al. 1997) wandelte er sich in seiner Bedeutung nach dem Buch von Biemer und Lyberg (2003) von einer allgemeinen Beschreibung der Summe aller Fehlerquellen (und damit einem Synonym für den MSE) zu einem eigenen Qualitäts- und Methodenbegriff.

Nonresponse Error tritt hingegen auf, wenn Mitglieder der Stichprobe einzelne Angaben (‚*Item-Nonreponse*‘) oder das gesamte Interview (‚*Unit-Nonresponse*‘) verweigern oder aus anderen Gründen nicht teilnehmen können. Dabei ist immer dann von einem Nonresponse-Bias auszugehen, wenn sich die Gruppe der Verweigerer oder ‚Nicht-Erreichten‘ systematisch von den Teilnehmenden unterscheidet. Während Verweigerung insbesondere bei sensiblen Themen vorliegen, lassen sich auch triviale Beispiele benennen, die leicht zu vermeiden sind. So werden Umfragen zum Reiseverhalten von Familien mit schulpflichtigen Kindern innerhalb der Sommerferien zu anderen Ergebnissen kommen, als zu Beginn des Schuljahres.

Der *Measurement Error* gehört zu den am umfangreichsten studierten Fehlerquellen in Surveys und beschreibt alle Einflüsse, die zu einer Differenz zwischen den wahren Werten und den dokumentierten Angaben führen können. Dabei wird zwischen dem Einfluss von Befragten (Respondent Error), Interviewern (Interviewer Error), dem Erhebungsinstrument (Instrument Error) sowie dem Erhebungsmode (Mode Error) unterschieden.

Letztlich umfasst der *Processing Error* (Prozess- und technische Fehler) alle Einflüsse, die im Rahmen der Datenerhebung (Data Entry), der Datenaufbereitung (Vercodung, Analyse und Gewichtung) und der Darstellung erfolgt.

Anhand der Vielzahl an Einflussfaktoren wird deutlich, dass eine Kontrolle aller Fehlerquellen praktisch unmöglich ist und auch nachträgliche Korrekturen Verzerrungen nicht vollständig beheben können. Dies liegt nicht zuletzt daran, dass die einzelnen Fehlerquellen sich gegenseitig beeinflussen, was eine ex-post Identifikation nur in Grenzen zulässt (West und Olson 2010). Darüber hinaus geben Biemer und Lyberg zu bedenken, dass die einzelnen Fehlerquellen ein zumeist ungleiches Risiko für die Einführung von systematischen und zufälligen Fehlern beinhalten (vgl. Tabelle 2.1).

Tabelle 2.1 Risiko von Survey Error und Survey Bias aus unterschiedlichen Fehlerquellen

MSE Komponente	Risiko für zufälligen Fehler (Error)	Risiko für systematischen Fehler (Bias)
Sampling Error	Hoch	Niedrig
Specification Error	Niedrig	Hoch
Frame Error	Niedrig	Hoch
Nonresponse Error	Niedrig	Hoch
Measurement Error	Hoch	Hoch
Processing Error	Hoch	Hoch

Der ungleiche Einfluss von Fehlerquellen auf Fehlerarten lässt sich analog auch in einer Anpassung von der Berechnungsformel des Mean Squared Errors ausdrücken. Dabei werden nur die Fehlerformen berücksichtigt, mit denen ein hohes Risiko für die Schätzung von Parametern einhergeht (Biemer und Lyberg 2003, S. 59):

$$MSE(\hat{y}) = BIAS^2 + VAR$$
$$= \left(BIAS_{Specification} + BIAS_{Nonresponse} + BIAS_{Frame} + BIAS_{Measurement} \right. \quad (1.6)$$
$$\left. + BIAS_{processing} \right)^2 + Var_{Sampling} + Var_{Measurement} + Var_{Processing}$$

2.3 Total Survey Error – vom Produkt zum Prozess

Während in Bezug auf die Produktqualität (also die Genauigkeit der Schätzung) es keinen Unterschied zwischen Mean Squared Error und Total Survey Error gibt und diese Begriffe tatsächlich synonym verwendet werden, erlaubte das TSE-Modell die Zuordnung von Fehlerquellen zu den einzelnen Arbeitsschritten im Forschungsprozess und ermöglicht damit vor allem Anwendern einen leichteren Zugang zum Thema Survey-Qualität. Darüber hinaus berücksichtigt es die Interdependenzen zwischen den einzelnen Bestandteilen des MSE und erlaubt somit eine ganzheitliche Betrachtungen der Surveyqualität über den kompletten Forschungsprozess hinweg (Groves et al. 2004). Das TSE-Modell wird inzwischen als integraler Bestandteil eines umfassenderen Paradigmas gesehen, bei dem die Optimierung der Schätzgenauigkeit um eine Reihe von weiteren Qualitätsdimensionen ergänzt wird (Biemer 2010; Lyberg 2012). Dieses als Total Survey Quality (TSQ) bezeichnete Konzept entwickelte sich als späte Reaktion auf zwei lange vernachlässigte Herausforderungen.

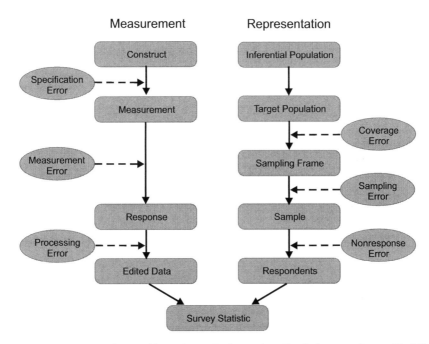

Abbildung 2.1   Lebenszyklus einer Umfrage im Total Survey Error Modell (Groves und Lyberg 2010, S. 856)

Zum einen bestand schon lange ein Konsens darüber, dass es in der Surveypraxis an einer Anwender- oder Nutzerperspektive mangelt. So mahnten bereits Mahalanobis (1965) oder Dalenius (1985), dass die Relevanz von Umfragen vom Grad ihrer faktischen Nutzung abhänge und diese ‚fitness to use' eben letztlich durch den Nutzer oder Auftraggeber bestimmt werden (Juran und Godfrey 1998; Krejci 2010). Zum anderen hielt mit der Nutzerperspektive umgehend auch eine zweite relevante Größe Einzug: Die Rolle der Kosten und die Gegenüberstellung des Forschungsbudgets mit der damit realisierbaren Qualität (Groves 2004; Lyberg und Stukel 2017). Dieses Effizienzdenken wurde wiederum durch zwei ebenfalls jüngere Entwicklungen befördert. Während erste wissenschaftliche Methoden der Qualitätskontrolle sich bereits in den 1950er Jahren ausbildeten (Juran und Godfrey 1998), entwickelten sie sich zum Ende des vergangenen Jahrhunderts zu eigenständigen Qualitätssystemen - wie dem Total Quality Management (TQM) oder Six Sigma – weiter, die sich auf beliebige Arbeitsprozesse übertragen ließen (Biemer 2010; Biemer et al. 2014; Lyberg und Stukel 2017). Zeitgleich erlaubte erst der technische Fortschritt eine evidenzbasierte Kontrolle und Steuerung von Surveys durch die Erhebung, Speicherung und Analyse relevanter Prozessdaten (Couper 1998; Kreuter 2013; Kreuter et al. 2010).

2.4   Umfrage-, Para-, Meta und Hilfsdaten (Auxiliary Data)

Erst mit dem Einsatz computergestützter Erhebungsmodi (CATI, Web, CASI) wurden Prozessinformationen verfügbar, die bis dahin nur mit besonderem zusätzlichem Aufwand ermittelt werden konnten. Dazu zählen beispielsweise die Kontaktprotokolle von Interviewern (inkl. Datum, Uhrzeit und Anrufergebnis), Zeitmarken bei der Eingabe von Antworten oder beim Verbleib auf Seiten von Webumfragen. Während Couper (1998) diese technischen Nebenprodukte ursprünglich als *Paradaten* bezeichnete, hat sich der Begriff inzwischen zu einem Sammelbecken für all jene Daten entwickelt, die zur Beschreibung des Erhebungsprozesses an sich herangezogen werden können (Kreuter 2013). Hierzu zählen inzwischen auch Einschätzungen und Beobachtungen von Interviewern während der Feldphase oder die Aufzeichnung der Interaktion zwischen Interviewer und Befragten selbst – also Informationen deren Erhebung mit einem Extra an Aufwand und Kosten verbunden sind.

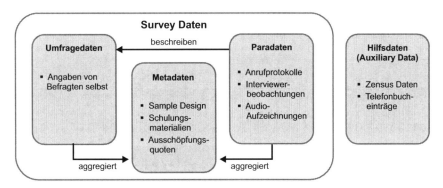

Abbildung 2.2 Datentypen in Umfragen

Die Relevanz von Paradaten im Rahmen des TSE-Modells lässt sich darüber hinaus auf zwei Eigenschaften zurückführen. Zum einen, sind sie bereits während der Feldphase und in einer beinahe beliebigen Detailtiefe[4] verfügbar, sodass auf ihrer Grundlage direkt Einfluss auf die weitere Erhebung genommen werden kann (Kreuter et al. 2010). Zum anderen, fallen bestimmte Paradaten, wie bspw. die Anrufprotokolle, sowohl für Studienteilnehmer als auch Nicht-Teilnehmer an, was insbesondere zur Kontrolle und Korrektur von Nonresponse dient (Kreuter und Olson 2013).

Neben den Para- und Umfragedaten selbst lassen sich noch zwei weitere Datenquellen identifizieren, die inhaltlich nicht immer leicht zu unterscheiden sind und ebenfalls eine wichtige Rolle in der Surveyforschung spielen. Als *Metadaten* werden dabei Informationen bezeichnet, die die Daten der Umfrage und deren Struktur beschreiben. Sie umfassen neben Beschreibungen von Forschungs- und Sample Design, insbesondere auch Kenngrößen, die sich aus der Aggregation von Umfrage- und Paradaten ableiten lassen. Eine zentrale Metainformation stellen dabei beispielsweise Ausschöpfungs- und Verweigerungsraten dar, die sich aus den Dispositionscodes der einzelnen Anrufergebnisse einer Umfrage ableiten. Eine vierte und zumeist nicht in den Prozess der Datenerhebung involvierte Kategorie stellen ‚*Auxiliary Data*' (Hilfsdaten) dar, die zumeist nach Abschluss der Erhebung und aus

---

4 So können beispielsweise Zeitmarken für einzelne Fragen, Fragenblöcke oder das gesamte Interview gespeichert werden.

externen Quellen (Zensus- oder Verwaltungsdaten, Registerauszüge oder Ähnliches) an die Daten angespielt werden.

2.5 Die Prozessqualität

Die Daten einer telefonischen Befragung werden in den Umfrageinstituten mithilfe eines komplexen Prozesses gewonnen. Zwischen der Vergabe eines Auftrages an das Umfrageinstitut und der Lieferung des vom Auftraggeber gewünschten Produktes liegen dabei zahlreiche Arbeitsschritte. „Die Art und Weise, wie die einzelnen Schritte des Umfrageprozesses realisiert werden, ist maßgeblich für deren Qualität und damit für die Qualität der gesamten Umfrage einschließlich der aus ihr resultierenden Daten; d.h. die Optimierung einer Umfrage beinhaltet die Optimierung aller Schritte und daher die Optimierung der Prozessqualität" (Faulbaum 2014, S. 450).

Die Erhebungsinstitute sind im Rahmen des Qualitätsmanagements für die Kontrolle der Qualität der einzelnen Schritte verantwortlich. Für den Datennutzer ist es dagegen kaum möglich, sich ein fundiertes Bild zu jedem dieser einzelnen Schritte zu machen. Für das Qualitätsmanagement sind zahlreiche und sehr unterschiedliche Facetten relevant. Hierzu zählen die Weiterbildung der Mitarbeiter, insbesondere der Interviewer, aber auch die Personalentwicklung des Erhebungsinstituts im Allgemeinen, die kontinuierliche Erhebung von Prozessdaten, wie etwa der Response-Rate im Verlauf einer Umfrage, die Etablierung von Standards, beispielsweise für die Dokumentation der telefonischen Kontakte (Disposionscodes), die Einhaltung von Standards zur Kooperation mit dem Auftraggeber der Studie, die Einhaltung des Datenschutzes, die Entwicklung und die Wartung der Ausstattung des Erhebungsinstituts mit Hard- und Software, die Kontrolle der Einhaltung des geplanten zeitlichen Ablaufs der Studie, die Kostenkontrolle, die Kommunikation und die Unterstützung der Datennutzer bei ihrer Arbeit mit den erzeugten Daten, die Erhebung der Nutzerzufriedenheit, die Analyse der Kundenwünsche und vieles andere mehr.

Lyberg (2012, S. 114ff.) unterscheidet zwischen der Produktqualität, der Prozessqualität und der Qualität der Organisation. Er ordnet den Qualitätsebenen jeweils spezifische Kontrollmechanismen sowie Indikatoren zu (vgl. Tabelle 2.2).

Tabelle 2.2   Qualität als ein dreidimensionales Konzept (Lyberg 2012, S. 114).

Qualitätsebene	Hauptinteressen-gruppen	Kontrollinstrumente	Messinstrumente und Indikatoren
Produkt	Datennutzer, Kunden	Produktspezifika-tionen, Vereinba-rungen zum Service, Evaluationsstudien, Rahmenbedingungen, Qualitätsstandards	Rahmenbedingungen, Nutzerbefragun-gen, Beachtung der Regeln
Prozess	Entwickler des Erhe-bungsinstruments	Statistische Prozess-kontrolle, Diagramme, Risikoanalysen, Para-daten	Kontrolltabellen, Analyse der Para-daten, Ergebnisse periodischer Evalu-ationsstudien
Organisation	Inhaber, Eigentümer (-gesellschaft)	Exzellenzmodelle, Audits, Selbst-kontrollen	Mitarbeiter- und Nutzerbefragungen

2.6   Transparenz und Datenzugang

Bei den meisten Erhebungsinstituten in der Bundesrepublik handelt es sich um kommerziell ausgerichtete Organisationen, die sich gegenüber anderen Anbietern am Markt behaupten müssen. Infolgedessen entwickelten Insti-tute auch eigene Routinen zur Kontrolle von Prozessen und Messung von Qualität, die zwar den individuellen Anforderungen genügen mögen, aber eine insgesamt nur geringe Vergleichbarkeit untereinander gestatten (Porst 1996). Dabei stellt die Transparenz im Erhebungsprozess gegenüber dem Auftraggeber keinen Selbstzweck dar, sondern bildet eine entscheidende Grundlage zur Sicherung der Datenqualität sowie für das Vertrauen in die Umfrageforschung an sich (S. Häder et al. 2012, S. 9). Prinzipiell sollten dem Datennutzer alle relevanten Informationen zu den einzelnen Schritten der Datenerhebung zugänglich gemacht werden. Hierzu zählen vor allem die Ergebnisse aus Pretests, eine detaillierte Beschreibung der Stichprobenzie-hung, die Routinen zum Anruf- bzw. Feldmanagement, inkl. der Verkodung von Anrufergebnissen und Ableitung von Ausschöpfungsquoten sowie die Zusammensetzung des Interviewerstabs, bis hin zur aktiven Supervision der Interviewer durch stichprobenartiges Mithören von Kontaktversuchen und Interviews.

All diese Zugänge ermöglichen es Auftraggebern und Datennutzern die Güte von Daten- und Prozessqualität zu bewerten. Zeitgleich geht mit der Berücksichtigung von Prozessgrößen auch eine neue Herausforderung für Auftraggeber einher, da sie entsprechende (Ziel-)Vereinbarungen mit dem Erhebungsinstitut treffen müssen. Diese umfassen insbesondere Art und Umfang der im finalen Datensatz enthaltenen Paradaten, welche eben nicht nur eine Kontrolle der Qualität, sondern gegebenenfalls auch deren nachträgliche Bearbeitung erlauben (Kreuter 2013).

Zeitgleich gibt es weder statistische Maßzahlen, die einen Grad der Transparenz einzelner Studien wiedergeben, noch einen übergreifenden Konsens bezüglich zentraler Indikatoren, die eine Vergleichbarkeit unterschiedlicher Studien erlauben würden[5]. Dies lässt sich vorwiegend auf zwei Umstände zurückführen: Zum einen stellen (telefonische) Umfragen eine Vielzahl verschiedener *Use Cases* dar, die aufgrund divergierender Untersuchungsziele, Spezialpopulationen oder methodischer Anforderungen, einen einfachen Vergleich praktisch ausschließen. Zum anderen setzt der Sinn solcher Kenngrößen ein breites Interesse sowie eine entsprechende Nachfrage auf Seiten der Nutzer voraus. Gegenwärtig handelt es sich bei der Nachfrage von und der Auseinandersetzung mit Paradaten weiterhin um eine Seltenheit. Dies wird sich erst ändern, wenn Datennutzer und Auftragsgeber einen vertrauten Zugang zu qualitätsrelevanten Paradaten entwickeln und dadurch eine standardisierte Kommunikation von Seiten der Erhebungsinstitute erzwingen. Solange Kunden überprüfbare Transparenz und studienbezogene Paradaten nicht erfragen, werden Erhebungsinstitute keine entsprechenden Routinen entwickeln. Die Folge sind erhebliche Mehrkosten für die singulären Erhebungen, in denen auf ein hohes Maß an Transparenz Wert gelegt wird.

---

5   So werden hohe Ausschöpfungsraten gerne mit einer hohen Qualität gleichgesetzt, obwohl inzwischen hinreichend bekannt ist, dass sie eben keine Aussagen zur systematischen Verzerrung durch Non-Response zulassen (Groves und Peytcheva 2008).

Leider können auch in der wissenschaftlichen Arbeit und damit bei der Erhebung von Daten, Fälschungen letztlich nicht ausgeschlossen werden. Eine Möglichkeit, um sowohl bewusste Fälschungen als auch unbewusst begangene Fehler aufzudecken, besteht in der Replikation der Befunde bzw. im Nachvollziehen von statistischen Datenanalysen. Auch hierbei stellt der Zugang zu den Daten der Erhebung eine zentrale Voraussetzung dar. Der weitestgehend freie Zugang zu möglichst allen relevanten Daten wird damit ebenfalls zu einem Kriterium für die Qualität von Umfragen.

2.7 Literatur

Andersen, R., Kasper, J. D., & Frankel, M. R. (1979). *Total Survey Error*. San Francisco: Jossey-Bass Publishers.

Biemer, P. P. (2010). Total survey error: Design, implementation, and evaluation. *Public Opinion Quarterly 74* (5), 817-848. https://doi.org/10.1093/poq/nfq058

Biemer, P. P. & Lyberg, L. E. (2003). *Introduction to Survey Quality*. Hoboken, New Jersey: Wiley.

Biemer, P. P., Trewin, D., Bergdahl, H., & Japec, L. (2014). A System for Managing the Quality of Official Statistics (ASPIRE). *Journal of Official Statistics, 30* (3), 381–415. https://doi.org/10.2478/jos-2014-0022

Couper, M. P. (1998). Measuring survey quality in a CASIC environment. In *Proceedings of the Survey Research Methods Section of the American Statistical Association* (S. 41-49).

Dalenius, T. (1985). Relevant Official Statistics, Some Reflections on Conceptual and Operational Issues. *Journal of Official Statistics 1* (1), 21–31.

Deming, W. E. (1960). *Sample Design in Business Research*. New York, USA: Wiley.

Döring, N. & Bortz, J. (2016). *Forschungsmethoden und Evaluation in den Sozial- und Humanwissenschaften* (5. Auflage). Wiesbaden: VS Verlag für Sozialwissenschaften. https://doi.org/10.1007/978-3-642-41089-5

Faulbaum, F. (2014). Total Survey Error. In N. Baur & J. Blasius (Eds.), *Handbuch Methoden der empirischen Sozialforschung* (S. 439–453). Wiesbaden: VS Verlag für Sozialwissenschaften. https://doi.org/10.1007/978-3-531-18939-0_31

Groves, R. M. (2004). *Survey Errors and Survey Costs.* (R. M. Groves, G. Kalton, J. N. K. Rao, N. Schwarz, & C. Skinner, Eds.). Hoboken, New Jersey: Wiley Series in Probability and Statistics. https://doi.org/10.16373/j.cnki.ahr.150049

Groves, R. M., Fowle, F., Couper, M. P., Singer, E., & Tourangeau, R. (2004). *Survey Methodology.* (R. M. Groves, G. Kaftan, J. N. K. Rao, N. Schwarz, & C. Skinner, Eds.). Hoboken, New Jersey: Wiley Series in Survey Methodology. https://doi.org/10.1093/poq/nfi018

Groves, R. M. & Lyberg, L. E. (2010). Total survey error: Past, present, and future. *Public Opinion Quarterly 74* (5), 849–879. https://doi.org/10.1093/poq/nfq065

Groves, R. M. & Peytcheva, E. (2008). The impact of nonresponse rates on nonresponse bias: A meta-analysis. *Public Opinion Quarterly 72* (2), 167–189. https://doi.org/10.1093/poq/nfn011

Häder, M. (2015). *Empirische Sozialforschung - Eine Einführung* (3. Auflage). Wiesbaden: VS Verlag für Sozialwissenschaften. https://doi.org/10.2307/1855990

Häder, S., Häder, M., & Kühne, M. (2012). *Telephone Surveys in Europe Research and Practice.* Berlin, Heidelberg: Springer-Verlag. https://doi.org/10.1007/978-3-642-25411-6

Hansen, M. H., Hurwitz, W. N., & Bershad, M. A. (1961). Measurement Errors in Censuses and Surveys. *Bulletin of the ISI 38*, 351–375.

Hansen, M. H., Hurwitz, W. N., Marks, E. S., & Mauldin, W. P. (1951). Response Errors in Surveys. *Journal of the American Statistical Association 46* (254), 147–190. https://doi.org/10.1080/01621459.1951.10500779

Juran, J. M. & Godfrey, A. B. (1998). *Juran's Quality Handbook. McGrawHill* (5. Auflage). New York: McGraw-Hill. https://doi.org/10.1108/09684879310045286

Kish, L. (1965). *Survey sampling.* New York: John Wiley and Sons. https://doi.org/10.1017/s0003055400132113

Kish, L. (1987). *Statistical Research Design.* New York: John Wiley & Sons. https://doi.org/10.1002/bimj.4710300736

Krejci, J. (2010). Approaching Quality in Survey Research: Towards a Comprehensive Perspective. *Czech Sociological Review, 46*(5), 1011–1034.

Kreuter, F. (2013). *Improving surveys with Paradata: Analytic Uses of Process Information*. (M. P. Couper, G. Kalton, J. N. K. Rao, N. Schwarz, C. Skinner, & R. M. Groves, Eds.). New York, London: Wiley. https://doi.org/10.1017/CBO9781107415324.004

Kreuter, F., Couper, M., & Lyberg, L. E. (2010). The use of paradata to monitor and manage survey data collection. In *Section on Survey Research Methods – JSM 2010* (S. 282-296).

Kreuter, F. & Olson, K. M. (2013). Paradata for Nonresponse Error Investigation. In F. Kreuter (Ed.), *Improving Surveys with Paradata: Analytic Uses of Process Information* (S. 13–42). Hoboken, New Jersey: Wiley. https://doi.org/10.1002/9781118596869.ch2

Krumpal, I., Jann, B., Auspurg, K., & von Hermanni, H. (2015). Asking sensitive questions: A critical account of the randomized response technique and related methods. In U. Engel, B. Jann, P. Lynn, A. Scherpenzeel, & P. Sturgis (Eds.), *Improving Survey Methods: Lessons from Recent Research* (S. 122–136). London: Routledge. https://doi.org/10.4324/9781315756288

Lyberg, L. E. (2012). Survey Quality. *Survey Methodology 38* (2), 107–130.

Lyberg, L. E., Biemer, P. P., Collins, M., De Leeuw, E., Dippo, C., Schwarz, N., Trewin, D. (1997). *Survey Measurement and Process Quality*. New York: Wiley Series in Probability and Statistics. https://doi.org/10.1002/9781118490013

Lyberg, L. E. & Stukel, D. M. (2017). The Roots an Evolution of the Total Survey Error Concept. In P. P. Biemer, E. de Leeuw, S. Eckman, B. Edwards, F. Kreuter, L. E. Lyberg, ... B. T. West (Eds.), *Total Survey Error in Practice* (S. 3–22). Wiley.

Mahalanobis, P. C. (1965). Statistics as a Key Technology. *The American Statistician 19* (2), 43–46. https://doi.org/10.2307/2682378

Porst, R. (1996). *Ausschöpfungen bei sozialwissenschaftlichen Umfragen. Die Sicht der Institute.* (ZUMA-Arbeitsbericht No. 96/07). Mannheim.

Schnell, R. (2012). *Survey-Interviews: Methoden standardisierter Befragungen.* Wiesbaden: VS, Verlag für Sozialwissenschaften. https://doi.org/10.1007/978-3-531-94208-7

Weisberg, H. F. (2005). *The Total Survey Error Approach - A Guide to the New Science of Survey Research.* Chicago and London: The University of Chicago Press. https://doi.org/10.7208/chicago/9780226891293.001.0001

West, B. T. & Olson, K. M. (2010). How much of interviewer variance is really nonresponse error variance? *Public Opinion Quarterly 74* (5), 1004–1026. https://doi.org/10.1093/poq/nfq061

Siegfried Gabler & Sabine Häder

3 Repräsentativität: Versuch einer Begriffsbestimmung

Auf einen Blick

▸ Der Begriff der Repräsentativität ist nicht mathematisch-statistisch definiert und unterliegt daher einer gewissen Auslegung in der Öffentlichkeit. Gleichwohl wird er als Gütesiegel für sozialwissenschaftliche Studien häufig gebraucht und gefordert.

▸ Wir verstehen unter Repräsentativität den Umstand, dass die Stichprobe die Grundgesamtheit hinreichend genau abbildet.

▸ Dafür ist ein gesamtes Maßnahmebündel notwendig, das neben der sorgfältigen Planung, Durchführung und Dokumentation der Studie insbesondere die Wahl einer adäquaten Stichprobenstrategie beinhaltet.

3.1 Motivation

Eine wichtige Fehlerquelle für Abweichungen zwischen Parameterschätzungen und wahren Populationswerten ist die Wahl der Stichprobenstrategie, d.h. die Kombination aus Auswahlverfahren und Schätzfunktion. Werden diese nicht adäquat gewählt, hat dies mit Sicherheit eine Erhöhung des Total Survey Error zur Folge und führt dann dazu, dass die Aussagen, die aus einer Studie gewonnen werden, nicht „repräsentativ" sind. Auf mögliche Auswahlfehler wird im Kapitel Telefonstichproben, auf Schätzfehler im Kapitel Gewichtung eingegangen. Hier gilt es, die Komposition aus Auswahl und Schätzung zu besprechen, die – wenn sie geeignet gewählt werden – zu „repräsentativen" Aussagen führen können.

Der Begriff „repräsentativ" ist in seiner Deutung kein ausschließlich mathematischer wie etwa die Begriffe Hypothenuse oder Kosinus. Stattdessen finden sich im Duden der deutschen Rechtschreibung gleich vier Begriffsumschreibungen aus verschiedenen Gebieten:

„1. (besonders Politik) vom Prinzip der Repräsentation bestimmt

© Springer Fachmedien Wiesbaden GmbH, ein Teil von Springer Nature 2019
S. Häder et al. (Hrsg.), *Telefonumfragen in Deutschland*, Schriftenreihe der ASI – Arbeitsgemeinschaft Sozialwissenschaftlicher Institute, https://doi.org/10.1007/978-3-658-23950-3_3

2a. als Einzelner, Einzelnes typisch für etwas, eine Gruppe o. Ä. und so das Wesen, die spezifische Eigenart der gesamten Erscheinung, Richtung o. Ä. ausdrückend

2b. verschiedene [Interessen]gruppen in ihrer Besonderheit, typischen Zusammensetzung berücksichtigend

3. in seiner Art, Anlage, Ausstattung wirkungs-, eindrucksvoll; der Repräsentation dienend."

(https://www.duden.de/rechtschreibung/repraesentativ)

Offensichtlich sind es die Deutungen 2a. und 2b., die am ehesten dem statistischen Gebrauch nahekommen und einen Anspruch an Studien und ihre Ergebnisse formulieren. Dabei geht es um eine Art Gütesiegel.

3.2   Repräsentativität in den Sozialwissenschaften

Der Begriff der Repräsentativität wird oft benutzt, jedoch auch in vielfältiger Weise absichtlich oder unabsichtlich missverständlich verwendet. Die Schwierigkeit ist, dass der Begriff „repräsentativ" statistisch gesehen nicht genau definiert ist. Mit „repräsentative Studie" soll umgangssprachlich ausgedrückt werden, dass sie im Ergebnis ein hinreichend genaues Abbild der Grundgesamtheit liefert. Hinreichend genaues Abbild bezieht sich auf die Struktur relevanter Merkmale in der Stichprobe und der Grundgesamtheit. Diese Ähnlichkeit werde mit wachsendem Stichprobenumfang immer größer, ist eine verbreitete Auffassung. Es hat den Anschein, als ob der Repräsentativitätsbegriff einen komplexen Hintergrund hat.

Da es keine allgemein gültige Festlegung für diesen Begriff gibt, erscheint es – um sich einer Definition anzunähern - als sinnvoll, zunächst Faktoren aufzulisten, die für die Güte der Abbildung einer Grundgesamtheit mittels einer Stichprobe von Bedeutung sind. Die Güte der Studie hängt aus statistischer Sicht ab

1. von der Diskrepanz zwischen Grundgesamtheit und Auswahlgesamtheit

2. vom Nonresponse

3. von den interessierenden Merkmalen bzw. deren Verteilung in der Gesamtheit

4. vom Auswahlverfahren und der Schätzfunktion

5. vom Stichprobenumfang (insgesamt oder auch in zu untersuchenden Teilgruppen)

3.2.1 Diskrepanz zwischen Grundgesamtheit und Auswahlgesamtheit

Oftmals existiert keine Liste aller Elemente der Grundgesamtheit. Man ist auf sogenannte Auswahlgesamtheiten angewiesen, die häufig nur mehr oder weniger mit der Grundgesamtheit übereinstimmen und deren Elemente in sogenannten Auswahlrahmen gelistet sind. Wird z.b. bei Telefonumfragen als Auswahlrahmen das Telefonbuch benutzt, haben Personen, die nicht eingetragen sind, keine Chance ausgewählt zu werden (Undercoverage). Ist das Untersuchungsmerkmal stark mit dem Eintrag in das Telefonbuch korreliert, wird die Studie nicht repräsentativ für die Grundgesamtheit sein. Personen, die nur über Mobiltelefon erreichbar sind, unterscheiden sich vom Rest der Bevölkerung z.B. in der Altersstruktur. Bei einer Umfrage, die auf junge Menschen abzielt, kann man diesen Sachverhalt nicht einfach ausblenden – bei einer Befragung, die auf ältere, weniger mobile Personen abzielt evtl. schon. Um telefonischen Umfragen nicht von vornherein das Label repräsentativ absprechen zu müssen, wurde ein Verfahren entwickelt, bei dem die Auswahlgesamtheit im Wesentlichen eine Obermenge der Grundgesamtheit ist. Bei telefonischen Umfragen werden zwei Auswahlgesamtheiten verwendet (Dual-Frame), eine für das Festnetz und eine andere für den Mobilfunk. Nur Personen, die überhaupt kein Telefon besitzen, haben keine Chance, in die Stichprobe zu gelangen; eine Größe, die vernachlässigbar ist. Zum Beispiel die in diesem Buch vorgestellten Studien CELLA 1, CELLA 2 und Influenza verwenden diesen Dual-Frame-Ansatz.

3.2.2 Nonresponse

In den letzten Jahren fiel die Responserate bei sozialwissenschaftlichen Untersuchungen deutlich. Lag die Ausschöpfungsquote in den 80er Jahren des vergangenen Jahrhunderts bei Telefonumfragen in Deutschland bei über siebzig Prozent, so sind es heute deutlich weniger (Beispiele siehe Kapitel zum Nonresponse). Die Folge ist möglicherweise, dass die Rohdaten nicht „repräsentativ" sind, wenn die Ausfälle systematisch erfolgen. Da das Teilnahmeverhalten für verschiedene Subgruppen unterschiedlich sein kann, sind die Anteile dieser Gruppen in der Stichprobe mehr oder weniger von den Anteilen in der Gesamtheit entfernt. Um diesen Umstand zu berücksichtigen, sind Gewichtungsmodelle entwickelt worden, die die entstandene Verzerrung ausgleichen oder zumindest verringern sollen. Die Gewichtung umfasst neben der Designgewichtung auch eine Anpassungsgewichtung. Je besser der Ausfallprozess mathematisch modelliert werden kann, desto besser kann dieser Prozess in die Gewichtung, d.h. den Schätzer, eingebaut werden. Dabei ist zu beachten, dass ein geringer Nonresponse nicht notwendig zu Repräsentativität führt und hoher Nonresponse nicht gleichbedeutend mit Nicht-Repräsentativität ist (vgl. Kapitel 10 in diesem Band). Das Kriterium dafür ist, ob die Ausfälle zufällig oder systematisch zustande gekommen sind.

3.2.3 Interessierende Merkmale und deren Verteilung in der Gesamtheit

Es kann sein, dass in einer Studie zum Beispiel die Verteilung der Merkmale Alter und Geschlecht in der Stichprobe und in der Grundgesamtheit übereinstimmen, nicht aber die Verteilung der Bildung. Dies wäre etwa bei einem geschichteten Auswahlverfahren der Fall, in dem als Schichtungsmerkmale nur Alter und Geschlecht fungieren und die Stichprobe proportional auf die Schichten aufgeteilt wäre. Alter und Geschlechtsverteilung stimmten dann in Grundgesamtheit und Stichprobe überein, die Bildungsverteilung könnte aber unterschiedlich sein. Für telefonische Umfragen ist diese Tatsache bekannt: Mittlere Bildungsschichten nehmen disproportional häufig an Umfragen teil, eine Folge ist der bekannte Mittelschichtsbias. Bezüglich der Bildung würde man daher nicht unmittelbar von einer repräsentativen Studie sprechen können. Dies zeigt, dass die Repräsentativität einer Studie auch vom Merkmal abhängt. Ist die Verteilung des Merkmals in der Grundgesamtheit schief, ist diese Verteilung in der Stichprobe nicht immer identisch oder auch nur ähnlich wiederzufinden. Hat die Gesamtheit hinsichtlich eines Merkmals einige Ausreißer, kann dies in der Stichprobe nicht reproduziert sein. Eine Studie wird also nicht hinsichtlich aller Merkmale repräsentativ sein können. Man wird sich auf ein Merkmalsbündel beschränken, für das man diese Eigenschaft wünscht.

3.2.4 Auswahlverfahren und Schätzfunktion

In der Regel wird man von repräsentativen Studien nur dann sprechen, wenn die Auswahl der Untersuchungseinheiten zufällig erfolgt, d.h. einem bekannten Wahrscheinlichkeitsprozess unterliegt. Die einfachste Auswahl ist die einfache Zufallsauswahl, bei der alle Stichproben vom Umfang n die gleiche Wahrscheinlichkeit haben, gezogen zu werden, wie etwa beim Lotto. Wenn alle Stichproben die gleiche Wahrscheinlichkeit haben, dann haben auch insbesondere alle Elemente der Grundgesamtheit die gleiche Wahrscheinlichkeit, in die Stichprobe zu gelangen. Umgekehrt stimmt das im Allgemeinen nicht. Von der Tatsache, dass alle Elemente der Grundgesamtheit die gleiche Wahrscheinlichkeit haben, in die Stichprobe zu gelangen, kann nicht gefolgert werden, dass eine einfache Zufallsauswahl zugrunde liegt. Ein Beispiel wäre eine auf Schichten proportional aufgeteilte Stichprobe. Für die Repräsentativität ist es nicht notwendig, dass alle Einheiten der Grundgesamtheit die gleiche Wahrscheinlichkeit haben müssen, um in die Stichprobe gelangen zu können. Die Auswahlwahrscheinlichkeiten müssen aber berechenbar sein.

Führt nun eine Zufallsauswahl auch immer zu einer repräsentativen Studie? Wenn hinreichende Genauigkeit ein wichtiger Gradmesser für Repräsentativität ist, dann nicht. Eine Zufallsauswahl vom Umfang 1 würde man nicht als repräsentativ für ein streuendes Merkmal ansehen, da man zwar auch dann erwartungstreu schätzen könnte, aber die Genauigkeit nicht sehr hoch wäre. Der Stichprobenumfang spielt also eine bedeutende Rolle.

Neben dem zufälligen Auswahlverfahren ist es natürlich auch wichtig, eine geeignete Schätzfunktion für Hochrechnungen zu verwenden. Zu einem geschichteten Auswahlverfahren wird man einen geschichteten Schätzer verwenden, um genaue Ergebnisse zu erzielen. Liegen unterschiedliche Auswahlwahrscheinlichkeiten zugrunde, führt das Stichprobenmittel auch asymptotisch nicht zu erwartungstreuen Ergebnissen. Man wird dann etwa den Horvitz-Thompson-Schätzer verwenden.

Hat man Hilfsmerkmale zur Verfügung, kann man die Genauigkeit oft stark verbessern, wenn man sie in das Auswahlverfahren und/oder die Schätzfunktion einbaut. Gegenwärtig verwendet man häufig den GREG-Schätzer, der eine Kalibrierung an Hilfsmerkmale beinhaltet und zudem das Auswahlverfahren mit einbezieht. Die Berücksichtigung des Nonresponse ist dadurch möglich. Wichtig ist auch, gute Varianzschätzungen berechnen zu können, um eine Vorstellung von der Genauigkeit des Schätzers zu haben. Repräsentativität und Genauigkeit hängen eng miteinander zusammen. Ist der Begriff der Repräsentativität eher ein globaler Begriff, ist die Genauigkeit vom speziellen Merkmal, dem Nonresponse, dem Auswahlverfahren und dem Schätzer abhängig.

3.2.5 Stichprobenumfang

Ist die Auffassung gerechtfertigt, dass die Genauigkeit mit zunehmendem Stichprobenumfang zunimmt? Die Beantwortung hängt von einigen Faktoren ab (vgl. auch Kapitel 4 in diesem Band). Zunächst stellt sich die Frage, welcher Parameter der Grundgesamtheit geschätzt werden soll. In vielen Fällen ist es der Mittelwert $\bar{y}_U$ eines Merkmals in der Grundgesamtheit $U = \{1, 2 ..., N\}$ vom Umfang N, z.B. das mittlere Einkommen oder der Anteil der Wähler, die eine bestimmte Partei wählen. Es ist bekannt, dass das Stichprobenmittel $\bar{y}$ bei einfacher Zufallsauswahl ein erwartungstreuer Schätzer für das entsprechende Mittel in der Gesamtheit ist und dieses Stichprobenmittel umso näher beim tatsächlichen Wert in der Grundgesamtheit liegt, desto größer der Stichprobenumfang ist. Statistisch gesehen ist das damit verbundene Konfidenzintervall von großer Bedeutung. Für nicht zu kleine Stichprobenumfänge überdeckt das Zufallsintervall $\left[\bar{y} - z \cdot \sqrt{\dfrac{s^2}{n}}, \bar{y} + z \cdot \sqrt{\dfrac{s^2}{n}} \right]$ den wahren Mittelwert $\bar{y}_U$ in der Gesamtheit mit einer Wahrscheinlichkeit, die unter anderem vom Wert z abhängt. Kann man davon ausgehen, dass das Stichprobenmittel näherungsweise normalverteilt ist, ist im Falle $z = 1{,}96$ die Überdeckungswahrscheinlichkeit 95%. s^2 ist die Stichprobenvarianz und n der Stichprobenumfang. Offensichtlich ist das Konfidenzintervall klein, wenn der Stichprobenumfang groß ist, oder genauer, wenn der Stichprobenfehler $\sqrt{\dfrac{s^2}{n}}$ mit wachsendem Stichprobenumfang geringer wird. Tendenziell stimmt die Regel, dass ein höherer Stichprobenumfang genauere Ergebnisse liefert, vorausgesetzt, die Stichprobe wurde geeignet ausgewählt. Wie wichtig dies ist, zeigt das Beispiel der US-Präsidentenwahl von 1936. Dieses Beispiel ging als Literary-Digest-Desaster in die Geschichte der Umfragen ein. Von den ca. 10 Millionen angeschriebenen Wählern antworteten immerhin etwa 2,4 Millionen. Da sich etwa 60% der Antwortenden für Alf Landon entschieden hatten, sagte der Literary Digest diesen als Gewinner der Wahl voraus, eine falsche Vorhersage, wie sich herausstellte. Dies war insbesondere eine Überraschung, da Literary Digest in den fünf vorausgegangen Präsidentschaftswahlen das Wahlergebnis korrekt vorausgesagt hatte. Die Gründe für die falsche Prognose waren vor allem die Verwendung eines ungeeigneten Auswahlrahmens und eine hohe Nonresponserate bei dieser Umfrage.

Dieses Beispiel zeigt, dass ein großer Stichprobenumfang nicht zwangsweise zu einer repräsentativen Studie führt, wenn nicht weitere Facetten der Auswahl beachtet werden. Allerdings sind hinreichend große Stichprobenumfänge notwendig, wenn die Genauigkeit der Schätzer hinreichend groß sein soll oder wenn belastbare Aussagen auch für Untergruppen gemacht werden sollen.

3.3   Fazit

Die bisherige Argumentation soll verdeutlichen, dass einer Studie nur dann das Label „repräsentativ" zugesprochen werden sollte – wenn sich der Begriff schon nicht vermeiden lässt - falls die Studie sorgfältig geplant, durchgeführt und dokumentiert sowie eine geeignete Stichprobenstrategie gewählt wurde.

Idealerweise sollte

- die Auswahlgesamtheit die Grundgesamtheit enthalten,
- der Nonresponse klein sein oder zumindest modelliert werden können,
- die Verteilung der interessierenden Merkmale in der Gesamtheit nicht zu schief und die Zahl der Ausreißer beschränkt sein,
- ein zufälliges Auswahlverfahren und Schätzfunktionen gewählt werden, die zu den interessierenden Merkmalen einen engen Bezug haben. In der Grundgesamtheit bekannte Hilfsmerkmale helfen, die Genauigkeit der Stichprobenstrategie zu verbessern,
- der Stichprobenumfang groß genug sein, um auch verlässliche Aussagen über Untergruppen machen zu können und asymptotische Konfidenzintervalle berechnen zu können.

Die Bewertung der Aussagekraft von Ergebnissen einer Erhebung muss sich an diesen Aspekten messen.

Natürlich sind die genannten Qualitätsansprüche mit einem höheren Aufwand (sowohl finanziell als auch zeitlich) verbunden als bei einfachen „quick-and-dirty" Umfragen. Bei schnellen und billigen Erhebungen müssen erfahrungsgemäß Abstriche in einer oder mehrerer der beschriebenen Dimensionen gemacht werden. Auftraggeber sollten bei entsprechenden Angeboten sehr genau prüfen (lassen), ob ihre Studienziele noch erreicht werden können.

Für die Glaubwürdigkeit und Nachvollziehbarkeit ist Transparenz in der Studienbeschreibung daher unerlässlich (vgl. Kapitel 12 zur Dokumentation). Nur dann können sich Auftraggeber, Multiplikatoren und Rezipienten ein eigenes unabhängiges Bild davon machen, wie nahe eine Studie der Vorstellung einer repräsentativen Studie kommt. Es kann aber konstatiert werden, dass viele Umfrageinstitute diese Qualitätsansprüche inzwischen ernst nehmen und Studien liefern können, die zu repräsentativen Aussagen führen.

Die folgenden Literaturangaben sind eine Auswahl von Aufsätzen, die sich mit dem Begriff der Repräsentativität auseinandersetzen.

3.4 Literatur

Heyde, C. von der (2013). *Die ADM Stichproben für Telefonbefragungen.* URL: https://www.adm-ev.de/telefonbefragungen/ aufgerufen am 19. Mai 2015.

Gabler, S. (1996). Repräsentativität von Stichproben. In H. v. Göbl, P. H. Nelde, Z. Stary, & W. Wölck (Hrsg.), *Kontaktlinguistik: Ein internationales Handbuch zeitgenössischer Forschung,* (S. 733-737). New York: De Gruyter.

Gabler, S. & Quatember, A. (2012). Das Problem mit der Repräsentativität von Stichprobenerhebungen. In vsms Verband Schweizer Markt- und Sozialforschung (Eds.): *Jahrbuch 2012,* (S. 16-18).

Gabler, S. & Quatember, A. (2013). Repräsentativität von Subgruppen bei geschichteten Zufallsstichproben. *AStA Wirtschafts- und Sozialstatistisches Archiv* 7 (3-4), 105-119.

Grafström, A. & Schelin, L. (2014). How to Select Representative Samples. *Scandinavian Journal of Statistics* 41, 277-290.

Kruskal, W. & Mosteller, F. (1979a). Representative Sampling, I: Non-Scientific Literature. *International Statistical Review* 47 (1), 13-24.

Kruskal, W. & Mosteller, F. (1979b). Representative Sampling, II: Scientific Literature, Excluding Statistics. *International Statistical Review* 47 (2), 111-127.

Kruskal, W. & Mosteller, F. (1979c). Representative Sampling, III: The Current Statistical Literature. *International Statistical Review* 47 (3), 245-265.

Kruskal, W. & Mosteller, F. (1980). Representative Sampling, IV: the History of the Concept in Statistics, 1895-1939. *International Statistical Review* 48 (1), 169-195.

Lynn, P. (2015). The need for representative survey samples: A response to Goldstein. In H. Goldstein, P. Lynn, G. Muniz-Terrera, R. Hardy, C. O'Muircheartaigh, C. Skinner & R. Lehtonen (Eds.). *Population sampling in longitudinal surveys. Longitudinal and Life Course Studies* 6 (3), 447-475.

Neyman, J. (1934). On the two different aspects of the representative method: The method of stratified sampling and the method of purposive selection. *Journal of the Royal Statistical Society* 97, 558-625.

Quatember, A. (1996). Das Problem mit dem Begriff Repräsentativität. *Allgemeines Statistisches Archiv* 80, 236-241.

Schouten, B., Cobben, F., & Bethlehem, J. (2009). Indicators for the representativeness of survey response. *Survey Methodology* 35 (1), 101-113.

Sabine Häder & Matthias Sand

4   Telefonstichproben

Auf einen Blick

▸ Weder Festnetz- noch Mobilfunkstichproben sollten direkt aus Telefonbüchern gezogen werden, weil die Abdeckung der Grundgesamtheit völlig unzureichend ist. Als Auswahlrahmen für die Stichprobenziehung sollten der von GESIS bzw. dem ADM oder nach dem gleichen Prinzip konstruierte Frames dienen.

▸ Wenn Ergebnisse einer Stichprobe auf eine Grundgesamtheit verallgemeinert werden sollen, sollte es sich in jedem Fall um eine Zufallsstichprobe handeln, d.h. die Auswahlwahrscheinlichkeiten müssen bekannt und berechenbar sein.

▸ Für Befragungen der allgemeinen Bevölkerung sollten Dual-Frame-Stichproben über Festnetz und Mobilfunk in Betracht gezogen werden, wenn andernfalls Verzerrungen durch Undercoverage nicht ausgeschlossen werden können.

▸ Für die Gewichtung zum Ausgleich unterschiedlicher Inklusionswahrscheinlichkeiten ist eine Designgewichtung notwendig.

▸ Um die Wahrscheinlichkeit eines erfolgreichen Kontaktes zu maximieren, sollten Kontaktversuche über verschiedene Wochentage und Uhrzeiten verteilt werden. Um dabei aber ein Gefühl der Belästigung bei den potentiellen Befragten zu vermeiden, sollten in der Regel nicht mehr als insgesamt 10 Kontaktversuche zu einer Telefonnummer unternommen werden.

▸ Im Vorfeld einer Mobilfunkerhebung ist eine Bereinigung der Telefonnummern der Stichprobe mittels HLR-Lookup empfehlenswert.

▸ Übliche Stichprobenumfänge für telefonische Befragungen in den Sozialwissenschaften liegen zwischen n=1.000 und n=2.000 Interviewten. Die Wahl des Stichprobenumfangs hängt aber sehr stark davon ab, wie sehr ein interessierendes Merkmal in der Grundgesamtheit streut und wie exakt die Aussagen für interessierende Untergruppen sein sollen.

▸ Für die Befragung von 1.000 Zielpersonen sind derzeit Bruttostichprobenumfänge von 25.000 Festnetz- bzw. Mobilfunknummern nötig. Diese

© Springer Fachmedien Wiesbaden GmbH, ein Teil von Springer Nature 2019
S. Häder et al. (Hrsg.), *Telefonumfragen in Deutschland*, Schriftenreihe
der ASI – Arbeitsgemeinschaft Sozialwissenschaftlicher Institute,
https://doi.org/10.1007/978-3-658-23950-3_4

Übersetzung gewährleistet den Ausgleich u.a. von Nonresponse und nichtgeschalteten Nummern.

4.1   Motivation

In dem diesem Band zugrundeliegenden Konzept des Total Survey Error nimmt die Stichprobenziehung eine bedeutsame Stellung ein (Faulbaum 2014, S. 439ff.; M. Häder & S. Häder 2014, S. 283ff.). Sie ist Ursache für den Stichprobenfehler, der sich bei Telefonumfragen ergibt, weil eben nur ausgewählte Telefonteilnehmer befragt werden und nicht alle zur Grundgesamtheit gehörenden Zielpersonen, beispielsweise alle in Deutschland in Privathaushalten lebenden Personen, die 16 Jahre oder älter sind. Der Stichprobenfehler kann in Auswahl- und Schätzfehler zerlegt werden (Bethlehem 2009, S. 181). Während der Schätzfehler genauer in Kapitel 11 (Gewichtung) untersucht wird, soll hier erläutert werden, wie eine Stichprobenziehung für telefonische Befragungen in Deutschland geschehen sollte, um diese Komponente des Total Survey Errors möglichst gering zu halten.

Angesichts der hohen Bedeutung, die telefonischen Befragungen innerhalb der Umfragepraxis zukommt, war auch die Entwicklung eines methodisch anspruchsvollen Stichprobendesigns für diesen Befragungsmodus erforderlich. Dabei ging es zunächst lediglich darum, Festnetzstichproben zu generieren. So war es naheliegend, nach einem Register zu suchen, das alle Elemente der Grundgesamtheit, also alle Telefonanschlüsse, enthält. Beim Telefonbuch und auch bei den im Handel erhältlichen elektronischen Verzeichnissen (CD-ROM) handelt es sich in Deutschland jedoch nicht um für sozialwissenschaftliche Befragungen nutzbare Verzeichnisse. Ähnlich wie z.B. auch in den USA stellen Telefonbücher in der Bundesrepublik seit der Aufhebung der Eintragungspflicht im Dezember 1991 (Heckel 2002, S. 13) keine vollständige Auflistung aller Teilnehmer mehr dar. Gegenwärtig steigt die Anzahl nicht gelisteter Festnetzanschlüsse weiter und wird – regional stark unterschiedlich – auf ca. 60 bis 70% geschätzt. Der Anteil eingetragener Nummern in der Nettostichprobe der Studie INFLUENZA 2014 betrug im Festnetz bundesweit sogar nur 32% der Nummern, unter denen ein Interview realisiert werden konnte. In der Bruttostichprobe konnte nur bei ca. 11% der Nummern ein Eintrag festgestellt werden. Dabei unterscheiden sich Personen aus eingetragenen und nichteingetragenen Haushalten mit Festnetztelefon hinsichtlich soziodemographischer Variablen.

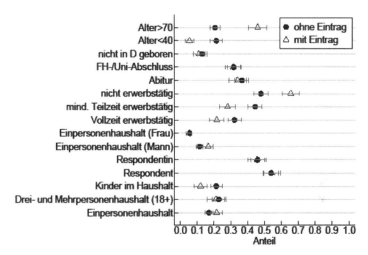

Abbildung 4.1 Unterschiede zwischen eingetragenen und nichteingetragenen Festnetz-Telefonteilnehmern in der Studie INFLUENZA 2014, designgewichtete Daten

Es zeigt sich, dass insbesondere beim Alter, aber auch beim Erwerbsstatus beträchtliche Unterschiede bestehen, die bei einer Ziehung aus dem Telefonbuch zu systematisch verzerrten Bruttostichproben führen würden. Es galt also, einen für Deutschland praktikablen, relativ leicht zu konstruierenden, unaufwändig zu aktualisierenden und von der Datenbasis her legal zugänglichen Auswahlrahmen für Festnetztelefonstichproben zu entwerfen. Um diesen verstehen zu können, muss zunächst kurz in das System der Telefonnummern in Deutschland eingeführt werden.

4.2   Stichproben für Telefonumfragen im Festnetz

4.2.1   Das System der Festnetztelefonnummern in Deutschland

Es existieren 5.200 Ortsnetzbereiche (sogenannte Vorwahlbereiche), die Deutschland vollständig abdecken. Die Grenzen der Ortsnetzbereiche sind allerdings nicht mit Gemeindegrenzen oder anderen administrativen Grenzen kongruent. Dies erschwert z.b. eine Schichtung nach Bundesländern, wenn diese eigentlich sinnvoll wäre, weil die zu erhebenden Variablen eine regionale Abhängigkeit vermuten lassen. Beispielsweise deckt der Ortsnetzbereich 0621 die Gemeinden Mannheim, Ilvesheim, Edingen-Neckarhausen und Ludwigshafen am Rhein ab. Die ersten drei Gemeinden liegen im Bundesland Baden-Württemberg, die letzte in Rheinland-Pfalz. Hier lässt sich zwar – durch die so erfolgte Vergabe der Nummern – aus der ersten Ziffer der Teilnehmernummer mit hoher Wahrscheinlichkeit eine richtige Zuordnung zum Bundesland Baden-Württemberg bzw. Rheinland-Pfalz ableiten. Dies gilt aber zum Beispiel nicht für Ortsnetzbereiche wie Berlin, wo zum Ortsnetzbereich 030 auch Brandenburger Gemeinden gehören oder Hamburg, wo im Ortsnetzbereich 040 auch Gemeinden aus Niedersachsen zu finden sind. Als weitere Schwierigkeit werden viele Gemeinden von mehreren Ortsnetzbereichen geschnitten. So gibt es z.B. in der Gemeinde Neustadt an der Weinstraße Rufnummern mit den Ortsnetzkennzahlen 06321 und 06327. Jedem Ortsnetz ist eine Kennzahl (Ortsnetzkennzahl) zugeordnet. Diese beginnen nach einer führenden Null mit einer Ziffer zwischen 2 und 9. Die Ortsnetzkennzahlen haben eine Länge von zwei bis fünf Stellen (ohne die führende Null). Sie erlauben einen Rückschluss auf die geographische Lage des Anschlusses (vgl. www. bundesnetzagentur.de), die Länge der Ortsnetzkennzahlen zusätzlich auf die Größe des Ortsnetz-Bereichs.

- Die Rufnummern hatten bislang zwischen drei und neun Stellen. Aus der Länge der Rufnummern konnte man Hinweise auf das Alter und den Urbanisierungsgrad der Region des Telefonanschlusses gewinnen: Je älter die Nummer und je ländlicher die Region, desto kürzer war die Nummer. Die Länge von Vorwahl und Rufnummer variierte von 7 bis 11 Stellen. Da in einigen Ortsnetzbereichen allerdings eine Rufnummernknappheit eintrat, werden dort seit Mai 2003 zwölfstellige Rufnummern (Ortsnetzkennzahl plus Teilnehmernummer) vergeben. Dies gilt u.a. für eine Vielzahl ostdeutscher sehr kleiner Ortsnetzbereiche mit fünf Stellen (z.B. 033762 Zeuthen).

Künftig wird die Beziehung zwischen der Länge der Rufnummer und dem Urbanisierungsgrad demnach nicht mehr ohne weiteres erkennbar sein.

- Innerhalb eines Ortsnetzbereiches variiert also die Länge der Telefonnummern. Das hat zur Folge, dass bestimmte Rufnummern – historisch-technisch bedingt - nicht existieren können. Ist z.b. im Ortsnetzbereich 06321 die Rufnummer 3370 vergeben, kann es in der Regel keine längere Nummer mit den gleichen Anfangsziffern geben, also z.b. sind die Nummern 3370x, 3370xx usw. ausgeschlossen. Das ist ein Grund für die großen Lücken, die in der Aufeinanderfolge der Rufnummern innerhalb eines Ortsnetzes bestehen.

- Abbildung 4.2 veranschaulicht die Anordnung der Rufnummern innerhalb eines Ortsnetzbereiches. Stellt man sich die Rufnummern statt auf einem Zahlenstrahl in Blöcken gleicher Länge angeordnet vor, ergibt sich folgendes Bild: In einigen Blöcken gibt es eingetragene und nicht eingetragene Rufnummern sowie „Lücken", d.h. (noch) nicht verwendete Rufnummern (Blöcke 1; 3; 6; 10). Im Block 5 sind bereits alle Rufnummern vergeben, und zwar zu gleichen Teilen mit eingetragenen und nicht eingetragenen Rufnummern. Darüber hinaus gibt es die erwähnten leeren Blöcke (Blöcke 2; 4; 7) und Blöcke, die erst sehr gering besetzt sind. In Block 8 gibt es lediglich eine nicht eingetragene Nummer, in Block 9 eine eingetragene Nummer. Die Kenntnis dieser Anordnung der Rufnummern in den Ortsnetzbereichen ist eine Voraussetzung für das Verständnis der weiter unten vorgestellten Stichprobendesigns.

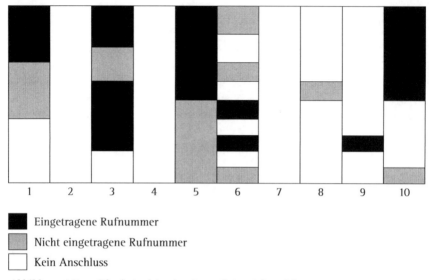

■ Eingetragene Rufnummer

▨ Nicht eingetragene Rufnummer

☐ Kein Anschluss

Abbildung 4.2   Blockstruktur in einem Ortsnetzbereich

4.2.2   Random Digit Dialling und Randomized Last Digits

Um sowohl eingetragene als auch nicht eingetragene Telefonnummern in die Stichprobe einzuschließen, wäre es zunächst denkbar, das aus den USA bekannte Random Digit Dialling – die einfache Zufallsziffernanwahl – anzuwenden (Ayhan & Islam 2005)

Für einen Auswahlrahmen nach der Random Digit Dialling - Methode müsste nun für alle 5.200 (oder auch nur interessierende ausgewählte) Ortsnetzbereiche jeweils der Range zwischen der niedrigsten und der höchsten eingetragenen Telefonnummer bestimmt werden. Dieser würde die Menge der als Telefonnummern denkbaren Ziffernfolgen umfassen, aus denen die Stichprobe zu ziehen wäre. Dazu ein Beispiel: Für den Ortsnetzbereich „06321" ist die niedrigste eingetragene Nummer eines privaten Haushalts 2001, die höchste 95600100. Insgesamt sind für diesen Ortsnetzbereich gegenwärtig (Stand 2016) etwa 11.900 Nummern im Telefonbuch veröffentlicht. Wenn man nun eine Stichprobe aus dem bestehenden Range zöge, dann würde man nur in 0,012% der Fälle auf eine eingetragene Nummer treffen. Selbst wenn ein Anteil von nicht eingetragenen Nummern von ma-

ximal 68% (in der Studie INFLUENZA 2014 gemessener Wert nicht eingetragener und nicht vergebener Nummern) unterstellt wird, läge die Treffer-
quote („Hitrate") unter einem Prozent. Damit dürfte klar sein: Dieser Ansatz ist in Deutschland aufgrund des komplizierten Nummernsystems nicht
praktikabel, da er entschieden zu zeit- und kostenintensiv ist. Zudem existiert ein weiteres Problem: Zwar werden die anzuwählenden Ziffernfolgen
mit gleichen Wahrscheinlichkeiten ausgewählt, bei der praktischen Umsetzung haben aber – bedingt durch das deutsche Nummerierungssystem
mit seinen unterschiedlichen Rufnummernlängen – nicht alle Haushalte die
gleiche Auswahlwahrscheinlichkeit. Die Inhaber kürzerer Nummern haben
eine höhere Chance in die Stichprobe zu gelangen als die Telefonhaushalte
mit längeren Nummern.

- Eine andere, ebenfalls in den USA entwickelte Lösung des Problems der
  Einbeziehung von Nummern auch nicht eingetragener Telefonteilnehmer
  ist das so genannte „Randomized Last Digits". Hierbei werden zufällig,
  unabhängig und mit gleicher Wahrscheinlichkeit Nummern aus dem Telefonbuch gezogen. Zu jeder gezogenen Telefonnummer wird eine Telefonnummer aus dem selben 10er oder 100er Block erzeugt. Bei diesem Vorgehen sind jedoch die Inklusionswahrscheinlichkeiten für die anzuwählenden Ziffernfolgen nicht gleich. Um die ungleichen Wahrscheinlichkeiten
  beim Randomized Last Digits wieder auszugleichen, müssten die in den
  Interviews erhaltenen Datensätze im Nachhinein jeweils mit der Inversen
  der Eintragsdichte, d.h. der Inversen der Zahl eingetragener Nummern in
  diesem Block, gewichtet werden, was die Genauigkeit der Schätzer verringern würde. So würde ein Datensatz, der aus einem Interview mit einem
  Teilnehmer stammt, in dessen 100er Block noch 40 weitere eingetragene
  Nummern stehen, mit dem Faktor 1/40 multipliziert werden. Ein anderer
  Teilnehmer, in dessen Block nur zwei eingetragene Nummern vorkommen,
  erhielte dagegen den Faktor ½.

4.2.3 GESIS-Auswahlrahmen

Die beste Praxis bei der Ziehung von Telefonstichproben stellt ein Design
dar (Gabler & S. Häder 1997, 2002; Heckel 2002), das bei ZUMA in Mannheim Mitte der 1990er Jahre entwickelt wurde. Dabei werden zunächst aus
der Menge aller im Telefonbuch registrierten Telefonnummern die offensichtlich nicht zur Grundgesamtheit der Wohnbevölkerung gehörenden An-

schlüsse bzw. Nummernfolgen gelöscht. Dazu zählen bei allgemeinen Bevölkerungsumfragen vor allem die Geschäftsanschlüsse und Fehleinträge. Nun ordnet man die verbleibenden Nummern der 5.200 Ortsnetzbereiche der Größe nach an. Daraufhin bildet man Blocks eines festgelegten Umfangs, also z.b. 10 oder 100 oder 1000. Beim Blockumfang 100 wäre das also von 00 bis 99, von 100 bis 199 usw. Die eingetragenen Nummern kann man in diese Blocks einordnen. Z.B. liegt die Nummer 06321 33703 im Block 33700-33799 des Ortsnetzbereiches 06321. Die grundlegende Vermutung ist nun, dass sich die nicht gelisteten Telefonnummern ebenfalls innerhalb der mit mindestens einer eingetragenen Nummer besetzten Blocks befinden. Deshalb werden im Weiteren alle Blocks, in denen keine Rufnummer im Verzeichnis gelistet ist, ausgesondert. In allen verbleibenden Blocks, in denen mindestens eine Rufnummer gelistet ist, werden alle 100 möglichen Ziffernfolgen generiert, also zum Beispiel im Ortsnetzbereich 06321 die Folgen 33700, 33701, 33702, 33703, ..., 33799. Die Menge aller dieser Ziffernfolgen in allen Ortsnetzbereichen stellt dann den Auswahlrahmen dar, aus dem die Stichproben für Telefonumfragen zufällig gezogen werden können. Dieses Universum enthält eingetragene Telefonnummern (z.B. 33703), nicht eingetragene Telefonnummern und Ziffernfolgen, die gegenwärtig nicht geschaltet sind.

Der in Abbildung 4.2 dargestellte Nummernraum würde im GESIS-Auswahlrahmen fast identisch wiedergegeben werden – lediglich Block 8, der nur nicht eingetragene Nummern enthält, würde fehlen. Tatsächlich entscheidet die gewählte Blocklänge im Auswahlrahmen über die Güte der Abdeckung auch nichteingetragener Nummern (Undercoverage) und die Effizienz (Anzahl der Blöcke, in denen keine einzige Rufnummer vergeben ist). Bei Blocklänge 1 wäre das Design identisch mit der Auswahl eingetragener Nummern aus dem Telefonbuch, mit steigender Blocklänge nähert sich das Design dem Random Digit Dialling an, was wiederum einen Effizienzverlust (sinkende Hitrate) bedeutet. Eine Möglichkeit, um genügend nicht eingetragene Nummern zu berücksichtigen wäre es also, statt 100er-Blöcken 1.000er-Blöcke zu generieren. Alternativ können auch Informationen der Bundesnetzagentur über vergebene Nummernblöcke genutzt werden. Der ADM legt dazu sogenannte Nuller-Blöcke der Länge 10 an und bezieht diese in den Frame ein. Das sind 10er-Blöcke, in denen zwar keine Nummer eingetragen ist, aber vermutlich Nummern vergeben sind. Durch die Verwendung dieser Blöcke ohne eingetragene Nummern soll der Undercoverage

verringert werden. Durch die Verwendung von 10er-Blöcken (statt 100er-
oder 1.000er-Blöcken) soll dagegen vermieden werden, dass die Hitrate zu
sehr sinkt.

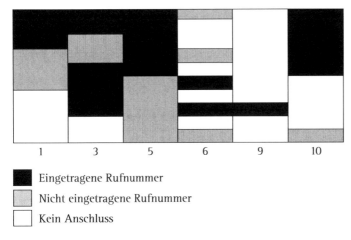

1   3   5   6   9   10

◼ Eingetragene Rufnummer

▨ Nicht eingetragene Rufnummer

☐ Kein Anschluss

Abbildung 4.3   GESIS Auswahlrahmen

Der GESIS-Auswahlrahmen verbindet damit die Vorteile von Random Digit
Dialling (RDD) und Randomized Last Digits (RLD), ohne ihre Nachteile zu
übernehmen. Im Unterschied zu RLD bietet das Verfahren gleiche Inklusionswahrscheinlichkeiten, ist aber zugleich deutlich effizienter (höhere Hitrate) als RDD.

Das ADM-Design sieht weiter eine regionale Verortung der Rufnummer über die Vorwahl vor (Heckel 2002), so dass hier Schichtungen der
Stichprobe nach regionalen Merkmalen wie Kreisen oder Regierungsbezir-
ken möglich sind. Allerdings bietet auch die ungeschichtete Auswahl aus
dem GESIS-Auswahlrahmen eine hinreichend gute regionale Abdeckung
bei bundesweiten Bevölkerungsumfragen, d.h. auch entsprechend großem
Stichprobenumfang. So zeigt Abbildung 4.4 eine Bruttostichprobe vom Umfang *n*=70.000 (Auswahlrahmen Stand 6/2016). Hier wurden die Nummern
der Bruttostichprobe über die Vorwahlen den Bundesländern zugeordnet.
Dabei mussten zwar Ungenauigkeiten in Kauf genommen werden, dass in
einigen Fällen die Vorwahlen Bundeslandgrenzen überschneiden. Es zeigt

sich aber, dass die regionale Verteilung auf Bundeslandebene – verglichen mit der Bevölkerung 15 Jahre und älter (Zensus 2011), die die Grundgesamtheit der entsprechenden Untersuchung darstellte – sehr gut getroffen wurde.

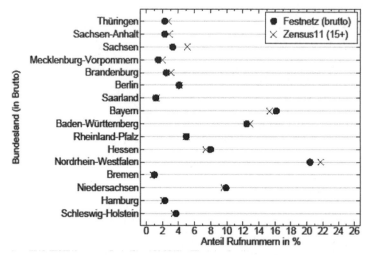

Abbildung 4.4   Gegenüberstellung einer Bruttostichprobe aus dem GESIS-Festnetz-Auswahlrahmen und den Referenzdaten der Bevölkerung 15 Jahre und älter aus dem Zensus 2011 nach Bundesländern

Der Auswahlrahmen, den GESIS für die akademische Sozialforschung bereitstellt, hat sich über die Zeit wie folgt entwickelt (siehe Tabelle 4.1):

Tabelle 4.1   Entwicklung der Zahl der Blöcke, der Zahl der eingetragenen Nummern sowie der Eintragsdichte im GESIS-Auswahlrahmen

Datum	Zahl der 100er Blöcke	Eingetragene Nummern	Eintragsdichte
April 2000	721.146	30.970.423	42,95
Januar 2005	1.063.323	28.608.286	26,90
Januar 2010	1.393.663	20.850.949	14,96
Januar 2015	1.703.578	17.018.238	9,99
Juli 2016	1.788.318	16.659.012	9,32

Die Zahl der Blöcke ist im betrachteten Zeitraum stark gestiegen, die Zahl der eingetragenen Telefonnummern hat sich dagegen dramatisch verringert. Die daraus resultierende sinkende Eintragsdichte mag mit der stärkeren Nutzung von freien Rufnummernblöcken durch neue Telefonanbieter zusammenhängen. Diese machen gegenwärtig ca. 15% der Ziffernfolgen im GESIS-Auswahlrahmen aus. Da die Erhöhung der Zahl der Blöcke nicht durch eine im gleichen Maße ansteigende Zahl nicht eingetragener Nummern begleitet wird, verringert sich die Hitrate (Quotient aus Zahl der Nummern, die einen Anschluss repräsentieren, und der Zahl der insgesamt angewählten Ziffernfolgen) bei Nutzung des GESIS-Auswahlrahmens. Dies ist gleichbedeutend mit einer sinkenden Effizienz, da mehr Anwahlversuche pro Anschluss notwendig werden. Für größere Umfrageinstitute, die über Autodialer verfügen, ist das kaum ein großes Problem, wohl aber für kleine Telefonlabors insbesondere an Universitäten, die sich diese Technik nicht leisten können.

4.2.4 Kontaktversuche

Gegenüber einer rein zufälligen Erstellung der gesamten Telefonnummer (RDD) reduziert sich bei Nutzung des GESIS- oder des ADM-Auswahlrahmens die Anzahl der erzeugten Nummernfolgen, bei denen kein Anschluss vorhanden ist. Da sich selbst nach einem Anruf nicht immer eindeutig feststellen lässt, ob sich hinter einer gewählten Ziffernfolge auch ein Anschluss verbirgt (und dann unter einer geschalteten Nummer auch ein Interview geführt wird), werden deshalb mehrere Kontaktversuche unternommen. Wie groß genau die Anzahl der Kontaktversuche sein sollte, ist ein nicht einfach zu entscheidender Trade-off. Eine zu große Anzahl von Fehlversuchen würde den Aufwand und die Belastung bei einer Befragung für Institut und Befragte beträchtlich erhöhen und damit auch die Kosten steigern. Zugleich wird es auf diese Weise jedoch prinzipiell möglich, auch nicht gelistete Telefonnummern zu kontaktieren. Die möglichst exakte Feststellung des Status einer Telefonnummer ist wiederum notwendig für die Berechnung einer Responserate (z.B. entsprechend der AAPOR-Empfehlungen) als Teil der Abschätzung einer möglichen Verzerrung durch Nonresponse (siehe Kapitel 10).

Die Größenordnungen an Kontaktversuchen, mit denen man in einer bundesweiten Telefonumfrage zu rechnen hat, seien hier am Beispiel der Studie

GEDA 12 demonstriert. In dieser Stichprobe wurde der ADM-Auswahlrahmen mit 10er-Blöcken genutzt. Zusätzlich zu den mindestens mit einer eingetragenen Nummer besetzten Blöcken wurden Nuller-Blöcke aufgenommen, d.h. Blöcke ohne eingetragene Nummer in einem Telefonverzeichnis,
um eine bestmögliche Abdeckung des tatsächlich vergebenen Nummern-
raums zu gewährleisten. Diese umfassten rund ein Drittel der Nummern
in der Stichprobe. Als maximale Kontaktzahl waren 15 Anwahlversuche
vorgegeben. Von 318.515 eingesetzten Nummern waren 17% in die Telefon-
CD eingetragen. Zu rund einem Viertel der Rufnummern wurden zehn oder
mehr Kontaktversuche unternommen, dabei ergab es keinen Unterschied,
ob die Nummer eingetragen war oder nicht. Dies ändert sich ab dem 11.
Kontaktversuch. Bei eingetragenen Nummern werden mehr als doppelt so
häufig 11 oder mehr Kontaktversuche vorgenommen als bei nicht eingetragenen Nummern (5,3% vs. 13,3%). Das könnte daran liegen, dass sich
nicht eingetragene Nummern schneller (also häufiger früher) als eindeutig
nichtgeschaltet herausstellen. Tatsächlich kommt es auch bei eingetragenen
Nummern ab dem 10. Kontaktversuch noch häufiger zu einem Personenkontakt: in 7.370 Fällen, d.h. 58,9%. Bei nicht eingetragenen Nummern ist
das nur in 18,3% der Fall. Das würde bedeuten, dass es sich insbesondere
auch bei eingetragenen Nummern durchaus lohnt, bis zu 15 Kontaktversuche zu unternehmen, weil diese immer noch zu Interviews führen. Nun ist
aber die häufige Kontaktaufnahme durchaus mit Beeinträchtigungen der
Zielhaushalte verbunden. So erscheint beispielsweise bei entsprechend eingerichteten Festnetztelefonen die Nummer des (vergeblichen) Anrufes auf
dem Display, was wegen der häufigen Anrufversuche eines dem Befragten
nicht persönlich bekannten Absenders zu Verärgerungen führen kann. Um
solche Störungen möglichst zu vermeiden, hat der ADM seine Richtlinien
für Telefonbefragungen (siehe www.adm.ev.de) novelliert:

„Die Ausschöpfungsquote ist ein wichtiges Qualitätsmerkmal bei der
Durchführung (nicht nur) telefonischer Befragungen. Deshalb dürfen die
für eine Befragung ausgewählten Telefonnummern mehrmals angerufen
werden, damit ein Kontakt zustande kommt. Zu häufige Kontaktversuche
stellen allerdings einen störenden Eingriff in die Privatsphäre der angerufenen privaten Haushalte dar. Deshalb dürfen pro Befragung und ausgewählter Telefonnummer höchstens zehn Kontaktversuche erfolgen; davon
maximal vier Kontakte an einem Tag."

Um das gesellschaftliche Klima in Bezug auf Telefonumfragen nicht weiter zu verschlechtern, halten wir diese Lösung für bundesweite Umfragen für einen tragbaren Kompromiss. Sollte dagegen die Stichprobe aus einem Register von Personen (z.b. eingetragener Mitglieder) gezogen worden sein, denen die Durchführung der Umfrage bekannt ist, kann es sich als sinnvoll erweisen, bis zu 15 Kontaktversuche zu unternehmen, um auch schwer erreichbare Zielpersonen einzubeziehen.

4.2.5 Auswahl der Zielperson im Haushalt

Sollen nicht alle Personen im Haushalte befragt werden, muss beim ersten Kontakt zu einem Haushalt die eigentliche Zielperson bestimmt werden, die dann die Fragen des Fragebogens beantworten soll. Um dabei mögliche Verzerrungen zu vermeiden, die auftreten können, wenn ein Interview z.b. immer mit der Person geführt würde, die den Anruf entgegennimmt, wurden verschiedene Auswahlverfahren in der Literatur vorgeschlagen und in der Praxis angewendet. Alle diese Verfahren haben verschiedene Vor- und Nachteile. Da die Auswahl der eigentlichen Zielperson zu Beginn des Kontakts stattfindet, kommt ihr besondere Aufmerksamkeit zu: Ein Auswahlverfahren sollte systematische Verzerrungen vermeiden, berechenbare Auswahlwahrscheinlichkeiten für die ausgewählten Zielpersonen erzeugen, gleichzeitig aber einfach und schnell durchzuführen sein und von den Kontaktpersonen nachvollziehbar und als wenig invasiv empfunden werden.[1]

In der Praxis werden v.a. zwei Verfahren eingesetzt: eine Variante der sog. Geburtstagsmethode oder eine Variante des sog. Schwedenschlüssels (oder auch Kish-Grid).

Bei der Geburtstagsmethode (Salmon und Simmons 1983) wird diejenige Person im Haushalt ausgewählt, „die zuletzt Geburtstag hatte". Das ist eine einfache, schnelle und als wenig invasiv empfundene Methode.[2] Die

---

1   Daneben sollte ein Auswahlverfahren auch möglichst wenig Spielraum für Interviewer bieten, von einer Zufallsauswahl abzuweichen, d.h. eine Auswahl sollte vom Interviewer nachvollziehbar dokumentiert und vom Erhebungsinstitut kontrollierbar sein.

2   In einer anderen Variante der Geburtstagsmethode wird diejenige Person ausgewählt, die statt zuletzt als nächstes Geburtstag hat, oder als letztes/nächstes vor- oder nach einem bestimmten Datum Geburtstag hat. Im Vergleich zur „last birthday method" sind diese Varianten aber kognitiv aufwändiger und führen so

Geburtstagsverfahren haben aber den Nachteil, dass nicht alle möglichen Zielpersonen im Haushalt die gleiche Auswahlwahrscheinlichkeit haben: Personen, die kurz vor dem Anrufdatum Geburtstag haben, haben auch eine höhere Auswahlwahrscheinlichkeit.[3] Eine Auswahl nach dem „Schweden-schlüssel" oder Kish-Grid (Kish 1949) stellt eine einfache Zufallsstichprobe im Haushalt dar, so dass im Haushalt gleiche Auswahlwahrscheinlichkeiten unter allen möglichen Zielpersonen gelten. Dazu muss ganz zu Beginn des Kontakts aber die Haushaltsstruktur (zumindest aller möglichen Zielper-sonen) von der Kontaktperson über entsprechende Fragen im Fragebogen erfragt werden, z.b. alle Personen nach Alter und Geschlecht. Ein Zufalls-zahlengenerator wählt dann im Hintergrund eine Zufallszahl zwischen 1 und der Anzahl der möglichen Zielpersonen aus; die Person mit der ausge-wählten Zufallszahl ist dann die Zielperson.[4] Da die notwendige Auflistung der Haushaltszusammensetzung zu Beginn des Kontaktes stattfinden muss, kann dies als vergleichsweise invasiv empfunden werden, zudem dauert bei größeren Haushalten die Auswahl entsprechend länger.[5] Allerdings ist die Auswahl für die Kontaktpersonen leichter nachvollziehbar.

---

evtl. zu mehr Falschauswahlen und in der Folge ggf. sogar zu Verzerrungen. Für Kontaktpersonen ist eventuell auch der Zusammenhang mit einem Geburtstag eines Haushaltsmitgliedes auch nicht deutlich, so dass das Verfahren zwar objek-tiv weniger invasiv, subjektiv in der Kontaktsituation aber nicht nachvollziehbar ist.

3   In der Praxis sollte das aber nicht zu Problemen d.h. Verzerrungen führen, da zu erhebende Merkmale in aller Regel nicht mit bestimmten (Kalender-)Daten korre-lieren. Dazu kommt, dass auch Geburtstage nicht völlig gleich verteilt sind, son-dern es systematische (aber nur kleine) Abweichungen von der Gleichverteilung in der Grundgesamtheit gibt.

4   Die Auswahl anhand eines Kish-Grids kann im einfachsten Fall also eine ein-fache Zufallsstichprobe unter allen möglichen Zielpersonen im Haushalt sein. Durch die Auflistung aller Haushaltmitglieder und der Haushaltszusammenset-zung können aber auch komplexe Auswahlen stattfinden. Im Unterschied zur Last- oder Next-Birthday-Methode erzeugt der Kish-Grid aber immer bekannte Auswahlwahrscheinlichkeiten.

5   Allerdings ist nur in einem kleinen Teil aller Haushalte eine Auswahl notwendig: über 40% der Haushalte in Deutschland sind Einpersonenhaushalte, in weniger als einem Viertel der Haushalte leben drei oder mehr Personen (die dann auch nicht alle notwendigerweise zur Grundgesamtheit zählen). Daher wurden auch Vereinfachungen in der Literatur diskutiert, die nur bei Haushalten mit drei oder

Die Wahl des Auswahlverfahrens der Zielperson ist nicht ohne Einfluss auf die Teilnahmebereitschaft: Die Personenauswahl im Haushalt muss in einer aufgrund des hohen Abbruchrisikos kritischen Phase des Interviews erfolgen. Während einem Interviewer, der an der Wohnungstür um ein Gespräch bittet, verschiedene Strategien zur Verfügung stehen, um die Zielperson von der Notwendigkeit eines Interviews zu überzeugen, reduzieren sich diese Möglichkeiten am Telefon beträchtlich. Tests haben gezeigt (M. Häder 2015), dass von Ankündigungsschreiben eine positive Wirkung auf die Teilnahmebereitschaft ausgehen kann. Das Versenden solcher Schreiben setzt jedoch voraus, dass die vollständigen Adressen der Zielpersonen dem Erhebungsinstitut vor Beginn der Befragung bekannt sind. Dies ist allerdings bei Telefonumfragen in der Regel nicht der Fall, so dass diese Technik nicht zum Einsatz kommen kann und die Haushalte „kalt" kontaktiert werden müssen.

Um eine Auswahl im Haushalt kontrolliert durchführen zu können, müssen daher zu Beginn eines Kontaktes oft einige für die jeweilige Erhebung spezifische Fragen in den Fragebogen aufgenommen werden:

- Anzahl möglicher Zielpersonen im Haushalt[6]
- Je nach Auswahlverfahren muss dann für jede dieser Personen Alter und evtl. Geschlecht erfragt werden[7]

Für eine Befragung von Frauen zwischen 20 und 50 Jahren könnte eine Auswahl der Zielperson nach der Geburtstagsmethode dann z.B. lauten:

---

mehr möglichen Zielpersonen überhaupt eine vollständige Auflistung des Haushalts erfordern (Rizzo et al. 2004).

6   Das ist in der Regel nicht gleich einer Haushaltsgröße/der Anzahl aller Personen im Haushalt, sondern die Haushaltsgröße bezogen auf die Grundgesamtheit (auch sog. reduzierte Haushaltsgröße): z.B. Anzahl der Personen ohne Kinder unter 16 Jahren, Anzahl Frauen im Alter zwischen 20 und 60 Jahren, usw. Diese Zahl – Anzahl der für die Auswahl relevanten Personen im Haushalt – ist ggf. auch für eine Designgewichtung notwendig! Eine Haushaltsgröße im Sinne „alle Personen" mag für die Erhebung ein wichtiges Merkmal sein – und würde entsprechend im Fragebogen zusätzlich erhoben --, für die Auswahl und Gewichtung wird aber zusätzlich diese befragungsrelevante Haushaltsgröße benötigt.

7   Für den Schwedenschlüssel/Kish-Grid kann natürlich auch die gesamte Haushaltsstruktur erfasst werden, die Auswahl findet dann aber natürlich nur unter Personen statt, die zur Grundgesamtheit gehören.

„1) Wie viele Personen leben, Sie eigeschlossen, regelmäßig/dauerhaft in diesem Haushalt? (Bitte zählen Sie sich selbst und eventuelle Kinder mit dazu).

2) Von diesen ... Personen, wie viele davon sind Frauen zwischen 20 und 50 Jahren?

Die Befragung richtet sich nur an Frauen zwischen 20 und 50 Jahren. Ich möchte deswegen gerne das Interview mit der Frau in Ihrem Haushalt führen, die zwischen 20 und 50 Jahre alt ist und die zuletzt Geburtstag hatte."

4.3   Telefonumfragen im Mobilfunknetz

In den letzten Jahren hat sich ein Wandel vollzogen, der die alleinige Nutzung des Festnetzframes als unzureichend zur Abdeckung der Gesamtheit der Privathaushalte erscheinen lässt: Ein erheblicher Anteil der Haushalte ist lediglich über das Mobiltelefon erreichbar. Diese Haushalte haben bei Festnetzbefragungen keine positive Auswahlchance. Damit kann es zu systematischen Verzerrungen in den Stichproben kommen, da sich Festnetzhaushalte und Mobilfunkhaushalte hinsichtlich für die Sozialforschung relevanter Merkmale unterscheiden. Um die ohnehin in Telefonumfragen schon häufig unterrepräsentierte junge, mobile Bevölkerungsgruppe mit formal niedrigem Bildungsabschluss nicht noch weiter auszuschließen, ergab sich die Notwendigkeit zu Überlegungen über die Integration von Mobilfunkanschlüssen in Telefonstichproben. Dies führte zu Forschungsbedarf auf dem Gebiet der Stichproben wie auch der Antwortqualität und dem Teilnahmeverhalten.

4.3.1   Das Problem der „Mobile-onlys"

Mobiltelefone sind seit einiger Zeit europaweit verbreitet. Im Oktober 2015 verfügten 93% der Befragten des Eurobarometer über ein Handy (Bericht des Eurobarometer Spezial 438: 20). Auffällig ist dabei der Trend, dass Mobiltelefone in immer größeren Bevölkerungskreisen zum einzigen Telefonmittel werden, d.h. auf einen Festnetzanschluss im Haushalt verzichtet wird. Im Jahr 2015 waren 33% der europaweit Befragten des Eurobarometers „Mobile-onlys". In Deutschland ist dieser Trend noch nicht so stark ausgeprägt, aber durchaus auch erwartbar. Abbildung 4.5 zeigt den Trend des Anteils der „Mobile-onlys", wie er im Eurobarometer von 2006 bis 2016 gemessen wurde.

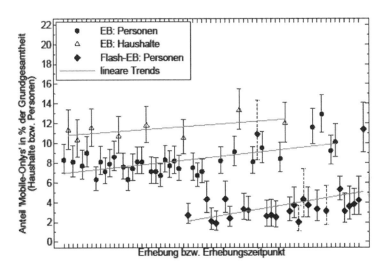

Abbildung 4.5   Anteile der „Mobile-onlys" in den Eurobarometern 2006 bis 2016

Da sich aber „Mobile-onlys" und „Gemischt-" bzw. Festnetznutzer hinsichtlich soziodemographischer Merkmale unterscheiden, bedeutet der Verzicht auf die Gruppe der ausschließlichen Handynutzer einen Bias, der zu einer systematischen Verzerrung der Schätzer führen kann. In Deutschland zeigen sich Abweichungen von der übrigen Bevölkerung hinsichtlich soziodemographischer Merkmale: Sie sind häufiger jünger, eher männlich, stammen eher aus Ostdeutschland und leben eher als Singles (Schneiderat und Schlinzig 2012, S. 127ff.). Da mit einem weiteren Ansteigen der Zahl der „Mobile-onlys" zu rechnen ist – das lehren internationale Erfahrungen - könnte man schlussfolgern, dass Telefonumfragen künftig nur über Mobilfunk erhoben werden sollten. Hier muss jedoch berücksichtigt werden, dass ein nahezu konstanter Teil der Bevölkerung lediglich über das Festnetz erreichbar ist. Abbildung 4.6 zeigt den Trend der Anteile der „Landline-onlys", wie er im Eurobaromter 2006 bis 2016 gemessen wurde.

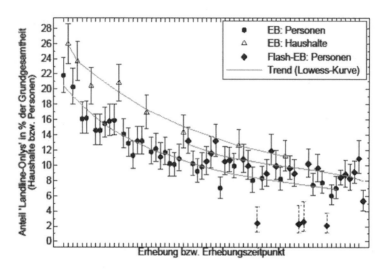

Abbildung 4.6   Anteile der „Landline-onlys" in den Eurobarometern 2006 bis 2016

Bei den „Landline-onlys" handelt es sich häufiger um ältere, auf dem Land in Westdeutschland lebende Personen. Damit bleibt als einzige Möglichkeit, um einen beachtlichen Undercoverage zu vermeiden, beide Telefonmodi parallel einzusetzen, d.h. einen Dual-Frame-Ansatz zu implementieren. Dafür muss aber zunächst ein geeigneter Auswahlrahmen für Mobilfunknummern hergestellt werden.

4.3.2   Stichprobenziehung für Mobilfunkstichproben

- Von den Mobilfunknummern sind sogar nur etwa 2% im Telefonbuch eingetragen. Hier hätte es also keinen Sinn, sich auf eine Blockbildung mit eingetragenen Nummern zu verlassen. Der Auswahlrahmen wird so konstruiert, dass für alle gültigen Vorwahlbereiche (also z.B. 0171, 0165, 0177) alle sinnvollen Nummernfolgen generiert werden. Dies entspricht einem Frame von Random Digit Dialling. Die Nummernfolgen werden zusätzlich mit aktuellen Informationen aus dem Internet angereichert. Auf diese Weise kommt ein Auswahlrahmen mit ca. 212,19 Millionen Ziffernfolgen, d.h. tatsächlichen und nichtgeschalteten Anschlüssen, zustande.

- Aus diesem Auswahlrahmen werden dann uneingeschränkt zufällig Stichproben gezogen. Eine regionale Schichtung ist nicht möglich, da Mobilfunknummern keinen Hinweis auf die regionale Verortung zulassen. Dass dieses Design aber zu regional gut verteilten Stichproben führt, wenn diese einen hinreichend großen Umfang haben, zeigen wir am Beispiel der Nettostichprobe für die Studie CELLA2. Hier wurden die Interviewten nach dem Bundesland gefragt, in dem sie wohnen. Ein Abgleich mit den Referenzdaten des Zensus 2011 ergab die folgende Abbildung 4.7. Zu beachten ist hierbei, dass die auftretenden Differenzen zwischen der Stichprobenverteilung und der Verteilung der über 14-jährigen Personen auf die Bundesländer nicht nur auf mögliche Abweichungen zwischen Auswahlrahmen und Gesamtheit, sondern eventuell auch auf regional differenzierten Nonresponse zurückzuführen sind.

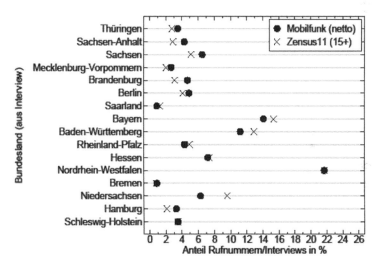

Abbildung 4.7 Gegenüberstellung einer Bruttostichprobe aus dem GESIS-Mobilfunk-Auswahlrahmen und den Referenzdaten der Bevölkerung 15 Jahre und älter aus dem Zensus 2011 nach Bundesländern

4.3.3 Kooperationsbereitschaft bei Mobilfunkumfragen

Zur Kooperationsbereitschaft bei Mobilfunkumfragen im Vergleich zu Fest-
netzumfragen waren bereits im Rahmen der Studie CELLA1 interessante
Aussagen gewonnen worden: „Hervorhebenswert sind die erheblichen Unterschiede in der Kooperationsbereitschaft zwischen Handy und Festnetz.
So liegt der Anteil derjenigen, die eine Teilnahme verweigert haben, im
Festnetz wesentlich über dem im Mobilfunknetz. Offenbar fühlen sich Fest-
netzteilnehmer durch die zahlreichen Werbeanrufe gegenwärtig derartig
belästigt, dass auch die Bereitschaft zur Teilnahme an seriösen Befragungen äußerst gering ist beziehungsweise zwischen akademisch-sozialwis-
senschaftlichen und kommerziellen Befragungen nicht (mehr) unterschieden wird. Demgegenüber scheint bei den Handynutzern ein Überraschungs-
moment zu wirken. Da es in Deutschland bisher kaum Umfragen über das
Mobilfunknetz gab, wird diese Art der Kontaktaufnahme und Befragung
nicht sofort abgewehrt, sondern eher mit Erstaunen und positiver Resonanz
quittiert. Zu hoffen bleibt, dass es sich hierbei nicht um einen kurz befriste-
ten Effekt handelt. Dagegen ist bei der Mobilfunkbefragung ein erheblicher
Anteil nicht kontaktierbarer Teilnehmer zu konstatieren. Insbesondere der
Anteil der erreichten Mailboxen stellt insofern ein Problem dar, als diese
automatisierte Information offensichtlich kein hinreichend verlässlicher
Indikator dafür ist, dass hinter dem digitalen Anrufbeantworter auch ein
aktiv geschalteter Anschluss steht" (S. Häder et al. 2009, S. 73).

Interessant ist nun, ob sich die Situation hinsichtlich der berichteten Ergebnisse von 2009 inzwischen verändert hat: Gibt die Studie INFLUENZA
2014, bei der ebenfalls eine Festnetz- und eine Mobilfunkstichprobe parallel befragt wurden, Hinweise darauf, dass Mobilfunkbefragte zwar schwerer zu kontaktieren, aber dafür kooperationsbereiter sind? Festgestellt werden inzwischen wenige Unterschiede zwischen Festnetz und Mobilfunk:
Insgesamt jeweils ungefähr die Hälfte der Interviews wird bereits nach dem
ersten oder zweiten Kontaktversuch geführt. Im Festnetz werden Interviews
zwar immer noch etwas häufiger „schneller" mit weniger Kontaktversuchen
geführt. Aber auch nach verhältnismäßig vielen erfolglosen Kontaktversuchen ergeben sich noch Interviews.

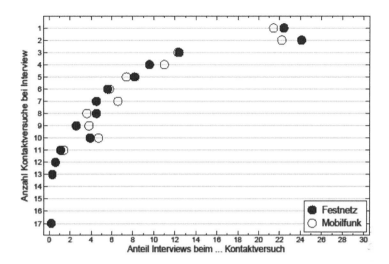

Abbildung 4.8   Anzahl der Kontaktversuche für ein Interview über Festnetz und Mobilfunk bei der Studie INFLUENZA 2014

Zu beachten ist hierbei, dass für die Studie INFLUENZA 2014 eigentlich eine Höchstzahl von zehn Kontaktversuchen vereinbart war, es sich bei den höheren Kontaktversuchen offenbar um Terminvereinbarungen und dgl. handelt.

Interessant ist in diesem Zusammenhang auch eine Analyse der Bruttostichprobe, also sowohl der Interviews als auch aller Ausfälle und ungeklärten Nummern. Auffällig ist hier, dass sich Mobilfunk und Festnetz genau an dieser Stelle unterscheiden: Im Festnetz werden sehr viel mehr Nummern nach zwei Kontaktversuchen abgeschlossen (hier ist für viel mehr Nummern der Status nach zwei Kontaktversuchen eindeutig geklärt; z.t. sind es Interviews, das meiste aber eindeutig nicht vergebene Nummern). Im Mobilfunk haben viel mehr Nummern deutlich länger einen unklaren Status: Diese Nummern werden dann erst nach zehn erfolglosen Kontaktversuchen mit unklarem Status aus dem Feld genommen.[8] Es ist dann im-

---

8   Diese höhere Anzahl an Nummern mit unklarem Status schlägt sich dann auch in deutlich unterschiedlichen Responseraten nieder – je nach Berücksichtigung dieser Nummern bei der Responseratenberechnung.

mer noch nicht geklärt, ob sich hinter diesen Nummern ein geschalteter Anschluss verbirgt oder nicht. Würden diese Nummern als „ineligible" behandelt, würden sich die Responseraten natürlich deutlich erhöhen. Darüber herrscht aber unter den Umfrageforschern noch keine Einigkeit.

4.3.4 HLR Lookup

Durch die Unterschiede in der Konstruktion der jeweiligen Auswahlrahmen ist die Anzahl der ungeschalteten Rufnummern für Stichproben von Mobilfunknummern per Definition höher als für Stichproben von Festnetznummern. Dazu kommen die deutlich höheren Schwierigkeiten (sowohl für automatische Dialer als auch für Interviewer) eindeutig festzustellen, ob eine Mobilfunkrufnummer geschaltet ist oder nicht. In der Folge kann das dazu führen, dass ungeschaltete Mobilfunknummern nicht als solche erkannt werden oder vergleichsweise lange als Nummern mit unklarem Status gelten. Zum einen erhöht das Kosten einer Erhebung, wenn unproduktive Nummern unnötig oft kontaktiert werden, zum anderen kann es Auswirkungen auf die Responserate haben, je nachdem wie mit unklaren Nummern bei der Berechnung einer Responserate umgegangen wird (siehe Kapitel 9).

Eine Möglichkeit, die Anzahl nicht geschalteter Nummern einer Stichprobe[9] von Mobilfunknummern zu verringern, stellt das sog. Home Location Register (HLR)-Lookup dar. Dieses überprüft kostengünstig mit Hilfe einer technischen Schnittstelle der jeweiligen Netzbetreiber den Status einer gegebenen Mobilfunknummer.[10] Das Ziel eines solchen Lookups besteht demnach darin, nur diejenigen Rufnummern in einer Erhebung einzusetzen, die in einem Home Location Register geführt sind. Die restlichen, negativ überprüften Rufnummern, werden als nicht vergeben behandelt. Struminskaya et al. (2011) verdeutlichten bereits, dass durch ein solches Verfahren Interviewkosten gespart werden können und eine genauere Be-

---

9   Prinzipiell eignete sich ein solches Verfahren auch zur Bereinigung aller Nummern eines Auswahlrahmens; allerdings müsste eine solche Bereinigung regelmäßig durchgeführt werden, zum anderen stehen die Kosten der Überprüfung aller Nummern in keinem Verhältnis zu den Kosten der Überprüfung der Nummern einer Stichprobe.

10   Der exakte Ablauf dieses Verifizierungsverfahrens wird an dieser Stelle nicht weiter erläutert. Eine nähere Beschreibung dazu findet sich in Sand (2014, S. 14ff.).

stimmung der Responseraten von Mobilfunkrufnummern ermöglicht wird. Auch eine Untersuchung von Kunz und Fuchs (2011) kommt zu gleichen Ergebnissen. In beiden Publikationen bemerken die Autoren, dass ein solches Verfahren zur Reduktion der Arbeitslast von Interviewern beitragen kann. Ebenfalls beobachten die Autoren erhöhte Kontakt- und Interviewraten sowie durchschnittlich weniger Anrufversuche pro komplettiertem Interview (Struminskaya et al. 2011, S 3f.; Kunz und Fuchs 2011, S. 5596ff.), was durch das Wegfallen nicht vergebener Rufnummern begründet werden kann. Wie bei allen Screeninganwendungen besteht auch hier die Gefahr einer Verzerrung, wenn HLR-Lookup-Ergebnisse falsch-negativ sein können und geschaltete Nummern fälschlicherweise aus der Stichprobe ausgeschlossen werden.

Ähnliche Befunde ergaben sich in Untersuchungen von GESIS (bspw. in der Zusammenarbeit mit dem Robert Koch-Institut innerhalb der Studie INFLUENZA 2014). Hinzu kommt die Frage, ob unterschiedliche Anbieter (wie es zu erwarten wäre) zu den gleichen Ergebnissen innerhalb eines derartigen Lookups kommen. Daher wurde im Rahmen des Projektes Verifizierung mobiler Informationen (VermIn), das von GESIS 2015 durchgeführt wurde, die Reliabilität und Validität solcher HLR-Lookups genauer untersucht. Ziel des Projektes ist es, Empfehlungen zum Einsatz von HLR-Lookup-Verfahren zu geben, die gerade bei wissenschaftlichen Forschungsvorhaben zur Kostenreduktion und dem Einsatz von Mobilfunkstichproben mit einer höheren Hitrate beitragen können. Demnach sind die hier festgehaltenen Empfehlungen hauptsächlich an die Nutzer von Mobilfunkstichproben adressiert und müssen bei der Verwendung von HLR-Lookups zur Verbesserung des Auswahlrahmens nochmals kritisch hinterfragt werden.

Zur Beurteilung dieser Verfahren wurden Lookups für ca. 30.000 Rufnummern zu drei unterschiedlichen Zeitpunkten von zwei verschiedenen Anbietern durchgeführt. Weiterhin wurde eine Substichprobe uneingeschränkt zufällig aus diesen 30.000 Mobilfunknummern gezogen und im Rahmen einer telefonischen Erhebung eingesetzt. Die Feldzeit, innerhalb derer die ca. 12.000 Rufnummern eingesetzt wurden, überschnitt sich mit der zweiten HLR-Lookup-Überprüfung. Die Rufnummern wurden unter der Verwendung eines Predictive Dialers eingesetzt und das finale Kontaktergebnis mit demjenigen der HLR-Abfragen verglichen. Die Ergebnisse des Vergleichs können in Tabelle 4.2 separat nach Anbieter nachvollzogen werden.

Tabelle 4.2   Vergleich Lookup und finale Kontaktergebnisse

	Finale Kontaktergebnisse			
	RN geschaltet	RN nicht vergeben	Status unklar	Summe
Anbieter 1: Abfr. fehlgeschl.	0	0	0	0
Anbieter 2: Abfr. fehlgeschl.	3	204	5	212
Anbieter 1: aus	101	978	1.552	2.631
Anbieter 2: aus	40	352	841	1.233
Anbieter 1: NR unb.	8	6.516	61	6.585
Anbieter 2: NR unb.	129	5.716	417	6.652
Anbieter 1: ok	1.572	335	1.006	2.913
Anbieter 2: ok	1.509	1.557	1.356	4.422
Summe (pro Lookup)	1.681	7.829	2.619	

Die Ergebnisse der beiden HLR-Anbieter zeigen durchaus Unterschiede bezüglich des berichteten Status eines Mobilfunkanschlusses. So weist bspw. Anbieter 2 deutlich häufiger Rufnummern als vergeben und eingeschaltet („ok") aus, als dies Anbieter 1 berichtet. Jedoch werden von Anbieter 2 seltener Rufnummern als vergeben und ausgeschaltet berichtet. Es kann an dieser Stelle vermutet werden, dass einige der Rufnummern, die von Anbieter 1 als grundsätzlich vergeben erkannt werden, bei denen jedoch das Mobilfunkgerät ausgeschaltet ist, bei Anbieter 2 in dem Status „ok" auftauchen.

Bedenklich bei diesen Unterschieden ist jedoch das Lookup-Ergebnis „Rufnummer unbekannt" bezogen auf die finalen Kontaktergebnisse der Erhebung. So kommt es bei Anbieter 1 lediglich bei 8 Fällen zu einer falschnegativen Selektion. Bei Anbieter 2 sind dies 129. Gerade wenn sich die Inhaber der Rufnummern bspw. anhand des Netzwerkanbieters oder ihres Vergabedatums systematisch von denjenigen unterscheiden, die positiv selektiert wurden, kann es zu Verzerrungen innerhalb der Schätzung kommen. Dies kann genau dann zutreffen, wenn bspw. der Grund, weswegen eine Rufnummer falsch negativ selektiert wurde, mit einem bestimmten Merkmal korreliert ist. So wäre es denkbar, dass aufgrund von technischen Gegebenheiten vorwiegend Rufnummern eines bestimmten Netzwerkanbieters fälschlicherweise ausselektiert werden. Hat dieser Netzwerkanbieter nun eine bestimmte „Zielgruppe", die durch diesen vermehrt bedient wird, wie es u.a. bei Betreibern sog. Ethno-Dienste oder bei Anbietern mit Tarifen, die besonders attraktiv für jüngere Personen sind, der Fall ist, so besteht die Gefahr, dass diese systematisch aus der Stichprobe ausgeschlossen werden.

Eine nähere Untersuchung verschiedener Unterschiede bezüglich der Reliabilität, Validität und Volatilität wird in Sand (2016) vorgenommen. Grundsätzlich beweist sich ein HLR-Verfahren jedoch als adäquates Mittel, um eine Auswahl von Mobilfunkrufnummern im Vorfeld einer Erhebung zu bereinigen. So beträgt zumindest bei Anbieter 1 der Anteil der falsch-negativ selektierten Rufnummern ca. 0,5%. Weiterhin konnte durch beide Anbieter ein Großteil der nicht-geschalteten Rufnummern bereits im Vorfeld erkannt werden. Die Screening-Regel sollte jedoch so gewählt werden, dass auch Rufnummern, deren Status als geschaltet und inaktiv gemeldet wird, in der Einsatzstichprobe enthalten bleiben, da auch unter diesen Rufnummern Befragungen geführt werden können.

Die Ergebnisse der Untersuchung VermIn zeigen darüber hinaus, dass auf die Wahl des Anbieters bei der Durchführung eines Lookups zu achten ist. Daher kann es gerade bei Erhebungen mit einer großen Bruttostichprobe empfehlenswert sein, eine Substichprobe durch mehrere Anbieter überprüfen zu lassen und deren Ergebnisse zu vergleichen, um evtl. auf Probleme eines Anbieters z.B. bei Nummern bestimmter Vorwahlen aufmerksam zu werden. Weiterhin empfiehlt es sich, ein Lookup möglichst nahe am Feldbeginn durchzuführen. Zwar zeigen die Ergebnisse der Untersuchung der Volatilität von Mobilfunknummern wenig Veränderung in den ersten beiden Wochen nach einer erneuten Abfrage, bei einer Zeitspanne von drei Monaten zwischen einzelnen Lookups nimmt allerdings die Häufigkeit eines Statuswechsels unterschiedlicher Mobilfunkanschlüsse zu.

4.4 Dual-Frame-Ansatz für Telefonumfragen

Es wurde bereits argumentiert, dass bei Verwendung eines der beiden Auswahlrahmen (Festnetz oder Mobilfunk) nicht alle Elemente der Grundgesamtheit erfasst werden und dieser Undercoverage zu verzerrten Schätzern führen kann. Wenn ein zweiter Auswahlrahmen verfügbar ist, der u.a. einen Großteil der fehlenden Elemente (z.B. Mobile-onlys) enthält, so dass beide Frames zusammen (fast) die gesamte Population überdecken, sollten die Stichproben deshalb unabhängig aus beiden Auswahlgrundlagen gezogen werden. Die Schwierigkeit ist dabei lediglich, dass beide Frames einen Overlap haben. Dann stellt sich die Frage, wie mit diesem Overlap umzugehen ist, um annähernd unverzerrte Schätzer zu erhalten. Eine relativ elegante und einfache Möglichkeit ist, die gemeinsamen Inklusionswahrscheinlichkeiten beider Frames zu ermitteln und den Horvitz-Thompson (HT)-Schätzer für die Schätzung des Totals einer interessierenden Variable einzusetzen.

Die relevanten Parameter für eine allgemeine Formel der Auswahlwahrscheinlichkeiten sind (vgl. Abbildung 4.9):

Festnetz		Mobilfunk	
M^F	Größe des Auswahlrahmens Festnetz	M^C	Größe des Auswahlrahmens Mobilfunk
m^F	Stichprobenumfang Festnetz	m^C	Stichprobenumfang Mobilfunk
k_i^F	Anzahl der Festnetznummern, unter denen Person i erreichbar ist	k_i^C	Anzahl der Mobilfunknummern, unter denen Person i erreichbar ist
z_i	Anzahl der Personen, die zur Grundgesamtheit gehören, im Haushalt der Person i		

Abbildung 4.9   Parameter, die für das Dual-Frame-Modell benötigt werden

Für die Inklusionswahrscheinlichkeit der Person i erhalten wir daher in guter Näherung

$$\pi_i \approx k_i^F \, \frac{m^F}{M^F} \cdot \frac{1}{z_i} + k_i^C \, \frac{m^C}{M^C} \ .$$

Die Verwendung dieses Ansatzes hat sich in Deutschland durchgesetzt. Hierzu wurden in den von der Deutschen Forschungsgemeinschaft geförderten Studien CELLA1 und CELLA2 Erfahrungen gesammelt. Die in der Studie CELLA2 ermittelten Parameter zur Bestimmung der Inklusionswahrscheinlichkeiten werden hier zur Illustration verwendet.

Die Umfänge der Auswahlrahmen betrugen zum Zeitpunkt der Ziehung:

M^F = 158,88 Millionen

M^C = 212,19 Millionen

Für die Parameter m^C und m^F, sollte die für einen Survey tatsächlich gezogene Zahl von Nummern pro Mode eingesetzt werden, unabhängig davon, ob diese dann auch „abtelefoniert" worden sind oder nicht. Weiterhin ist darauf zu achten, dass gleichartige Stichproben (jeweils mit oder ohne nicht-geschaltete Anschlüsse) eingesetzt werden. Bei Festnetzstichproben können nicht-geschaltete Anschlüsse über Predialer aussortiert werden. HLR Lookup kann eingesetzt werden, um den Status von Mobilfunknummern zu bestimmen (Sand 2016).

In der deutschen Markt- und Sozialforschung wird seit längerem diskutiert, welches Verhältnis der Stichprobenumfänge Festnetz : Mobilfunk empfehlenswert ist. Simulationen, die der ADM angestellt hat, deuten darauf hin, dass ein Verhältnis von 70:30 bei bundesweiten Studien mit hinreichend großem Gesamtstichprobenumfang zu stabilen Schätzern für die Mobile-onlys führt und damit insgesamt ausreichend sein dürfte. „Die dargestellten Ergebnisse der Simulation sprechen für ein Mischungsverhältnis von 70 Prozent Festnetznummern zu 30 Prozent Mobilfunknummern in der realisierten Stichprobe. Diese Verteilung sollte angestrebt werden. Zwar wäre ein Verhältnis von 60 Prozent Festnetznummern zu 40 Prozent Mobilfunknummern optimal, die nur geringfügigen Gewinne bei der Effizienz rechtfertigen aus unserer Sicht die höheren Kosten allerdings eher nicht. Ab einem Anteil von 20 Prozent Mobilfunknummern in der Stichprobe bis zu einem Anteil von etwa 60 Prozent Mobilfunknummern bewegt sich die Effektivität der adjustierten Designgewichte in einem vertretbaren Rahmen, geringere und auch höhere Mobilfunknummernanteile vergrößern die Varianz der Gewichtungsfaktoren dagegen erheblich. Dies gilt für die erweiterten Designgewichte, im Wesentlichen aber auch mit Blick auf die Gewichte nach dem Redressement." (ADM 2012, S. 31)

Die Informationen zu einigen Parametern müssen im Interview eingeholt werden. Dies ist deshalb problematisch, weil verschiedene Experimente gezeigt haben, dass die Befragten nur unzureichend in der Lage sind, insbesondere über die Zahl der Festnetznummern, über die sie erreichbar sind, Auskunft zu geben (Meier 2007).

Tabelle 4.3 zeigt für CELLA2 die Antworten auf die Frage nach der Zahl der Festnetztelefonnummern des Haushaltes gekreuzt mit der Auskunft darüber, ob es sich um einen analogen oder ISDN-Anschluss handelt. Das Ergebnis gibt Anlass dazu, die Validität einiger Antworten zu bezweifeln. So sollte bei analogen Anschlüssen praktisch nur eine Festnetztelefonnummer vorhanden sein. Fast ein Viertel der Befragten meint aber, über mehrere Rufnummern im Haushalt erreichbar zu sein. Um die Validität der Angaben zu erhöhen, empfiehlt es sich, vor die eigentliche Abfrage der Zahl der Festnetznummern eine Reihe von zum Thema hinführenden Fragen zu schalten, so haben Experimente an der TU Dresden ergeben.

Tabelle 4.3   Anzahl der Festnetznummern in Haushalten mit Analog- und ISDN-Anschluss

Anzahl der	Analoger Anschluss		ISDN - Anschluss	
Nummern	Häufigkeit	Prozent	Häufigkeit	Prozent
1	1.227	76,6	615	58,0
2	242	15,1	251	23,7
3	95	5,9	137	12,9
4	17	1,1	31	2,9
5	9	0,6	10	1,0
6	12	0,7	16	1,5
	1.602	100,0	1.060	100,0

Festnetztelefone sind üblicherweise Ausstattungsgegenstände des Haushaltes, d.h. es besitzt nicht jedes Haushaltsmitglied ein eigenes Telefon, sondern dieses wird gemeinsam genutzt. Bei Telefonumfragen muss deshalb im Interview die Zahl der zur Grundgesamtheit gehörenden Personen im Haushalt z_i erkundet werden, um in die Bestimmung der Inklusionswahrscheinlichkeiten einfließen zu können. Außerdem muss zu Beginn des Interviews eine Zufallsauswahl der zu befragenden Zielperson erfolgen. Beide Maßnahmen verringern die Teilnahmebereitschaft bei einer Befragung eher, sind aber unumgänglich.

Für die Mobiltelefonstichprobe entfällt die Personenauswahl im Haushalt, da davon ausgegangen werden kann, dass Mobiltelefonnummern in der überwiegenden Mehrheit Personen und nicht Haushalten zugeordnet werden. Diese Ansicht hat sich unter Umfragespezialisten durchgesetzt (Busse und Fuchs 2011; S. Häder et al. 2012). So teilen ihr Handy in Deutschland nur 2% der Befragten mit anderen und dieser Anteil wird sich in Zukunft eher verringern als erhöhen. Von denen, die überhaupt an andere Mobiltelefone gehen, würden 90% der Befragten kein Interview geben. Deshalb kann die fehleranfällige und teilnahmereduzierende Zielpersonenbestimmung am Handy tatsächlich entfallen.

Dass aber die Abfrage der Zahl der Mobiltelefonnummern, unter denen eine Zielperson erreichbar ist, als notwendig erscheint, belegt die folgende Tabelle 4.4 aus CELLA2. Sie zeigt, dass ca. 10% der Mobilfunknutzer über mehr als eine Handynummer erreichbar sind und dadurch eine höhere Auswahlchance als Respondenten mit nur einer Nummer haben.

Tabelle 4.4   Anzahl der Mobilfunknummern, unter denen der Respondent erreichbar ist

Nummern	Häufigkeit	Prozent
Eine	2.282	89,3
Zwei	230	9,0
Drei	30	1,2
Vier	5	0,2
Fünf	2	0,1
Sechs und mehr	6	0,2
Summe	2.555	100,0

4.5   Notwendiger Stichprobenumfang

In Kapitel 4 zur Repräsentativität wurde postuliert, dass für eine hinreichend genaue Abbildung der Gesamtheit in der Stichprobe ein bestimmter Stichprobenumfang notwendig ist. Wie sollte dieser aber konkret für eine Telefonstudie gewählt werden? Bei der Entscheidung über diese Frage müssen verschieden Parameter berücksichtigt werden. So gehen der tolerierbare Stichprobenfehler und die Irrtumswahrscheinlichkeit in die Berechnung ein. Aber auch das gewählte Stichprobendesign ist von Bedeutung.

4.5.1 Ermittlung des notwendigen Stichprobenumfangs bei uneinge-schränkter Zufallsauswahl

Wir betrachten zunächst den Fall, dass eine bundesweite Mobilfunkstudie erhoben werden soll und nehmen vereinfachend an, dass alle Zielpersonen nur über eine Handynummer verfügen. Der tolerierbare Stichprobenfehler und die Irrtumswahrscheinlichkeit werden in den Sozialwissenschaften häufig so gewählt, dass der Anteilswert in der Gesamtheit bei einer Irrtumswahrscheinlichkeit von 5% um nicht mehr als ± 3 Prozentpunkte vom Punktschätzer abweichen soll. Wie groß muss dann der Stichprobenumfang sein?

Wenn die Mobilfunknummern für die Stichprobe uneingeschränkt zufällig aus dem Universum aller Mobilfunknummern gezogen werden sollen (Urnenmodell, wird z.b. beim GESIS-Auswahlrahmen angewendet), haben alle Nummern die gleiche Wahrscheinlichkeit ausgewählt zu werden. Dann gilt:

Es sei

n_{srs} Stichprobenumfang unter uneingeschränkter Zufallsauswahl

N Umfang der Grundgesamtheit

$z_{\alpha/2}$ tabellierter Wert aus der Standardnormalverteilung, für $a = 0,05$ ist $z_{\alpha/2} = 1,96$

p Anteil des interessierenden Merkmals in der Stichprobe, entweder aus Voruntersuchung bekannt oder im ungünstigsten Fall $p = 0,5$

e zulässiger absoluter Stichprobenfehler, $2e$ entspricht der Länge des Konfidenzintervalls

Bei einer bundesweiten Mobilfunkstichprobe werden wir nur einen sehr kleinen Auswahlsatz realisieren können, d.h. dass der Umfang der Stichprobe im Verhältnis zur Gesamtheit aller Mobilfunknummern gering ist, also $n/N < 0,05$.

Dann verwenden wir zur Schätzung von Anteilswerten die folgende Formel:

$$n_{srs} \geq \left(\frac{z_{\alpha/2}}{e}\right)^2 \cdot p \cdot (1-p)$$

Die folgende Tabelle 4.5 veranschaulicht, dass der Zusammenhang zwischen dem Umfang der Grundgesamtheit und dem notwendigen Stichprobenumfang kein linearer ist, d.h. ab einem sehr großen Umfang von z.B. 50.000 Einheiten in der Grundgesamtheit wächst der notwendige Stichprobenumfang kaum noch.

Tabelle 4.5 Minimaler Stichprobenumfang n für gegebenen absoluten Stichprobenfehler e bei Irrtumswahrscheinlichkeit $a = 0{,}05$ für Anteile $p = 0{,}5$ und $p = 0{,}8$ (oder $p = 0{,}2$) (nach Borg 2000, S. 144)

	$p = 0{,}5$			$p = 0{,}8$ oder $p = 0{,}2$	
N	$e = 0{,}03$	$e = 0{,}05$	N	$e = 0{,}03$	$e = 0{,}05$
200	168	132	200	155	110
300	234	168	300	208	135
400	291	196	400	252	152
500	340	217	500	289	165
750	440	254	750	357	185
1.000	516	278	1.000	406	197
3.000	787	341	3.000	556	227
7.500	934	365	7.500	626	238
10.000	964	370	10.000	639	240
50.000	1.045	381	50.000	674	245
100.000	1.056	383	100.000	678	245

So erklärt es sich, dass bundesweite Telefonstudien häufig mit Stichprobenumfängen von n=1.000, n=1.500 oder n=2.000 arbeiten. Die Entscheidung hängt im Wesentlichen davon ab, wie genau die Aussagen auch für interessierende Untergruppen, z.B. die 18- bis 24-Jährigen sein sollen. Sollen weitere Subgruppen miteinander verglichen werden, müssen die Fallzahlen in den Subgruppen entsprechend groß bestimmt werden, um Werte der Subgruppen mit entsprechender Genauigkeit schätzen zu können.

4.5.2 Ermittlung des notwendigen Stichprobenumfangs bei komplexen Designs

Etwas komplizierter ist die Situation, wenn z.B. eine Festnetzstichprobe realisiert werden soll und/oder die Zielpersonen über mehrere Rufnummern erreichbar sind. Dann haben nicht alle Stichprobenelemente die gleiche Auswahlwahrscheinlichkeit. Diese unterschiedlichen Auswahlwahrscheinlichkeiten müssen für Schätzungen mittels Designgewichtung ausgeglichen werden. Das führt zu einer Varianzvergrößerung. Diese gilt es, bei der Bestimmung des Stichprobenumfangs zu berücksichtigen. Ein Maß dafür ist der Designeffekt.

$$n_{kompl} = n_{srs} \cdot Deff$$

Zur Berechnung von Designeffekten (Kish 1965, 1980, 1987)

$$Deff = v / v_0$$

mit

v Varianz des Schätzers unter komplexem Design

v_0 Varianz des Schätzers unter Simple Random Sampling

Bei der Bestimmung des Designeffekts für komplexe Stichprobendesigns müssen eigentlich zwei Komponenten berücksichtigt werden: Der Designeffekt aufgrund der Klumpung ($Deff_C$) und der Designeffekt aufgrund ungleicher Auswahlwahrscheinlichkeiten $Deff_W$ (Kish 1987, Beweis: Gabler et al. 1999). Ein Designeffekt aufgrund regionaler Klumpung ist bei Telefonstichproben eher unüblich, weil die Nummern in der Regel ungeklumpt aus der Gesamtheit gezogen werden. Denkbar ist aber, dass eine Klumpung durch den Interviewereinsatz berücksichtigt wird (siehe Kapitel 8). Der modellbasierte Designeffekt ergibt sich dann wie folgt:

$$deff = n \frac{\sum_{i=1}^{l} n_i w_i^2}{\left(\sum_{i=1}^{l} n_i w_i\right)^2}[1+(\overline{b}-1)\rho] = (1+L)[1+(\overline{b}-1)\rho] = Deff_w \cdot Deff_c$$

mit

n_i Zahl der Beobachtungen in der i-ten Gewichtungsklasse

w_i Gewichte in der i-ten Gewichtungsklasse

$n = \sum\limits_{i=1}^{I} n_i$ Stichprobenumfang

$\overline{b}$ mittlere Clustergröße

ρ Intraklassenkorrelationskoeffizient

Beides, ein komplexes Erhebungsdesign (ausgeglichen durch Designgewichte) als auch eine Klumpung (z.b. regional oder über Interviewer), reduziert die effektive Fallzahl und dadurch die Genauigkeit von Schätzergebnissen. Über die Größenordnung von in der Umfragepraxis vorkommenden Designeffekten gibt Kish (1987) Auskunft: „Variations of 1,0 to 3,0 of *deft* are common ...", wobei gilt $deft = \sqrt{deff}$.

Bei mehrstufigen Auswahlen, bei denen sich Auswahlwahrscheinlichkeiten nur auf der letzten Auswahlstufe (z.b. Personen in Haushalten) unterscheiden, sonst auf jeder Auswahlstufe gleich sind (z.b. gleiche Auswahlwahrscheinlichkeiten für alle Telefonnummern oder Adressen auf der ersten Stufe) ergibt sich erfahrungsgemäß ein Designeffekt von 1,2 bis 1,3 (Ganninger 2010, S. 120).

Selbst bei einem vergleichsweise kleinen Designeffekt verringerte sich eine Fallzahl von n=1.000 Interviews auf eine effektive Fallzahl von $n_{eff}=n/Deff$=1.000/1,2=834 Interviews.

Die Planung einer Bruttostichprobengröße muss zusätzlich zur angestrebten Genauigkeit der Schätzergebnisse auch Ausfälle durch Nonresponse und ungeschaltete Rufnummern berücksichtigen. Daher wird bei GESIS zur Zeit für Festnetz- und Mobilfunkumfragen der Bruttostichprobenumfang auf das 25-fache des gewünschten Nettostichprobenumfangs festgelegt.

4.6   Literatur

ADM (2012). *ADM-Forschungsprojekt Dual-Frame-Ansätze 2011/2012*. https://www.adm-ev.de/fileadmin/user_upload/PDFS/ADM_Dual_Frame_Projekt_-_Forschungsbericht.pdf

Ayhan, O. & Islam, M.Q. (2005). Sample Design and Allocation for Random Digit Dialling. *Quality and Quantity* 39 (5), 625-641. doi: 10.1007/s11135-005-3152-4.

Bethlehem, J. (2009). *Applied Survey Methods*. New York: Wiley.

Borg, I. (2000). *Führungsinstrument Mitarbeiterbefragung: Theorien, Tools und Praxiserfahrungen*. Göttingen: Verlag für angewandte Psychologie.

Eurobarometer Spezial 438 (2016). http://ec.europa.eu/information_society/newsroom/image/document/2016-22/sp438_eb84_2_ecomm_summary_de_final_15831.pdf

Faulbaum, F. (2014). Total Survey Error. In N. Baur & J. Blasius (Hrsg.), *Handbuch Methoden der Empirischen Sozialforschung*. Wiesbaden: Springer.

Gabler, S. & Häder, S. (2002). Idiosyncrasies in Telephone Sampling – The Case of Germany. *International Journal of Public Opinion Research* 14 (3): 339-345. DOI: https://doi.org/10.1093/ijpor/14.3.339

Gabler, S., Häder, S., & Lahiri, P. (1999). A Model based justification of Kish's formula for design effects for weighting and clustering. *Survey Methodology* 25 (1), 105-106.

Gabler, S. & Ayhan, O. (2007). Gewichtung bei Erhebungen im Festnetz und über Mobilfunk: ein Dual Frame Ansatz. In: Siegfried Gabler; Sabine Häder (Herausgeber), *Mobilfunktelefonie - eine Herausforderung für die Umfrageforschung*, 39-45. ZUMA-Nachrichten Spezial, Bd. 13.

Groves, R. M., Fowler, F. Y. Jr., Couper, M., Lepkowsky, J. M., Singer, E. & Tourangeau, R. (2004). *Survey Methodology*. New Jersey: Wiley.

Ganninger, M. (2010). *Design effects: Model based versus Design based approach*. GESIS Schriftenreihe Band 3.

Häder, S. & Gabler, S. (1998). Ein neues Stichprobendesign für telefonische Umfragen in Deutschland. In S. Gabler, S. Häder & J.H.P. Hoffmeyer-Zlotnik (Hrsg.), *Telefonstichproben in Deutschland*. Opladen: Westdeutscher Verlag.

Häder, S., Häder, M., Graeske, J., Kunz, T., & Schneiderat, G. (2009). Realisierung der Stichprobe. In: M. Häder & S. Häder (Hrsg.), *Telefonbefragungen über das Mobilfunknetz*. Konzept, Design und Umsetzung einer Strategie zur Datenerhebung. Springer.

Häder, S., Häder, M., & Kühne, M. (Hrsg., 2012). *Telephone Surveys in Europe: Research and Practice*. Heidelberg: Springer.

Häder, M. & Häder, S. (2014). Stichprobenziehung in der quantitativen Sozialforschung. In N. Baur & J. Blasius (Hrsg.), *Handbuch Methoden der Empirischen Sozialforschung*. Wiesbaden: Springer.

Häder, M. (2015). *Empirische Sozialforschung. Eine Einführung*. Wiesbaden: Springer.

Heckel, C. (2002). Erstellung der ADM-Telefonauswahlgrundlage. In S. Gabler, S. Häder (Hrsg.): *Telefonstichproben, Methodische Innovationen und Anwendungen in Deutschland*. Waxmann Verlag, Münster 2002

Heckel, C. & Wiese, K. (2012). Sampling Frames for Telephone Surveys in Europe. In S. Häder, M. Häder & M. Kühne (Hrsg.), *Telephone Surveys in Europe: Research and Practice*. Heidelberg: Springer.

Kish, L. (1949). A Procedure for Objective Respondent Selection within the Household. *Journal of the American Statistical Association* 44:380 -387.

Kish, L. (1965). *Survey sampling*. New York: Wiley.

Kish, L. (1987). Weighting in Deft 2. *Survey Statistician*. June 1987.

Busse, B. & Fuchs, M. (2011). One Mobile Phone = One Person? http:// ebookbrowse.com/ntts-2011-full-paper-busse-fuchs-corrected-pdf-d81344066.

Kunz, T. & Fuchs, M. (2011). Pre-call Validation of RDD Cell Phone Numbers. A Field Experiment. In *JSM Proceedings of the Survey Research Methods Section*. Alexandria, VA: American Statistical Association.

Meier, G. (2007). Validierung eines Fragebogens zur Erfassung der Anzahl von Telefonnummern. In: *Mobiltelefonie - Eine Herausforderung für die Umfrageforschung*, 91 – 104, ZUMA-Nachrichten Spezial, Bd. 13.

Kunz, T. & Fuchs, M. (2011). Pre-call Validation of RDD Cell Phone Numbers. A Field Experiment. In *JSM Proceedings of the Survey Research Methods Section*. Alexandria, VA: American Statistical Association.

Rizzo L., Brick, J.M., & Park I. (2004). A Minimally Intrusive Method for Sampling Persons in Random Digit Dial Surveys. *Public Opinion Quarterly* 68 (2), 267-274.

Salmon, C.T. & Nichols J.S. (1983). The Next-Birthday Method of Respondent Selection. *Public Opinion Quarterly* 47, 270–276.

Sand, M. (2014). Überarbeitung des GESIS Auswahlrahmens für Telefonstichproben: Führt die Anreicherung durch die Angaben der Bundesnetzagentur zu einer Verbesserung der Auswahlgrundlage. In M. Häder & R. Neumann (Hrsg.), *Auswahlprobleme und Antwortverhalten bei Telefonbefragungen*, Dresdner Beiträge zur Soziologie 5, 13-38.

Sand, M. (2015). Dual-Frame-Telefonstichproben: Gewichtung im Falle von Device-Specific Nonresponse." In J. Schupp & C. Wolf (Hrsg.), *Nonresponse Bias. Qualitätssicherung sozialwissenschaftlicher Umfragen* (S. 133-160). Wiesbaden: Springer.

Sand, M. (2016). Evaluierung von HLR-Lookup-Verfahren: Erste Ergebnisse aus dem Projekt VermIn." In S. Eifler & F. Faulbaum (Hrsg.), *Methodische Probleme von Mixed-Mode-Ansätzen in der Umfrageforschung* (S. 203-229). Wiesbaden: Springer.

Schneiderat, G. & Schlinzig, T. (2012). Mobile- and Landline-Onlys in Dual-Frame-Approaches: Effects on Sample Quality. In M. Häder, S. Häder, & M. Kühne (Hrsg.), *Telephone Surveys in Europe: Research and Practice* (S. 121-145). Heidelberg: Springer.

Struminskaya, B., Kaczmirek, L., Schaurer, I., Bandilla, W., Gabler, S., & Häder, S. (2011). Identifying non-working numbers in cell phone RDD samples via HLR-Lookup technology: reduced survey costs and higher precision in response rate calculation. *Survey Practice*, August 2011, http://surveypractice.wordpress.com/2011/08/30/identifying-non-working-numbers/.

Tobias Gramlich, Martin Liebau & Jürgen Schunter

5   Erhebung und Verwendung von Para- und Metadaten

Auf einen Blick

▸ Para- und Metadaten sind Informationen, die vor Beginn, während oder nach Abschluss einer telefonischen Erhebung neben den eigentlich interessierenden Daten und Ergebnissen anfallen. Sie sind notwendig für viele Schritte bei der Planung, Durchführung und nach Abschluss der Befragung, um belastbare Schlüsse aus den erhobenen Daten ziehen zu können.

▸ Auftraggeber und Auftragnehmer sollten gemeinsam festlegen, welche Para- und Metadaten für die erfolgreiche und sachgerechte Durchführung einer Erhebung notwendig sind.

▸ Auch beim Umgang mit Paradaten müssen datenschutzrechtliche Fragen geklärt werden. Das Interesse an und die Nutzen von Paradaten einer Erhebung sind für verschiedene Nutzerkreise und Rezipienten einer Erhebung unterschiedlich hoch. Auftraggeber sollten frühzeitig mit den Datennutzergruppen klären, ob und welchen Bedarf es an Paradaten einer Erhebung gibt. Gerade das Interesse einer Nutzergruppe an den Paradaten ist bei der Planung und Durchführung einer Telefonbefragung oft noch nicht offensichtlich.

▸ Lösch- und Speicherfristen (der inhaltlichen Datensätze als auch der Paradaten) sollten Teil der Vereinbarung zwischen Auftraggeber und Auftragnehmer sein. Entsprechend dem Grundsatz der Nachvollziehbarkeit und der Bedeutung von Replikation für die wissenschaftliche Arbeit gehört es zur guten wissenschaftlichen Praxis, dass nicht nur die Forschungsdaten gesichert und archiviert werden, sondern auch die ausführliche Dokumentation und die Paradaten (und wiederum deren Dokumentation), die bei Erhebung der Forschungsdaten entstanden sind.

▸ Auftraggeber von Erhebungen klären frühzeitig, ob und wie sie Forschungsdaten und alle Information darüber (u.a. Para- und Metadaten) anderen zum Zwecke der Replikation oder für Sekundäranalysen zur Verfügung stellen können.

© Springer Fachmedien Wiesbaden GmbH, ein Teil von Springer Nature 2019
S. Häder et al. (Hrsg.), *Telefonumfragen in Deutschland*, Schriftenreihe
der ASI – Arbeitsgemeinschaft Sozialwissenschaftlicher Institute,
https://doi.org/10.1007/978-3-658-23950-3_5

5.1   Paradaten: Definition und Abgrenzung

Die Begriffe „Paradaten" und „Metadaten" werden im Bereich der Umfrageforschung oft nicht einheitlich oder auch synonym verwendet, daher ist es
zunächst wichtig, ein einheitliches (und nicht unbedingt ein allgemeingül-
tiges) Verständnis der Begriffe herzustellen.

5.1.1   Metadaten

Im Folgenden bezeichnen „Metadaten" Informationen über andere Daten,
aber nicht die eigentlichen Daten einer Erhebung (z.b. Antworten auf Fragen in einem Fragebogen) selbst. Demnach sind Metadaten einer Erhebung
z.b. das Erhebungsinstitut, die Feldzeit der Erhebung, der Erhebungsmodus,
die Responserate, die Stichprobengröße, die Anzahl der (vollständigen oder
Teil-) Interviews, die durchschnittliche Dauer eines Interviews usw. Diese
Metadaten beziehen sich also nicht auf eine einzelne bestimmte Erhebungseinheit (eine Person, einen Haushalt o.ä.), sondern auf die gesamte Erhebung, d.h. alle Erhebungseinheiten gleichermaßen: Metadaten sind dann in
diesem Sinne gleich oder konstant für alle Erhebungseinheiten, sie beziehen
sich auf eine Metaebene: die Ebene der Erhebung selbst. Metadaten in diesem Sinne sind damit Bestandteil der Dokumentation der Erhebung, z.B. im
Rahmen ausführlicher Feld- und Methodenberichte des Erhebungsinstitutes
an den Auftraggeber oder Bestandteil ausführlicher Dokumentationen an
Datennutzer.

5.1.2   Paradaten

Demgegenüber bezeichnen Paradaten Eigenschaften oder Merkmale der
Untersuchungseinheiten selbst. Sie beziehen sich eben nicht auf die Metaebene der gesamten Erhebung, sondern auf jede Erhebungseinheit (d.h.
jeden Datensatz oder jede Zeile eines Datensatzes). Dabei können Paradaten
auch konstant für alle, kleinere oder größere Gruppen von Erhebungseinheiten sein (z.B. das Bundesland oder die Gemeindegrößenklasse). Paradaten zeichnet aus, dass sie nicht das wesentliche Ziel einer Erhebung sind,
sondern sozusagen „nebenbei", im Zuge der Erhebung der inhaltlich interessierenden Merkmale entstehen oder für die Durchführung dieser Erhebung
notwendig sind, ohne aber das Ziel der Erhebung zu sein. D.h. in der Regel sind auch Paradaten absichtsvoll erhoben, aber aus einer (technischen,

rechtlichen, logistischen, statistischen oder methodischen) Notwendigkeit heraus und nicht aus einem sachlich-inhaltlichen Interesse an diesen Daten.

Der Begriff „Paradaten" ist in diesem Sinne ein Überbegriff für Daten verschiedener Quellen und für Daten, die an verschiedenen Stellen bei der Durchführung einer Erhebung entstehen oder verwendet werden. Weitere Begriffe für verschiedene Arten von Paradaten in diesem Sinne sind z.b. „auxiliary data", „level-of-effort data", „Prozessdaten", „Kontaktdaten". In vielen Fällen sind Paradaten einer Erhebung nicht von weiterem inhaltlichem Interesse: Sie begründen sich allein durch ihre Notwendigkeit für eine korrekte Durchführung von der Stichprobenziehung bis hin zur Gewichtung. Paradaten können aber auch eigenes Analysepotential haben. Zum Beispiel viele methodische und statistische Probleme und Fragestellungen (und hier immer verbunden mit inhaltlichen Fragestellungen) lassen sich nur mit Hilfe von (z.T. umfangreichen) Paradaten bearbeiten (z.b. Untersuchungen zur Effizienz verschiedener Stichprobenverfahren, Untersuchungen zur Datenqualität oder der Effizienz und Effektivität verschiedener Korrektur- und Gewichtungsverfahren).

Wichtiger als eine allgemeingültige (Nominal-)Definition der Begriffe „Paradaten" und „Metadaten" scheint daher vor allem ein gemeinsames Verständnis zwischen Auftraggeber und Auftragnehmer einer Erhebung darüber, welche Information und Merkmale das jeweils betrifft und welchen zusätzlichen Aufwand (und ggf. Kosten) eine Erfassung, Aufbereitung und Dokumentation dieser Merkmale mit sich bringt.

Abbildung 5.1 zeigt schematisch den Zusammenhang und die unterschiedliche Ebene von über den Fragebogen erfasster Information, Para- und Metadaten. Fragebogen- und Paradaten beziehen sich auf einzelne Erhebungseinheiten, Metadaten beschreiben die gesamte Erhebung aller Erhebungseinheiten.

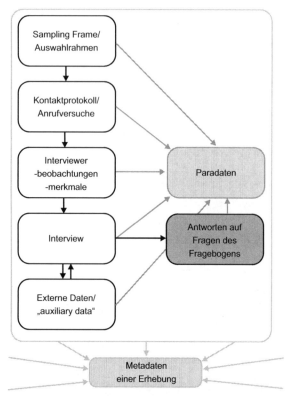

Abbildung 5.1   Verschiedene Ebenen und Quellen von Daten bei einer telefonischen Erhebung

5.1.3 Beispiele für Paradaten und Metadaten

Die beiden folgenden Abschnitte zeigen eine Liste von Informationen, die der obigen Definition von Paradaten und Metadaten einer telefonischen Erhebung entsprechen. Diese Listen sind nicht vollständig, noch fallen alle diese Informationen notwendigerweise bei jeder Erhebung an (und selbst dann sind Paradaten eventuell für Nutzerkreise nicht von Interesse).

Auftragnehmer und Auftraggeber klären und legen frühzeitig fest, welche Paradaten für eine sachgerechte und erfolgreiche Durchführung benötigt werden, bei der Durchführung anfallen und dann vielleicht aufbereitet und dokumentiert übergeben werden (und welche Kosten dafür entstehen).

5.2 Paradaten einer telefonischen Erhebung

Paradaten sind für die Durchführung einer Erhebung an vielen Stellen unerlässlich, ohne im eigentlichen inhaltlichen Interesse einer Erhebung zu stehen. Tabelle 5.1 zeigt eine Übersicht über verschiedene Beispiele. Nicht alle davon fallen bei einer telefonischen Erhebung notwendigerweise an oder sind dann von weiterem inhaltlichen Interesse. Abschnitt 5.6 diskutiert demgegenüber einige Paradaten, die in der Regel für alle telefonischen Befragungen (in dieser oder einer ähnlichen Operationalisierung) notwendig sind für eine korrekte Durchführung und Gewichtung.

Tabelle 5.1   Beispiele für Paradaten bei einer telefonischen Erhebung

Merkmal/Datum	Quelle	Verwendung, notwendig z.b. für .../ Auswertungen zu ...
Vorwahl (systemfrei)	Sampling Frame	regionale Verortung: Bundesland, Kreis, Stadt; Klumpeneffekte
regionale Gebiets- einteilungen AGS, PLZ	Sampling Frame	regionale Verortung
Gemeindegrößenklassen versch. Systematik (GGK, BIK, ...)	Sampling Frame	Urbanität, regionale Effekte
Rufnummer (systemfrei)	Sampling Frame	regionale Verortung, Urbanität
Länge der Vorwahl	Sampling Frame	regionale Verortung, Urbanität
Länge Rufnummer	Sampling Frame	regionale Verortung, Urbanität
Eintrag im Telefonbuch	Sampling Frame, Interview	Effizienz der Stichprobe, Responserate, Datenqualität, Sampling und Coverage Error
Eintragsdichte in jeweiligem Nummernblock	Sampling Frame	Effizienz der Stichprobe; Gewichtung
aggregierte sozio-demo- graphische Merkmale	Sampling Frame, externe Daten	regionale Effekte, Nonresponse, Gewichtung
detailliertes Kontaktergebnis	Prozessdatum	Nonresponse, Responserate

Fortsetzung Tabelle 5.1

Merkmal/Datum	Quelle	Verwendung, notwendig z.B. für .../ Auswertungen zu ...
AB: Hinweise auf Privathaushalt/Geschäftsanschluss?	Prozessdatum/ Interviewer	Nonresponse, Responserate
Ansagetext: Hinweise auf Status einer Rufnummer	Prozessdatum/ Interviewer	Nonresponse, Responserate
Interviewer-ID/Kontaktversuch (systemfrei; exh. und disjunkt)	Prozessdatum	Interviewerkontrolle, Klumpeneffekte, Qualitätskontrolle
Anzahl Kontaktversuche insgesamt	Prozessdatum	Gewichtung, Nonresponse, Qualitätskontrolle
Datum und Uhrzeit Kontaktversuch	Prozessdatum	Gewichtung, Coverage, Qualitätskontrolle
Dauer/Zeitmarken Fragen/ Frageblöcke	Prozessdatum	Datenqualität
Annahme/Verweigerung/ Auswahl eines Incentives	Prozessdatum	Datenqualität, Nonresponse
Nebengeräusche (Anwesenheit Dritter, Ablenkung, ...)	Interviewerbeobachtung	Datenqualität
Verständnisprobleme, Kooperation der Kontakt-/ Zielperson	Interviewerbeobachtung	Datenqualität
Interviewermerkmale (Alter, Geschlecht, Erfahrung, ...)	Institut, Interviewer	Qualitätskontrolle, Interviewereffekte
Anzahl Festnetztelefonnummern	Interview	Designgewichtung
Anzahl Mobilfunknummern	Interview	Designgewichtung
Anzahl Haushaltsmitglieder (in Bezug auf Grundgesamtheit)	Interview	Designgewichtung
Geburtsdatum (Jahr, Monat)	Interview	Auswahl im Haushalt; Kontrolle der Auswahl im Haushalt
Zuspielbereitschaft externer Daten	Interview	Datenqualität, Zuspielung weiterer personenbezogener Information

Fortsetzung Tabelle 5.1

Merkmal/Datum	Quelle	Verwendung, notwendig z.b. für .../ Auswertungen zu ...
Anzahl/Anteil Item-Nonresponse	Interview	Datenqualität
Anzahl/Anteil nicht substantieller Antworten	Interview	Datenqualität
Frage -oder Antwort-reihenfolge	Interview	Datenqualität (Primacy-, Recency-Effekte, Satisficing-Strategien)
weitere externe Daten	z.b. Register	Datenqualität, Nonresponse, Gewichtung, Imputation, Verringerung „respondent burden"
...	...	...

5.3   Metadaten einer telefonischen Erhebung

Metadaten beschreiben nicht einzelne Erhebungseinheiten genauer, sondern die aggregierte Ebene der gesamten Erhebung. Daher sind Metadaten zentral für die ausführliche Dokumentation einer Erhebung z.b. in Form eines Feld- oder Methodenberichtes (siehe dazu Kapitel 12). Tabelle 5.2 zeigt eine Übersicht typischer Metadaten, die eine Erhebung näher beschreiben und dokumentieren. Zumindest ein Teil der Metadaten beruht auf aggregierten Paradaten einer Erhebung.

Tabelle 5.2   Beispiele für Metadaten einer telefonischen Erhebung

Metadatum
Auftraggeber
Erhebungsinstitut
Beschreibung Grundgesamtheit
Auswahlgrundlage (Datum, Größe)
Auswahlverfahren
Anzahl Primäreinheiten, Klumpen, usw.
durchschnittliche (maximale, minimale) Klumpengröße

Fortsetzung Tabelle 5.2

Metadatum

Informationen zur Schichtung
Anzahl Schichten, Schichtungsmerkmale usw.
Stichprobengröße (brutto)
Anzahl und Abfolge eingesetzter/begonnener Nummerntranchen
Anzahl nicht eingesetzter Nummern der Bruttostichprobe
Erhebungsmodus
Feldzeit (Beginn, Ende)
Incentivierung, Art
Anrufzeiten (Uhrzeit, Wochentage), ggf. Verteilung der Anrufe
Anzahl eingesetzte Interviewer
durchschnittliche Anzahl Interviews/Interviewer
Anzahl Kontaktversuche (maximal)
durchschnittliche Anzahl Kontaktversuche bis Interview
Anzahl Interviews (vollständig/Teilinterviews)
durchschnittliche Dauer pro Interview
Responserate und Art der Berechnung
Anzahl vollständige Interviews/Teilinterviews
Anzahl Verweigerungen
Anzahl Non-Contacts
...
Informationen zur evtl. Gewichtung (neben der Designgewichtung)
Statistisches Gewichtungsverfahren
zur Gewichtung verwendete Merkmale, Herkunft, Definitionen
Informationen zur Imputation fehlender Werte
Statistisches Imputationsverfahren
zur Imputation verwendete Merkmale, Herkunft, Definitionen
...

5.4   Paradaten im Modell des Total Survey Error

Für die ausführliche Diskussion der verschiedenen Aspekte des Total Survey Errors und die Notwendigkeit und Anwendung von Paradaten sei auf die Kapitel zur Stichprobenziehung (Kapitel 4), zur Berechnung von Responseraten (Kapitel 10), zur Untersuchung der Datenqualität (Kapitel 9) und zu Interviewereffekten bei telefonischen Erhebungen verwiesen (Kapitel 8). Auch für die Gewichtung von telefonischen Erhebungen (Kapitel 11) spielen Paradaten eine zentrale Rolle.

Die folgenden Abschnitte beziehen sich nun v.a. auf Paradaten, ihre Quellen und Verwendung. Metadaten finden Verwendung v.a. bei der ausführlichen Dokumentation einer Erhebung, daher sei an dieser Stelle auf Kapitel 12 verwiesen.

5.4.1   Nutzen und Verwendung von Paradaten

Paradaten sind von Nutzen oder notwendig an unterschiedlichen Stellen vor, bei oder nach der Durchführung einer Erhebung (und spiegeln damit das gesamte Total Survey Error Modell wider):

- Paradaten sind hilfreich bei der Planung und Umsetzung des Erhebungsdesigns, insbesondere bei der Stichprobenziehung (z.b. regionale Schichtung, aber auch z.B. Auswahl der Zielperson im Haushalt).
- Paradaten können zur Planung und Steuerung des Interviewereinsatzes genutzt werden.
- Paradaten spielen ebenso eine Rolle bei der Steuerung und Kontrolle des Ablaufs der Befragung während der Feldzeit, bei der Planung und Kontrolle des Nummerneinsatzes, sowie bei der Umsetzung und Kontrolle der Anruf- und Wiederanrufregeln
- Sie werden genutzt zur Kontrolle der Interviewer durch das Erhebungsinstitut, zur Kontrolle des Erhebungsinstitutes durch den Auftraggeber sowie zur Erstellung eines Feld- und Methodenberichts durch das Erhebungsinstitut.
- Paradaten sind notwendig zur Berechnung von Designgewichten zur Berücksichtigung des Erhebungsdesigns (z.B. Ausgleich ungleicher Inklusionswahrscheinlichkeiten).
- Sie können genutzt werden zur Überprüfung und Kontrolle der Auswahlgrundlage sowie der Stichprobe auf Verzerrungen.

- Paradaten können zur Berechnung von Korrekturgewichten zum Ausgleich von Verzerrungen durch Abdeckungsfehler der Auswahlgrundlage oder Nonresponse angewendet werden. Sie sind ebenfalls nützlich bei der Imputation fehlender Werte.

- Paradaten können auch zur Verringerung der Schätzunsicherheit durch die Berechnung und Verwendung von Kalibrierungsgewichten eingesetzt werden.

- Ebenso sind sie zur Einschätzung der Datenqualität oder Evaluation der Angaben aus dem Interview verwendbar.

- Sie sind auch nutzbar als Identifikatoren zum Zuspielen weiterer Information aus externen Datenquellen vor oder nach der Erhebung.

- Schließlich kann die Nutzung von Paradaten zur Verringerung der Belastung der Befragten führen (z.B. durch die Möglichkeit, Merkmale aus anderen Quellen zuspielen zu können, ohne diese Informationen erfragen zu müssen).

Zunächst sei die Perspektive der *Auftraggeber* diskutiert. Auftraggeber haben Interesse v.a. an den Ergebnissen einer Erhebung, d.h. vor allem an den Antworten auf Fragen eines Fragebogens und den daraus abgeleiteten Ergebnissen und Schlussfolgerungen. Das bedeutet aber auch, dass das Interesse der Auftraggeber zum einen in der sachgerechten und auftragsgemäßen Durchführung der Erhebung besteht, zum anderen auch an belastbaren Ergebnissen, d.h. an einer hohen Datenqualität ggf. mit der Möglichkeit, Ergebnisse von der Gruppe der befragten Personen auf eine größere Gruppe zu übertragen. Darüber hinaus bestehen an eine Erhebung, ihrer Durchführung und ihre Ergebnisse evtl. besondere Anforderungen, z.B. Transparenz und Kritisierbarkeit, ggf. sogar die Möglichkeit der Replikation als wesentlichem Merkmal wissenschaftlicher Arbeit. Dafür – nämlich für die Nachvollziehbarkeit der auftragsgemäßen Erhebung, eine nachweislich hohe Datenqualität und die Möglichkeit der Verallgemeinerung der Ergebnisse – ist oftmals die Verwendung oder Erhebung von Paradaten notwendig, ohne im eigentlichen Interesse des Auftraggebers zu liegen.

Auch aus Sicht der *Auftragnehmer* ist die Nutzung von Paradaten in vielfacher Hinsicht nützlich bzw. sogar erforderlich. Auftragnehmer führen eine Erhebung sachgerecht und wie mit dem Auftraggeber vereinbart durch und dokumentieren nachvollziehbar die sachgerechte und auftragsgemäße

Durchführung. Für beides, sowohl die Durchführung als auch die Dokumentation der Durchführung der Erhebung, benötigen die Auftragnehmer Informationen aus der und über die Erhebung, die über die eigentlichen Daten der Erhebung hinausgehen.

Schließlich ist die Erhebung von Paradaten auch für die *(Fach-)Öffentlichkeit* und ggf. weitere Datennutzer neben dem Auftraggeber z.B. für Replikationen oder weitergehende Sekundäranalysen hilfreich. Auftraggeber sollten frühzeitig beachten, dass es weitere Nutzerkreise der Erhebung geben könnte – an den Daten selbst, an den Ergebnissen, oder an Informationen über das Zustandekommen der Daten und Ergebnisse. Das ist insbesondere dann zu berücksichtigen, wenn die Ergebnisse der Erhebung nicht nur für interne Zwecke verwendet werden, sondern veröffentlicht werden. Fragen zu Details der Durchführung einer Erhebung von Dritten lassen sich ohne eine ausführliche Dokumentation kaum beantworten. Unkenntnis von der Durchführung bzw. die Unfähigkeit, auf Rückfragen genauer Auskunft auch über Details veröffentlichter Ergebnisse geben zu können, bietet Anlass zu Zweifeln an veröffentlichten Ergebnissen. Ohne genauere Kenntnis vom Zustandekommen der Ergebnisse (d.h. auch der Durchführung der Erhebung, d.h. auch der Paradaten) lassen sich derartige Zweifel an Ergebnissen dann oft auch nicht widerlegen. Spätestens bei der Veröffentlichung von Ergebnissen aus Erhebungen mit wissenschaftlichem Anspruch schließt Wissenschaftlichkeit eine detaillierte und transparente Dokumentation der Durchführung, die leichte Zugänglichkeit dieser Dokumentation und die prinzipielle Möglichkeit der Replikation der Ergebnisse durch Dritte mit ein. Für viele methodische und statistische Fragestellungen sind insbesondere die Paradaten einer Erhebung für weitere Nutzerkreise von Interesse.

5.4.2 Quellen von Paradaten

An verschiedenen Stellen bei der Planung und Durchführung einer Erhebung können Paradaten als Nebenprodukt anfallen:

- Paradaten stammen z.B. bereits aus der Auswahlgrundlage für alle Elemente der Grundgesamtheit (zumindest für alle Ziehungseinheiten auf der ersten (jeweiligen) Stufe (bei mehrstufigen Stichprobenplänen). Oft sind bereits die Auswahlgrundlagen mit zusätzlicher Information aus verschiedenen Quellen externer Daten angereichert. Oft liegen Paradaten aus der

Auswahlgrundlage allerdings nur noch für alle Elemente aus der Stichprobe vor.

- Ein großer Teil der Paradaten einer Erhebung sind Prozessdaten, die während der Durchführung der Erhebung anfallen (für alle Elemente der Stichprobe).
- Beobachtungen der Interviewer können als Paradaten erfasst werden (für alle Elemente oder einen Teil der Stichprobe, z.b. für alle Personenkontakte oder alle Respondenten; z.b. die Einschätzungen zur Kooperation während des Interviews).
- Merkmale der Interviewer selbst können Paradaten einer Erhebung sein (z.b. Interview-Erfahrung, besondere Schulungen, Auffälligkeiten, Alter, Geschlecht, Merkmale der Stimme, Anzahl oder Anteil abgebrochener Interviews oder Verweigerung an allen Kontakten oder Personenkontakten in der laufenden Erhebung, usw.).
- Aus dem Interview selbst können Paradaten stammen oder abgeleitet werden (für alle begonnenen oder abgeschlossenen Interviews; z.b. die Interviewdauer, die Anzahl nicht-substantieller Antworten oder Verweigerungen sowie die benötigte Dauer bei der Beantwortung bestimmter Fragen).
- Schließlich können Hilfsdaten aus externen Quellen, amtlichen oder kommerziellen Datenbanken stammen (für alle Elemente der Stichprobe oder für alle Respondenten; z.b. kleinräumig aggregierte Information zur Kaufkraft, Arbeitslosenquote, Bevölkerungsstruktur, Geodaten, Daten aus geographischen Informationssystemen (GIS)).

5.5   Herausforderungen und Probleme

Ob, welche und in welchem Umfang Paradaten bei einer bestimmten Erhebung anfallen, ist für jede Erhebung unterschiedlich. Auftraggeber und Auftragnehmer sollten frühzeitig miteinander klären, welche Informationen vor Beginn der Erhebung notwendig sind, während der Befragung notwendigerweise erhoben werden, nach Abschluss der Erhebung gelöscht, getrennt oder zusammen mit den Antworten gespeichert und übergeben werden sollen.

5.5.1 Vor und bei der Erhebung selbst

Sind bestimmte Informationen nur für die korrekte Durchführung (oder z.B. Gewichtung) einer Erhebung notwendig, muss frühzeitig berücksichtigt werden, dass dafür oft auch entsprechende zusätzliche Fragen in den Fragebogen aufgenommen werden. Dadurch erhöht sich ggf. der Aufwand bei der Programmierung und beim Testen des Fragebogens bzw. des Ablaufs eines Interviews.

Potentiellen Respondenten sind Sinn und Zweck von für sie nicht erkennbar unter das Thema einer Befragung fallenden Fragen oft nicht klar – z.b. wenn sie zweimal Fragen zu unterschiedlichen Haushaltsgrößen oder sonstige Fragen beantworten sollen, die allein zur korrekten Gewichtung notwendig sind. Auch die Fragen, die je nach Stichprobendesign zur Auswahl einer Zielperson unter einer Telefonnummer notwendig sind, sind für Kontaktpersonen oft kaum nachvollziehbar – insbesondere zu diesem notwendigerweise frühen Zeitpunkt der Kontaktphase. Interviewerinnen und Interviewer sind darauf vorzubereiten, wie bei entsprechenden Nachfragen und Kommentaren zu reagieren ist. Fragebogenablauf und Interviewsteuerung müssen auch für den Fall eindeutig definiert und getestet sein, dass Respondenten die Antwort auf eine nur aus Gründen der Interviewsteuerung gestellte Frage verweigern oder keine Antwort geben können.

Liegt das Interesse z.b. an „Zeitstempeln" zwischen bestimmten Fragen (zur Untersuchung der Dauer bei der Beantwortung), erhöht es evtl. den Aufwand bei der Programmierung des Fragebogens, wenn berücksichtigt werden muss, dass Respondenten im Fragebogen ggf. „zurückspringen" können und dabei evtl. Zeitstempel verändert werden (und dabei unzulässige oder ungültige, zumindest inhaltlich nicht mehr sinnvoll auswertbare Zeitbezüge entstehen können).[1]

Für eine akkurate und auch transparente und nachvollziehbare Berechnung von Responseraten ist eine genaue Erfassung der Kontaktergebnisse zentral. Eine akkurat berechnete Responserate hängt z.B. wesentlich von der eindeutigen Feststellung des Status einer Nummer ab (ob eine erzeugte Nummer tatsächlich eine Telefonnummer ist, ob diese Nummer zu mindes-

---

1 Eine Möglichkeit bestünde darin, keine Zeitstempel (mit absoluten Zeitangaben) zu setzen, sondern stattdessen Zeitdauern zwischen Fragen zu erfassen. Dafür erhöhte sich ggf. der Programmieraufwand (und entsprechend der Aufwand für Tests) des Fragebogens, wenn z.B. zusätzliche Sprungmarken notwendig werden.

tens einer Person der Grundgesamtheit führt) und ob der festgestellte Status sich bereits eindeutig auf eine Zielperson der Grundgesamtheit bezieht. Das Ziel der eindeutigen Feststellung des Status einer Nummer sollte bei der Fragebogenkonstruktion und der Planung des Ablaufs eines Kontaktversuchs bereits berücksichtigt werden.

5.5.2 Datenaufbereitung und -management

Paradaten erhöhen den Aufwand bei der Speicherung und der Aufbereitung der Studie. Ein Nettodatensatz der Interviews umfasst oft nur wenige hundert oder tausend Zeilen, der vollständige Kontaktdatensatz aller Kontaktversuche zu allen Telefonnummern der ursprünglichen Stichprobe umfasst oft ein Vielfaches davon: bei einer Stichprobe von 100.000 Telefonnummern mit maximal 15 Kontaktversuchen ergeben sich 100.000*15=1.500.000 Kontaktversuche in einem Datensatz aller Kontaktversuche.[2]

Bei großen Datensätzen ist beim Datenmanagement verstärkt auf effiziente Datentypen zu achten. Andererseits ist auch zu beachten, dass Paradaten in der Regel seltener, vielleicht erst nach Jahren nachgefragt und ausgewertet werden sollen (ggf. von einem anderen Nutzerkreis als dem ursprünglichen). Daher ist auch das Daten- und v.a. Dateiformat bei der langfristigen Speicherung zu beachten und ein offenes, beständiges Dateiformat einem proprietären Dateiformat vorzuziehen – vor allem aber ein offen dokumentiertes. Evtl. nimmt die Speicherplatzeffizienz hier dann auch einen untergeordneten Rang ein. Eine vollständige und ausführliche Dokumentation des Datei- und Datenformates und der Daten – z.B. in Form eines Codebooks – ist hier sehr wichtig.

Neben der Größe (im Sinne von Anzahl an Datenzeilen) kann auch die Struktur von Paradaten unterschiedlich und auch unterschiedlich komplex sein. Zum Beispiel können Daten nicht in einem einfachen rechteckigen Tabellenformat vorliegen, so dass der Aufwand zur Aufbereitung und Überführung in eine einfache Tabellenform vergleichsweise hoch (in Form von Zeit und/oder Geld) ist. Dazu kommt ggf., dass Daten erst aus ande-

---

2 In der Praxis wird nicht zu allen Telefonnummern tatsächlich die maximale Anzahl Kontaktversuche unternommen, sondern oft eher nur in Ausnahmefällen, weil entweder Interviews oder v.a. endgültige Ausfälle deutlich früher, z.T. schon beim ersten oder zweiten Kontaktversuch geführt oder festgestellt werden.

ren Programmen mehr oder weniger aufwändig extrahiert werden müssen. Beispiele wären Paradaten in Form von Server-Logdateien, Logdateien aus CATI- oder anderen Dateneingabesystemen.

Die Klärung, Festlegung und Dokumentation von Datenformaten und Speichertypen ist gerade bei Datumsangaben und Zeitangaben wichtig, da sich hier die Standardeinstellungen und -formate verschiedener Analyseprogramme deutlich voneinander unterscheiden können. Alle weit verbreiteten Statistikprogramme bieten neben verschiedenen numerischen und alphanumerischen Datentypen auch spezielle Speicher- und Anzeigeformate für Datums- und Zeitangaben an.[3]

Bei Identifikationsnummern ist auf eine ausreichende Präzision des verwendeten (numerischen) Datentyps beim Export und bei der Speicherung zu achten.

5.5.3 Dokumentation

Gerade weil das Hauptinteresse an einer Erhebung nicht auf den Paradaten, sondern auf den erhobenen Interviews liegt, ist besonders auf eine vollständige und eindeutige Dokumentation auch der Paradaten zu achten: z.b. durch ein Codebook, das neben Definitionen und allen möglichen Werten auch Label zu Werten und Variablen enthält und die Struktur beschreibt.

Gerade wenn nicht nur aufbereitete Ergebnisse, sondern auch die Rohdatensätze übergeben werden sollen, ist eine ausführliche Dokumentation dieser Datensätze wichtiger und zentraler Bestandteil einer Übergabe. Schon die inhaltlichen Datensätze der Interviews sind z.b. durch die Fragebogensteuerung und Filter komplex. Paradaten – z.B. aller Kontaktversuche – sind

---

3   Die verschiedenen Programme unterscheiden sich jedoch eventuell, was Einheiten und Bezugsgrößen („Tag 1") angeht. Microsoft Excel und andere Tabellenkalkulationsprogramme verwenden als Bezugsgröße für Datumsangaben standardmäßig z.b. den 1. Januar 1900 (hier unterscheiden sich sogar Microsofts Excel für Windows- und Macintosh-Systeme: 1. Januar 1900 (Windows) gegenüber 1. Januar 1904 (Macintosh)), SAS und Stata den 1. Januar 1960, R den 1. Januar 1970, SPSS gar den 14. Oktober 1582 – das Datum der Einführung des gregorianischen Kalenders. Umrechnungen zwischen den verschiedenen Bezugsgrößen sind möglich, allerdings muss dabei auf die korrekte Berücksichtigung von Schalttagen und -sekunden geachtet werden. Auf unterschiedliche Datentypen und auf die unterschiedliche Präzision verwendeter Datentypen muss auch hier frühzeitig geachtet werden!

oftmals zusätzlich komplex und umfangreich. Wenn eine Übergabe von Datensätzen vereinbart wird, ist eine sachgerechte Dokumentation auch der Datensätze notwendig. Ohne ausführliche sachgerechte und nachvollziehbare Dokumentation sind Datensätze kaum brauchbar und öffnen großen Raum für Missverständnisse und Fehlinterpretationen. Zudem sind ohne genaue Kenntnis von Design und Durchführung der Erhebung kaum sachgerechte und belastbare Auswertungen möglich. Vor einer routinemäßigen Übergabe von Datensätzen ohne dazugehörige ausführliche Dokumentation (z.b. in Form ausführlicher Codebooks aber auch eines ausführlichen Feld- und Methodenberichts, siehe Kapitel 12) ist daher abzuraten.

5.5.4 Datenschutz

Beim Umgang mit Paradaten sind alle gesetzlichen und berufsständischen Vorgaben zum Datenschutz zu berücksichtigen. Der folgende Abschnitt beschreibt nur sehr allgemein und grob Fragen zum Datenschutz bei Befragungen. Erhebungsinstitute haben große Erfahrung im Umgang mit dem Datenschutz bei empirischen Erhebungen, d.h. offene Fragen sollten gemeinsam mit dem Auftraggeber geklärt werden. Auftraggeber sollten frühzeitig klären, welche rechtlichen Vorgaben für sie einschlägig sind. Auftraggeber klären auch, ob es in ihrem Bereich mit dem Datenschutz betraute Personen gibt, die frühzeitig informiert und ggf. in die Planung eingebunden werden können oder müssen. Daneben haben die verschiedenen Berufsverbände der Erhebungsinstitute (ADM, ASI, BVM und andere) Richtlinien zum Datenschutz veröffentlicht.

Paradaten können datenschutzrechtlich problematisch sein, wenn sie personenbezogene Informationen enthalten (oder personenbeziehbar sind) und die Personen, auf die sie sich beziehen, keine Kenntnis davon haben, dass Informationen über sie erfasst und ggf. gespeichert werden. Mitunter sind Paradaten aber keine personenbezogenen oder personenbeziehbaren Informationen (z.B. aggregiert oder anderweitig vollständig oder faktisch anonymisiert) oder sind allgemein zugänglich, so dass nach gesetzlichen oder berufsständischen Vorgaben auch kein Einverständnis oder „informed consent" notwendig ist.

Sollen weitere personenbezogene Daten aus anderen Quellen zugespielt werden (z.B. um ein Interview dadurch abzukürzen und die Belastung der

Befragten dadurch zu verringern), so ist in der Regel ein Einverständnis der Betroffenen notwendig (und zu dokumentieren).

Die Verwendung von (jeweils faktisch oder vollständig anonymen) Paradaten erhöht die Gefahr einer Deanonymisierung, so dass auch hier durch geeignete Maßnahmen entsprechend Sorge getragen werden muss: z.b. Trennung in verschiedene Datensätze zum frühestmöglichen Zeitpunkt, Vergröberung von Merkmalen, usw. Dabei spielt nicht nur eine Rolle, dass einzelne Merkmale direkt personenidentifizierend sind (z.b. Namen, Telefonnummern oder Adressen), sondern die Kombination verschiedener jeweils nicht direkt-identifizierender Merkmale eine Identifizierung bestimmter Personen ermöglicht oder erleichtert. Auch hier muss überprüft werden, ob dann entsprechende Merkmale vom Datensatz getrennt werden müssen oder z.b. nur vergröbert im Datensatz gespeichert werden können.

Direkt personenidentifizierende Merkmale (z.b. eine Adresse oder eine Telefonnummer) müssen in den meisten Fällen vom inhaltlichen Datensatz zumindest getrennt werden und ggf. zum frühestmöglichen Zeitpunkt gelöscht werden. Ggf. können diese Merkmale aber vergröbert oder aber daraus abgeleitete Informationen dem Datensatz zugespielt und im Datensatz gespeichert werden (z.b. die Länge/Anzahl Stellen der Vorwahl oder der Rufnummer; ersten drei Stellen der PLZ o.ä.). Anstatt des Namens der Stadt oder Gemeinde (oder dem entsprechenden Gemeinde- oder Regionalschlüssel) können die – nicht identifizierenden – interessierenden Merkmale der geographischen Einheit als Hilfsdaten zugespielt werden, z.b. die Gemeindegrößenklasse oder sonstige Gebietseinteilungen, eine regionale Arbeitslosigkeitsquote usw., die nicht mehr (direkt) auf die tatsächliche Gebietseinheit schließen lassen.

Bei Verwendung von Daten aus geographischen Informationssystemen (GIS) ist zu beachten, dass Untersuchungseinheiten nicht nur durch ihre absolute Verortung im Raum (bzw. durch Angabe von räumlichen Koordinaten) ggf. eindeutig identifiziert werden können, sondern auch ohne absolute Bezüge durch Entfernungen oder Abstände zwischen und zu anderen Objekten im Raum. Ggf. müssen hier ebenfalls adäquate Vorkehrungen getroffen werden, die eine Identifizierung einzelner Untersuchungseinheiten erschweren oder unmöglichen machen (z.b. durch Kategorisierung, Vergröberung oder Verfahren, die räumliche Koordinaten so verändern, dass weiter Abstände zu oder zwischen Objekten berechnet werden können, aber keine eindeutige Bestimmung der Lage im Raum mehr möglich ist).

Bei Identifikationsnummern ist darauf zu achten, dass sie „systemfrei" sind (bzw. durch systemfreie ID-Nummern ersetzt werden), d.h. dass sie keine Rückschlüsse mehr auf bestimmte Personen erlauben und keine weiteren Informationen (mehr) kodieren (Pseudonymisierung), sondern z.b. nur noch eine eindeutige Unterscheidung verschiedener Personen ermöglichen.

5.6   Notwendige Paradaten einer telefonischen Erhebung

Bereits bei einer typischen[4] telefonischen Erhebung sind einige Paradaten für eine korrekte Durchführung oder für eine korrekte Gewichtung notwendig, um belastbare Schlüsse über die Stichprobe hinaus ziehen zu können. Besonders ist rechtzeitig zu klären und zu berücksichtigen, welche Information davon im Fragebogen erhoben (d.h. erfragt oder auch automatisch erfasst) werden muss.

- Laufende Nummer, Kontaktversuch, Datum und Uhrzeit eines Kontaktversuchs:
  Zur Berücksichtigung einer maximalen Anzahl von Kontaktversuchen insgesamt und innerhalb einer bestimmten Zeitspanne nach gesetzlichen oder berufsständischen Vorgaben wird eine laufende Nummer der Kontaktversuche für jede Telefonnummer erzeugt: Kontaktversuche zu einer Telefonnummer werden solange unternommen bis entweder ein Interview geführt wird, die Telefonnummer als ungültig ausscheidet oder die maximal zulässige Anzahl der Kontaktversuche erreicht ist. Längere Zeit lag diese maximale Anzahl an Kontaktversuchen bei 15, mittlerweile hat der ADM in seinen Richtlinien diese Anzahl auf 10 reduziert. In begründeten Ausnahmen sind auch mehr Versuche zulässig (z.B. nach Terminvereinbarungen).

- Ergebnis des Kontaktversuchs: Eine korrekte und detaillierte Erfassung des Ergebnisses eines jeden Kontaktversuchs ist wichtig für verschiedene Zwecke. Zunächst einmal für die Kontrolle und Steuerung des Ablaufs der Befragung; vor allem für die Steuerung der Wiederanrufe einer Telefonnummer ist eine akkurate Erfassung des Kontaktversuchs notwendig.

---

4   „Typisch" soll hier eine telefonische Befragung bedeuten, die eine „allgemeine Bevölkerung" zur Grundgesamtheit hat. Telefonnummern wurden dafür nach einem einfachen Stichprobendesign (d.h. auch ohne ein regionales Oversampling) z.B. aus dem Auswahlrahmen für telefonische Befragungen des ADMs gezogen und durchgeführt nach den Richtlinien des ADMs für telefonische Befragungen.

Zudem ist für eine vergleichbare Berechnung und transparente Dokumentation von Responseraten die genaue Erfassung der Kontaktergebnisse von zentraler Bedeutung. Auch für die Untersuchung und Korrektur von möglichen Verzerrungen durch Nonresponse ist eine detaillierte Erfassung verschiedener Ursachen für den Nonresponse notwendig.

- Anzahl der Telefonnummern, unter denen ein Haushalt (o.ä.) erreichbar ist: Doppelte Telefonnummern werden i.d.R. bereits aus der Auswahlgrundlage oder der Stichprobe der Telefonnummern entfernt. Ist dann ein Haushalt aber über mehr als eine Telefonnummer erreichbar, muss diese erhöhte Auswahlwahrscheinlichkeit bei der Designgewichtung (vgl. Kapitel 11) ausgeglichen werden. Daher sollte der Fragebogen eine entsprechende Frage nach der Anzahl der Telefonnummern, über die der Haushalt erreichbar ist, enthalten.[5]

- Während bei Befragungen über Festnetz oft mit ausreichender Genauigkeit das Bundesland über die Vorwahl abgeleitet werden kann, ist das bei Befragungen über Mobilfunk nicht der Fall, so dass hier evtl. eine entsprechende Frage in den Fragebogen mitaufgenommen werden muss. Das Bundesland ist ein häufig verwendetes Merkmal für Untersuchungen eines Stichprobenfehlers, Verzerrungen durch Nonresponse, oder häufig verwendetes Merkmal im Rahmen einer Anpassungsgewichtung.

- Anzahl der Elemente der Grundgesamtheit, die unter dieser Telefonnummer erreicht werden können (z.B. „Anzahl Haushaltsmitglieder ab 18 Jahren") für die Designgewichtung (vgl. Kapitel 11)

Die zusätzlich im Fragebogen von Respondenten zu erhebenden Paradaten sind also notwendig für eine korrekte Gewichtung und für die Responseratenberechnung.

---

5 In der Regel ist die Datenqualität dieser Angaben allerdings gering, da Befragte die genaue Anzahl ihrer Telefonnummern oft nicht genau wissen (und eher unterschätzen). Zudem ist die Varianz dieses Merkmals gering. Auch wenn sowohl Datenqualität als auch Varianz gering ist, ist diese Information zu einer formal korrekten Designgewichtung notwendig.

5.7 Die Nutzung von Para- und Metadaten durch die Erhebungsinstitute

Erhebungsinstitute mit einer Spezialisierung auf quantitative Telefonsurveys verwenden Paradaten täglich zur effektiven Steuerung der laufenden Projekte. Je nach Komplexität des Datenbanksystems und der verwendeten Datenerhebungssoftware bieten sich dabei eine Vielzahl an Möglichkeiten der Daten- und Prozessanalyse:

Bereich Stichprobenmanagement

Eine möglichst effiziente Bearbeitung der eingesetzten Stichproben ist einerseits ein zentrales Qualitätskriterium in wissenschaftlichen Studien, zum anderen aber auch ein erheblicher Faktor für die Wirtschaftlichkeit konkurrierender Dienstleister. Dies betrifft zum Beispiel die Festlegung der Call-Back-Regeln für die Organisation und tägliche Steuerung der telefonischen Kontaktversuche. Dieser Vorgang kann in seiner Funktion mit einem komplexen Stellwerksystem bei der Eisenbahn verglichen werden, bei dem die einzelnen Datensätze wie Züge über vorgegebene Signale zu vorgesehenen Zeitpunkten auf dem Schienensystem bewegt werden. Zur Planung der Stichprobenbearbeitung durch die Interviewer muss daher für die Tages- bzw. Wochenplanung abrufbar sein, wie viele Call Backs verfügbar sind und wie sich diese auf einzelne Gruppen verteilen (bspw. die Anteile an Freizeichen, Anrufbeantwortern oder Terminen).

Ebenso wichtig ist es für die Kommunikation mit Haushalts- bzw. Personenkontakten, dass Interviewer Informationen aus Vorgesprächen für die kommenden Kontakte speichern. So werden diese häufig für den zielgerichteten Gesprächseinstieg genutzt, ggf. können dadurch auch spezielle Ausfallgründe erfasst werden.

Interessierende Paradaten im Bereich des Stichprobenmanagements sind:

- Verteilung der Anrufresultate allgemein
- Verteilung der verfügbaren Call Backs (Art, Zeitpunkt, etc.)
- Call History (Anrufzeitpunkte, jeweiliges Resultat)
- Kommentare der Interviewer zu Datensätzen
- Adressstatus (aktiv/inaktiv, falsche Nummern, Screen-Out, Anzahl Anrufe, durchgeführte Erinnerungen bei schriftlichem Versand, ggf. Kontaktdaten etc.)

Bereich Feldkontrolle & Interviewermanagement

Für die Einschätzung der aktuellen Umsetzung von Studien im Verhältnis zu dem geplanten Aufwand ist ein konstantes Monitoring von Parabzw. Metadaten für alle laufenden Projekte erforderlich. Hierzu werden z.b. „Performance Reports" für die beteiligten Interviewer erstellt, die die Leistungen anhand von Kennwerten mit denen von anderen Interviewern vergleichbar machen. Diese geben Anhaltspunkte für Lob und Prämien bzw. den Bedarf an ergänzenden Kontrollen und ggf. Nachschulungen.

Auch die Menge der pro Stunde erzielbaren Interviews sowie das Verhältnis der Interviews mit gesuchten Zielpersonen zu den dafür nötigen Screening-Interviews oder auch neutralen Adressausfällen hat für die Planung einer termingerechten Projekterfüllung eine große Relevanz. Dafür ist die kontinuierliche Auswertung von Paradaten unerlässlich.

Häufig genutzte Paradaten im Bereich der Feldkontrolle sind:

- Verteilung der Anrufresultate auf einzelne Interviewer, auf verschiedene Tages- und Wochenzeiten
- Durchschnittliche Interviewdauer (auch für einzelne Themenblöcke, nach Interviewern)
- Verhältnis Interviews zu Adressausfällen (bspw. Screen-Outs, andere neutrale Ausfälle)
- Monitoring der erfassten offenen Textinhalte (bspw. Kommentare der Interviewer zu Ausfällen oder Frageinhalten)
- Merkmale der Interviewer (z.B. Dauer der Tätigkeit, Projektbeteiligungen, Alter, Bildung)

Bereich Projektmanagement

Während der Durchführung von Umfrageprojekten ist eine kontinuierliche Prüfung vieler Rahmenparameter, die auch bei der Stichproben- und Feldsteuerung eine wichtige Rolle spielen, unerlässlich. Dies geschieht häufig mit Hilfe von spezifischen Reports, in denen aggregierte Paradaten zum Studienverlauf analysiert werden können. Häufig handelt es sich dabei um Übersichten zu Verteilungen einzelner Merkmale, bspw. von unterschiedlichen Antwortanteilen im Fragebogen oder Mengenverhältnisse bei Steuerungsvariablen innerhalb der Stichprobe, welche besonders bei Umfragen mit fixem Quotenplan gebraucht werden.

Häufig genutzte Paradaten im Bereich des Projektmanagements sind:

- Inzidenz der Zielgruppe/Screening-Anteil
- Antwortanteile für einzelne Fragen (auch Nonresponse/Missings)
- Zeitmessungen für Kontaktphasen, Interviews, Screening-Interviews (bspw. CallTime per Record, Mean Call Time)
- Verwendete Arbeitsstunden, Anteil der Interviewzeit pro Stunde
- Stichprobenausschöpfung

Zusammenfassung

Ohne die Erfassung von Paradaten gäbe es für laufende Projekte wenig Möglichkeiten zur exakten Planung und reaktionsschnellen Feldsteuerung. Von der Planbarkeit der eingesetzten Stichprobe, des benötigten Interviewereinsatzes über die Supervision der Interviewer im Rahmen der Qualitätssicherung bis zur Auswertung relevanter Parameter der Datenerhebung werden projektspezifische Informationen benötigt. Moderne Datenerhebungssysteme bieten dafür eine Reihe wichtiger Werkzeuge. Besonders beim Einsatz von automatisierten Wählverfahren für telefonische Umfragen sind Analysen der verfügbaren Paradaten unerlässlich.

5.8 Beispiele der Anwendung von Paradaten

Dieser Abschnitt zeigt einige Anwendungsbeispiele für Paradaten am Beispiel der telefonischen Erhebungen CELLA1 und CELLA2 sowie GEDA 2010, GEDA 2012 und INFLUENZA 2014. Die Studien CELLA1, CELLA2 und INFLUENZA 2014 sind Dual-Frame-Erhebungen, die eine Festnetzstichprobe und eine Mobilfunkstichprobe miteinander verbinden, um die jeweiligen Vorteile ausnutzen bzw. die jeweiligen Nachteile ausgleichen zu können, GEDA 2010 und GEDA 2012 hingegen wurden über Festnetz durchgeführt. Für eine ausführlichere Beschreibung dieser Erhebungen siehe die Studienbeschreibungen im Anhang. Diese Beispiele (und die Beispiele in weiteren Kapiteln dieses Bandes) zeigen, welches Potential in der geplanten und absichtsvollen Erhebung, Aufbereitung und Auswertung von Paradaten steckt: Viele Aspekte der Datenqualität im Rahmen des gesamten Total Survey Error-Modells können nur mit Hilfe von Paradaten untersucht und als Metadaten dokumentiert werden.

5.8.1 Beispiel: Anteil Telefonnummern und Interviews nach Bundesland

Telefonische Erhebungen über Festnetztelefonnummern bieten gegenüber Mobilfunkstichproben den Vorteil der mehr oder weniger eindeutigen regionalen Zuordnung über die Vorwahlen („Ortsnetzbereiche") zu Bundesländern oder auch kleinräumigeren Einheiten.[6]

---

6 Tatsächlich kommen aber Überschneidungen bis zur Ebene des Bundeslandes vor, d.h. Vorwahlen sind nicht deckungsgleich mit anderen regionalen Gebietseinheiten (etwa Postleitzahlen, Gemeinden und Städten, Landkreisen oder eben gar Bundesländern). Da Vorwahlen mit anderen administrativen Gebietseinteilungen nicht notwendigerweise deckungsgleich sind, eignen sie sich evtl. nicht oder nur bedingt (z.b. verbunden mit hohem Screeningaufwand) als Schichtungsmerkmal bei der Stichprobenziehung. Von den rund 5.200 Vorwahlen überschneiden weniger als 100 Bundeslandgrenzen. Das betrifft rund 200 Städte oder Gemeinden (von rund 12.000) mit diesen Vorwahlen und dabei v.a. einzelne kleinere Gemeinden oder mehrere Gemeinden im Umkreis größerer Städte und v.a. der Stadtstaaten. Bis 2008 stellte die Bundesnetzagentur (BNA) ein Verzeichnis bereit, das Gemeinden und Ortsnetzbereiche (Vorwahlen) gegenüberstellte. Die BNA bemerkt dazu aber selbst, dass „Ortsnetzgrenzen in aller Regel von kommunalpolitischen Grenzen erheblich abweichen" und das entsprechende Verzeichnis „praktisch nicht verwendbar und auch sonst allenfalls von geringem Nutzen" sei (Verfügung 25/2006 der BNA). Seit 2009 veröffentlicht die BNA daher lediglich eine Liste der Vorwahlen zusammen mit den „Ortsnetzbereichsnamen" – die aber eben nicht notwendigerweise gleichlautend mit den amtlichen Gemeindenamen sein müssen und auch nicht ihren Grenzen entsprechen. Ob Vorwahlen zu einer regionalen Schichtung (i.S.v. Kreisen oder Städten) einer Stichprobe mehr als „von geringem Nutzen" sind, muss daher im Einzelfall geprüft werden; ggf. müssen einzelne Vorwahlen dann ausgeschlossen werden (d.h. Undercoverage und möglicherweise Verzerrungen dadurch), oder nicht eindeutige Vorwahlen bleiben explizit Teil der Stichprobe (mit der Folge von Overcoverage und ggf. Verzerrungen) bzw. unter zusätzlichem Aufwand durch zusätzliches Screening zur eindeutigen Zuordnung von Nummern unter diesen uneindeutigen Vorwahlen.

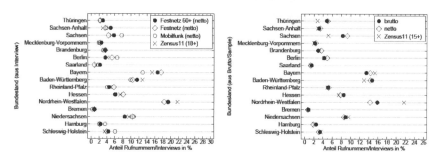

Abbildung 5.2   Verteilung der Nummern der Bruttostichproben und der Interviews auf die Bundesländer (GEDA 2012 und INFLUENZA 2014)

Die Abbildungen 5.2 zeigen für zwei telefonische Erhebungen die Verteilung der Rufnummern der Bruttostichprobe und die Verteilung der Interviews auf die Bundesländer. Für alle Rufnummern der GEDA 2012-Bruttostichprobe lag das zugeordnete Bundesland bereits aus dem ADM-Auswahlrahmen für Festnetzstichproben vor. Für die Rufnummern der INFLUENZA 2014 lagen für die Rufnummern der Bruttostichproben keine Angaben zum Bundesland vor, so dass lediglich die Selbstangaben aus dem Interview den Bevölkerungsanteilen aus dem Zensus 2011 gegenübergestellt werden können. Bei der linken Abbildung (GEDA 2012) fallen Thüringen, Sachsen und Nordrhein-Westfalen mit größeren Abweichungen zur Verteilung der Grundgesamtheit über die Bundesländer auf. Rechts (INFLUENZA 2014) fallen Sachsen, Bayern und ebenfalls Nordrhein-Westfalen auf. Bei beiden Erhebungen sind Unterschiede zwischen der Brutto- und Nettostichprobe gering, und auch die Abweichungen für die Interviews der Mobilfunkstichprobe sind gering. Abweichungen zwischen der (ungeschichteten) Bruttostichprobe und der Verteilung in der Grundgesamtheit spiegeln den Stichprobenfehler wieder. Bei Mobilfunkstichproben (die bislang nicht regional geschichtet gezogen werden können) zeigt die Verteilung der Interviews auf Bundesländer eine Mischung aus Stichprobenfehler und Verzerrung durch Nonresponse.

5.8.2 Beispiel: Kontaktversuche nach Wochentag und Uhrzeit

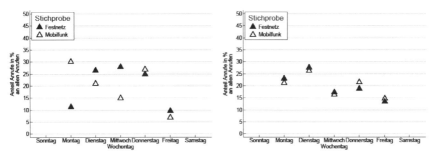

Abbildung 5.3   Verteilung der Kontaktversuche auf Wochentage (CELLA1 und CELLA2)

Abbildung 5.3 (links) zeigt für die Festnetz- und Mobilfunkstichprobe der Studie CELLA1 den Anteil der Kontaktversuche nach Wochentag. Offenkundig wurden Montag bis Freitag Kontaktversuche unternommen und waren Kontaktversuche nicht gleich auf Wochentage und die beiden Stichproben verteilt: Montags wurden verhältnismäßig wenig Festnetztelefonnummern angerufen, aber ein vergleichsweise hoher Anteil der Mobilfunkstichprobe. Freitags wurde für beide Stichproben im Verhältnis zu allen Anrufen am wenigsten telefoniert. Abbildung 5.3 (rechts) zeigt im Vergleich dazu die Verteilung der Kontaktversuche nach Stichprobe und Wochentag in der Nachfolgestudie CELLA2. Auch hier wurden offenbar Montag bis Freitag Kontaktversuche unternommen, die Verteilung der Kontaktversuche auf Wochentage unterscheidet sich aber kaum zwischen den beiden Stichproben. Freitags wurde hier zwar seltener als an anderen Wochentagen, aber immer noch vergleichsweise häufig telefoniert.

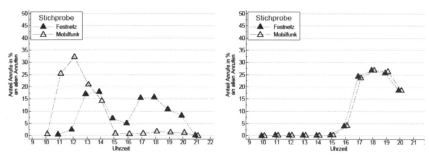

Abbildung 5.4   Verteilung der Kontaktversuche auf Anrufzeiten (Stunde) (CELLA1 und CELLA2)

Die Abbildungen 5.4 zeigen die Verteilung der Anrufversuche für jede Stichprobe nach Uhrzeit für die Studien CELLA1 und CELLA2. Kontaktversuche wurden zwischen 9 und 21 Uhr (Mobilfunk) bzw. 10 und 21 Uhr vorgenommen. Während für CELLA2 v.a. nachmittags telefoniert wurde (für beide Stichproben gleichermaßen), verteilen sich Anrufversuche für die Stichproben der Studie CELLA1 unterschiedlich: Hier wurde für die Mobilfunkstichprobe v.a. vormittags telefoniert, die Festnetzstichprobe auch mittags und nachmittags.

5.8.3   Beispiel: Anzahl Kontaktversuche und Anzahl Interviews

Offensichtlich unterscheiden sich Festnetz- und Mobilfunkstichproben in Bezug auf die erfolgreichen ersten Kontaktversuche nicht: Mehr als ein Fünftel der Interviews wird sowohl in der Festnetzstichprobe als auch in der Mobilfunkstichprobe beim ersten Kontaktversuch realisiert,[7] ein weiteres Fünftel der Interviews beim nächsten, zweiten Kontaktversuch unter einer Nummer. Tatsächlich werden auch nach vielen erfolglosen Kontaktversu-

---

7   Dieses Bild dürfte aber von verschiedenen Faktoren abhängen, u.a. ähnlicher Eigenschaften der Auswahlgrundlage und eine ähnliche Definition der Grundgesamtheit. In der Festnetzstichprobe mit der Zielgruppe „Personen 60+" wird fast ein Drittel aller Interviews bereits beim ersten Kontaktversuch realisiert.

chen Interviews geführt, auch noch nach 7, 8 oder auch 12 Kontaktversuchen.[8]

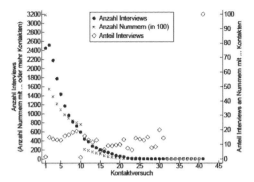

Abbildung 5.5   Anzahl Nummern, Anzahl Interviews, Anteil Interviews nach Anzahl der notwendigen Kontaktversuche bis zum Interview (GEDA 2012)

Abbildung 5.5 zeigt diesen Zusammenhang nochmal deutlich (am Beispiel von GEDA 2012). Die Bruttostichprobe umfasste knapp 320.000 Telefonnummern, nur zu rund der Hälfte der Nummern werden aber überhaupt zwei oder mehr Kontaktversuche unternommen. Genauso steil abfallend wie die Anzahl der Telefonnummern ist die Anzahl der Interviews, die bei einem bestimmten Kontaktversuch geführt werden. Der Anteil Interviews unter allen Nummern beim k-ten Kontaktversuch fällt aber nicht, sondern schwankt von Beginn bis Ende zwischen 10% und 20% der Nummern, die das k-te Mal angerufen werden.

---

8   Dieser zunächst widersprüchlich erscheinende Befund wird tatsächlich aber sehr plausibel: Nur zu wenigen bestimmten Nummern wird nach mehreren erfolglosen Kontaktversuchen überhaupt noch ein nächster Kontaktversuche unternommen; v.a. dann, wenn sich eine Nummer in den bisherigen Kontaktversuchen nicht als endgültig ungültig herausgestellt oder anderweitig disqualifiziert hat, d.h. wenn Aussicht auf ein erfolgreiches Interview besteht, z.B. nach Terminvereinbarungen, Unterbrechungen, wenn die Kontaktperson nicht gleich der Zielperson ist und die Zielperson aber nicht anwesend ist usw.

5.8.4   Beispiel: Interviewereinsatz, Workload, Klumpeneffekte

Telefonische Befragungen haben u.a. den Vorteil, dass Interviewerinnen und Interviewern zufällig Telefonnummern zugewiesen werden können, so dass Effekte, die durch eine, bei persönlichen Befragungen übliche, systematische, Zuteilung (z.b. zwischen Interviewern und Adressen) auftreten können, eher unwahrscheinlich oder zumindest vergleichsweise klein sind. Trotzdem besteht die Gefahr von Effekten, z.b. wenn Respondenten auf (z.b. sprachliche oder stimmliche) Merkmale des Interviewers reagieren, oder wenn Interviewer systematisch von Vorgaben abweichen. Die Gefahr von Klumpeneffekten (und einem damit verbundenen größerem Designeffekt bzw. einer kleineren effektiven Fallzahl) ist dann bei telefonischen Befragungen sogar oft größer (zumindest deutlich unterschätzt), da sich ggf. nicht nur Interviewer unterscheiden (in den Antworten, die sie von Teilnehmern erhalten), sondern vor allem weil Telefoninterviewer oft sehr viel mehr Interviews führen, als dies z.b. bei persönlichen Interviews der Fall ist.

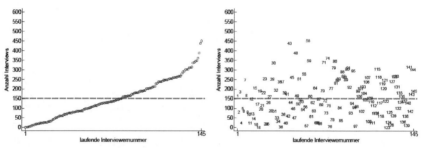

Abbildung 5.6   Anzahl Interviewer und Interviews/Interviewer (GEDA 2010)

Im Rahmen der Qualitätssicherung ist auch ein Blick auf die durchschnittlichen Interviewdauern nach Interviewer aufschlussreich, um ggf. Satisfycingstrategien der Interviewer zu entdecken.

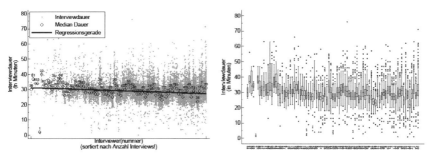

Abbildung 5.7   Durchschnittliche Interviewdauern nach Interviewer(nummern) (GEDA 2012)

In Abbildung 5.7 zeigt sich, dass die mittlere Interviewdauer mit zunehmender Anzahl an Interviews pro Interviewernummer leicht sinkt, evtl. ist das Ausdruck eines Gewöhnungseffektes der Interviewer, die mit zunehmender Anzahl (zu Beginn noch länger dauernder) Interviews mehr und mehr mit dem Erhebungsinstrument vertraut werden. Dieser positive Gewöhnungseffekt könnte im Extremfall aber so weit gehen, dass Interviewer Strategien entwickeln, Interviews abzukürzen (um in gleicher Zeit mehr Interviews führen zu können; z.b. indem bekannte „Abkürzungen" im Fragebogen genommen werden, wenn Filterfragen mit aufwändigen Nachfolgefragen gar nicht mehr gefragt werden). Daher sind Untersuchungen wie in Abbildung 5.7 wichtig und aufschlussreich.

Um mögliche Satisfycingstrategien (oder deviantes Verhalten von den Vorgaben) der Interviewer aufzudecken, könnte man zusätzlich die zeitliche Dimension berücksichtigen: Zunächst ist es erwartbar, dass sich Interviewerinnen und Interviewer bei mehr Interviews besser an das Instrument gewöhnen konnten und dadurch auch die durchschnittliche benötigte Dauer für ein vollständiges Interview sinkt. Ein solcher Gewöhnungseffekt dürfte aber nach einer bestimmten Anzahl geführter Interviews abnehmen oder gar erreicht sein. Satisfycingstrategien der Interviewer könnten sich darin zeigen, dass im Verlauf der Feldzeit mit steigender Einsatzzeit die durchschnittliche Interviewdauer weiter (oder vergleichsweise stärker) sinkt.

Wissenschaftliche Datenarchive

Werden Daten nicht selbst (oder im Auftrag) erhoben, sondern sollen im Rahmen einer Sekundäranalyse beschafft, aufbereitet und ausgewertet werden, sind verschiedene Forschungsdatenzentren oder Datenarchive eine zentrale Anlaufstelle zur Recherche nach bereits verfügbaren Daten.

Der Rat für Sozial- und Wirtschaftsdaten RatSWD hat eine Reihe von Forschungsdatenzentren akkreditiert, die aufbereitete und dokumentierte Datenprodukte über standardisierte Zugangsmöglichkeiten bereitstellen. Dazu sei auf die Internetseiten des Rates für Sozial- und Wirtschaftsdaten verwiesen: www.ratswd.de, insbesondere auf www.ratswd.de/forschungs-daten/fdz. Daneben ermöglichen verschiedene Datenproduzenten Zugang zu Daten für Sekundäranalysen über eigene Datenarchive oder Reposito-rien. Das GESIS Datenarchiv für die Sozialwissenschaften ermöglicht einen standardisierten Zugangsweg zu Daten für Sekundäranalysen von Daten-produzenten ohne eigenes Datenarchiv oder Repositorium. Für Recherchen nach verfügbaren Daten im Datenarchiv für eigene Sekundäranalysen sei verwiesen auf www.gesis.org/unser-angebot/datenanalysieren/datenservice/.

Bei einer eigenen Datenerhebung (bzw. im eigenen Auftrag) sind auch nach Abschluss der Erhebung verschiedene gesetzliche und weitere An-forderungen zu beachten, u.a. Vorgaben zum Datenschutz, aber ggf. auch einer sicheren Speicherung (z.B. fordert die DFG eine sichere Speicherung von Forschungsdaten – inkl. Dokumentationen – für mindestens 10 Jahre; Selbst im nicht-wissenschaftlichen Bereich fordert der Call Center Verband Deutschland CCV und der Council Customer Service im Deutschen Dia-logmaketing Verband DDV im gemeinsamen Branchenkodex (Abschnitt 7, Seite 3) eine Speicherung der „Anrufdaten" für mindestens 3 Monate). Zur sicheren Speicherung sollten Datenproduzenten auch ein externes wissen-schaftliches Datenarchiv oder Repositorium in Betracht ziehen und dabei auch gleichzeitig die Möglichkeit eines standardisierten Zugangs für Dritte für Sekundäranalysen bedenken. Das GESIS-Datenarchiv (u.a.) kann ggf. eine solche sichere Speicherung sowie die standardisierte Verfügbarma-chung übernehmen (www.gesis.org/unserangebot/archivieren-und-regist-rieren/datenarchivierung/).

5.9   Literatur

Eine umfangreiche Literatur beschäftigt sich mit statistischen Verfahren zur Korrektur von Fehlern in der Auswahlgrundlage, Verzerrungen durch Nonresponse, der Korrektur von Messfehlern und der Erhöhung der Präzision von Schätzungen z.b. durch verschiedene Gewichtungsverfahren, oft unter Verwendung von Paradaten einer Erhebung. Daneben existiert ein großer Bereich der Literatur, der sich mit dem Einsatz von Paradaten zur Untersuchung der Datenqualität und ggf. der Korrektur von Messfehlern beschäftigt.

Eine Einführung und Übersicht über die Entwicklung der Verwendung von Paradaten in der Umfrageforschung gibt:

Kreuter, F. & Casas-Cordero, C. (2010). *Paradata*. RatSWD Working Paper Series 136.

oder auch

Smith, T. W. (2011). The Report of the International Workshop on Using Multi-level Data from Sample Frames, Auxiliary Databases, Paradata and Related Sources to Detect and Adjust for Nonresponse Bias in Surveys. *International Journal of Public Opinion Research* 23, 3, 389-402.

Nicolaas, G. (2011). *Survey Paradata: A Review*. ESRA National Centre for Research Methods Review paper NCRM/017.

Ausführlich werden verschiedene Aspekte von Paradaten in der Umfrageforschung bearbeitet in:

Kreuter, F. (Hrsg.) (2013). *Improving Surveys with Paradata: Analytic Uses of Process Information*. Hoboken: Wiley.

Zu Fragen des Datenschutzes nicht nur in Bezug auf Paradaten sondern im gesamten Forschungsprozess sei verwiesen auf:

Rat für Sozial- und Wirtschaftsdaten (2017). Output 5. *Handreichung zum Datenschutz*. Berlin: RatSWD.

Schaar, K. (2017). *Die informierte Einwilligung als Voraussetzung für die (Nach-)nutzung von Forschungsdaten*. RatSWD Working Paper Series 264.

Der Arbeitskreis Deutscher Markt- und Sozialforschungsinstitute e.V. (ADM) hat zusammen mit der Arbeitsgemeinschaft Sozialwissenschaftlicher Institute e.V. (ASI), dem Berufsverband Deutscher Markt- und Sozialforscher e.V. (BVM) sowie der Deutsche Gesellschaft für Online-Forschung e.V. (DGOF) für ihre Mitgliedsinstitute verschiedene Richtlinien veröffentlicht, darunter auch eine „Richtlinie für telefonische Befragungen" (letzte Änderung 2016). Diese Richtlinien finden sich zum Teil bereits wieder in den „Standards zur Qualitätssicherung in der Markt- und Sozialforschung" (1999), ebenfalls Herausgegeben von ADM, ASI und BGM. Die verschiedenen Richtlinien sind verfügbar über die jeweiligen Internetseiten der Verbände, z.B. www.adm-ev.de, www.asi-ev.org, www.bvm.org.

Arbeitskreis Deutscher Markt- und Sozialforschungsinstitute e.V. (ADM) (2016). *Richtlinie für telefonische Befragungen*. Frankfurt: ADM.

Martin Liebau, Jürgen Schunter, Ronald Schurath & Rainer Schwarz

6 Fragebogenkonstruktion bei telefonischen Befragungen

6.1 Bedeutung der Fragebogenkonstruktion bei telefonischen Umfragen

Auf einen Blick

▸ Fragebogenvorlagen sollten vor Beginn der Erhebungsphase über alle notwendigen Informationen verfügen, um die zentralen Qualitätskriterien empirischer Messmethoden adäquat zu erfüllen.

▸ Zur Darstellung der Fragebogeninhalte sollte eine einheitliche Rahmenstruktur verwendet werden, in der alle notwendigen Informationen zur standardisierten Durchführung der Interviews dokumentiert sind.

▸ Jeder Forscher sollte auf den textlichen Einstieg ins Interview genauso viel Wert legen wie auf die Formulierung jeder einzelnen Forschungsfrage.

▸ Neben den spezifischen Studieninhalten sollten im Fragebogen auch alle relevante Paradaten berücksichtigt werden, bspw. für eine spätere Design- und ggf. Anpassungsgewichtung.

▸ Der Fragebogen sollte vor Beginn der Haupterhebung über adäquate Testverfahren (ggf. auch mehrstufig) intensiv geprüft werden

6.1.1 Einführung

Dieses Kapitel beschäftigt sich mit Standards der Fragebogenkonstruktion und deren direkte Auswirkung auf die Phase der Datenerhebung in telefonischen Interviews. Es wurde aus der Sicht von Projektleitern eines privatwirtschaftlichen Forschungsinstitutes verfasst, welche über langjährige Erfahrung im Bereich empirischer Sozialforschung verfügen. Ziel des Beitrages ist es, dem interessierten Leser die herausragende Bedeutung des Fragebogendokumentes als Bindeglied zwischen inhaltlich fokussierten

© Springer Fachmedien Wiesbaden GmbH, ein Teil von Springer Nature 2019
S. Häder et al. (Hrsg.), *Telefonumfragen in Deutschland*, Schriftenreihe
der ASI – Arbeitsgemeinschaft Sozialwissenschaftlicher Institute,
https://doi.org/10.1007/978-3-658-23950-3_6

Wissenschaftlern und der aktuellen Forschungspraxis bei Datenerhebungen zu vermitteln.

Innerhalb des Total Survey Error-Modells (TSE) werden die im folgenden beschriebenen Prozesse einem spezifischen Teilbereich der „Nicht-Stichprobenfehler" zugeordnet. Vor allem geht es in diesem Zusammenhang um das Auftreten von Messfehlern, die bspw. nach Faulbaum (2014) der Gruppe der sog. Beobachtungsfehler zugeordnet werden. Siehe dazu auch die Abbildung 2.1 in Kapitel 2.3 „Total Survey Error".

In den letzten 25 Jahren sind bereits eine Vielzahl guter Ratgeber und Lehrbücher verfasst worden, die sich ausführlich mit dem Prozess der Konstruktion und der Abfolge von Fragen beschäftigt haben.

Zur Formulierung von „guten" Fragen und aussagekräftigen Antwortkategorien in einem Fragebogen gibt es zahlreiche Hinweise und Leitsätze (u.a. Diekmann 2007; M. Häder 2015). Für eine intensivere Auseinandersetzung mit der wissenschaftlichen Konzeption von Fragen und Antwortstufen sei an dieser Stelle auf die aktuellen Beiträge von M. Häder (2015), Porst (2014), Faulbaum, Prüfer und Rexroth (2009), Diekmann (2007) oder Moosbrugger und Kelava (2011) verwiesen.

Je nachdem, wie der Fragebogenaufbau und die Fragenabfolge gestaltet werden, ergeben sich in der praktischen Umsetzung systematische Effekte und mögliche Fehlerquellen, die im Modell des TSE zu unterschiedlichen Messfehlern führen können. Für eine hilfreiche Übersicht möglicher Fehlerquellen in standardisierten Fragebögen, sind beispielsweise die GESIS Survey Guidelines „Antworttendenzen in standardisierten Umfragen" von Bogner und Landrock sehr zu empfehlen (2015).

In den folgenden Abschnitten soll der Leser eine stärkere Sensibilisierung für jene messmethodischen Aspekte der Fragebogenkonstruktion entwickeln, die in sozialwissenschaftlichen Umfragen für ein möglichst hohes Maß an Objektivität und Reliabilität zu beachten sind, häufig aber in der Forschungspraxis weniger stark berücksichtigt werden.

6.1.2 Häufige Defizite in Fragebogendokumenten

Bereits in der Konzeptions- oder auch Angebotsphase wissenschaftlicher Untersuchungen, in der häufig noch reger Austausch über die adäquate Forschungsmethode, die zu untersuchende Grundgesamtheit, die Stichprobenziehung oder auch das Erhebungsinstrument selbst besteht, sollte das Fragebogendokument als zentraler „Bauplan" für die Datenerhebung und die damit später produzierte Struktur des Datensatzes verwendet werden. Der Fragebogen erfüllt in diesem Sinne nicht nur die Funktion einer umfassenden Dokumentation aller interessierenden Forschungsfragen, sondern bildet gleichzeitig auch das Fundament und das Gerüst für eine handwerklich oft sehr anspruchsvolle Datenerfassungsarbeit. Nur wenn alle relevanten Strukturparameter für die Erhebung darin exakt beschrieben sind, kann ein Messinstrument auch objektiv, valide und reliabel für quantitative Erhebungen eingesetzt werden.

Daher verwundert es zuweilen, wie fragmentarisch oder minimalistisch Fragebogendokumente teilweise gestaltet sind, wenn sie zur Umsetzung in ein Befragungssystem eingereicht werden. Natürlich gehört es zu den klassischen Aufgaben eines professionellen Erhebungsinstitutes, hier redaktionelle Vorschläge für relevante Erweiterungen im Fragebogen zu machen. Allerdings können sich selbst sehr erfahrene Untersuchungsleiter des Erhebungsinstitutes häufig nicht den Hintergrund oder den aktuellen Forschungsstand zu spezifischen Fragestellungen in dem Maße aneignen, wie die darauf spezialisierten Forscher. Besonders bei Studieninhalten, die sich mit dem Vergleich mit- oder Replikationen von vorangegangenen Messungen beschäftigen, sollten die wissenschaftlichen Studienleiter sehr genau auf die Strukturparameter dieser Primärstudien achten und diese Informationen im Fragebogen möglichst umfassend integrieren.

Häufiger auftretende Defizite in der Fragebogenkonzeption können in folgende Punkte gegliedert werden:

- Fehlende Beschreibung der gesuchten *Zielgruppe* (Grundgesamtheit)
- Fehlendes Konzept für den *Personenzugang* in der Kontaktphase (Vorstellung, Einleitung der Thematik, Motivation)
- Ungenaue Festlegung der gesuchten *Zielperson* bzw. des zur Ermittlung nötigen *Screeningverfahrens*
- Fehlende *Vorgaben für die Vercodung der Kontaktversuche* in der Kontaktphase
- Fehlende Einschätzung der durchschnittlichen *Fragebogenlänge*
- Fehlende *Hinweise für die Interviewer* (standardisierte Anweisungen zur Fragetechnik)
- Fehlende *Hinweise für die Programmierung* (Filtersprünge, Permutationen, etc.)

- Fehlende *Anpassung von Textvorlagen* aus Vorstudien (Erhebungsmodus, Übergänge)
- Fehlende *Beschreibung der Skalen*, des Skalierungssystems (semantische vs. numerische, häufig variierende Skalenniveaus)
- Fehlende Variablen für die Erfassung von *Paradaten*
- Fehlende/inkonsistente *Vercodungsvorgaben* von Variablen und Werten

Fragebogenvorlagen sollten vor Beginn der Erhebungsphase über alle notwendigen Informationen verfügen, um die zentralen Qualitätskriterien empirischer Messmethoden adäquat zu erfüllen. Zwei wichtige und oft weniger gründlich einbezogene Elemente der Gestaltung sollen folgend kurz näher beschrieben werden.

6.1.3 Einleitung und Identifizierung der Zielperson

Wie bereits erläutert, bildet der Fragebogen mit den ausformulierten Fragen und Antwortstufen zur Beantwortung der Forschungsfrage den zentralen Kern der Datenerhebung. Der Fragebogen beinhaltet und ergründet das Studienanliegen des Forschers und kann in drei unterschiedliche Phasen gegliedert werden:

1. *die Begrüßungsphase,*

2. *die Untersuchungsphase,*

3. *die Verabschiedungsphase.*

Alle drei Phasen sollten möglichst harmonisch ineinandergreifen, stellen aber unterschiedliche Anforderungen an die Fragebogenkonzeption. So sind die Begrüßungsphase und die Verabschiedungsphase eher unstandardisiert, um auf unterschiedliche Gesprächssituationen flexibel eingehen zu können, während die Untersuchungsphase (normalerweise) standardisiert erfolgt.

Die Begrüßungsphase beschreibt die Phase der Studie, in der der erste Kontakt zwischen Proband und Interviewer hergestellt wird. In dieser Phase werden gegebenenfalls nicht nur die Teilnahmebereitschaft abgeklärt und erste Paradaten gesammelt, sondern je nach Studiengegenstand auch eine Vertrauensbasis für die nachfolgende Untersuchungsphase initiiert. Die Verabschiedungsphase bietet zusätzlich die Gelegenheit, offen gebliebene

Fragen zum Inhalt der Studie zu klären, ggf. eine zukünftige Nachfolge-befragung vorzubereiten und das Gespräch möglichst positiv zu beenden.

Die Begrüßungsphase ist bei telefonischen Befragungen von entschei-dender Bedeutung für die Minimierung des TSE: „the crucial period in this interaction is the introduction and that there are ways to optimise the be-ginning of interviews and thus to obtain better response rate." (Meier 2012, S. 266) Dass die Begrüßungsphase der kritische Punkt zur Reduzierung des Nonresponse-Bias ist, wurde bereits 1976 von Dillman nachgewiesen: „re-fusals occur mainly in the introduction period and rarely afterwards" (zi-tiert nach Meier 2012, S. 266) Meier fokussiert in seinem Artikel den Aspekt der kommunikativen Interaktion zwischen Interviewer und Befragtem. Es ist von entscheidender Bedeutung, eine gemeinsame Kommunikationsebene zu finden („social reciprocity"), also eine Kopplungssymmetrie herzustellen und den Befragten zur Teilnahme zu motivieren. Schafft es der Interviewer in der Begrüßungsphase, eine hohe Übereinstimmung mit dem Befragten zu erzeugen, reduziert sich die Wahrscheinlichkeit, dass der Befragte die Teilnahme verweigert. (Vgl. ebd. S. 267ff.) Um die Ablehnungsrate zu redu-zieren sollte der „Fragebogen [...] mit einer Frage beginnen, die vermutlich für alle Befragten bedeutsam ist" (Schnell 2012, S. 120) und im „engeren Zusammenhang zum Thema der Befragung stehen." (ebd. S. 120) Ein der-artiger Einstieg, in Kombination mit einer leicht zu beantwortenden Frage, erzeugt ein wohliges Gefühl auf Grund der kognitiven Leichtigkeit (Kahne-man 2011) und erhöht die weitere Teilnahmebereitschaft bei den Befragten.

Die meisten Forschenden widmen sich insbesondere der Untersuchungs-phase, jedoch nur selten bzw. gar nicht der Begrüßungsphase und überlas-sen diese häufig dem Erhebungsinstitut. Die Literatur behandelt die Ein-gangsphase überwiegend hinsichtlich des Aspektes der Teilnahmemotiva-tion, um die Nonresponse-Rate so gering wie möglich zu halten und damit die Stichprobenausschöpfung zu maximieren. Hierbei sollte darauf geachtet werden, dass der Eingangstext möglichst einfach ist. Berücksichtigt man Forschungsergebnisse zur Verarbeitung von Reizen, so legen diese nahe, dass ein Eingangstext mit einfachen und bekannten Worten eine Vertrautheit bei den Rezipienten hervorruft, welche zu einer (unbewussten) positiven Einstellung gegenüber dem Anliegen führt. Die kognitive Leichtigkeit der Verarbeitung des Begrüßungstextes erhöht die Wahrscheinlichkeit der Teilnahme an der Befragung. Dadurch kann eine Verringerung des TSE erreicht werden.

Der Arbeitskreis Deutscher Markt- und Sozialforschungsinstitute e.V. (ADM) stellt in seiner Richtlinie für telefonische Befragungen einen Rahmen für die textliche Gestaltung der Begrüßungsphase zur Verfügung (vgl. ADM 2016):

Kontaktaufnahme:

Guten Tag. Mein Name ist _____ vom _____ (Institut) _____ in _____ .

Wir führen eine wissenschaftliche Befragung zu _____ (allgemeine Thematik) _____ durch. Ihre Telefonnummer wurde durch ein wissenschaftliches (Zufalls-)Verfahren ausgewählt. Die Teilnahme ist freiwillig, aber es ist sehr wichtig, dass möglichst alle ausgewählten Personen teilnehmen, damit die Umfrage ein richtiges Ergebnis liefert.

Die Auswertung erfolgt anonym, also nicht in Verbindung mit Ihrem Namen, Ihrer Anschrift oder Telefonnummer.

Allerdings wird häufig außer Acht gelassen, dass der Begrüßungstext nach der theoretischen Definition der Grundgesamtheit und der daraus resultierenden Ziehung der Stichproben, die zentrale Stelle für die verbale Definition der Grundgesamtheit ist. Es ist von entscheidender Bedeutung, welche Worte gewählt werden, um die allgemeine Thematik und die Zielgruppe zu beschreiben. Bildet beispielsweise die deutsche Bevölkerung ab 18 Jahren, die über einen Telefonanschluss (Festnetz oder Mobilfunktelefon) erreichbar ist, die Grundgesamtheit und wird im Eingangstext von einer Befragung zum Thema Kosmetik gesprochen, so können dadurch systematische Teilnahmeverweigerungen bei Männern resultieren, da diese sich von dem Thema weniger stark angesprochen fühlen. Der Eingangstext bildet also die sensible Schnittstelle zwischen Begrüßung und Vermittlung der gesuchten Zielgruppe in der Kontaktphase eines Interviews. In der Begrüßungsphase muss kommuniziert werden, welche Personen befragt werden sollen und wie diese ausgewählt werden sollen, ohne bereits Personen bzw. Personengruppen systematisch durch eine falsche Ansprache auszuschließen. Jeder Forscher sollte auf den textlichen Einstieg ins Interview genauso viel Wert legen wie auf die Formulierung jeder einzelnen Forschungsfrage.

Durch die Berücksichtigung der Erkenntnisse der Selbstbestimmungstheorie (self-determiniation theory) von Deci und Ryan (1985), die sich mit dem Phänomen der intrinsischen Motivation befasst, lassen sich Einleitungstexte motivierender formulieren. Im Mittelpunkt der Selbstbestimmungstheorie stehen die für jedes Individuum gültigen Bedürfnisse nach Kompetenzerleben (competence), sozialer Eingebundenheit (relatedness) und Selbstbestimmung (autonomy), wobei die Befriedigung des Autonomiebedürfnisses als zentrale Voraussetzung für psychische Gesundheit und Wohlbefinden gilt. Selbstbestimmtes Handeln kennzeichnet sich dadurch, dass sich die Person aus eigenem Antrieb und frei von äußeren Zwängen mit einer Sache beschäftigt (intrinsische Motivation) und die Handlung nicht ausschließlich als „Mittel zum Zweck" erlebt wird (extrinsische Motivation). Deci und Ryan haben sowohl die Bedingungen analysiert durch die Selbstbestimmung gefördert werden kann, als auch die Faktoren, durch die intrinsische Motivation zerstört wird (z.b. bestimmte Sachbelohnungen: Deci et al. 1999). Zahlreiche Studien haben gezeigt, dass ein hohes Maß an Selbstbestimmung unter anderem mit hoher Leistungsbereitschaft verbunden ist (Gagné & Deci 2005).

Da die Interviewsituation nicht selbst-motiviert stattfinden kann, sondern durch externe Motivation des Interviewers ausgelöst wird, benötigt es noch einen höheren Wert (value), der die Teilnahmebereitschaft zusätzlich motiviert (Deci & Ryan 2000a, 2000b). Diese vier Punkte finden sich in ähnlicher Art und Weise ebenfalls bereits beim „Job-Characteristics-Modell" von Hackman und Oldham (1980). Folgende Aspekte haben also für die Teilnahmemotivation einen entscheidenden Einfluss:

A) *Autonomie*: Die Personen können selbst entscheiden, ob sie teilnehmen möchten oder die Teilnahme verweigern. Die Teilnahme ist freiwillig.

B) *Kompetenz*: Die ausgewählten Personen verfügen über die benötigte Kompetenz/das benötigte Wissen, um an der Befragung teilzunehmen.

C) *Soziale Eingebundenheit*: Personen, wie die ausgewählte Person nehmen (normalerweise) an der Befragung teil.

D) *‚Höherer Wert'*: Die Teilnahme hat einen (großen) Wert für die Allgemeinheit.

Wie aber könnte eine Einleitung aussehen, die diese Punkte berücksichtigt und die ausgewählte Zielperson möglichst gut zur Teilnahme motiviert?

‚Vielen Dank, dass wir Ihnen unser Anliegen kurz *vorstellen dürfen*[A]. Wir führen derzeit eine Studie zum Thema *Gesundheit* durch.

Sie wurden für diese *wichtige Umfrage ausgewählt*[C], da Sie für das Thema *der richtige Ansprechpartner sind*[B]. Wir hoffen, dass *auch Sie*[C] sich *für die Teilnahme entscheiden*[A], damit *möglichst viele interessante Personen*[C] in dieser wissenschaftlichen Studie berücksichtigt werden können. *Ihre Antworten und die von anderen*[C] tragen dazu bei, *aussagekräftige Daten über die Bevölkerung zu erhalten*[D]. Damit können zukünftige Versorgungsangebote *stärker an die Bedürfnisse von Betroffenen und deren Familien angepasst werden* [D].

Sie können sich im Interview jederzeit dazu entscheiden, *einzelne Fragen nicht zu beantworten oder das Gespräch zu unterbrechen*[A]. Wir können mit dem Interview beginnen, sobald Sie bereit sind.'

Einen Sonderfall für die verbale Definition der Grundgesamtheit bilden alle Befragungen, bei denen die Grundgesamtheit nur eine Teilmenge der über das Telefon zu erreichenden Personen darstellt. Möchte man nur eine bestimmte Gruppe von Personen befragen und kann diese nicht bereits durch den Auswahlrahmen einschränken, muss die gewünschte Zielgruppe an einer geeigneten Stelle im Fragebogen kommuniziert werden. Praktisch gibt es zwei verschiedene Stellen zu Beginn einer Befragung, um einer Kontaktperson am Telefon die gewünschte Zielperson zu vermitteln:

1. Die für das Interview gesuchte Zielperson kann im Begrüßungstext bzw. der Kontaktphase direkt beschrieben werden (allgemeine Thematik), was die Auswahl beschleunigt und somit insgesamt kostengünstiger ist. Allerdings erschwert sich dadurch die eindeutige Berechnung der Stichprobenausschöpfung nach Abschluss der Erhebung, die Auswahlwahrscheinlichkeit der Zielperson ist mathematisch nicht exakt bestimmbar und der TSE wird tendenziell größer.

2. Alternativ kann die Zielpersonenauswahl Teil des eigentlichen Fragebogens sein und am Beginn des Interviews nach Selektion eines Gesprächspartners stattfinden. Dadurch reduziert sich der TSE und die Berechnung der Ausschöpfung wird erleichtert. Allerdings steigen so

die Studienkosten, da die Befragung zunächst mit allen potentiellen Teilnehmenden begonnen wird. Alle Personen, die nicht Teil der Grundgesamtheit sind, werden erst nach aktiver Abfrage der Zielkriterien ausgeschlossen, wenn diese nicht erfüllt wurden (Screening Verfahren). Je nach benötigter Befragungsdauer, um die Zielperson zu identifizieren und nach Größe der gesuchten Zielgruppe, können die Studienkosten dabei rapide ansteigen.

Sowohl die Geburtstagsfrage als auch der Schwedenschlüssel wählen theoretisch die Zielperson zufällig aus, jedoch gibt es bei der Geburtstagsfrage eine systematische Verzerrung durch die Selbstauskunft der Befragungsperson und die mögliche Einflussnahme des Interviewers. Die verzerrenden Effekte der Geburtstagsfrage wurden von Schumacher (2015) in seiner Dissertation eindrucksvoll belegt. Schumacher führt aus, dass „diverse Studien in den USA sowie, vergleichsweise wenige, in Deutschland [...] zeigen, dass in 10 bis 30 Prozent aller Haushalte nicht die eigentliche Zielperson, sondern ein anderes Haushaltsmitglied befragt wird", welches mittels der Geburtstagsmethode ausgewählt wurde. Die falsche Befragtenauswahl führt zu systematischen Verzerrungen der Stichprobe: „Die Befragten, die nicht die Zielpersonen waren, verzerren die Stichprobe deutlich, wie tiefer gehende Analysen zeigen." (Schumacher 2015, S. III) Ebenso ergibt sich bei kurzen Befragungszeiträumen eine ungleiche Verteilung der Auswahlwahrscheinlichkeiten für die Geburtstagsfrage, da Personen, die in Monaten unmittelbar vor dem Erhebungszeitraum geboren wurden, häufiger ausgewählt werden. In Mehrpersonenhaushalten haben damit Personen, die erst in den unmittelbaren Folgemonaten einer Erhebung ihren Geburtstag haben, eine deutlich geringere Auswahlwahrscheinlichkeit als beim Schwedenschlüssel.

6.1.4 Erhebung von Paradaten im Fragebogen

Neben dem eigentlichen Forschungsgegenstand einer Befragung, der durch den Fragebogen wie beschrieben in geeigneter Weise instrumentalisiert werden muss, gibt es weitere wichtige Informationen über die befragte Zielperson, deren Kenntnis für einen erfolgreichen Abschluss einer Studie häufig unerlässlich ist. Diese über das eigentliche Ziel der Erhebung hinausgehenden Daten werden als Paradaten bezeichnet. Eine ausführliche Beschreibung der Konzepte findet sich im Kapitel 4.

Im Zusammenhang mit der Fragebogenkonstruktion sind vor allem folgende Aspekte zu bedenken:

1. Die Ergebnisse aller Kontaktversuche für jedes Element der Stichprobe müssen in einer geeigneten Vercodung protokolliert werden. Nur so wird später eine genaue Berechnung von Ausschöpfungsraten ermöglicht. Soll z.b. der AAPOR-Standard zur Ausschöpfungsberechnung verwendet werden, so ist schon bei der Fragebogenkonstruktion darauf zu achten, dass die dort definierten *disposition codes* durch die in der Eingangsphase durch den Interviewer erfassten Gesprächsausgänge eindeutig abbildbar sind.

   Im günstigsten Fall sollte das Erhebungsinstitut alle Bevölkerungsstudien über eine in dieser Hinsicht standardisierte Kontakt-Eingangsphase abwickeln. In der Regel verfügt der empirische Sozialforscher selbst nicht über die nötigen Vorkenntnisse, sowohl technischer als auch konzeptioneller Art, um eine Vorlage für das Erhebungsinstitut zu liefern.

2. Soll, wie es bei Bevölkerungsstudien die Regel ist, ein Rückschluss auf die Grundgesamtheit der deutschen Wohnbevölkerung erfolgen, so müssen zwingend alle Angaben über die Befragten vorhanden sein, die für eine Designgewichtung benötigt werden. Ziel dieser Gewichtung ist es, die unterschiedlich großen Inklusionswahrscheinlichkeiten der Befragten, die durch das verwendete Verfahren zur Stichprobenziehung entstehen, auszugleichen. Näheres dazu findet sich im Kapitel 11 „Gewichtung".

3. Um Verzerrungen der Untersuchungsergebnisse, vor allem durch Nonresponse, zu vermeiden, wird häufig auch eine Kalibrierung (oder auch Anpassungsgewichtung) vorgenommen. Bei der Fragebogenkonstruktion ist sicherzustellen, dass alle hierfür in Frage kommenden Merkmale in geeigneter Form erhoben werden. Wichtig ist dabei die Vergleichbarkeit der Abfrage mit aus externen Quellen verfügbaren Verteilungen der interessierenden Merkmale in der Zielpopulation (siehe Abschnitt „Gewichtung").

Zwischen Auftraggeber und Erhebungsinstitut ist vor der Durchführung der Studie zu klären, welche Merkmale über den Forschungsgegenstand hinaus für eine Gewichtung benötigt werden. Die in Punkt 2 genannten Merkmale, die zum Ausgleich unterschiedlicher Auswahlwahrscheinlichkeiten für einzelne Personen im Stichprobendesign (Designgewichtung) zwingend benötigt werden, sind dabei immer zu erheben. Eine Anpassungsgewichtung ist aus stichprobentheoretischer Sicht nicht notwendig, ist aber in der Regel erwünscht, um etwaige Stichprobenfehler und Ausfälle durch Nonresponse auszugleichen. Der Auftraggeber der Studie muss hier bedenken, dass die Erhebung der Merkmale als Paradaten immer auch ein Zeit- und damit Kostenfaktor ist. Dies gilt insbesondere bei sehr kurzen Befragungen bzw. wenn das Untersuchungsbudget knapp bemessen ist.

6.2 Konstruktion eines Fragebogendokumentes

6.2.1 Notwendige Informationen

Wie bereits im vorigen Abschnitt beschrieben, sind Hinweise zur eindeutigen Identifizierung der Zielgruppe innerhalb der gezogenen Stichprobe genauso wichtig, wie die Erhebung von – je nach Forschungsziel relevanten – Paradaten. Dazu zählen bspw. Das Codesystem zur Erfassung der Kontaktergebnisse für eine spätere Responseratenberechnung, die Messung der Dauer des Fragebogens, bzw. einzelner Frageblöcke oder auch die nötigen Variablen für die Durchführung einer Anpassungs- und Designgewichtung in der Phase der Datenaufbereitung.

Neben diesen bedeutenden Merkmalen für die Entwicklung der Struktur eines Fragebogens, steht im Mittelpunkt die Darstellung der inhaltlichen Fragen selbst. Unabhängig von der präzisen Operationalisierung der verwendeten Fragekonstrukte oder der Festlegung einer dramaturgisch *optimalen* Konstellation dieser zueinander, unterschätzen Umfrageforscher häufig auch die Bedeutung einer festen Rahmenstruktur bei der Darstellung der Frageninhalte.

Wie Petersen (2014) dazu treffend formuliert: „Soll also eine qualitative Untersuchung verwirklicht werden, kann eine [...] Liste mit halbstrukturierten Fragen und Stichworten bereits eine gute Basis für die Studie sein. Ist dagegen eine Repräsentativbefragung geplant, ist ein solcher Fragenkatalog ein Zwischenschritt. Im zweiten Schritt muss nun jede einzelne Frage in eine feste Form gebracht werden, die den Befragten und – sofern welche zum Einsatz kommen – den Interviewern keine Spielräume zur individuellen Interpretation oder zur ‚kreativen Gesprächsführung' lässt und die es ermöglicht, die Antworten möglichst leicht und detailliert mathematisch-statistisch auszuwerten." (Petersen 2014, S. 30) Zur statistischen Auswertung gehört in diesem Sinne auch die Codeanweisung für die Ablage der Daten in der Erhebungsdatenbank. Gelingt dieser Schritt, kann der Fragebogen später direkt als „Codebook" für die Weiterverwendung der Daten im Datensatz genutzt werden.

6.2.2 Beispielmaske zur Darstellung von Fragen

In diesem Abschnitt soll dem interessierten Leser ein Vorschlag für eine strukturierte Darstellung der Fragen unterbreitet werden. Im Sinne des „best practice" Ansatzes dieses Buches bilden die hier verwendeten beiden Vorlagen für unterschiedliche Varianten einen Kompromiss zwischen der Komplexität und Individualität spezifischer Fragetypen und einer möglichst guten Übersichtlichkeit von zentralen und peripheren Aspekten innerhalb einer Frage.

Filterregel:	+ 1, *wenn Frage XYZ=02,03, ...*		
Frage-nummer	**Fragetext**		Frage-Nummer (Erhebungs-Institut)
Interviewer:	*Verfahrensvorgaben, Hinweise, Erläuterungen, ...*		
Darstellung:	*Permutation, Eliminierung...*		
Codesystem	*Codestufe (Merkmalszuordnung)*		Direktsprung
01	Antwort A		
02	Antwort B: _____		Frage X
_____	Zahl/Menge		
	Item-Nonresponse, ggf. auch „spontane" Nennungen		
98	weiß nicht		
99	keine Angabe		

Abbildung 6.1   Fragemaske für Einzelfragen

Zur Erklärung von Abbildung 6.1 sind die Funktionen der einzelnen Steuerungsfelder im Folgenden kurz umschrieben.

Tabelle 6.1 Beschreibung der Steuerungsfelder in Tabelle 1

Filterregel	Sinnvoll ist es, jeweils direkt vor der Frage exakt zu definieren:
	(A) welche Bedingungen zum <u>Auslassen</u> der Frage führen und
	(B) zu welcher Frage der Sprung mindestens führen muss.
	Wenn im Verlauf der Fragebogenredaktion eine Frage verschoben wird, bleibt der Filterbezug so mit der Frage verankert und muss dann nur entsprechend der neuen Position oder Nummerierung angepasst werden.
Fragenummer	Bildet entweder die Bezeichnung aus einer vorherigen Fragebogenvorlage ab oder wird im Rahmen der Fragebogenerstellung vom Forscher selbst festgelegt. Im Prozess der redaktionellen Abstimmung ändern sich häufig Fragebezüge oder deren Reihenfolge noch einmal. Da oft ein direkter Bezug zu Filterregeln besteht, ist es wichtig, hier immer die aktuelle Nummerierung zu berücksichtigen. Im Idealfall kann diese Fragebezeichnung direkt für die Beschriftung der Variable im Datensatz verwendet werden.
Fragetext	Feld für die Darstellung der exakten Frageformulierung. Hierzu gehören auch etwaige thematische (Vor)Texte, die standardisiert die eigentliche Frage einleiten oder Antwortvorgaben beschreiben sollen.
Fragenummer des Erhebungsinstitutes	Diese Nummer wird in der redaktionellen Abstimmung des Dokumentes vom Erhebungsinstitut eingetragen und bezeichnet die Steuerungsnummer, die sich bei der Programmierung des Fragebogens anhand der Programmlogik ergibt. „Frage 1" heißt hier dann bspw. evtl. „Q1". Bei komplexen Fragebögen kann es aus pragmatischen Gründen sinnvoll sein, die Fragenummer auch nach Fragebogenänderungen (bspw. durch Ergebnisse des Pretests) innerhalb des CATI/CAWI/CAPI Programmes beizubehalten. In der Fragebogenvorlage selbst muss die Veränderung, also bspw. eine Umstellung einzelner Frageblöcke, durchgeführt werden. Dies kann bei einer Darstellungsform mit zwei möglichen Fragebezeichnungen dann auch für Dritte nachvollziehbar berücksichtigt werden.

Fortsetzung Tabelle 6.1

Interviewer	In dieser Zeile werden alle Informationen zum Ablauf der Frage-bearbeitung und der Interaktion mit der Befragungsperson festge-legt. Es ist damit die „Regieanweisung", in der exakten Vorgabe bezüglich des Umganges mit Antwortoptionen, ggf. Hinweisen und Unterstützung der Antwortkategorisierung für den Interviewer formal festgehalten. Exakte Vorgaben sind für die Durchführung von wissenschaftlichen Umfragen mit quantitativem Charakter und entsprechend hohem Standardisierungsgrad von zentraler Bedeu-tung.
Darstellung	Hier können Informationen zur Umsetzung der Frage oder auch spezifische Darstellungsregeln für einzelne Antwortstufen festge-legt werden. Bspw. ob mehrere Antwortvorgaben gemeinsam als „Frageschirm" dargestellt werden oder die Reihenfolge einzelner Antwortkategorien randomisiert werden soll.
Codesystem	Dient der Festlegung von Vercodungsregeln für jede Frage und bestimmt damit das in der Datenbank verwendete Wertsystem. Die hier getroffenen Vorgaben entscheiden über das Mess- bzw. Skalenniveau jeder Variable bzw. der darin erfassten Merkmalsei-genschaften (nominal, ordinal, metrisch: mit absolutem Nullpunkt [Ratioskala] oder ohne [Intervallskala]). Auch der Umgang mit Antworten, die nicht in das vorgegebene Merkmalsschema passen (Itemnonresponse, „spontane" Rückmeldungen, Anmerkungen), wird hier festgelegt.
Codestufe	Hier erfolgt die Verknüpfung zwischen dem gewählten Code- bzw. Skalensystem und der Merkmalsausprägung, bzw. vorgegebener Antwortkategorien. Diese können ein breites Spektrum an Funkti-onen innerhalb der Frage erfüllen; von der gestützten Antwortvor-gabe im exakten Wortlaut über Stichpunkte oder Sinneinheiten für die Vercodung ungestützter Antworten bis zur „offenen" Erfassung von Zahlen oder Freitext-Nennungen.
Direktsprung	hier können neben einleitenden bzw. ausschließenden Filterre-geln direkte Sprungverknüpfungen zu anderen Fragen hergestellt werden. Diese sind bei Umgestaltungen des Fragebogenaufbaus allerdings besonders anfällig für „versteckte" Fehler, da sie ggf. im Wiederspruch zu „globalen" bzw. den Fragen übergeordneten Fil-terregeln stehen können. Bei komplexen Fragebögen sollten Direkt-sprünge nach Möglichkeit vermieden werden.

Fortsetzung Tabelle 6.1

Item Nonresponse	die Abgrenzung zwischen Antwortvorgaben innerhalb des gesuchten Merkmalsraumes und Formen des Item-Nonresponse hat sich in der Praxis als sehr nützlich erwiesen. Diese Trennlinie ist allerdings nicht immer absolut trennscharf, so zum Beispiel, wenn einzelne Antwortstufen innerhalb der Fragestellung vom Interviewer vorgelesen werden sollen, spontane weitere/alternative Rückmeldungen aber auch möglich sind, bzw. sogar erwartet werden. Für eine klare Trennung bei der Interviewführung bietet sich daher eine Zuordnung dieser Codes im Bereich der Item-Nonresponse an.

Die in Abbildung 6.1 dargestellte Fragemaske kann prinzipiell für alle Formen von Einzelfragen verwendete werden. Lediglich für die Darstellung von Fragebatterien, bei der eine Reihe von unterschiedlichen Fragen mit einem identischen Set an Antwortkategorien präsentiert werden, muss die Vorlage adaptiert werden. Die Skalenwerte entsprechen hier den Codestufen, der Fragetext variiert bei Item-Batterien allerdings, daher wird das Fragetext-Feld hier für eine generelle standardisierte Einleitung in die Fragestruktur und eine Nennung der möglichen Antwortkategorien verwendet. Die einzelnen Aussagen, Aspekte oder Themenpunkte werden unterhalb der Skala mit separaten Variablenbezeichnungen dokumentiert. Daraus ergibt sich für die Datenaufbereitung ein eindeutiges Bezeichnungssystem: Erhält die Frage-Batterie bspw. die Nummer Q10, kann jedes einzelne Item entweder mit Buchstaben oder Zahlen benannt werden (Q10A, Q10B/Q101, Q102, ...). Direktsprünge innerhalb von Frage-Matrizen sind unüblich, daher entfällt diese Spalte in der Fragemaske.

Filterregel:		
Frage-Nummer	**Fragetext** (Einleitung, Skalenbeschreibung)	Frage-Nr. (Erhebungs-institut)
Interviewer:	Verfahrensvorgaben, Hinweise, Erläuterungen, ...	
Darstellung:	Permutation, Rotation, Fixierung, Anzahl Schirme ...	
01	Skalenwert (Zahl, semantische Bezeichnung, Smiley, etc.)	
...		
05	Skalenwert	
	Spontane Nennungen	
98	weiß nicht	
99	keine Angabe	
A	*Item 1 (Aussage, Aspekt, Thema, ...)*	
B	*Item 2*	
C	*Item 3*	
...		

Abbildung 6.2   Fragemaske für eine Fragen-Matrix („Item-Batterie")

6.3   Die Kalkulation der Fragebogenlänge

Ein häufig sehr unterschätzter Einflussfaktor für die erfolgreiche Umsetzung einer Umfrage ist die durchschnittliche Befragungsdauer, die benötigt wird, um ein Interview mit einer selektierten Zielperson durchzuführen. Zum einen, weil die prognostizierte Interviewlänge im Bereich der professionellen Umfrageforschung bereits in der Phase der Angebotserstellung ein maßgeblicher Faktor für die Kalkulation der Kosten einer Studie ist. Zum anderen, weil aus der Methodenforschung bekannt ist, dass mit zunehmender Fragebogenlänge die Tendenz zu systematischen Verzerrungen und Messfehlern zunimmt. Mögliche Folgen können bspw. eine Zunahme der Nonresponse-Rate in der Kontaktphase, eine höhere Abbruchrate im Interview, oder zunehmende Satisficing-Effekte bei der Beantwortung der Fragen sein. Für eine vertiefende Analyse dieser Einflüsse vgl. Abschnitt 8. Je länger ein Fragebogen ist, umso schwieriger ist dieser auch einer zufällig ausgewählten Befragungsperson zu vermitteln.

Auch wenn es stark von der Art der Umfrage, der Erhebungsmethode sowie den spezifischen Inhalten abhängt, wann ein Fragebogen „zu lange" dauert, sollte bereits vor Beginn einer ersten praktischen Längenmessung (bspw. im Rahmen eines Pretest Designs) eine möglichst praxisnahe Einschätzung der durchschnittlichen Fragebogenlänge vorhanden sein, da davon in jedem Fall auch immer die Kosten einer Datenerhebung abhängen. Umfrageinstitute haben deshalb interne Schätzverfahren entwickelt, um Fragebögen bereits vorab anhand standardisierter Frage-Einheiten theoretisch schätzen zu können.

Um Forschern ebenfalls die Möglichkeit zu geben, bereits während der Fragebogenkonstruktion eine eigene, unabhängige Schätzung der Interviewlänge durchzuführen, soll in diesem Kapitel eine Berechnungsgrundlage vorgestellt und deren Aufbau systematisch beschrieben werden. Dazu werden in den folgenden Teilabschnitten einzelne Fragetypen kategorisiert, die sich in der zugrundeliegenden Systematik vor allem hinsichtlich ihrer Wertigkeit bei einer Zeitschätzung unterscheiden.

6.3.1 Einleitungsphase

Welche zentralen Eigenschaften die Einleitung bzw. Kontaktphase eines Interviews hat, wurde bereits in Kapitel 1.3 beschrieben. Im Modell des „Total Survey Errors" (TSE) wird durch sie der Übergang von der Brutto- zur Nettostichprobe maßgeblich beeinflusst. Hier erfolgt einerseits die Präsentation des Forschungsanliegens, die gesetzlich verpflichtende Aufklärung über den Modus der Datenerhebung und auch die notwendige Selektion des legitimierten Gesprächspartners. Bei repräsentativen Studien wird dies durch eine zufällige Auswahl einer „Zielperson" gewährleistet, welche nach einem standardisierten Verfahren abläuft. All das kostet bereits Zeit, die zwar nicht direkt durch die Inhalte der Umfrage, wohl aber durch das Forschungsanliegen in seiner finalen Konzeptionierung bedingt ist. Entsprechend kann die Dauer der Einleitungsphase deutlich variieren.

Bei einer bevölkerungsrepräsentativen telefonischen Umfrage ohne zusätzliche Screening-Fragen sollte man hierfür ca. mit 1,5 Minuten planen, da häufig der Kontext der Studie (inkl. der Kette der beteiligten Auftraggeber) umfassender und damit der Erläuterungsbedarf etwas höher ist. Bei gängigen haushaltsrepräsentativen Umfragen (bspw. in der Marktforschung), in denen beispielsweise „lediglich" eine haushaltsführende Person ohne formale Selektionskriterien gesucht wird, kann man auch mit einer Minute rechnen.

Tabelle 6.1   Kalkulation der Einleitungsphase

Inhaltsblock	Minuten
Einleitung (repr. Bevölkerungsbefragung)	1,5
Einleitung (Marktforschungsprojekt)	1,0

6.3.2 Einfachnennungen (geschlossen, teiloffen)

Unter dem Typ „Einfachnennung" werden alle Fragen zusammengefasst,
- in denen für die Beantwortung ein kategoriales Codesystem existiert und
- in denen lediglich <u>eine</u> Antwortmöglichkeit auswählbar ist.

Einfachnennungen machen in der Regel den größten Anteil in standardisierten Befragungen aus. Sie können in ganz unterschiedlichen Erscheinungsformen auftreten und mit variablen Befragungstechniken verwendet werden. Für die Berechnung der durchschnittlichen Dauer wird bei diesem Typ zusätzlich in geschlossene und teiloffene Einfachnennungen unterschieden, je nachdem ob neben einer Antwort im kategorialen Vercodungssystem auch die Möglichkeit für eine Antworteingabe in ein Freitextfeld besteht.

Da das Spektrum an Möglichkeiten in Fragebögen sehr breit sein kann, sollen bei allen in diesem Abschnitt gemachten Kalkulationen lediglich jeweils zwei Varianten exemplarisch vorgestellt werden:

1) eine eher einfache bis „normale" Version des Typs
2) eine komplexe bzw. sehr ausführliche Version des Typs

Die Berechnung der Fragelänge sollte dann in der Regel mindestens von einer Länge des Typs 1 ausgehen und wird nur selten die Länge von Typ 2 überschreiten.

Geschlossene Einfachnennung: Beispiele für Typ 1 und 2

EN1	Sind Sie schwanger?
Interviewer:	Antwortstufen vorlesen.
Darstellung:	Einfachnennung
01	Ja
02	Nein
98	weiß nicht
99	keine Angabe

Abbildung 6.3 Einfachnennung (Typ 1)

EN2	Welcher der folgenden Faktoren ist aus Ihrer Sicht am bedeutendsten für die Durchführung einer repräsentativen Bevölkerungsbefragung?
Interviewer:	Antwortstufen vorlesen.
Darstellung:	Einfachnennung, Permutation: 01-11
01	Der Interviewerstab
02	Der Standardisierungsgrad des Interviews
03	Die Qualität der Projektschulung
04	Die Art der Zielpersonenermittlung
05	Die Fragebogenkonstruktion
06	Der Erhebungszeitraum
07	Das Qualitätsmanagement
08	Die Quotierung von Merkmalen
09	Die Stichprobenziehung
10	Die erzielte Ausschöpfung
11	Die Datengewichtung
98	weiß nicht
99	keine Angabe

Abbildung 6.4 Einfachnennung (Typ 2)

Teiloffene Einfachnennung: Beispiele für Typ 1 und 2

ET1	Damit sind Sie am Ende der Befragung angelangt. Gibt es noch etwas, das Sie uns mitteilen möchten?
Interviewer:	Antwortstufen vorlesen.
Darstellung:	Einfachnennung
01	Ja: _____
02	Nein
98	weiß nicht
99	keine Angabe

Abbildung 6.5   Einfachnennung, teiloffen (Typ 1)

ET2	Was ist Ihrer Meinung nach gegenwärtig das wichtigste politische Problem in Bayern?
Interviewer:	Antwortstufen NICHT vorlesen.
Darstellung:	Einfachnennung
01	Flüchtlinge
02	Arbeitslosigkeit/Arbeitsmarkt
03	Bildung/Schule
04	Kinderbetreuung
05	wirtschaftliche Situation/Strukturwandel
06	Abwanderung
07	Haushaltslage/Verschuldung des Landes
08	Entwicklung des ländlichen Raums
09	Kriminalität
10	(zu viele) Ausländer
11	Rechtsextremismus/Ausländerfeindlichkeit
12	soziale Ungerechtigkeit
13	Medizinische Versorgung/Ärztemangel
... ...	
20	Wohnen/Miete
90	Anderes, und zwar: _____
98	weiß nicht
99	keine Angabe

Abbildung 6.6   Einfachnennung, teiloffen (Typ 2)

Die beiden vorgestellten Fragetypen 1 und 2 sollen veranschaulichen, wie unterschiedlich lang die Bearbeitung einer Einfachnennung dauern kann. Die in der tabellarischen Übersicht angegeben Minuten bilden Richtwerte aufgrund langjähriger praktischer Erfahrungen bei der Fragebogenschätzung. Sie berücksichtigen auch die beim Zuordnungsprozess teilweise auftretende „Komplexität" oder „Diffusität" einer Antwort.

Tabelle 6.2   Kalkulation für Einfachnennungen

Inhaltsblock	Minuten (Typ 1)	Minuten (Typ 2)
Einfachnennung (geschlossen)	0,25	0,60
Einfachnennung (teiloffen)	0,45	1,00

6.3.3 Mehrfachnennungen (geschlossen, teiloffen)

Die Gruppe der Mehrfachnennungen unterscheidet sich von den Einfachnennungen in Ihrer Fragestruktur lediglich hinsichtlich der Anzahl der zugelassenen Antworten. Dadurch kann die Komplexität der Fragebearbeitung aber deutlich ansteigen. Auch hier ist es sinnvoll, in der Berechnung zwischen geschlossenen und teiloffenen Fragen zu unterscheiden.

Geschlossene Mehrfachnennung: Beispiele für Typ 1 und 2

MN1	Und was rauchen Sie?
	Sie können auch mehrere Angaben machen.
Interviewer:	Antwortstufen vorlesen.
Darstellung:	Mehrfachnennung
01	Fabrikfertige Zigaretten
02	Selbstgedrehte oder selbstgestopfte Zigaretten
03	Zigarren, Zigarillos
04	Pfeife
98	weiß nicht
99	keine Angabe

Abbildung 6.7   Mehrfachnennung (Typ 1)

MN2	Warum würden Sie Ihr Kind NICHT gegen Grippe impfen lassen? Sie können auch mehrere Angaben machen.
Interviewer:	Antwortstufen vorlesen.
Darstellung:	Mehrfachnennung

01	Ich weiß zu wenig über die Grippe-Impfung bei Kindern.
02	Ich bin grundsätzlich gegen Impfungen, d.h. mein Kind hat bislang keine Impfungen erhalten.
03	Ich entscheide bei Impfungen immer eher zurückhaltend, d.h. mein Kind bekommt nur die Impfungen, die wirklich dringend notwendig sind.
04	Ich habe Bedenken wegen möglicher Nebenwirkungen der Grippe-Impfung.
05	Weil die Grippe-Impfung so schlecht wirksam ist.
06	Mein Kind ist noch zu jung für eine Grippe-Impfung.
07	Es ist zu aufwändig mein Kind jährlich gegen Grippe impfen zu lassen.
08	Ich möchte meinem Kind keine zusätzlichen Impfungen zumuten.
09	Wenn andere Kinder gegen Grippe geimpft sind, ist die Impfung meines Kindes nicht mehr notwendig.
98	weiß nicht
99	keine Angabe

Abbildung 6.8   Mehrfachnennung (Typ 2)

Bei teiloffene Mehrfachnennungen steht (äquivalent den Einfachnennungen) mindestens ein Freitextfeld zur Erfassung von Antworten zur Verfügung. Je nachdem, wie wahrscheinlich bei Fragevorlagen die Nutzung dieser Freitextfelder erscheint, erhöht sich die durchschnittliche Berechnungsdauer der Fragen.

Teiloffene Mehrfachnennung: Beispiele für Typ 1 und 2

MNT1	Und von wem wurden Sie beraten?
Interviewer:	Antwortstufen vorlesen.
Darstellung:	Mehrfachnennung
1	Arzt
2	Krankenkasse
3	Gesundheitsamt
4	Sonstiges: _____
8	weiß nicht
9	keine Angabe

Abbildung 6.9   Mehrfachnennung, teiloffen (Typ 1)

MNT2	Welche der folgenden Anwendungen oder Produkte kommen in dem Fertigungsprozess Ihres Unternehmens vor?
Interviewer:	Antwortstufen vorlesen. Zutreffende Optionen auswählen.
Darstellung:	Mehrfachnennung
01	Steuerungs- und Antriebselemente
02	(Mess-)Instrumente
03	Kraftbetriebene Werkzeuge
04	Förderanlagen
05	Spannvorrichtungen
06	Brennen, Erhitzen oder Aushärten
07	Spritzbeschichtung
08	Hebewerkzeuge
...	...
18	Luftzerlegung
30	Andere (nämlich): _____
31	Andere (nämlich): _____
32	Andere (nämlich): _____
98	weiß nicht
99	keine Angabe

Abbildung 6.10   Mehrfachnennung, teiloffen (Typ 2)

Tabelle 6.3   Kalkulation für Mehrfachnennungen

Inhaltsblock	Minuten (Typ 1)	Minuten (Typ 2)
Mehrfachnennung (geschlossen)	0,35	0,90
Mehrfachnennung (teiloffen)	0,50	1,10

6.3.4 Offene Fragen, Zahleneinträge

Für Erfassungsfelder, in denen Freitext eingetragen wird, unterscheidet sich die Kalkulation etwas von der für die Erfassung von numerischen Ziffern. Das liegt daran, dass Textfelder häufig „Sammelflächen" („String Variablen") bilden, in denen die freie Angabe der Befragten durch den Interviewer zusätzlich sondiert und auf sinnhafte Wortgruppen reduziert werden muss. Bei numerischen Einträgen ist die Struktur der Antwort durch Ziffern dagegen stärker vorgegeben. Diese können später in der Datenmaske in der Regel auch direkt für (statistische) Berechnungen verwendet werden.

Es existieren auch Fragevarianten, in denen der Eintrag einer Zahl länger dauern kann, als das Erfassen einer freien Antwort, in der Praxis ist das aber sehr selten der Fall.

Zahleneintrag: Beispiele für Typ 1 und 2

NE 1	Wie alt sind Sie?
Interviewer:	Anzahl der Jahre unten eintragen.
Darstellung:	Einfachnennung
___	Jahre
02	Nein
97	unter 18 Jahre alt
98	weiß nicht
99	keine Angabe

Abbildung 6.11   Zahleneintrag (Typ 1)

NE1	Bitte nennen Sie mir für den Zweck eines späteren Anrufes eine gültige Telefonnummer, unter der wir Sie erreichen können.
Interviewer:	Telefonnummer unten eintragen.
Darstellung:	Einfachnennung
___	Telefonnummer
02	Nein
98	weiß nicht
99	keine Angabe

Abbildung 6.12   Zahleneintrag (Typ 2)

Fragen mit Zahleneinträgen werden sehr häufig eher dem Typ 1 entsprechen, dazu zählen bspw. auch das Erfassen des Geburtsjahres, der Anzahl der Haushaltsmitglieder oder einer Postleitzahl. Zum Typ 2 kann auch zählen, wenn zur Ansage der Zahl längere Denk- oder Rechercheprozesse nötig sind (bspw. bei mathematischen Aufgaben oder exakten Datumsangaben bestimmter Ereignisse). Prinzipiell könnte man auch das Erfassen einer E-Mailadresse hierzu zählen, wenn das Erfassungsfeld eine Steuerungsfunktion hat, die dann den Versand einer E-Mail aus dem CATI Programm heraus einleitet.

Offener Texteintrag: Beispiele für Typ 1 und 2

OT1	Welche ausländische Staatsangehörigkeit besitzt Ihr Vater?
Interviewer:	Antwort notieren.
Darstellung:	Einfachnennung
01	_____
98	weiß nicht
99	keine Angabe

Abbildung 6.13   offener Texteintrag (Typ 1)

OT2	Bitte nennen Sie einige Lebensmittel, Getränke oder Firmennamen, die Sie mit dem Begriff „kardioprotektive Lebensmittel" in Verbindung bringen. Was noch? Bitte nennen Sie mir alles, was Ihnen dazu spontan einfällt.
Interviewer:	Antworten eintragen. Bitte mehrfach nachhaken.
Darstellung:	Mehrfachnennung
01	1. Angabe: _____
02	2. Angabe: _____
03	3. Angabe: _____
04	4. Angabe: _____
05	5. Angabe: _____
06	6. Angabe: _____
07	7. Angabe: _____
08	8. Angabe: _____
09	9. Angabe: _____
10	10. Angabe: _____
88	weiß nicht
99	keine Angabe

Abbildung 6.14   offener Texteintrag (Typ 2)

Offene oder „unstrukturierte" Texteinträge sind im Allgemeinen die zeitintensivste Form der Antworterfassung. In quantitativen Umfragen mit hohem Standardisierungsgrad widersprechen Sie der Idee der Reliabilität einer Messung durch ein vergleichbares Bewertungssystem. Daher werden sie dort auch selten völlig ohne ergänzendes Codesystem (ungestützt zu verwendende „Precodes" in teiloffenen Fragen) und häufig auch nur aus 3 Gründen verwendet:

1. Für eine motivierende und offene Einleitung in ein Thema, welches folgend durch standardisierte Fragen vertieft wird.

2. Für die Erfassung „neuer" oder ganz individueller Inhaltskategorien.

3. Für die Sammlung von Hinweisen und Bemerkungen am Ende einer Umfrage.

Da die möglichen Abstufungen zwischen Typ 1 und Typ 2 gerade bei offenen Texteinträgen schwieriger zu objektivieren sind, empfehlen wir bei diesem Fragetyp als generalisierten Standard mit 1 Minute pro Frage zu kalkulieren.

Tabelle 6.4   Kalkulation für Mehrfachnennungen

Inhaltsblock	Minuten (Typ 1)	Minuten (Typ 2)
Numerischer Eintrag	0,30	0,60
Offener Texteintrag	0,8	1,50

6.3.5 Frageblöcke (Item-/Fragebatterien)

Sehr häufig sollen in Umfragen persönliche Einstellungen oder auch Verhaltensintentionen bezogen auf eher abstrakte Konzepte, bzw. komplexe Sachverhalte gemessen werden (bspw. „soziale Gerechtigkeit", „psychisches Wohlbefinden", „Wohnzufriedenheit", „kultureller Habitus", „politische Einstellung", etc.). Dafür werden in der Regel Skalensysteme verwendet, die wichtige (Einzel-)Dimensionen eines Themenkomplexes möglichst gut voneinander abtrennen - aber diese gleichzeitig innerhalb desselben Bewertungssystems vergleichbar messen können. Dadurch beschleunigt sich die Abfrage in der Befragungssituation etwas, denn die Befragten lernen bereits nach den ersten genannten Aspekten/Teilfragen nach welchem Schema die Antwort hier jeweils erfasst wird. Entsprechend werden die in einer sog. „Fragebatterie" enthaltenen Einzelfragen nicht als geschlossene Einfachnennungen berechnet. Auch hier gibt es allerdings deutliche Unterschiede zwischen kurzen und langen Versionen von Fragebatterien.

Fragebatterie: Beispiele für Typ 1 und 2

IB1	Im Folgenden geht es um Bereiche, über die Patientinnen und Patienten sich häufig mehr Informationen wünschen. Bitte sagen Sie mir, ob Sie sich ... eher gut oder eher schlecht informiert fühlen über...
Interviewer: Items einzeln bewerten lassen.	
Darstellung: Permutation, Alle Items auf einem Schirm	
01	eher gut informiert
02	eher schlecht informiert
99	keine Angabe
A	Ihre Rechte als Patientin/Patient
B	Möglichkeiten zur Vorbeugung von Krankheiten
C	Verschiedene Behandlungsmöglichkeiten im Krankheitsfall
D	Anlaufstellen bei Verdacht auf einen Behandlungsfehler
E	die Qualität von Ärztinnen und Ärzten
F	die Qualität von Krankenhäusern
G	die Qualität von Alten- und Pflegeheimen
H	die Qualität von ambulanten Pflegediensten
I	die Kosten einer ärztlichen Behandlung

Abbildung 6.15   Fragebatterie (Typ 1)

IB2	Ich lese Ihnen nun einige Aussagen über die USA vor, wie man Sie gelegentlich hören oder lesen kann. Bitte sagen Sie mir, ob Sie persönlich diesen Aussagen voll und ganz zustimmen, eher zustimmen, eher nicht zustimmen oder überhaupt nicht zustimmen.

Interviewer: Items einzeln bewerten lassen.
Darstellung: Permutation, alle Items auf einem Schirm

01	stimme voll und ganz zu
02	stimme eher zu
03	stimme eher nicht zu
04	stimme überhaupt nicht zu
98	kann ich nicht beurteilen
99	keine Angabe

A	Die USA sind daran schuld, dass wir so viele Konflikte in der Welt haben.
B	Genau genommen ist die USA kein demokratischer Staat.
C	Die Ausbreitung des amerikanischen Wirtschaftssystems zerstört die Werte der sozialen Marktwirtschaft.
D	Kein Wirtschaftssystem der Welt wird so sehr von Gier und Rücksichtslosigkeit getrieben, wie das amerikanische Wirtschaftssystem.
E	Der amerikanische Einfluss auf unsere Kultur hat nur Schlechtes gebracht.
F	Die amerikanische Kultur ist viel oberflächlicher als die deutsche Kultur.
G	Religiöse Fanatiker haben in den USA viel mehr politischen Einfluss als in Deutschland.
H	Amerikas religiöser Fundamentalismus gefährdet die ganze Welt.
I	Die USA sind mir unsympathisch.

Abbildung 6.16   Fragebatterie (Typ 2)

Die entscheidenden Einflussfaktoren für die Abschätzung der Länge einer Fragebatterie sind

- die Komplexität der Skalenvorgabe (Semantik der Skalenpunkte, 7er/10er Likert Skala oder wechselnde Paarskalen wie bspw. „1-fleißig bis 7-faul")
- die textliche Länge und Komplexität der Einzelfragen

- der Abstraktionsgrad bzw. der kognitive Anspruch der vorgestellten Themen/Aspekte

Die Berechnung der Gesamtlänge einer Fragebatterie basiert auf der Schätzung der durchschnittlichen Beantwortungsdauer für eine Frage, bzw. ein „Item". Sinnvoll zur Anwendung kann diese Art der Frageberechnung aber erst kommen, wenn eine Batterie

- aus mindestens 3 Teilfragen (Items) besteht,
- für alle Teilfragen dieselbe Skalenlogik abgefragt wird,
- Teilfragen gemeinsam auf einem Frageschirm dargestellt und abgearbeitet werden können.

Tabelle 6.5   Kalkulation für Fragebatterien

Inhaltsblock	Minuten (Typ 1)	Minuten (Typ 2)
Fragebatterien (pro Einheit)	0,15	0,30

6.3.6   Texte (bspw. für Einleitungen, Übergänge und Erklärungen)

Oftmals ist es bei der Fragebogenkonstruktion auch notwendig, angenehme und gut nachvollziehbare Überleitungen zwischen Themenkomplexen einzubauen oder den Befragten Fallbeispiele bzw. ganze Szenarien zu schildern. Genauso kann es vorkommen, dass für die Beurteilung von bestimmten Sachverhalten zusätzliche textliche Erläuterungen notwendig werden (bspw. zur Beurteilung von Themen, wie „digitaler Wandel" oder „Traumata"). Entsprechend sollten Texte ab einer gewissen Länge ggf. auch in die Fragebogenberechnung einfließen.

Einleitungs-, Übergangs- oder Erklärungstext: Beispiele für Typ 1 und 2

„Vielen Dank bis hier her. Jetzt werde ich Ihnen nacheinander immer zu dem Thema „..." unterschiedliche Aussagenpaare vorlesen. Bitte hören Sie sich dann zunächst beide Aussagen an und sagen mir danach, welche Aussage jeweils am ehesten mit Ihrer persönlichen Ansicht übereinstimmt. Wenn Sie bereit sind, fange ich mit dem ersten Aussagenpaar an."

Abbildung 6.17 Text (Typ 1)

„Stellen Sie sich nun eine Frau vor.

In letzter Zeit hat sich diese Frau in ihrem Wesen sehr verändert. Im Gegensatz zu früher ist sie niedergeschlagen und traurig, ohne dass sie dafür einen konkreten Grund angeben kann. Sie redet kaum noch und wenn sie etwas sagt, dann spricht sie mit leiser Stimme über die Sorgen, die sie sich über die Zukunft macht. Sie fühlt sich zu nichts nutze, hat den Eindruck, alles falsch zu machen. Versuche, sie aufzuheitern, sind ohne Erfolg. Sie hat zu nichts mehr Lust, und klagt darüber, ständig schon mitten in der Nacht aufzuwachen und dann nicht mehr einschlafen zu können.

Die beschriebene Frau ist 42 Jahre alt und berufstätig. Bei einer Körpergröße von 1,68m wiegt sie 90 Kilogramm und ist somit stark übergewichtig.

Beantworten Sie mir hierzu nun bitte die folgende Frage..."

Abbildung 6.18 Text (Typ 2)

Textblöcke, die am Telefon vorgelesen werden, sollten die Dauer von einer Minute nicht überschreiten. Die Konzentration und die Merkfähigkeit spezifischer Inhalte lässt mit zunehmender Länge nach, Umgebungseinflüsse gewinnen an Stärke. Sollten aus inhaltlichen Gründen längere Textpassagen nötig sein, empfiehlt es sich, eine kurze Zwischenpause mit Rückfrage zu setzen („Haben Sie bis hier her alles verstanden?"), um den Befragten etwas Zeit zu geben, das Vorgetragene auch besser zu verinnerlichen oder ggf. zu wiederholen.

Tabelle 6.6   Kalkulation für Fragebatterien

Inhaltsblock	Minuten (Typ 1)	Minuten (Typ 2)
Textblock (für Einleitungs-, Übergangs- und Erklärungstexte)	0,25	1,0

6.3.7 Berücksichtigung von Fragefiltern

Neben der Kalkulation der (erwarteten) Fragedauer, welche anhand der hier dargestellten Fragetypen erfolgen kann, hängt die durchschnittliche Länge eines Fragebogens oft auch maßgeblich von den inhaltsspezifischen Filtern ab. Durch das Antwortverhalten der Befragten ergeben sich häufig selektive Nachfragen, die wiederum zu weiteren Subfiltern führen können, usw. In einigen Umfragetypen werden auch bereits zu Beginn verschiedene Zielgruppen definiert, die zum Teil völlig eigene Fragepfade beantworten.

Immer wenn Fragen nur von einem Anteil aller Befragten beantwortet werden sollen, muss diese Reduktion innerhalb der Fragebogenlängen-Kalkulation prozentual berücksichtigt werden. In vielen Fällen gibt es hierfür vorab keine absolut zuverlässigen Prognosen, oft ist ja auch gerade die Ermittlung von Gruppenanteilen innerhalb der Grundgesamtheit das Ziel einer Umfrageforschung. Dennoch ist es wichtig, vorab bereits eine eigene Einschätzung bezüglich der möglichen Anteile aller Befragten in Filterfragen zu machen. Im Ergebnis können die errechneten Minutenwerte von Filterfragen dann mit dem Anteil der „betroffenen" Befragungspersonen multipliziert werden:

Tabelle 6.7   Kalkulation für Filteranteile

Frage-Bezeichnung	Frage-Typ	Filter-Ebene 1	Filter-Ebene 2	Minuten
Frage 1	ET	100%	100%	0,50
Frage 2	ET	50%	100%	0,25
Frage 3	ET	50%	25%	0,06

In der Regel reichen maximal 2 Filterebenen zur Kalkulation aus. Falls im Fragebogen weitere Subfilter auftauchen, werden die darin enthaltenen Anteile meist so klein, dass diese Fragen kaum noch eine Auswirkung auf die Gesamtlänge eines Fragebogens haben. Da die Anteile vorab meist sowieso nur „grob" geschätzt werden können, reichen in der Regel gerundete Werte aus. Falls es Vorstudien zu einem Thema gibt, die eine vergleichbare Fragestruktur aufweisen oder in denen bereits vergleichbare Gruppen nach einer Kombination aus Antwortmerkmalen gebildet wurden, sollten diese natürlich zur Schätzung der Filteranteile verwendet werden. Bei demografischen Fragen in bundesweiten Umfragen hilft oft auch ein Blick ins statistische Jahrbuch des statistischen Bundesamtes bzw. auf die entsprechende Datenbank zum Mikrozensus (https://www-genesis.destatis.de/genesis/online). Für regionalspezifische Verteilungen lohnt sich häufig auch die Recherche über statistische Landesämter.

6.3.8 Tabellarische Übersicht für die (theoretische) Fragebogenmessung

Die folgende Tabelle stellt das bereits zuvor verwendete Berechnungsschema noch einmal zusammenfassend dar. Statt der Spalte „Frage-Typ" kann bei eigenen Berechnungen die konkrete Fragebezeichnung aus dem Fragebogen eingetragen werden. Hinter der Spalte „Minuten", in der dann jeweils nur ein angenommener Schätzwert pro Frage steht, müsste noch eine Summenspalte ergänzt werden, in der das Produkt einzelner Teilzeiten aller Items pro Batterie gebildet wird. Das Feld „Anzahl" bildet dabei den Multiplikator. Im Feld „Fragebezeichnung" kann dann so für Fragebatterien die Gruppe bequem in einer Zeile gebildet werden (bspw. „Q10A-H").

Wir empfehlen, dieses Schema für eigene Fragebogenlängenschätzungen zu verwenden. Zusätzlich kann es hilfreich sein, die Kalkulation unabhängig durch unterschiedliche Projektbeteiligte zu machen und im Anschluss gemeinsam über die getroffenen Annahmen zu sprechen. So ergeben sich automatisch erste Schätzspannen, innerhalb derer sich der „wahre" Wert der Fragebogendauer wahrscheinlich befindet.

Unabhängig davon ist es immer wichtig, den Fragebogen nach der Umsetzung in eine (CATI) Programmmaske, anhand von bspw. 30, 50 oder manchmal auch 100 Interviews praktisch in realen Interviewsituationen zu testen. Einige zentrale Gründe werden dafür im folgenden Kapitel genannt.

Tabelle 6.8   Kalkulationsübersicht aller Fragetypen

Frage-Typ	Kürzel	Minuten (Typ 1)	Minuten (Typ 2)	Anzahl	Filter-ebene 1	Filter-ebene 2	Minuten (Beispiel)
Einleitung	ETXT	1,00	1,50	1	100%	100%	1,00
Einfachnennung (geschlossen)	EN	0,25	0,60	1	100%	100%	0,60
Einfachnennung (teiloffen)	ENT	0,45	1,00	3	100%	100%	1,35
Mehrfachnennung (geschlossen)	MN	0,35	0,90	2	100%	100%	0,70
Mehrfachnennung (teiloffen)	MNT	0,50	1,10	1	50%	100%	0,25
offene Texteinträge	OT	0,80	1,50	1	100%	100%	0,80
numerische Einträge	NE	0,30	0,60	2	100%	100%	0,60
Fragebatterien (pro Einheit)	IB	0,15	0,30	10	100%	100%	3,00
Textblock	TXT	0,25	1,00	1	70%	100%	0,70
Summe							9,00

6.4   Der Pretest als wichtige Prüfungspraktik

Zu jeder Studie gehört ein Pretest. Auch wenn dies oftmals nicht explizit als Projektphase vom Forscher eingeplant wird, so sollte doch jeder Fragebogen zunächst getestet werden, bevor die eigentliche Erhebungsphase startet, da sich oftmals bei den ersten Interviews noch Erkenntnisse ergeben, die es bei der Befragung zu berücksichtigen gilt. Diekmann führt in seiner Darstellung der empirischen Phasen einer Untersuchung den Pretest als eigenständigen Punkt im Forschungsprozess zwischen dem Stichprobenverfahren und der Datenerhebung auf (Diekmann 2007, S.192). „In jedem Fall sollte ein auch nur in Teilen neu konstruiertes Erhebungsinstrument ... einem *Pretest* unterzogen werden" (Diekmann 2007, S. 195). M. Häder (2015, S. 396ff.) unterscheidet die eingesetzte Strategien zur Testung des Fragebogens in drei Gruppen. „*Erstens* die im Feld eingesetzten Pretestverfahren:

hier entstammen die Zielpersonen der Grundgesamtheit und werden unter möglichst ähnlichen Bedingungen untersucht, wie sie später für die eigentliche Erhebung vorgesehen sind. *Zweitens* die kognitiven Pretesttechniken beziehungsweise Labor-Verfahren sowie *drittens* Verfahren, die auf Expertenurteilen basieren." (M. Häder 2015, S. 396)

6.4.1 Kognitiver Pretest

Kognitive Pretests (oder kognitive Interviews) zählen zu den aktiven Pretestverfahren, da hierbei das Vorgehen der Befragten bei der Beantwortung von Fragen aktiv hinterfragt und untersucht wird. Kognitive Pretests werden nach Lenzner, Neuert und Otto (2015) meist in der Entwicklungsphase eines Fragebogens eingesetzt, um Einblick in die kognitiven Prozesse zu bekommen, die beim Beantworten von Fragen ablaufen:

- Wie interpretieren Befragte Fragen oder Begriffe?
- Wie rufen sie Informationen und Ereignisse aus dem Gedächtnis ab?
- Wie kommen sie zu einer Entscheidung darüber, wie sie antworten?
- Wie ordnen sie ihre „intern" ermittelte Antwort formalen Antwortkategorien zu?

Die dabei angewendeten Methoden umfassen häufig die Technik des „lauten Denkens" („Think aloud"), verschiedene Nachfragetechniken zur Begründung der Antwortfindung bei Probanden („Probing") oder auch das Paraphrasieren („Paraphrasing") von Fragen, um den subjektiv verstandenen Kontext von Frageformulierungen besser zu erfassen.

Die Durchführung kognitiver Pretest sollte am besten in einer ruhigen Umgebung stattfinden. Ebenso sollte die Möglichkeit von Video- oder Tonaufzeichnungen gegeben sein, um die Inhalte der Interviews später anhand von Transkriptionen und Kommentierungen der Testleiter detailliert aufzuarbeiten. Meist sind mindestens 5 Interviews für eine Analyse notwendig, da die kognitiven Interviews in der Regel zwischen 30 und 90 Minuten dauern, werden häufig aber nicht mehr als 30 bis 40 Interviews durchgeführt. Die Auswertung erfolgt nach Transkription der Gespräche durch die Erarbeitung von übergreifenden bzw. objektivierbaren Coding Schemata oder teilweise auch Häufigkeitsauszählungen. Eine nützliche Übersicht der Auswertungsverfahren für qualitative und quantitative Ansätze bieten Ridolfo und Schoua-Glusberg (2011).

6.4.2 Standard-Pretest

Im Anschluss an die Programmierung des Fragebogens sollte ein Pretest erfolgen, um den Fragebogen hinsichtlich der Gütekriterien quantitativer Erhebungen zu prüfen (Verständlichkeit, Logik, Filterführung, Fragerei-henfolge, etc.). Ziel des Pretests ist es für den gesamten Fragebogen eine hinreichende Fallzahl für die Auswertung des Pretests zur Verfügung zu haben. Der Pretest als ein unverzichtbares Instrument zur Überprüfung der Fragebögen soll insbesondere klären:

- die Verständlichkeit der Fragen, um zu erfahren, ob tatsächlich auch die Inhalte erfragt und abgebildet werden, die angezielt waren (Validität),
- eventuelle Schwierigkeiten, die die Befragten bei der Beantwortung des Fragen haben, zu ermitteln,
- die Logik der Fragenfolge, um zu prüfen, ob die Filter richtig arbeiten,
- die Anordnung der Fragenkomplexe, um zu prüfen, ob möglicherweise eine unbewusste Beeinflussung des Befragten in der Fragefolge entstanden ist (Reliabilität),
- die generelle Sinnhaftigkeit, um abzusichern, dass inhaltlich nicht rele-vante Fragestellungen oder inhaltliche Dopplungen aufgedeckt werden (Homogenität und Trennschärfe),
- das Zeitverhalten des Gesamtfragebogens und einzelner Fragenkomplexe.

Während des Pretests sollte für den Auftraggeber die Möglichkeit bestehen, die Befragung im Institut zu beobachten und mit den Interviewern auszu-werten. Die Auswertungsergebnisse sollten gemeinsam diskutiert und ggf. notwendige Änderungen umgesetzt werden.

Allerdings sollte das Testen eines Fragebogens nicht erst kurz vor der Phase der eigentlichen Erhebung beginnen. Bereits bei der Erstellung des Fragebogens sollte der Forscher erste (interne) Tests durchführen und den Fragebogen hinsichtlich des Forschungsinteresses prüfen. Dazu gehört ne-ben der inhaltlichen Prüfung auch eine Abschätzung der Fragebogendauer. Es hat sich gezeigt, dass interne Tests der Forschenden untereinander recht verzerrte Werte liefern. Da die Fragebogendauer auch ein entscheidender Faktor zur Bestimmung der Studienkosten bei telefonischen Umfragen ist, sollte jeder Forscher die Dauer des Fragebogens möglichst objektiv ermit-teln. Zudem sollte die Befragung aber nicht länger als 30 Minuten andau-ern. Hierzu bezieht sich Schnell (2012) auf Brace (2008) und führt aus, dass längere Befragungen zu Ermüdung oder Abbruch führen, zumindest aber die Antworten mit zunehmender Dauer nicht mehr reliabel sind.

Einige Hinweise, wie dies erfolgen kann, wurden bereits zu Beginn dieses Kapitels ausgeführt.

Wissenschaftler sollten sich hinsichtlich ihrer operationalisierten Messinstrumentarien während der Pretest-Phase nach Beywl und Schepp-Winter (2000) immer auch folgende Fragen stellen:

- Sind einzelne Fragen *redundant?*
- Gibt es *schwer verständliche* Fragen?
- Können überhaupt *sinnvolle Antworten* gegeben werden?
- Sind die *Anweisungen* verständlich?
- Gibt es sprachliche oder lexikalische Überforderungen oder *Brüche?*
- Bieten die *Skalierungen* genügend *Differenzierung,* und sind sie auch nicht zu weit aufgefächert?
- Ist im Aufbau ein *roter Faden* erkennbar?
- Sind auch die *Rahmentexte* gut verständlich?
- Wird der *Spannungsbogen* beim Durchführen erhalten?

6.5 Literatur

ADM Arbeitskreis Deutscher Markt- und Sozialforschungsinstitute e.V. (2016). *Richtlinie für telefonische Befragungen.* Retrieved from https://www.adm-ev.de/index.php?eID=tx_nawsecuredl&u=0&file=fileadmin/user_upload/PDFS/R04_D.pdf&t=1497264422&hash=ea170dddc7f241 24b275e041116fc8ca6895642e

Bogner, K. & Landrock, U. (2015). Antworttendenzen in standardisierten Umfragen. *SDM Survey Guidelines.* Retrieved from http://nbn-resolving.de/urn:nbn:de:0168-ssoar-409058

Brace, I. (2012). Questionnaire Design: How to Plan, Structur and Write Survey Material for Effective Market Research. In R. Schnell & H. Sahner u.a. (Hrsg.), *Survey-Interviews. Methoden standardisierter Befragungen. Lehrbuch. Studienkreis zur Soziologie* (S. 117-133). Wiesbaden: VS Verlag für Sozialwissenschaften.

Deci, E. L. & Ryan, R. M. (1985). *Intrinsic motivation and self-determination in human behavior.* New York: Plenum.

Deci, E. L. & Ryan, R. M. (2000a). The "What" and "Why" of Goal Pursuits: Human Needs and the Self-Determination of Behavior. *Taylor & Francis Online: Psychological Inquiry 11*, 4, 227-268.

Deci, E. L. & Ryan, R. M. (2000b). Intrinsic and Extrinsic Motivations: Classic Definitions and New Directions. *Academic Press: Contemporary Educational Psychology 25*, 54–67.

Dillman, D. A., Gallegos, J. G., & Frey, J. H. (1976). Reducing refusal rates for telephone interviews. *Public Opinion Quarterly 40*, 1, 66-78.

Faulbaum, F., Prüfer, P., & Rexroth, M. (2009). *Was ist eine gute Frage? Die systematische Evaluation der Fragenqualität.* Wiesbaden: VS Verlag für Sozialwissenschaften.

Gagné, M. & Deci, E. L. (2005). Self-determination theory and work motivation. *Journal of Organizational Behavior 26*, 331-362.

Hackman, J. R. & Oldham, G. R. (1980). *Work Redesign (Organization Development).* Boston: Addison-Wesley Publishing.

Häder, M. (2015). *Empirische Sozialforschung. Eine Einführung* (3. Aufl.). Wiesbaden: Springer VS.

Kahneman, D. (2015): *Schnelles Denken, langsames Denken* (17. Aufl.). München: Siedler.

Kleber, E. W. (1992). *Diagnostik in pädagogischen Handlungsfeldern: Einführung in Bewertung, Beurteilung, Diagnose und Evaluation.* Weinheim, München: Juventa Verlag.

Meier, G. (2012). The Impact of Introduction in Telephone Surveys. In S. Häder & M. Häder (Hrsg.), *Telefone Surveys in Europe. Research and Pratice* (S. 265-274). Berlin: Springer.

Moosbrugger, H. & Kelave, A. (2011). *Testtheorie und Fragebogenkonstruktion.* Springer VS.

Porst, R. (2014). *Fragebogen. Ein Arbeitsbuch* (4. Aufl.). Wiesbaden: Springer VS.

Ridolfo, H. & Schoua-Glusberg, A. (2011). Analyzing Cognitive Interview Data Using the Constant Comparative Method of Analysis to Understand Cross-Cultural Patterns in Survey Data. *Sage Journals 23*, 4, 420-438.

Schnell, R., Hill, P. B., & Esser, E. (2005). *Methoden der empirischen Sozialforschung* (7. Aufl.). München: Oldenbourg.

Schnell, R. (2012). *Survey-Interviews. Methoden standardisierter Befragungen. Lehrbuch. Studienkreis zur Soziologie*, Wiesbaden: VS Verlag für Sozialwissenschaften.

Schumacher, D. (2015). *Die Geburtstagsmethode. Probleme bei der Auswahl der Befragten in der Umfrageforschung* (Dissertation). Technische Universität Darmstadt, Deutschland.

Seci, E. L., Koestner, R., & Ryan, R. M. (1999). A meta-analytic review of experiments examining the effect of extrinsic rewards on intrinsic motivation. *Psychological Bulletin 125*, 627-668.

Tiemann, R. & Körbs, C. (2014). Die Fragebogenmethode, ein Klassiker der empirischen didaktischen Forschung. In D. Krüger, I. Parchmann, & H. Schecker (Hrsg.), *Methoden in der naturwissenschaftsdidaktischen Forschung* (S. 283-296). Berlin. Springer Spektrum.

Matthias Wetzstein, Marike Varga, Johannes Lemcke, Luise Richter,
Jennifer Allen, Martin Liebau & Patrick Schmich

7   Feldphase

Auf einen Blick

Prozesssteuerung

▶ Die Disposition Codes sollten im Hinblick auf die Responseberechnung und die Handhabung für die Interviewer vergeben werden.

▶ Bei längerer Feldphase sollte, wenn möglich, die Stichprobe in Tranchen eingespielt werden

▶ Die eingerichteten Rückrufregeln sollten je nach Felddauer modifiziert werden (Callback-Management)

  ▪ Rückrufregeln sollten unter Beachtung einer möglichst hohen Ausschöpfung implementiert werden

  ▪ Rückrufe sollten zu verschiedenen Tageszeiten und Wochentagen ermöglicht werden

  ▪ Neu eingespielte Telefonnummern und Termine sollten Priorität haben

▶ In den Zeiten von 17 bis 21 Uhr sollte ein größerer Interviewerstab eingesetzt werden

▶ Auch an Samstagen sollten Kontaktversuche erfolgen

Interviewerschulung

▶ Interviewer sollten inhaltlich und in Hinblick auf die Kontaktanbahnungsphase geschult werden. Insbesondere Argumentationsgrundlagen sollten eingeübt werden

▶ Es sollten Handouts mit den wichtigsten Fakten zur Studie bereitgestellt und an jedem Interviewerplatz ausgelegt werden

▶ Der Umgang mit den Disposition Codes sollte explizit eingeübt werden

▶ Zur Schulung sollten inhaltlich Verantwortliche und Auftraggeber eingeladen werden

© Springer Fachmedien Wiesbaden GmbH, ein Teil von Springer Nature 2019
S. Häder et al. (Hrsg.), *Telefonumfragen in Deutschland*, Schriftenreihe
der ASI – Arbeitsgemeinschaft Sozialwissenschaftlicher Institute,
https://doi.org/10.1007/978-3-658-23950-3_7

▶ Die Interviewer sollten idealerweise mittels Perspektivwechsel geschult werden. D.h. die Interviewer rufen sich gegenseitig mit wechselnden Rollen an (Teilnehmende/Interviewer)

Supervision

▶ Supervisoren sollten idealerweise aus ehemaligen Interviewern rekrutiert werden

▶ Supervisoren bilden die Schnittstelle zwischen Interviewern und der Feldleitung

▶ Supervisoren sorgen für eine kontinuierliche Qualitätssicherung

Qualitätssicherung (quantitative und qualitative)

▶ Es sollten quantitative und qualitative Qualitätssicherungen durchgeführt werden

▶ Die Interviewer sollten frühzeitig und regelmäßig evaluiert werden

7.1   Einleitung

Der Begriff „Feldphase" beschreibt hier den Prozess der telefonischen Datenerhebung. Dies schließt neben der eigentlichen Telefonie durch Interviewer und der gleichzeitig durchgeführten Qualitätssicherung durch die Supervisoren auch wichtige Aspekte der Vorbereitung der Datenerhebung mit ein; damit sind in erster Linie die Definition von Anruf- und Rückrufregeln (im Rahmen eines sogenannten *Callback-Managements*), die Rekrutierung und die Schulung von Interviewerinnen und Interviewern gemeint.

Die Qualität von telefonisch erhobenen Daten hängt, neben vielen anderen Einflüssen, zum großen Teil von den Fähigkeiten der Interviewer ab. Er muss zum einen erfolgreich potentielle Teilnehmer zum Mitmachen gewinnen und zum anderen das Interview selbst qualitativ hochwertig, d.h. standardisiert führen und es gleichzeitig für den Teilnehmer möglichst angenehm gestalten. Sicher spielen auch andere Faktoren für den Erfolg einer Telefonstudie eine Rolle, wie beispielsweise die Qualität der Nummernsamples oder auch unerwartete Dinge, wie gutes oder schlechtes Wetter (Potoski et al. 2015). Doch darauf kann die Projektleitung oft nicht oder nur wenig Einfluss nehmen. Worauf sie jedoch großen Einfluss nehmen kann und auch nehmen sollte, ist die Schulung und die Qualitätssicherung der Interviewerinnen und Interviewer.

Dem TSE-Modell von Groves und Lyberg (2010) folgend, befasst sich dieses Kapitel der Feldphase bzw. Feldsteuerung mit ihren hier dargestellten Unterbereichen des Anruf- und Rückrufmanagements, der Nichterreichbarkeit, der Interviewerschulung, Supervision und Qualitätssicherung der Interviewer mit den Fehlerbereichen des Nonresponse, Measurement und Processing Errors. So kann bspw. eine unzureichende Schulung der Interviewer zu einem Verarbeitungsfehler (Processing Error) bei der Eingabe der Daten führen. Weiterhin kann eine verminderte Erreichbarkeit bestimmter Personenkreise zu einem systematischen Beobachtungsfehler (Nonresponse Error) führen. Dabei beeinflussen sich diese Bereiche auch untereinander. In diesem Sinne könnte ein Nicht-Beobachtungsfehler durch Nicht-Erreichbarkeit auch auf eine mangelhafte Anrufsteuerung (bspw. durch Kontaktversuche zu ungeeigneten Anrufzeiten) zurückzuführen sein. Für eine detailliertere Darstellung und Aufschlüsselung der einzelnen TSE-Komponenten sei an dieser Stelle auf Kapitel 2 verwiesen.

7.2   Prozesssteuerung

Für die Durchführung von computergestützten Telefoninterviews (CATI) wird eine entsprechende Software, mit der alle Prozesse der Erhebung gesteuert werden können, benötigt. Hierzu zählt u.a. das Einspielen und Verwalten von Telefonnummern, die Möglichkeit, den Erhebungsprozess zu beobachten und dafür entsprechende Reports zu erstellen, aber auch die Steuerung der Anrufe und die Verwaltung der Anwahlergebnisse. Der Markt für solche Anwendungen ist groß und die Anschaffung kann je nach Anwendungsspektrum der Software mit umfangreichen Investitionen in eine IT-Infrastruktur verbunden sein.

Anruf- & Rückrufmanagement

Die Steuerung der gesamten Telefonie während des Feldes geschieht in der Regel durch ein automatisiertes Anruf- und Rückrufmanagement. Um einen möglichst reibungslosen und erfolgreichen Ablauf zu gewährleisten, sind bei der Konzeption des Anruf- und Rückrufmanagements verschiedene

Faktoren und Zielstellungen zu berücksichtigen. Dieses soll im Folgenden praktisch am Beispiel der Studie „Gesundheit in Deutschland aktuell 2010" (GEDA) des Robert Koch-Instituts (RKI) erläutert werden.

Im Rahmen der Studie GEDA 2010 wurden von 138 Interviewern innerhalb von 10 Monaten 22.050 Interviews geführt. Um diese Anzahl von Interviews zu erreichen, wurden 215.513 Telefonnummern angerufen (siehe Abbildung 7.1 Eckdaten aus dem Feld). Selbstverständlich gelingt die Durchführung eines Interviews in der Regel nicht beim ersten Anruf einer Nummer. Häufig muss eine Telefonnummer mehrmals angerufen werden, bevor ein Personenkontakt hergestellt werden kann und viele Nummern führen aus verschiedenen Gründen nie zu einem Interview (keine gültige Telefonnummer, Sprachbarrieren, etc.). Insgesamt wurden bei GEDA 2010 908.883 Anrufe getätigt, d.h. es waren 41,2 Anrufe im Durchschnitt nötig, um ein Interview realisieren zu können.

Interviewer	
Anzahl	138 (82 Frauen und 56 Männer)
Durchschnittsalter	41 Jahre (zwischen 20 bis 70 Jahren)
Probanden	
Anzahl	22.050 (12.483 Frauen und 9.567 Männer)
Durchschnittsalter	48 Jahre (zwischen 18 bis 99 Jahren)
Quantitative Parameter	
Durchschnittliche Interviewdauer	31 Minuten
Telef. Wiederbefragungsbereitschaft	82,8 %
Anzahl Verweigerungen auf Ziel-personenebene	14.477
Anzahl angerufene Nummern	215.513
Anzahl Anrufe insgesamt	908.883
Ø benötigter Anrufe pro Interview	41,2

Abbildung 7.1   Eckdaten aus dem Feld (RKI 2012, S. 175)

Wenn derart viele Telefonnummern über eine lange Zeitdauer und von einem großen Interviewerstamm abtelefoniert werden müssen, ist eine automatisierte Anruf- und Rückrufsteuerung unerlässlich. Für den Interviewer sollte sie vor allem effektiv und leicht bedienbar sein, d.h. der Aufwand pro getätigtem Anruf und der anschließenden Vercodung – entsprechende Dokumentation – des jeweiligen Anwahlergebnisses (Disposition Code), sollte so gering wie möglich gehalten werden. Gleichzeitig soll jedes Ergebnis möglichst differenziert vercodet werden, so dass die vorab definierten Rückrufregeln (Callback Rules) greifen können. Mithilfe der eingesetzten Software werden im Rahmen des Anruf- und Rückrufmanagements für sämtliche Ergebnisse eigene Regeln erstellt, die bestimmen, wann eine Telefonnummer noch einmal angerufen wird oder wann ein Anrufergebnis als Endstatus deklariert wird (z.b. nicht vergebene Nummern mit dem Verweis „kein Anschluss unter dieser Nummer") und somit kein weiteres Mal in die automatische Wiederanwahl kommt. Die Wiederanwahl einer Telefonnummer zu unterschiedlichen Tageszeiten und an verschiedenen Tagen (wochentags und am Wochenende) soll vor allem die Erreichbarkeit schwer erreichbarer Personen erhöhen. Im Abschnitt 2.2 „Erreichbarkeiten" wird dies weiter ausgeführt. Zusätzlich werden, neben der Steuerung der Wiedervorlage einer Telefonnummer, auch Prioritäten und die maximale Anzahl der Anrufversuche im Rahmen des Anruf- und Rückrufmanagements vorab festgelegt. Hierbei sollte sich nach den Richtlinien des ADM (Arbeitskreis Deutscher Markt- und Sozialforschungsinstitute) und neuesten wissenschaftlichen Erkenntnissen gerichtet werden. Die Balance auch möglichst schwer erreichbare Zielpersonen so oft wie möglich anzurufen, aber nicht mit zu vielen Anrufen zu belästigen, ist dabei zu beachten (Schmich & Jentsch 2012). Anhand der Prioritäten soll zum Beispiel gewährleistet werden, dass fest vereinbarte Termine auch zu ebenjener vereinbarten Zeit angerufen werden. Dies ist nur möglich, wenn entsprechend viele Interviewer zur Verfügung stehen. Bei GEDA 2010 wurde die maximale Anzahl der Kontaktversuche auf 15 festgelegt, wobei in einzelnen Fällen diese Anzahl überschritten werden konnte, wenn es mit dem Teilnehmer vereinbart wurde (zum Beispiel um unterbrochene Interviews zeitnah beenden zu können). Allerdings sind nach den ADM Richtlinien für telefonische Befragungen maximal 15 Kontaktversuche nur dann zulässig, wenn die Untersuchung aufgrund der Zielsetzung oder methodischer Gründe, diese nachweislich erfordern (ADM 2016).

Zuletzt hat die detaillierte Dokumentation der Anwahlergebnisse auch große Bedeutung für die Berechnung der Ausschöpfungsrate bzw. der Responserate. Damit im Nachhinein die Responseberechnung transparent und den zuvor bestimmten Standards entsprechend erfolgen kann (z.B. nach den

Standards der AAPOR), ist eine differenzierte Dokumentation jedes einzelnen Anrufergebnisses nötig.

Die Abbildungen 7.2 und 7.3 zeigen die Komplexität der Anwahlsteuerung und die Vercodungsmöglichkeiten der Anwahlergebnisse (*Disposition Codes*) für die Studie GEDA 2010. Der Aufbau kann je nach Studie oder auch je nach Erhebungsinstitut anders aussehen. Hier soll die Struktur, die bei der Studie GEDA 2010 angewendet wurde, zur Veranschaulichung dienen.

In Abbildung 7.2 sind bis auf „o.k.-Verbindung" die Ergebnisse dargestellt, die keinen Kontakt zu einer möglichen Zielperson ergeben haben, also „Freizeichen", „Besetzt", etc. Je nach Situation werden diese Fälle jedoch nach einer bestimmten Zeit nochmals zur Verifizierung angerufen. Zum Beispiel bedeutet ein Faxzeichen nicht immer, dass sich hinter dieser Nummer nur ein Faxgerät befindet. Zu einer anderen Zeit kann der Anschluss wieder ein erreichbares Telefon sein. Besetztzeichen werden zügig wieder angerufen, da die Chance hoch ist, nach der belegten Leitung einen Kontakt herstellen zu können.

Abbildung 7.3 zeigt die Anwahlsteuerung bei Personenkontakten, wobei zwischen einer Kontaktperson und der Zielperson unterschieden werden sollte. Die Differenzierung zwischen Informationen, die von einer Kontaktperson eingeholt oder von der Zielperson direkt gegeben werden, hat mehrere Gründe: Erstens können unterschiedliche Rückrufregeln greifen, d.h. bspw. ein mit einer Zielperson vereinbarter Termin mit höchster Priorität und pünktlich zur verabredeten Uhrzeit wird von der automatisierten Anwahlsteuerung berücksichtigt. Ein Termin, der hingegen mit einer Kontaktperson vereinbart wird, hat eine niedrigere Priorität. Zweitens berücksichtigt der Interviewer die Information in seiner Vorbereitung bei einem Folgeanruf und kann diese ggf. für die Gestaltung des Gesprächseinstiegs nutzen. Drittens wird diese Differenzierung für die detaillierte Berechnung der Ausschöpfungsquote genutzt.

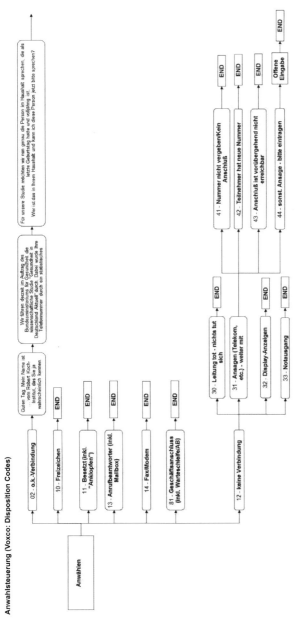

Abbildung 7.2 Disposition Codes GEDA 2010 – kein Personenkontakt

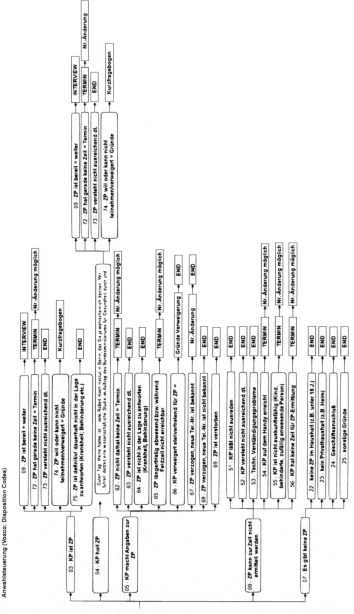

Abbildung 7.3   Disposition Codes GEDA 2010 – Personenkontakt

7.3   Erreichbarkeiten

Im Rahmen der Unit-Nonresponse können drei Arten von Ausfällen unterschieden werden: Solche die aus Verweigerungen von Probanden resultieren und solche, die darauf zurückzuführen sind, dass kein Kontakt hergestellt werden konnte. Zusätzlich können Ausfälle aufgrund der mangelnden Befragungsfähigkeit von Probanden entstehen (bspw. durch Krankheit). Während sowohl die Forschung, als auch Maßnahmen zur Erhöhung der Teilnahmebereitschaft sich vorwiegend auf Erstere konzentrieren, sind insbesondere Ausfälle aufgrund von Nichterreichbarkeit als systematisch zu betrachten. So stellt Schnell fest, dass „Ausfälle durch Verweigerungen eher durch kaum stabile situationale Effekte verursacht werden, während Ausfälle durch Nichterreichbarkeit tatsächlich auf stabile und in Hinsicht auf inhaltliche Modelle relevante Variablen verursacht werden" (Schnell 1997, S. 217). Damit besitzen theoretische Überlegungen und praktische Maßnahmen zur besseren Erreichbarkeit auch eine besondere Bedeutung für den Nonresponse Bias.

Theoretische Überlegungen zur Erreichbarkeit

Nach Groves und Couper (1998, S. 26) lässt sich die Wahrscheinlichkeit, eine Person Zuhause anzutreffen, als eine Funktion aus der Zeit, die die Haushaltsmitglieder Zuhause verbringen und dem Aufwand, den der Interviewer für einen Kontaktversuch unternehmen, begreifen. Erhebungsinstituten stehen damit drei Möglichkeiten zur Einflussnahme offen: (1) Sie können Datum und Uhrzeit der Anrufversuche, (2) die maximale Zahl an Anrufversuchen für eine Nummer ohne Personenkontakt sowie (3) den Abstand zwischen aufeinanderfolgenden Anrufversuchen variieren (Purdon und Sturgis 1999). Zum (Miss-)Erfolg tragen dabei zusätzliche Hindernisse bei, wie bspw. das Vorhandensein von Anrufbeantwortern, die die Kontaktaufnahme zum Haushalt erschweren. Schnell (1997, S. 217f.) identifiziert hieraus vier Gruppen von besonders schwer erreichbaren Personen. Hierzu gehören: „Personen, die aufgrund von langandauernder Abwesenheit von der Wohnung nicht erreicht werden; [...] die sich aufgrund ihres Lebensstils selten in der Wohnung aufhalten; [...] die sich zwar in ihrer Wohnung aufhalten, [...] aber nicht auf Kontaktversuche reagieren; [sowie] Verweigerer, die vom Interviewer bewusst als ‚nichterreicht' klassifiziert werden" (ebenda). Gesellschaftliche Transformationsprozesse, wie bspw. die

Zunahme von Singlehaushalten, die Verringerung der Zuhause verbrachten Zeit, die Flexibilisierung der Arbeitszeiten und vor allem der Rückgang der Festnetzanschlüsse insgesamt haben darüber hinaus die Erreichbarkeit über das Festnetztelefon nachhaltig verändert.

Empirische Erkenntnisse zur Erreichbarkeit

Eine Vielzahl von Studien analysierte Kontaktprotokolle im Hinblick auf die optimale Zeit zur Erreichbarkeit. In der Summe zeigt sich ein relativ einheitliches Bild. So besitzen Anrufversuche an Wochentagen in den Abendstunden (17:00 – 21:00 Uhr) eine grundsätzlich höhere Erfolgswahrscheinlichkeit als tagsüber, während sich dieses Verhältnis zum Wochenende[1] umkehrt (D'Arrigo et al. 2009; Groves et al. 2004; Kulka und Weeks 1988). Gleiches gilt auch für den zweiten Anrufversuch, obwohl eine Veränderung der Anrufzeit bei späteren Versuchen grundsätzlich zu einer - wenn auch nur geringen - Steigerung der Erfolgschance führt (Purdon und Sturgis 1999; Weeks et al. 1987). Während Purdon und Sturgis (1999) kaum Variation zwischen den Anrufergebnissen eines Kontaktes (Interview, Termin, Verweigerung) finden, beschreiben sie einen Trend, wonach Anrufe am Tag eher zu einem Interview und Anrufe am Abend eher zu einer Terminabsprache führen. Lipps (2012) hingegen findet keinen Zusammenhang zwischen der Anrufzeit des ersten (erfolgreichen) Kontaktversuches und der Kooperationsbereitschaft des Haushaltes.

Erreichbarkeit bei GEDA 2010 und GEDA 2012

Schmich und Jentsch (2012) untersuchten die Erreichbarkeit von Zielpersonen in Abhängigkeit vom Zeitpunkt des Kontaktversuchs mithilfe der Daten von GEDA 2010. Dabei konnten Sie zeigen, dass Zielpersonen in den Nachmittagsschichten besser erreicht wurden, als zum Vormittag. Während vormittags mehr als 62 Prozent der Teilnehmer aus Frauen bestanden, näherte sich dieses Verhältnis über den Tagesverlauf einer Gleichverteilung an. An Samstagen war hingegen keine Differenz mehr zu verzeichnen. Einen ähnlichen Verlauf zeigten auch soziodemografische Größen, wie Alter

---

1   In der Studie von Lipps und Benson (2005) wurden bspw. auch sonntags Anrufversuche unternommen.

und Bildung der Probanden. So war der Anteil an Personen mit geringer Bildung bzw. hohem Alter in den Vormittagsschichten deutlich höher und nahm ebenfalls über den Tag ab.

Die folgende Analyse der GEDA 2012 Daten baut auf diesen Befunden auf. Mit Blick auf die Erreichbarkeit beim ersten Kontaktversuch zeigt sich, dass diese sich sehr ungleich über die Wochentage verteilt. Weniger als vier Prozent aller Erstversuche fand dabei an einem Samstag statt, was nicht zuletzt daran lag, dass hier nur vormittags telefoniert wurde. Die übrigen Anrufversuche verteilen sich gleichmäßig über die Wochentage, wobei die meisten Versuche um die Mittagszeit stattfanden (ca. 400.000) und nur ein geringer Teil am frühen Morgen (46.500).

Die Erreichbarkeit in Abhängigkeit von Uhrzeit und Wochentag wurde mittels logistischen Regressionsanalysen ermittelt, deren Ergebnisse in Tabelle 7.1 zu sehen sind. Die fünf Modelle berücksichtigen schrittweise mehrere erklärende Variablen und beziehen sich auf den ersten Kontaktversuch.

Berücksichtigt man, wie in Modell 1 zu erkennen, lediglich den Wochentag des Anrufs (Referenz: Samstag), ergeben sich keine signifikanten Effekte. Eine Erklärung hierfür könnte sich aus der Tatsache ergeben, dass samstags nur sehr wenige aller ersten Kontaktversuche getätigt wurden und zudem samstags nur bis zum Mittag telefoniert wurde. Erst durch die Hinzunahme der Tageszeiten (Modell 2) erweist sich der Effekt des Wochentags als statistisch signifikant. Vom späten Nachmittag bis zum späten Abend ist die Wahrscheinlichkeit einen Kontakt herzustellen, im Vergleich zu den anderen Tageszeiten, am höchsten. Zudem ist die Tendenz zu erkennen, dass die Kontaktwahrscheinlichkeit umso geringer ist, je früher angerufen wird.

Im Vergleich zum Samstag ist die Erreichbarkeit an den Tagen Montag bis Freitag durchweg geringer, wobei sich die Wochentage untereinander kaum unterscheiden. Die Befunde zum Wochentag und zur Kontaktzeit bekräftigen somit die genannten Vermutungen. Den stärksten Effekt auf die Kontaktwahrscheinlichkeit hat die Tatsache, ob die generierte Telefonnummer im Telefonbuch eingetragen ist (Modell 3).

Für eingetragene Nummern beträgt die Chance eines Kontaktes beim ersten Anrufversuch das mehr als 3,5 fache einer nicht eingetragenen Nummer. Auch die Gemeindegrößenklasse (Modell 4) scheint einen Einfluss auf die Kontaktwahrscheinlichkeit zu besitzen. So zeichnen sich urbanere Räume durch eine insgesamt geringere Kontaktchance aus, was vermutlich mit der Zusammensetzung der Bevölkerung (jünger, mobiler, kinderloser, gebildeter) konfundiert ist. Ein Einfluss des Erhebungsmonats (Modell 5) ist nicht festzustellen.

Tabelle 7.1 Ergebnisse logistischer Regressionsanalysen: Der Effekt des Tages, der Uhrzeit, der Tatsache, ob die Telefonnummer eingetragen ist, des Monats und der Gemeindegrößenklasse auf die Erreichbarkeit beim ersten Kontaktversuch, odds ratios

	Modell 1	Modell 2	Modell 3	Modell 4	Modell 5
Wochentag (Ref.: Samstag)					
Montag	1.04 (0.04)	0.82*** (0.04)	0.82*** (0.04)	0.84*** (0.04)	0.83*** (0.04)
Dienstag	0.97 (0.03)	0.78*** (0.03)	0.80*** (0.04)	0.81*** (0.04)	0.81*** (0.04)
Mittwoch	1.05 (0.04)	0.84*** (0.04)	0.84*** (0.04)	0.84*** (0.04)	0.84*** (0.04)
Donnerstag	1.05 (0.04)	0.83*** (0.04)	0.83*** (0.04)	0.84*** (0.04)	0.84*** (0.04)
Freitag	1.03 (0.04)	0.79*** (0.03)	0.79*** (0.04)	0.79*** (0.04)	0.79*** (0.04)
Uhrzeit (Ref.: 16.00 – 21.00 Uhr					
8.00-9.59		0.52*** (0.06)	0.56*** (0.07)	0.56*** (0.07)	0.56*** (0.07)
10.00-11.59		0.62*** (0.03)	0.62*** (0.04)	0.64*** (0.04)	0.64*** (0.04)
12.00-13.59		0.80*** (0.01)	0.78*** (0.01)	0.78*** (0.01)	0.78*** (0.01)
14.00-15.59		0.80*** (0.01)	0.78*** (0.01)	0.78*** (0.01)	0.78*** (0.01)
Eingetragene Nummer			3.56*** (0.04)	3.56*** (0.04)	3.51*** (0.04)
Monat (Ref.: Jan)					
Feb				1.08** (0.03)	1.09** (0.03)
März				1.08* (0.03)	1.08* (0.03)
April				1.06* (0.03)	1.06* (0.03)
Mai				0.95* (0.02)	0.95* (0.02)
Juni				1.08** (0.03)	1.08** (0.03)
Juli				1.08** (0.03)	1.09** (0.03)
Aug				1.07** (0.03)	1.08** (0.03)
Sep				1.08** (0.03)	1.08** (0.03)
Okt				1.05 (0.03)	1.05 (0.03)
Nov				1.04 (0.02)	1.04 (0.02)
Dez				1.13*** (0.03)	1.13*** (0.03)
BIK-Klassen					0.97*** (0.00)
AIC	245757.97	245251.63	230833.30	230778.12	230549.36
BIC	245820.09	245355.17	230947.19	231005.90	230787.50
n	231796	231796	231796	231796	231796

Standard errors in parentheses; * $p < 0.05$, ** $p < 0.01$, *** $p < 0.001$

Termine

Die Vereinbarung von Terminen zwischen Interviewern und potentiellen Befragten kann zu einer Erhöhung der Ausschöpfungsquote der Erhebung führen. Theoretisch lässt sich solch ein Ergebnis durch zwei Theorien bzw. Effekte erklären. Zum einen durch den „foot-in-the-door" Effekt. Hier ermittelten Freedman und Fraser (1966) experimentell, dass Personen eher bereit sind einem großen Gefallen zuzustimmen, wenn sie zuvor bereits einem kleinen Gefallen zugestimmt hatten. Dieser Effekt wurde über mehrere Studien empirisch immer wieder bekräftigt (DeJong 1979). Groves und Magilavy (1981, S. 346) stellten mit der „foot-in-the-door" Methode eine Vorgehensweise vor, welche die Ausschöpfung in telefonischen Befragungen erhöhen soll. Anzunehmen ist, dass der Kontakt des Interviewers mit dem potentiellen Befragten die Teilnahmebereitschaft erhöhen kann.

Die zweite theoretische Anknüpfung bietet die Theorie des sozialen Austauschs mit den Hauptvertretern Peter M. Blau sowie George Caspar Homans (Hillmann 1994). Der Theorie liegt die Annahme zugrunde, dass das menschliche Verhalten durch zu erwartende Belohnungen motiviert ist. Die drei Elemente Belohnung, Kosten und Vertrauen sind dabei entscheidend. Unter Belohnung wird der erwartete Nutzen der Handlung verstanden, wogegen die Kosten die Bemühungen, welche aufgebracht werden müssen um die Belohnung zu bekommen, darstellen. Mit Vertrauen ist die Erwartung gemeint, dass auf lange Sicht die Belohnungen die Kosten überwiegen werden (Dillman 2007). Laut Dillman (ebd.) kann die Teilnahme an Befragungen als Spezialform des sozialen Austauschs verstanden werden. Der Befragte stellt Kosten der Teilnahme, wie den Zeitaufwand sowie z.b. Befürchtungen bezügliches des Datenschutzes in Relation zum erwarteten Nutzen der Befragung. Der erwartete Nutzen kann beispielsweise das Interesse am Befragungsthema oder Wertschätzung durch den Interviewer sein. Dillman (ebd.) stellt jedoch heraus, dass diese Kosten-Nutzen-Abwägung nicht primär ökonomisch motiviert ist. Im Falle des sozialen Austauschs ergibt sich die Motivation vielmehr aus der Erwartung sozialer Belohnungen.

Empirische Grundlagen zur Wahrscheinlichkeit eines Kontakts nach einer Terminvereinbarung

Engel et al. (2012) analysierten Daten, die im Rahmen des Projekts „Access Panel and Mixed Mode Internet Survey" entstanden. Etwa 6.000 Personen wurden telefonisch über den Mobilfunk oder das Festnetz und online befragt. Zur Grundgesamtheit gehörten wahlberechtigte, in Deutschland lebende, volljährige Personen. Die Autoren modellierten die Interviewwahrscheinlichkeit als Funktion von Kontaktverläufen. Sie betrachteten dabei verschiedene Kontaktergebnisse, die dem Interview vorangegangen sind, wie bspw. Frei- und Besetztzeichen, besprochener Anrufbeantworter und verschiedene Arten der Terminvereinbarung. Sie kamen zu dem Ergebnis, dass die Wahrscheinlichkeit für ein Interview, verglichen mit allen anderen vorangegangen Anrufergebnissen, am höchsten ist, wenn eine Terminvereinbarung vorausgegangen ist. Je nach Art der Terminvereinbarung variierte die Wahrscheinlichkeit, einen Erfolg zu erzielen. Wurde ein Termin direkt mit der Zielperson vereinbart, war die Erfolgswahrscheinlichkeit am höchsten. Am zweithöchsten war sie, wenn „Terminvereinbarungen mit Kontakt- und Zielpersonen erforderlich waren" (ebd., S. 115). Zudem erhöhten auch Terminvereinbarungen mit einer Kontaktperson die Wahrscheinlichkeit auf einen Erfolg (ebd.).

Ergebnisse zur Interviewwahrscheinlichkeit nach Terminvereinbarungen im Rahmen der Analysen von GEDA 2012

Aufbauend auf diesen empirischen Ergebnissen wurde für die GEDA 2012 Daten die Wahrscheinlichkeit eines Interviews nach Terminvereinbarung untersucht. Zur Modellierung dieser Wahrscheinlichkeit wurde ein logistisches Regressionsmodell berechnet. Es zeigte sich, dass ein Interview wahrscheinlicher durchgeführt werden konnte, wenn zuvor ein Termin vereinbart wurde, als wenn es lediglich zum Kontakt ohne Terminvereinbarung kam. Weiterhin zeigte sich, dass insbesondere Terminvereinbarungen mit der Zielperson mit besonders hoher Wahrscheinlichkeit zum Interview führten. Anzumerken ist jedoch, dass sich die erklärte Varianz als recht gering erwies.

Explorative Analysen ergaben, dass sehr wenige Termine auf die frühen Morgenstunden und dagegen sehr viele auf die Abendstunden gelegt wurden. Es zeigt sich, dass Interviews nach Terminvereinbarungen zeitlich geklumpt sind. Die deskriptiven Analysen ergaben, dass Terminvereinbarungen, welche auf die frühen Morgenstunden und den Vormittag gelegt wurden, am häufigsten eingehalten wurden und spätere Termine seltener zum Interview führten. Insbesondere Termine zwischen 8.00 und 10.00 Uhr wurden von Zielpersonen sehr häufig eingehalten. Zu späteren Zeiten war der Prozentsatz der Interviews auf einem etwa gleichbleibend sehr viel niedrigeren Niveau. Termine, welche durch die Kontaktperson vermittelt wurden, wurden auch morgens am häufigsten eingehalten. Auch hier erwies sich der Prozentsatz von Interviews zu nachfolgenden Zeiten als deutlich geringer. Weiterhin zeigte sich, dass für Samstage nur sehr wenige Termine im Vergleich zu den Wochentagen vereinbart wurden. Die meisten Termine wurden auf Montage gelegt. Von Zielpersonen vorgeschlagene Termine wurden dienstags und freitags am häufigsten eingehalten. Über Kontaktpersonen vermittelte Termine führten dagegen samstags am häufigsten zum Erfolg.

In der Teilstichprobe „Interviewte nach Termin" sind Männer deutlich überrepräsentiert. Dagegen befindet sich in der Teilstichprobe „Interviewte nach Termin mit der Zielperson" ein deutlich höherer Anteil an Frauen. Bei der Teilstichprobe „Interviewte nach Termin mit der Kontaktperson" stellt es sich umgekehrt dar.

Es zeigte sich weiterhin, dass insbesondere Terminvereinbarungen mit jungen Zielpersonen selten zum Erfolg führen, wogegen Personen ab 80 Jahren, die von ihnen selbst vereinbarten Termine häufig einhielten. Wurde der Termin jedoch über eine Kontaktperson vermittelt, wurde er von jüngeren Personen häufiger und von Personen ab 70 Jahren seltener eingehalten.

Implikationen für die Kontakt- und Anrufplanung

Die Untersuchungen ergaben, dass Terminvereinbarungen insgesamt einen positiven Effekt auf die Interviewwahrscheinlichkeit haben. Entsprechend sollte das Anwählen von Telefonnummern, für die ein Termin ausgemacht wurde, Vorrang haben gegenüber Telefonnummern, bei denen kein Termin vereinbart wurde. Dass Interviews nach einer Terminvereinbarung mit einer Zielperson wahrscheinlicher sind als Interviews, die aufgrund der Kooperation einer Kontaktperson entstanden, sollte bei der Kontakt- und Anrufplanung ebenso Beachtung finden. In einer Situation im Telefonstudio, in der wenige freie Interviewer zur Verfügung stehen um die Termine abzutelefonieren, wäre es ratsam die Telefonnummern bevorzugt anzuwählen, bei denen der Termin mit einer Zielperson vereinbart wurde. Weiterhin sollten folgende Terminvereinbarungen aufgrund einer hohen Interviewwahrscheinlichkeit Priorität haben:

- Termine am Morgen und Vormittag mit einer Zielperson
- Termine mit Zielpersonen an Dienstagen und Freitagen
- Termine über Kontaktpersonen an Samstagen
- Termine, welche mit weiblichen Zielpersonen vereinbart wurden
- Termine, welche für männliche Zielpersonen über eine Kontaktperson vermittelt wurden
- Termine, welche mit älteren Zielpersonen vereinbart wurden
- Termine, welche für jüngere Zielpersonen über eine Kontaktperson vermittelt wurden

7.4   Besonderheiten der Feldsteuerung

Stichprobentranchen

Das Einspielen noch ungenutzter, sogenannter frischer Telefonnummern empfiehlt sich bei länger dauernden Feldphasen in Tranchen. Abbildung 7.4 zeigt ein entsprechendes Wellendesign der einzuspielenden Nummern. Die Abbildung 7.4 zeigt dabei die einzelnen Monate, in welchen neue Nummern eingespielt wurden. Der Verlauf der aktiven Nummern („Gesamt Aktiv" in Abbildung 7.4), welche aus den neuen, den ungeklärten und den ungenutzten Nummern besteht, ist dabei gewissen Schwankungen unterworfen.

In dieser Abbildung werden die ungenutzten Nummern immer dann dargestellt, bevor die neuen Nummern importiert wurden, da dieser Zeitpunkt festlegte, wann neue Nummern eingespielt wurden (Schmich und Jentsch 2012). Ein solches Einspielmuster hat verschiedene Vorteile. Sind bereits alle Telefonnummern eingespielt und mehrmals angerufen worden, sinkt die Wahrscheinlichkeit eines Kontaktes rapide. Um die Effizienz der Datenerhebung, aber auch die Motivation der Interviewer zu erhalten, kann es empfehlenswert sein, regelmäßig Tranchen neuer Telefonnummern einzuspielen. Deren Anteil sollte jedoch möglichst gering gehalten werden, da sie gegen Ende der Feldphase nicht mehr in gleichem Maße systematisch ausgeschöpft werden können, wie früher eingespielte Telefonnummern (RKI 2012). Das Ausschöpfen bedeutet, dass alle eingesetzten Telefonnummern während der Feldphase genau so oft, wie es die Regeln besagen, angerufen werden - selbst wenn die angestrebte Stichprobengröße bereits erreicht ist -, so dass das Endergebnis nach den Regeln festgelegt werden kann und vergleichbar ist. Dieses Management der Stichprobe ist daher im Vorfeld genau zu bedenken.

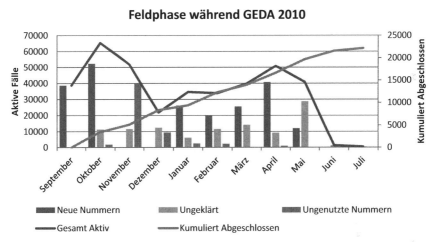

Feldphase während GEDA 2010

Abbildung 7.4 Feldarbeit während GEDA 2010 (Schmich und Jentsch 2012, S. 304; eigene Darstellung)

Eingreifen in das Rückrufmanagement

Verlängert sich die Feldphase, ist darauf zu achten, dass vorher im Laufe des Feldes Ergebnisse, wie zum Beispiel „während der Feldzeit nicht erreichbar", nochmals eingespielt werden könnten, wenn die individuellen Situationen es möglich machen. Sollte das Feld ursprünglich bspw. im Juni enden, wurde aber bis August verlängert, kann ein oben beschriebener Fall mit der Information „erst ab Juli wieder erreichbar" nochmals eingespielt werden. Diese Entscheidungen sollten in der Hand der Feldleitung liegen und dokumentiert werden.

Dialer und automatisierte Wählverfahren („Predictive Dialing")

Häufig werden in quantitativen Telefonumfragen automatisierte Wählverfahren, bspw. das sogenannte „Predictive Dialing" angewendet. Durch den
Einsatz dieser modernen Technologien ist es möglich geworden, eine große
Anzahl von Rufnummern in relativ kurzer Zeit zu kontaktieren. Dieses Vorgehen erscheint aus mehreren Gründen sinnvoll:

Zum einen soll durch das Wählen mit vorgeschaltetem Wählautomaten
(„Dialer") eine möglichst effektive Beschäftigung der Interviewer im Telefonstudio erreicht werden, da eine Software permanent die durchschnittlichen Anruf- und Wartezeiten der im Projekt tätigen Interviewer abgleicht
und eine Übersetzung an Telefonnummern errechnet, welche vorausschau-
end („predictive") angewählt werden. Durch die Auslagerung eher technischer Aspekte der Kontaktanbahnung rückt zusätzlich auch das Gespräch
mit den erreichten Personen stärker in den Mittelpunkt der Interviewer-Tä-
tigkeit, denn nur, wenn tatsächlich eine Person den Anruf entgegennimmt,
wird der Kontakt zu einem Interviewer weitergeleitet.

Zum anderen ermöglicht das „Predictive-Dialing" Verfahren auch den
Einsatz von Telefonstichproben, bei denen hinter einer Vielzahl der angewählten Rufnummern keine tatsächlichen Haushaltsanschlüsse existieren
(siehe dazu vertiefend Kapitel 4). Die Abarbeitung der eingesetzten Nummern und die gleichzeitige Prüfung auf existierende Haushaltsanschlüsse
wird erst mithilfe dieser Wählmethode effektiv durchführbar. Damit wird
die Verwendung von „generierten" Telefonnummern, bspw. in den vom
ADM oder von der GESIS erstellten Telefonstichproben, für Erhebungsinstitute wirtschaftlich umsetzbar. Vor allem für die Durchführung von Umfragen mit repräsentativem Charakter ist die Verwendung von generierten
und nicht in öffentlichen Verzeichnissen eingetragenen Rufnummern nach
heutigen Standards unerlässlich (siehe dazu Kapitel 3 in diesem Band).

Dialer verwenden beim Anwählen für die Protokollierung der Kontaktversuche eigene Dispositions-Codes, in denen die empfangenen Rücksignale
des Telefon-Anbieters interpretiert werden. Je nach Anbieter ergeben sich
zum Teil unterschiedliche Feineinstellungen, die vom Erhebungsinstitut mit
Spezialisten für das benötigte Anruf- und Rückrufmanagement genau festgelegt werden müssen. Diese Kontaktergebnisse bzw. Dispositions-Codes
des Dialers sind für eine möglichst exakte Berechnung der Ausschöpfungsquote, bspw. nach dem AAPOR-Standard, zwingend zu berücksichtigen.

Auch wenn der Einsatz von Anlagen, mit denen der Wählvorgang unterstützt oder automatisiert wird, nicht unumstritten ist, bedeutet dieser nach Einschätzung des ADM für den Angerufenen keinen grundsätzlichen Unterschied gegenüber einem manuellen Wählverfahren durch den Interviewer. Solche Anlagen sind daher seitens des ADM zulässig, allerdings wurden anhand der praktischen Erfahrungen beim Einsatz mit unterschiedlichen Wählverfahren einige Selbstbeschränkungen und berufsständischen Verhaltensregeln formuliert, die von allen Instituten eingehalten werden sollen. Diese gelten prinzipiell sowohl für manuelle als auch automatisierte Wählverfahren, insofern sie für die jeweilige Methode zutreffen. Folgende Regeln sollten nach der aktuell gültigen ADM-Richtlinie (2016) von Erhebungsinstituten beim Wählen berücksichtigt werden:

- Kontaktversuche bei telefonischen Befragungen sind frühestens nach 15 Sekunden und spätestens nach 40 Sekunden zu beenden, wenn der Anruf nicht angenommen wird.
- Alle angenommenen Anrufe sind grundsätzlich innerhalb von einer Sekunde entweder mit einem Interviewer zu verbinden oder zu beenden, wenn kein Interviewer verfügbar ist.
  - Als abgebrochener Anruf („Dropped Call") gilt jeder von der Wähleinrichtung abgebrochene Anruf, weil kein Interviewer verfügbar ist. Der Anteil der abgebrochenen Anrufe soll pro Tag ein Prozent aller Kontaktversuche bei existierenden Telefonnummern nicht übersteigen.
  - Als stiller Anruf („Silent Call") gilt jeder angenommene Anruf, der nicht spätestens nach einer Sekunde mit einem Interviewer verbunden wird. Der Befragte nimmt den Hörer ab und hört keinen Gesprächspartner, bis die Durchstellung erfolgt ist. Auch der Anteil der stillen Anrufe sollte pro Tag ein Prozent aller Kontaktversuche bei existierenden Telefonnummern nicht übersteigen.
- Wenn es bei einem Telefonanschluss zu einem stillen Anruf gekommen ist, dürfen Kontaktversuche bei diesem Anschluss innerhalb der nächsten 30 Tage nur so erfolgen, dass die Möglichkeit eines weiteren stillen Anrufs ausgeschlossen ist.
- Die stillen Anrufe werden im Call Back-System des Erhebungsinstitutes eindeutig protokolliert.

Externe Einflüsse

Finden während der Feldphase besondere Ereignisse statt, die die Erreichbarkeit der Teilnehmer beeinflussen, sollte das genau dokumentiert werden,
um auch im Nachhinein bei Analysen des Feldmanagements berücksichtigt
werden zu können. Hierzu zählen zum Beispiel Schulferien, Sportereignisse
(z.B. WM, EM, Olympische Spiele), Naturkatastrophen, regionalweite Feste
(z.b. Karneval), aber auch technische Ereignisse wie Serverausfälle und
ähnliches. Je länger jedoch eine Feldphase ist, desto mehr egalisieren sich
solche Ereignisse, wie auch saisonale Effekte.

7.5   Interviewerschulung

In diesem Abschnitt wird exemplarisch auf das Schulungskonzept für Interviewer des Robert Koch-Instituts eingegangen. Diese Ausführungen sollten als offene Hinweise und Anregungen für die eigene Ausgestaltung von
Schulungskonzepten verstanden werden.

Das Schulungskonzept des Robert Koch-Instituts entstand insbesondere
durch die großen Telefonbefragungen zur Gesundheitsberichterstattung
und wurde regelmäßig überarbeitet und angepasst. Je nach Größe des benötigten Interviewerstammes, Vorerfahrung der Interviewer und zeitlichem
Umfang der Studie, kann die Schulung ausführlicher in mehreren Einheiten
oder als kürzeres Briefing stattfinden. Für die im hauseigenen Telefonstudio
des Robert Koch-Instituts durchgeführte Studie „Gesundheit in Deutschland aktuell" von 2010 wurden für 22.050 Interviews, die von September
2009 bis Juli 2010 erhoben wurden, 138 Interviewer im Rahmen von drei-
tägigen Eingangsschulungen geschult (RKI 2012).

Folgende Lerninhalte sind bei allen Telefonstudien des Robert Koch-Instituts Bestandteil der Schulung:

- Hintergrund, Auftraggeber und Zielsetzung der Studie
- Aufbau, Inhalt und Besonderheiten des Fragebogens
- Sicherer technischer Umgang mit der CATI-Software
- Vorgehen in der Kontaktphase des Interviews inkl. angemessenes Auftre-
  ten, Argumentationsstrategien, korrekte Durchführung der Zielpersonener-
  mittlung und zweckmäßiger Umgang mit den Disposition Codes

- Vollständige, aussagekräftige und datenschutzgerechte Dokumentation der Zielpersonenermittlung
- Angemessenes Auftreten gegenüber den Befragten während des Interviews
- Angemessener Umgang mit Antworten wie „weiß nicht" und „keine Angabe"
- Vollständige, aussagekräftige und datenschutzgerechte Dokumentation von Informationen über mangelnde Qualität der Antworten bezüglich einzelner Fragebogenitems, kompletter Interviews oder nachträglich festgestellter Fehler, wie die Nicht-Zugehörigkeit zur Grundgesamtheit
- Standardisierte Interviewführung
- Angemessener Umgang mit schwierigen Interviewsituationen (z.B. abschweifende Gespräche, Gesprächspausen, heikle Fragen)

Als Schulungsmethoden empfehlen sich neben theoretischen Einheiten auch praktische Teile, in denen die Interviewer u.a. die korrekte Auswahl der jeweiligen Disposition Codes üben können. Eine sehr wertvolle Übung sind gegenseitige Trainingsinterviews, so dass der Interviewer auch die Perspektive des Befragten einnehmen kann. In der Rolle des Interviewten kann der Interviewer ein Gefühl für die Fragebogenlänge, -dramaturgie und -komplexität bekommen und kann diese Erfahrung für die Anpassung seiner Lesegeschwindigkeit und Intonation für zukünftige Interviews nutzen. Die sich aus den Trainings ergebenden Fragen werden in Gruppendiskussionen besprochen. Da sich insbesondere in den ersten Schichten regelmäßig neue Fragen und besondere Situationen ergeben können, wird nach einigen Wochen ein Erfahrungsaustausch angeboten. Zudem können je nach Bedarf gesonderte Workshops zu den Themen Argumentationsstrategien, Umgang mit schwierigen Situationen oder auch Nachschulungen zum Thema Vercodung angeboten werden. Abbildung 7.5 zeigt dabei beispielhaft Argumentationshilfen, welche im Verlauf der Interviewerschulung zum Einsatz kamen.

„Ich habe keine Zeit."

„Das ist kein Problem. Wir rufen Sie gerne zu einem anderen Zeitpunkt zurück. Würde es Ihnen morgen Nachmittag oder Abend
passen?

„Ich bin schon zu alt für so was."

„Uns interessiert die gesamte Bevölkerung und daher natürlich
auch die Gesundheit älterer Menschen. Ältere stellen einen immer größeren Anteil der Bevölkerung und sind daher besonders
wichtig für uns. Es wäre doch schade, wenn wir nur jüngere Menschen befragen würden. Dann wären die Ergebnisse ja gar nicht
repräsentativ!"

Abbildung 7.5   Beispiel Argumentationshilfen

Der Erfahrungsaustausch und die Workshops sind vor allem dadurch gekennzeichnet, dass die Interviewer sich unter Anleitung und Moderation
der Supervisoren oder der Feldleitung die Fragen gegenseitig beantworten
sollen, um so den Lerneffekt zu erhöhen. Zusätzlich werden spezielle Rol-
lenspiele, wie beispielsweise die Kontaktanbahnung mit einer sehr kritischen Zielperson oder die Übung der Einhaltung der Standardisierung bei
einer ständig abschweifenden Befragungsperson angeboten, die dann auch
in der Gruppe analysiert werden.

Die Interviewer sollten stets alle relevanten Informationen zur Studie
und Kontakt- und Informationsmöglichkeiten als Merkblatt am Platz haben.

Die Einhaltung der geschulten Inhalte überprüfen die Supervisoren im
Rahmen der ständig stattfindenden Qualitätssicherungen (siehe Kapitel 5.1.)
während den Telefonschichten.

7.6   Supervision

Als Supervision wird im Kontext von Telefonbefragungen weitläufig die
Betreuung der Interviewer bezeichnet. Sie umfasst zum Beispiel die Sitzplatzverteilung im Telefonstudio (neue Interviewer werden gezielt neben
erfahrene Interviewer platziert, damit sie beim Sitznachbarn Argumentationsstrategien mithören und dann für sich übernehmen können), das Beant-

worten akuter Fragen zum Umgang mit der Vercodung oder schwierigen Situationen mit Kontaktpersonen, Hilfe beim Umgang mit der Software sowie insbesondere die Qualitätssicherung der Interviewer. Wichtig ist auch ein empathischer Umgang mit den Interviewern bzw. es ist wichtig ein offenes Klima zu erzeugen, bei dem die Interviewer ermutigt werden, Fragen und Unsicherheiten, z.b. bei der Dokumentation der Anwahlergebnisse gleich zu stellen.

Durch die ständige Betreuung der Interviewer soll eine kontinuierliche Qualitätssicherung gewährleistet sein. Dies hat eine zentrale Bedeutung bei der Umsetzung der standardisierten Erhebungssituation. Zu beachten ist der Betreuungsschlüssel zwischen Anzahl der Supervisoren und Interviewer, so dass eine umfassende Betreuung und Qualitätssicherung aller Interviewer möglich ist.

Im Idealfall werden Supervisoren aus ehemaligen Interviewern rekrutiert oder bringen umfassende Erfahrung mit der Führung von telefonischen Interviews mit. Diese eigenen Erfahrungen, die in die Feedbackgespräche mit den Interviewern einfließen können, steigern die Glaubwürdigkeit und Authentizität.

Hinzu kommt, dass Supervisoren eine Schnittstellenposition zwischen Interviewern und Feldleitung innehaben und dadurch den Kommunikationsfluss zwischen den beiden Positionen gewährleisten. Im Idealfall werden durch diese Schnittstellenposition Rückmeldungen der Interviewer z.B. über direkte Erfahrungen mit dem Erhebungsinstrument an die Feldleitung herangetragen.

7.7 Qualitätssicherung der Interviewer

Die Qualitätssicherung der Interviewer bzw. der Interviews und damit der zu erhebenden Daten beginnt mit der ausführlichen Schulung, u.a. zu den Themen Standardisierung in wissenschaftlichen Interviews, korrekter Umgang mit den *Disposition Codes*, Umgang mit schwierigen Situationen und mit Argumentationshilfen bzw. Hintergrundinformationen zur Studie, den Auftraggebern und der Stichprobe. Für längerdauernde Studien empfiehlt sich, wie schon erwähnt, in regelmäßigen Abständen das Anbieten von speziellen Workshops zur Auffrischung der geschulten Kenntnisse.

Die Supervisoren sollen eine Atmosphäre des Vertrauens schaffen, so dass die Supervision und Qualitätssicherung als Hilfestellung und nicht als Überwachung wahrgenommen wird.

Als Strategien zur Auffindung von Verbesserungsbedarf bei der Interviewführung gilt das

- Monitoring der Interviewsituation, qualitative Qualitätssicherung (QS) und das
- Monitoring der (Interviewer-)Prozessdaten, quantitative Qualitätssicherung.

Dabei gilt die quantitative QS als Steuerungselement und Grundlage der qualitativen QS. Beides wird im Folgenden im Detail erläutert.

Qualitative Qualitätssicherung

Das Monitoring der Interviewsituation im Rahmen der qualitativen Qualitätssicherung kann in die Bereiche „Kontaktanbahnung" und „Interviewführung" unterteilt und auch gesondert beobachtet oder beurteilt werden. Zur Veranschaulichung der zu beobachteten Kategorien sind in den Anhängen 1 und 2 Beispiele für Beobachtungsformulare einzusehen.

Bei allen Studien des Robert Koch-Instituts findet die Beobachtung als „Mithören" des Interviews statt, wobei man unterscheiden kann zwischen direktem Mithören am Platz des Interviewers und dem Mithören, bei dem der Supervisor sich über die Software in das Gespräch hineinschaltet. Der Supervisor direkt am Platz hört nur den Interviewer und sieht die Vercodung am Bildschirm, das Hineinschalten in das Gespräch ermöglicht zusätzlich, auch den Befragten zu hören und via Softwaremonitoring das Interview zu verfolgen.

Die ausgefüllten QS-Bögen werden sowohl vom beobachtenden Supervisor als auch vom Interviewer gegengezeichnet. Anschließend werden sie archiviert. Bei einer erneuten QS-Maßnahme wird zum einen der vorherige QS-Bogen vom Supervisor herangezogen, um sich auf die QS vorzubereiten und zum anderen wird mithilfe der vorangegangen QS-Bögen überprüft, ob beanstandete Punkte sich verbessern lassen konnten.

Qualitätssicherung Kontaktanbahnung

Die Kontaktanbahnung gilt als Schlüssel, um erfolgreich Interviews führen zu können. Es zeigt sich, dass die ersten Minuten für das Zustandekommen eines vollständigen Interviews maßgeblich sind (Dillman et al. 2014; Rieck et al. 2005). Hierbei ist vor allem darauf zu achten, dass die Auswahl der Befragungspersonen nach den gewählten Kriterien des stichprobentheoretischen Konzeptes korrekt stattfindet. So sind zum Beispiel die GEDA-Studien bevölkerungsrepräsentative Telefonbefragungen in Privathaushalten. Die zu befragenden Personen sind hierbei im Vorfeld nicht bekannt, daher muss die zufällige Zielpersonenauswahl gewährleistet sein. Dies geschieht zum Beispiel mithilfe eines Schwedenschlüssels (GEDA 2012) oder mit der *Next-* oder *Last-Birthday*-Methode. Neben der korrekten Auswahl der Zielperson, spielt auch der Umgang mit anderen Kontaktpersonen eine große Rolle. So kann der Interviewer über diese Kontaktpersonen zielführende Hinweise über die Erreichbarkeit der Zielperson erhalten und gegebenenfalls die Kontaktperson als sogenannter Türöffner auch schon mit Informationen zum Anliegen versorgen.

Die Werbungsphase an sich stellt die Interviewer vor besondere Herausforderungen, die beachtet werden müssen. So soll der Interviewer flexibel auf die Nachfragen reagieren können, muss also alle relevanten Informationen zur Studie parat haben und möglichst effektiv und intervieworientiert reagieren können.

Auch der korrekte Umgang mit den *Disposition Codes* ist ein wichtiger Bestandteil der Kontaktanbahnung. So sollten die Interviewer das jeweilige Anrufergebnis immer so exakt wie möglich dokumentieren, damit die richtigen Rückrufregeln greifen können. Bei unsicheren Situationen sollten die Interviewer die Supervisoren hinzuziehen, um nachträgliche Datenänderungen bzw. Fehler zu vermeiden.

Ein weitläufiges Problem in Telefonbefragungen sind die sogenannten verschleppten Verweigerungen. Das heißt, dass Interviewer eine konkrete Ablehnung der Zielperson nicht als solche bewerten, sondern den Fall als noch nicht abgeschlossen vercoden und somit ein weiterer Anrufversuch erfolgt. Hierbei gibt es unklare Fälle, die nicht immer eindeutig bewertet werden können, so dass es insbesondere auf die Einschätzung der Interviewer ankommt.

Bei der Qualitätssicherung der Kontaktanbahnung wird zusammenfassend auf folgende Punkte geachtet:

- **Interviewvorbereitung**, d.h. zielführendes Einsetzen von Vorinformation, korrektes Auswahlverfahren der Zielperson und korrekter Umgang mit den *Disposition Codes*
- **Begrüßung**, d.h. formgerechtes, freundliches und souveränes Auftreten sowie ggf. Weitergabe von Informationen wie Homepage oder Rückrufnummer
- **Werbungsphase**, d.h. das Anliegen soll nachvollziehbar formuliert sein, die Schlüsselbegriffe müssen genannt werden, die Argumentation soll offensiv, sicher, sachlich richtig, aber insbesondere flexibel angegangen werden, der Nutzen der Studie soll überzeugend vermittelt werden und es findet ein intervieworientiertes Vorgehen statt.
- **Terminabklärung**, d.h. bei Bedarf sollen Terminalternativen angeboten werden und nicht offen nach einem möglichen Termin gefragt werden.
- **Stimme/Sprechgeschwindigkeit/Modulation**, d.h. deutliche Aussprache, angemessene Lautstärke und Sprechgeschwindigkeit, gute Sprachmelodie, also nicht zu monoton klingend und insgesamt eine sicher und freundlich klingende Stimme.

Als Schlüsselbegriffe sind bei den telefonischen Befragungen, angelehnt an die Richtlinie für telefonische Befragungen von den Verbänden der Markt- und Sozialforschung in Deutschland (2016), das anrufende Institut, der Name des Interviewers, der allgemeine Zweck des Anrufs und die Freiwilligkeit der Teilnahme besonders zu nennen. Auf Nachfragen muss der Interviewer darüber hinaus auch die Herkunft der Telefonnummer und die datenschutzgerechte Verwertung der Daten erläutern können. Je besser dies funktioniert, desto erfolgreicher ist der Interviewer in den Kontaktanbahnungsversuchen.

Die Bewertung dieser Punkte werden anhand eines Bewertungsbogens (siehe Anhang 1.1) festgehalten und mit Kommentaren, Eindrücken und Empfehlungen bzw. Verbesserungsvorschlägen im Rahmen eines direkt stattfindenden Feedbackgespräches zwischen Interviewer und Supervisor besprochen.

Als Grundlage für diese Qualitätssicherung sollten mehrere Kontaktanbahnungsversuche hintereinander angehört werden, um möglichst verschiedene Situationen betrachten zu können. Die Dokumentation der Bewertung soll sicherstellen, dass möglichst alle Interviewer in regelmäßigen Abständen evaluiert werden. Die Auswahl der jeweiligen zu überprüfenden Interviewer obliegt der Feldleitung und den Supervisoren. Sie sollte sowohl auf Grundlage von vorangegangenen Bewertungen sowie auf der Basis von Prozessdaten (Anzahl Anrufe, Anzahl Interviews, Anzahl Verweigerungen, etc.) erfolgen.

Qualitätssicherung Interview

Die Qualität der Interviewführung wird als kontinuierliche Einhaltung der in der Schulung vermittelten Qualitätsstandards verstanden, insbesondere die Standardisierung, die für die Vergleichbarkeit aller geführten Interviews von elementarer Bedeutung ist. Die Effekte durch den Interviewer sollen mit der kontinuierlichen Qualitätssicherung durch die Supervisoren möglichst gering gehalten werden.

Neben der Standardisierung, auf die im Folgenden gesondert eingegangen wird, sind aber auch die

- Interviewführung, d.h. ein angemessenes Sprachtempo und Betonung, flüssige Interviewführung, deutliche Aussprache und verständliche Erläuterungen sofern erlaubt,
- das Verhalten gegenüber den Befragungspersonen, d.h. freundliches und souveränes Auftreten sowie die Wahrung der professionellen Distanz, also Neutralität und die
- Verabschiedung, d.h. freundliche Verabschiedung, Bedanken für die Teilnahme und Berücksichtigung von Nachfragen des Befragten

Teil der Bewertung.

Ein im Robert Koch-Institut dazu entwickelter Bogen findet sich ebenfalls im Anhang (Anhang 1.2), sowie ausführliche Beispiele zu den Bewertungskriterien. Die entwickelten Kriterien sind an das Behavioral Risk Factor Surveillance System (CDC 2010) angelehnt und werden an die Bedürfnisse der Befragungen ständig angepasst. Auch diese Qualitätssicherung wird vom Supervisor dokumentiert und im anschließenden Feedbackgespräch mit dem Interviewer besprochen.

Exkurs: Standardisierung im Interview

Die folgenden Erläuterungen zum Thema Standardisierung werden sowohl in den Schulungen als auch in den Operationshandbüchern, auch Interviewermanuale genannt, zu den Studien „Gesundheit in Deutschland aktuell" seit 2008 beschrieben und kontinuierlich aktualisiert.

Das Ziel eines standardisierten Interviews besteht in der Einhaltung von den allgemeingültigen wissenschaftlichen Qualitätsstandards wie Validität und Reliabilität.

Ohne Einhaltung der Standardisierung sind folglich die erhobenen Interviews der verschiedenen Interviewer nicht mehr vergleichbar, weshalb insbesondere die Qualitätssicherung der Standardisierung Messfehler und Interviewereffekte erheblich verringert.

So bestehen Einflüsse auf das Antwortverhalten des Befragten dabei im Wesentlichen aufgrund von Aspekten wie:

- **Selbstdarstellung,** d.h. der Befragte erlebt das Interview als Kommunikation und lässt Überlegungen einfließen, was der Interviewer von ihm als Person denken wird und

- **soziale Erwünschtheit,** d.h. der Befragte orientiert sich bei seinen Antworten an sozial akzeptierten Normen und Erwartungen

Der Interviewer ist angehalten

- eine neutrale, aber distanziert-freundliche Gesprächsatmosphäre zu wahren,

- die Gesprächsführung nondirektiv zu halten,

- die Antworten des Befragten möglichst unbeeinflusst zu erhalten und benötigt generell ein besonderes

- Fingerspitzengefühl in schwierigen Situationen.

Der Interviewer erlernt im Laufe der Schulung und verfeinert im Laufe seiner Tätigkeit folgende Techniken zur Einhaltung der Standardisierung:

- Wortwörtliches Vorlesen der Fragen

- Vermeiden von Beeinflussung des Antwortverhaltens, durch bspw. Suggestivfragen, oder wertendes Feedback

- Einhaltung der vorgegebenen Antwortformate (nötigenfalls ständiger Verweis auf den wissenschaftlichen Charakter der Untersuchung)

Quantitative Qualitätssicherung

Bei der quantitativen Qualitätssicherung werden (Interviewer-)Prozess-
daten, auch Performancewerte genannt, herangezogen. Hier werden rein
zahlenmäßig die von den jeweiligen Interviewern erbrachten Leistungen
verglichen und bewertet. Eine detaillierte Darstellung zu diesem Thema
findet sich in Kapitel 8. Anhand der Performancewerte, wie Anzahl der
Anrufversuche, der Interviews, der Verweigerungen und der Terminabspra-
chen, kann je nach Schicht und Interviewer im Vergleich zum Gesamtfeld
entschieden werden, wer besondere Aufmerksamkeit im Rahmen von qua-
litätssichernden Maßnahmen benötigt.

Aber auch zur Sitzplatzverteilung können diese Werte herangezogen
werden, so dass zum Beispiel ein nach diesen Werten in der Kontaktanbahnung sehr guter Interviewer neben einen weniger guten gesetzt wird.

7.8   Literatur

ADM Arbeitskreis Deutscher Markt- und Sozialforschungsinstitute
e.V.*(2016) Ergänzung der Richtlinie für telefonische Befragungen zur
berufsethischen Selbstbeschränkung und zum Einsatz automatischer
Wähleinrichtungen bei telefonischen Interviews.* URL: https://www.
adm-ev.de/index.php?eID=tx_nawsecuredl&u=0&file=fileadmin/
user_upload/PDFS/R04_Tel_Erga__nzung.pdf&t=1516444777&hash=
0dfa8efdfb57346906e0f9f2f4800f7d58074e26.

ADM Arbeitskreis Deutscher Markt- und Sozialforschungsinstitute e.V.
(2016). *Richtlinie für telefonische Befragungen.* URL: https://www.
adm-ev.de/index.php?eID=tx_nawsecuredl&u=0&file=fileadmin/
user_upload/PDFS/R04_D.pdf&t=1516445469&hash=34027891eb1bc1
69c8414a4d159c2995276fb451.

CDC. (2010). *Centers for Disease Control and Prevention (CDC) Behavioral
Risk Factor Surveillance System 2009. Summary Data Quality Report.*

Durrant, G.B., D'Arrigo, J., & Steele, F. (2009). *Using Field Process Data
To Predict Best Times Of Contact Conditioning On Household And
Interviewer Influences.* Southampton. https://doi.org/10.1111/j.1467-
985X.2011.00715.x

DeJong, W. (1979). An Examination of Self-Perception Mediation of the Foot-in-the Door Effect. *Journal of Personality and Social Psychology* 37. https://doi.org/10.1037/0022-3514.37.12.2221

Dillman, D. A. (2007). *Mail and Internet Surveys: The Tailored Design Method – 2007 Update with New Internet, Visual, and Mixed-Mode Guide.* Wiley.

Dillman, D. A., Smyth, J. D., & Christian, L. M. (2014). *Internet, phone, mail, and mixed-mode surveys : the tailored design method* (4. ed.), Hoboken, NJ : Wiley.

Engel, U., Bartsch, S., Schnabel, C., & Vehre, H. (2012). *Wissenschaftliche Umfragen: Methoden und Fehlerquellen.*Campus Verlag.

Freedman, J. L. & Fraser, S. C. (1966). Compliance Without Pressure: The Foot-in-the-door Technique. *Journal of Personality and Social Psychology, 4*(2), 195–202. https://dx.doi.org/10.1037/h0023552

Groves, R., Fowler, F. J., Couper, M. P., Lepkowski, J. M., & Singer, E. (2009). *Survey methodology.* In R. M. Groves, G. Kaftan, J. N. K. Rao, N. Schwarz, & C. Skinner (Eds.). Hoboken, New Jersey: Wiley Series in Survey Methodology.

Groves, R. M. & Couper, M. P. (1998). *Nonresponse in Houshold Interview Surveys.* New York: Wiley.

Groves, R. M. & Lyberg, L. (2010). Total survey error: Past, present, and future. *Public Opinion Quarterly 74* (5), 849–879. https://doi.org/10.1093/poq/nfq065

Groves, R. M. & Magilavy, L. J. (1981). Increasing Response Rates to Telephone Surveys: A Door in the Face for Foot-in-the-Door? *Public Opinion Quarterly 45* (3), 346. https://doi.org/10.1086/268669

Hillmann, K.-H. (1994). *Wörterbuch der Soziologie.* Stuttgart: Kröner.

Kulka, R. A. & Weeks, M. F. (1988). Toward the Development of Optimal Calling Protocols for Telephone Surveys: A Conditional Probabilities Approach. *Journal of Official Statistics 4* (4), 319–332.

Lipps, O. (2012). A Note on Improving Contact Times in Panel Surveys. *Field Methods 24* (1), 95–111. https://doi.org/10.1177/1525822X11417966

Lipps, O., Benson, G., & Panel, S. H. (2005). Cross-national contact strategies. *Proceedings of the Survey Research Section of the American Statistical Association, American Statistical Association, Alexandria, VA.*

Potoski, M., Urbatsch, R., & Yu, C. (2015). Temperature Biases in Public Opinion Surveys. *Weather, Climate, and Society 7* (2), 192–196. https://doi.org/10.1175/WCAS-D-15-0001.1

Purdon, S. & Sturgis, P. (1999). Interviewers' calling strategies on face-to-face interview surveys. *Journal of Official Statistics 15* (2), 199.

Rieck, A., Borch, S., & Kohler, M. (2005). Methodische Aspekte der Fragebogenentwicklung. In M. Kohler, A. Rieck, S. Borch, & T. Ziese (Eds.), *Beiträge zur Gesundheitsberichterstattung des Bundes Erster telefonischer Gesundheitssurvey des Robert Koch-Instituts – Methodische Beiträge.*

RKI. (2012). *Daten und Fakten: Ergebnisse der Studie »Gesundheit in Deutschland aktuell 2010.* Beiträge zur Gesundheitsberichterstattung des Bundes - Heft 50.

Schmich, P. & Jentsch, F. (2012). Fieldwork monitoring in telephone surveys. In S. Häder, M. Häder, & M. Kühne (Eds.), *Telephone Surveys in Europe: Research and Practice* (S. 295–313). https://doi.org/10.1007/978-3-642-25411-6_19

Schnell, R. (1997). *Nonresponse in Bevölkerungsumfragen. Ausmaß, Entwicklung und Ursachen.* Opladen: Leske + Budrich.

Weeks, M. F., Kulka, R. A., & Pierson, S. A. (1987). Optimal call scheduling for a telephone survey. *Public Opinion Quarterly 51* (4), 540–549.

Anhänge

Anhang 1: Kontaktanbahnungs-Bogen

Interviewer: _____ Supervisor: _____ Datum: _____

Anzahl der Kontaktanbahnungsversuche (als Grundlage für die Beobachtung): _____

Interviewvorbereitung

bereitet sich auf Anruf vor (Call-History, Vorabinformationen)	☐ ja	☐ nein
führt das Auswahlverfahren der ZP korrekt durch	☐ ja	☐ nein
geht korrekt mit den Disposition Codes um	☐ ja	☐ nein
setzt Vorinformationen zur ZP/zum HH zielführend ein	☐ ja	☐ nein

Begrüßung

stellt sich formgerecht vor	☐ ja	☐ nein
tritt freundlich auf	☐ ja	☐ nein
tritt souverän auf	☐ ja	☐ nein
gibt Informationen an die Hand (Homepage, Rückrufnummer)	☐ ja	☐ nein

Werbungsphase

formuliert das Anliegen nachvollziehbar	☐ ja	☐ nein
geht offensiv in die Argumentation	☐ ja	☐ nein
hält sich an die vorgegebenen Schlüsselbegriffe	☐ ja	☐ nein
vermittelt überzeugend den Nutzen der Studie	☐ ja	☐ nein
argumentiert sicher	☐ ja	☐ nein
argumentiert sachlich richtig	☐ ja	☐ nein
reagiert flexibel auf Einwände und Nachfrage	☐ ja	☐ nein
beantwortet Nachfragen inhaltlich korrekt	☐ ja	☐ nein
intervieworientiertes Vorgehen („macht den Sack zu")	☐ ja	☐ nein
Terminabklärung (bietet Terminalternativen an)	☐ ja	☐ nein

Stimme/Sprechgeschwindigkeit/Modulation

angemessene Sprechgeschwindigkeit	☐ ja	☐ nein
angemessene Lautstärke	☐ ja	☐ nein
deutliche Aussprache	☐ ja	☐ nein
klingt sicher	☐ ja	☐ nein

gute Sprachmelodie (klingt nicht monoton)   ☐ ja   ☐ nein

klingt freundlich   ☐ ja   ☐ nein

Kommentare (Stärken):

Entwicklungsfelder/ Verbesserungsvorschläge:

zur Kenntnis genommen (Datum/Unterschrift): _____

Anhang 2: Qualitätssicherungs-Bogen

Interviewer: _____ Supervisor: _____ Datum: _____

1. Kontaktanbahnung und Begrüßung

verständliche Formulierung des Anliegens   ☐ ja   ☐ nein
freundliches Auftreten   ☐ ja   ☐ nein
sichere Argumentation   ☐ ja   ☐ nein

2. Standardisierung

liest wortwörtlich vor (formuliert nicht um)   ☐ ja   ☐ nein
liest Fragen vollständig vor   ☐ ja   ☐ nein
liest Antwortkategorien vollständig vor   ☐ ja   ☐ nein
besteht auf exakten Antwortkategorien   ☐ ja   ☐ nein
verwendet non - direktive Nachfragetechniken   ☐ ja   ☐ nein
vermeidet wertendes Feedback   ☐ ja   ☐ nein

3. Interviewführung

Sprechtempo ist angemessen   ☐ ja   ☐ nein
flüssige Interviewführung   ☐ ja   ☐ nein
angemessene Betonung   ☐ ja   ☐ nein
deutliche Aussprache   ☐ ja   ☐ nein
Erläuterungen werden verständlich gegeben   ☐ ja   ☐ nein

4. Verhalten gegenüber Befragungsperson

freundliches Auftreten   ☐ ja   ☐ nein
souveränes Auftreten   ☐ ja   ☐ nein
wahrt professionell Distanz (Neutralität)   ☐ ja   ☐ nein

5. Verabschiedung

freundliche Verabschiedung   ☐ ja   ☐ nein
berücksichtigt Nachfragen des Probanden   ☐ ja   ☐ nein
dankt für Untersuchungsteilnahme   ☐ ja   ☐ nein

Besonderheiten zur Gesprächsatmosphäre

Kommentare (Stärken):

Entwicklungsfelder/ Verbesserungsvorschläge:

zur Kenntnis genommen (Datum/Unterschrift):_____

Anhang 3: Qualitätssicherungsbogen → Kriterienkatalog

☺ ZP-Auswahl ☹	
▪ wählt die ZP korrekt aus ▪ führt das Auswahlverfahren der ZP reibungslos aus ▪ hält sich exakt an die Auswahlprozedur („last-birthday-Methode", einmal ermittelte ZP bleibt ZP) ▪ nutzt Informationen aus dem Kommentarfeld (über Disposition Codes hinausgehende Informationen über Erreichbarkeit der ZP) ▪ passt den Einleitungstext an die Situation an (kürzt ab, falls es bereits Kontakte im Vorfeld gab)	▪ führt Interview mit falscher ZP ▪ hält sich (beim Erstkontakt) nicht an Schlüsselbegriffe des Einleitungstextes (Auftraggeber, wissenschaftliche Befragung, last-birthday-Methode) ▪ nutzt Informationen aus den Lines nicht ▪ bringt Informationen aus den Lines durcheinander
☺ vollständiges Vorlesen des FB ☹	
Texttreue	
▪ hält sich 1:1 an die vorgegeben Texte	▪ fügt selbständig Worte ein ▪ nutzt eigene Überleitungen zwischen Fragen oder Antwortkategorien
Vollständiges Vorlesen der Fragen	
▪ liest die Fragen in voller Länge vor	▪ lässt einzelne Worte oder ganze Passagen aus
Vollständiges Vorlesen der Antwortkategorien	
▪ liest alle Antwortkategorien in der vorgegeben Reihenfolge vor (Ausnahme: Interviewerhinweis: wenn genannt, dann weiter...)	▪ kürzt Antwortkategorien ab ▪ lässt einzelne Antwortkategorien weg ▪ verändert die Reihenfolge der Antwortkategorien
☺ Interviewführung ☹	
Tempo	
▪ angemessenes Tempo ▪ stellt sich auf ZP ein (spricht langsamer, wenn nötig und schneller, wenn möglich) ▪ variiert Tempo situationsbedingt (langsamer bei Tabellen)	▪ spricht zu schnell oder zu langsam, so dass das Frage- und Antwortverständnis erschwert wird ▪ überschlägt sich beim Vorlesen

Flüssigkeit	
• trägt Fragen und Antworten flüssig vor • verhaspelt sich nicht • leitet geschickt über von Frage in Antwortkategorie, so dass ZP Antworten nicht vorweg nimmt und unterbricht • verbalisiert in Pausen (z.b. bei technischen Problemen oder Eingabeschwierigkeiten)	• liest stockend vor • lässt zwischen den Fragen und Antwortkategorien sowie zwischen den verschiedenen Fragen zu • lange Pausen, so dass ZP dies als Gesprächs-aufforderung interpretiert • lässt ZP „allein" während technischer Probleme • oder anderer Abweichungen vom „normalen" Interviewfluss
Verabschiedung	
• verabschiedet sich freundlich und formgerecht, d.h. bedankt sich für das Interview, die investierte Zeit • gibt ZP die Möglichkeit, sich zu Interview zu äußern, Anmerkungen zu machen • gibt ZP ggf. Informationen, um sich weiterführend zu informieren • entlässt ZP mit positivem Gefühl	• bedankt sich nicht • Verabschiedung erfolgt übereilt • Gibt ZP nicht die Möglichkeit, sich zum Fragebogen oder Interview zu äußern • Verabschiedung erfolgt gereizt, unfreundlich, ungeduldig
verzichtet auf Meinungsäußerungen und Kommentare	
• äußert weder seine Meinung noch • kommentiert er Gesagtes • beruft sich auf Neutralität des Interviewers	• lässt sich in Privatgespräche verwickeln • kommentiert Antworten der ZP • äußert eigenen Standpunkt im Interview
☺ Korrekter Umgang mit FB und Erläuterungen ☹	
Umgang mit Hinweistexten	
• Hinweistexte werden bei Bedarf vorgelesen • es werden keine Interpretationen oder Hinweise über die standardisieren Texte hinaus gegeben	• Hinweistexte werden aus dem Zusammenhang gerissen, nur stückweise vorgetragen • Hinweistexte werden interpretiert • Hinweistext wird nicht genutzt, obwohl Bedarf besteht

Beharren auf exakte Antworten	
• Interviewer bittet ZP, sich für eine der vorgegeben Antwortmöglichkeiten zu entscheiden • Interviewer liest im Zweifel alle Antwortkategorien noch mal vor • Interviewer weist darauf hin, dass Entscheidung einzig bei ZP liegt • Interviewer nutzt w.n., falls Einordnung für ZP nicht möglich ist	• Interviewer interpretiert für ZP, welche Antwort diese am ehesten gemeint hat • Interviewer erklärt Antwortkategorien mit „eigenen Worten" • Interviewer wiederholt nur teilweise die Antwortkategorien • Interviewer rundet und rechnet für den Befragten
Inhaltliche Korrektheit von Erläuterungen	
• Interviewer hält sich bei Erläuterungen an Fakten (Schulungsmanual, Interviewerschulung, RKI-Homepage) • Im Zweifel wird auf Kontakttelefon, Feldleitung oder Homepage verwiesen	• Interviewer stellt Behauptungen auf/ mutmaßt • Interviewer gibt falsche Erläuterungen
Verständlichkeit von Erklärungen	
• Interviewer erklärt adressatengerecht, d.h. er ist in der Lage, auch komplexe Informationen verständlich zu formulieren • Erklärungen folgen einem roten Faden und sind zielgerichtet • argumentiert konsistent	• Interviewer verzettelt sich in Erklärungen und kommt nicht auf den Punkt • Interviewer nutzt in unangemessenem Umfang Fremdwörter • Interviewer drückt sich umständlich aus

☺ Eindruck gegenüber Befragtem ☹	
Freundlichkeit	
• Interviewer spricht freundlich und zugewandt • Interviewer ist geduldig, gibt Befragten Zeit, wenn erforderlich • wertschätzende Grundhaltung wird vermittelt • Interviewer erkennt Informationsbedarf und geht informierend darauf ein	• Interviewer spricht in unangemessenem Ton, wirkt unfreundlich • gereizt, arrogant • ungeduldig • Interviewer geht auf Fragen der ZP nicht ein

Souveränes Auftreten	
• Interviewer übernimmt Interviewführung (leitet durch das Interview) • Interviewer greift ein, wenn nötig, indem er ZP an die Standardisierung und deren Einhaltung erinnert • Interviewer spricht in angemessener Lautstärke und mit sicherer Stimme	• Interviewer lässt ZP häufig abschweifen • Interviewer wird nervös bei Nachfragen und lässt sich aus dem Konzept bringen • Unsicherheit schlägt sich in Stimme (zittrig, weinerlich, bittend) nieder • Interviewer spricht zu leise
Betonung und Akzentuierung	
• Interviewer betont (sinnvoll und natürlich) • schwarz chiffrierte Wörter (z.b. recall-Zeiträume) werden durch Betonung besonders hervorgehoben • Interviewer setzt Akzente beim Vortragen der Fragen und Antwortkategorien durch kleine Pausen	• Interviewer betont übertrieben (affektiert) oder unangemessen • Interviewer liest alles in gleich bleibender Stimmlage vor (Monotonie) • Interviewer liest Fragen und Antworten ohne klare Abgrenzung zueinander und ohne Pausen vor
Aussprache von Fremdwörtern	
• Fremdwörter werden korrekt und sicher ausgesprochen	• Interviewer verhaspelt sich beim Aussprechen von Fremdwörtern • Interviewer spricht Fremdwort falsch aus
deutliche Aussprache	
• Interviewer spricht klar und deutlich	• Interviewer nuschelt • Interviewer spricht starken Dialekt
Gesprächsatmosphäre	
• Interviewer sorgt durch Einhaltung der Anforderungen zur Freundlichkeit für angenehme Gesprächsatmosphäre • Interviewer verhält sich ZP gegenüber wertschätzend • Interviewer beantwortet Fragen kompetent und geduldig	• Interviewer schafft es nicht, eine positive Gesprächsatmosphäre herzustellen (unfreundlich, hetzt, gereizt, macht sich über ZP lustig) • Interviewer ignoriert Fragen der ZP oder beantwortet sie unzureichend

Hagen von Hermanni

8 Rolle und Einfluss von Interviewern in telefonischen Umfragen

Generell:

▸ Aufgrund der Klumpung von Interviews in Interviewern können Designeffekte auftreten, die die Umfrageergebnisse maßgeblich beeinträchtigen können. Dabei ist grundlegend davon auszugehen, dass die Varianz eines Messwertes umso größer wird, je ungleicher die Verteilung der Interviews über die Interviewer und je größer die Zahl der Interviews je Interviewer ist.

▸ Weiterhin ist davon auszugehen, dass ein heterogener Interviewerpool unterschiedliche Interviewereffekte bedingt und somit zu einer höheren Varianz führt, wohingegen ein homogener Interviewerpool bei Vorliegen von Interviewereffekten einen Interviewer Bias nach sich zieht.

Vor bzw. während der Erhebung:

▸ Beteiligen Sie sich aktiv an der Vorbereitung und Durchführung der Schulung der Interviewer.

▸ Lassen Sie sich vom Institut über die (institutseigenen) Kontrollmechanismen unterrichten. Wie werden Interviewer kontrolliert? Welche Zielvorgaben hat das Institut und wie wurden diese bestimmt? Unter welchen Bedingungen werden Interviewer ausgetauscht oder nachgeschult? Können Sie während der Erhebung an den Kontrollen (bspw. Mithören von Interviews) selbst teilnehmen?

Nach der Erhebung bzw. zur Datenübergabe:

▸ Bestehen Sie auf der Übergabe der Kontaktprotokolle unter Verwendung einer eindeutigen ID-Variable für jeden Interviewer. Es muss sowohl für den Kontakt-, als auch den Nettodatensatz möglich sein, jede Beobachtung einem Interviewer zuzuordnen.

▸ Insbesondere bei multivariaten Analysen der erhobenen Daten erlaubt die Interviewer-ID die Berücksichtigung von Interviewereffekten (Mehrebenenmodelle).

© Springer Fachmedien Wiesbaden GmbH, ein Teil von Springer Nature 2019
S. Häder et al. (Hrsg.), *Telefonumfragen in Deutschland*, Schriftenreihe
der ASI – Arbeitsgemeinschaft Sozialwissenschaftlicher Institute,
https://doi.org/10.1007/978-3-658-23950-3_8

Interviewern kommt in telefonischen Umfragen eine zentrale Bedeutung zu. Sie vermitteln zwischen dem standardisierten Erhebungsinstrument des Forschers und dem zumeist subjektiven Sinn der Befragten. Während sie dazu angehalten sind, sich möglichst genau an ein vorgegebenes Skript zu halten, Fragen und Antwortkategorien so standardisiert wie möglich vorzutragen, um die Reliabilität von Fragebogen und Items zu erhalten, müssen sie sich zeitgleich auf den Befragten einstellen, auf dessen Antworten und Rückfragen eingehen, beziehungsweise ihn überhaupt erst zur Teilnahme bewegen. Aufgrund dieser unterschiedlichen Anforderungen bemisst sich die ‚Güte' eines Interviewers je nach den zugrunde gelegten Qualitäts- oder Leistungsstandards auch sehr unterschiedlich und zum Teil widersprüchlich (Brunton-Smith et al. 2012).

8.1   Arten von Interviewer Effekten

Um den Einfluss von Interviewern auf Umfrageergebnisse näher zu beschreiben, greifen wir wieder auf die Unterscheidung von zufälligen (Error) und systematischen (Bias) Verzerrungen und deren Verortung im Forschungsprozess nach dem TSE-Modell zurück. Dabei zeigt sich, wie oben bereits angedeutet, dass Interviewer-Effekte grundlegend in zwei Formen auftreten können:

Zum einen beeinflussen Interviewer die Angaben von Befragten, indem sie Frageformulierungen anpassen, Anmerkungen und Antwortmöglichkeiten nicht einheitlich präsentieren (bspw. die ‚Weiß nicht'-Option) oder Hilfestellungen bei Rückfragen oder Verständnisproblemen des Befragten geben (Kish 1962; O'Muircheartaigh und Campanelli 1998). Je nachdem wie regelmäßig ein Interviewer solche Abweichungen von seinem Skript vornimmt, wird damit die Messung eines Items zufällig beeinflusst – wodurch der Variablen-Messfehler (variable measurement error) und damit die Varianz des Items in Abhängigkeit des Interviewers steigen bzw. systematisch verzerrt (systematic measurement bias) werden und sich auf Grund dessen der Schätzer des Items vom wahren Populationsmittel entfernt. Darüber hinaus nehmen auch inhärente Interviewer-Eigenschaften, wie Stimme, Geschlecht oder Alter, Einfluss auf das Antwortverhalten von Befragten, wie es beispielsweise bei Effekten sozialer Erwünschtheit der Fall ist, bei denen Befragte ihre Antworten auf den Interviewer abstimmen.

Zum anderen weisen Interviewer unterschiedliches Geschick bei der Rekrutierung von Befragten auf und beeinflussen somit unmittelbar die Zusammensetzung der Stichprobe und das Ausmaß des Non-Response Errors (Conrad et al. 2013; West und Olson 2010).

8.2 Interviewer Eigenschaften

Der Einfluss von Interviewern auf die Kooperation und Angaben von Befragten kann theoretisch durch eine Reihe von Interviewer-spezifischen Charakteristika zustande kommen. Schaeffer et al. (2010) teilen diese nach zwei Distinktionsmerkmalen in wahrnehmbare und nicht wahrnehmbare sowie in personengebundene und rollengebundene Eigenschaften.

Tabelle 8.1   Interviewer Eigenschaften (Schaeffer et al. 2010, S. 438)

		Interviewer Eigenschaften	
		Personengebunden	rollengebunden
durch den Befragten	wahrnehmbar	• Sprach- und Stimmeigenschaften • Alter • Geschlecht • (Ethnie)	• Verbale und argumentative Fähigkeiten (sowohl durch Training erworben) • Non-verbale Fähigkeiten • Technische Kompetenz und inhaltlicher Sachverstand
	nicht-wahr-nehmbar	• Persönlichkeit	• Einstellungen • Gesinnung • Erwartungen

Weil viele der in Tabelle 8.1 aufgezählten Eigenschaften durch die Befragten im Rahmen von telefonischen Interviews meist nur sehr schwer oder zum Teil auch gar nicht auszumachen sind, kann dies dazu führen, dass die Bedeutung anderer Eigenschaften (bspw. Stimmlage oder Mundart) zunimmt. Im Folgenden werden beide Fehlerquellen näher beschrieben und jeweils gezeigt, wie diese gemessen werden und welche Effekte aus der Literatur bekannt sind.

8.3   Messeffekte von Interviewern

8.3.1   Interviewervarianz

Die Unterscheidung in einen systematischen Interviewer-Bias und einen nicht-systematischen Interviewer-Error (im Sinne einer steigenden Varianz) ist zunächst normativer Natur und lässt sich empirisch nicht immer über-prüfen (Deming 1960).

Machen Interviewer zufällige Fehler in der Erhebung von Daten – Feh-ler, die sich von Befragten zu Befragten in der Wirkungsrichtung und dem Ausmaß unterscheiden – heben diese sich in der Summe gegenseitig auf und führen zu einer steigenden Varianz, nicht aber zu einer Verschiebung des Schätzers. Wahrscheinlicher ist jedoch, dass systematische Verzerrungen auftreten, die entweder aus den dem Interviewer innewohnenden Idiosyn-krasien erwachsen (bspw. liest er bei jedem Befragten die ,weiß nicht'-Option vor, lässt immer einen Teil der Frage weg oder weist einen einschlägigen Tonfall beim Vorlesen der Frage auf) oder aus einer Interaktion zwischen bestimmten Befragten- und Interviewer-Eigenschaften resultieren. In die-sen Fällen kommt es zu einer Verschiebung des Interviewer-spezifischen Schätzers sowohl im Verhältnis zum ,wahren' Populationswert als auch im Verhältnis zu den übrigen Interviewern. Wie bereits bei den zufälligen Fehlern auf Interviewer-Ebene gleichen sich die systematischen Fehler der Interviewer auf Stichprobenebene zu einem bestimmten Teil aus und lassen sich als *Interviewervarianz* messen. Eventuell liegt danach aber immer noch eine Verzerrung zum ,wahren' Populationswert vor, da die durch die Inter-viewer eingeführten Verzerrungen sich nicht perfekt aufheben. In diesem Fall würde ein *Interviewer Bias* vorliegen, dessen empirische Überprüfung aber das Vorhandensein eines ,wahren' Wertes zum Vergleich voraussetzt (Biemer und Lyberg 2003; Kish 1962).

8.3.2   Messung der Interviewervarianz

Interviewereffekte entsprechen einem Designproblem, welches häufig bei Klumpen-Stichproben zu Tage tritt, wobei sich die Angaben eines jeden Befragten jeweils einem Interviewer zuordnen lassen (bzw. in ihm genested sind). Während bei Face-To-Face-Erhebungen die primären Stichproben-einheiten (PSU), wie beispielsweis gesamte Stadtteile, aus Kostengründen gezielt an jeweils einzelne Interviewer ausgegeben werden und es dabei zu einer Konfundierung von Sampling- und Interviewer-Varianz kommt (clustering effect), handelt es sich bei CATI-Umfragen zumeist um interpenetrierte Designs, bei denen die Zuordnung der Befragten zu den Interviewer stets zufällig erfolgt (Biemer und Lyberg 2003; Mahalanobis 1946; O'Muircheartaigh und Campanelli 1998). Dadurch lässt sich der Effekt von Interviewern auf ein konkretes Item mittels des Intra-Class-Korrelation-Koeffizient (ICC) bestimmen, der das Verhältnis der durch die Interviewer eingeführten Varianz zur Gesamtvarianz darstellt (Kish 1962).

$$\rho_{int} = ICC = \frac{Varianz\ zwischen\ Klustern\left(Interviewern\right)}{Varianz\ zwischen\ Klustern + Varianz\ innerhalb\ der\ Kluster} \quad (1.1)$$

Bei einem ICC^1 bzw. ρ_{int} von 0 würde die Klumpung der Interviews in den Interviewern keinen zusätzlichen Einfluss auf die Varianz der Messung besitzen, wohingegen bei einem ICC von 1 die gesamte Varianz aus den unterschiedlichen Interviewern resultieren würde (und die Angaben der Befragten je Interviewer sich nicht unterscheiden würden). Empirisch liegen die Werte für Kish's ρ_{int} meist in einem Bereich zwischen 0,01 bis 0,10 und sind bei Face-to-Face Studien in der Regel höher als bei Telefonstudien[2] (Davis et al. 2010; Groves 2004; Groves und Magilavy 1986; Schnell und Kreuter 2005).

Da ρ_{int} die Einflussstärke der Interviewer auf die Varianz eines Survey-Items misst, lässt sich dieser Einfluss auch als Design-Effekt begreifen. Der Design-Effekt *deff* beschreibt den Faktor, um den in einem komplexen Stichprobendesign die Varianz eines Schätzers im Verhältnis zu einer einfachen Zufallsstichprobe (Simple Random Sample = SRS) steigt (Lohr 2010, S. 309):

$$deff = \frac{VAR_{cluster}}{VAR_{SRS}} \quad (1.2)$$

---

1 Die im Folgenden vorgestellten Ergebnisse von ρ_{int} beruhen auf einem ANOVA-Schätzverfahren. Für eine Übersicht möglicher Bestimmungsverfahren ρ_{int} und deren Eigenschaften siehe Ganninger (Ganninger 2010).

2 Für einen umfangreichen Vergleich von Ergebnissen siehe Groves (Groves 2004).

Der *Interviewer-Design-Effekt* $deff_{int}$ lässt sich nach Kish (1962) als Funktion des Intra-Class-Korrelation-Koeffizienten und der durchschnittlichen Anzahl an Interviews (*m*) per Interviewer wie folgt bestimmen:

$$deff_{int} = deft_{int}^{2} = 1 + \rho_{int}(m-1) \tag{1.3}$$

Der $deff_{int}$ stellt den Faktor dar, um den sich die Varianz des Item-Schätzers im Verhältnis zu einer einfachen Zufallsstichprobe (ohne ,Klumpung' in Interviewern) aufgrund des Interviewer-Effektes vergrößert. Ein ρ_{int} von 0,03 bei durchschnittlich 75 Interviews je Interviewer ergibt somit einen Design-Effekt von 1,79 und bedeutet eine Zunahme der Varianz von 79% gegenüber einer einfachen Zufallsstichprobe.

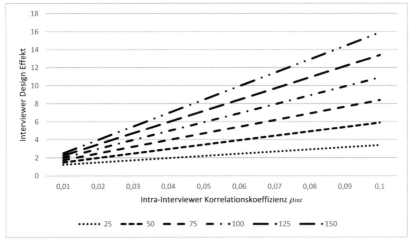

Abbildung 8.1   Interviewer Design Effekt in Abhängigkeit von ρ_{int} und der Zahl Interviews je Interviewer

Abbildung 8.1 verdeutlicht, wie bereits geringe Korrelationskoeffizienten bei einer großen Interviewerlast (der durchschnittlichen Zahl der Interviews je Interviewer) zu einer Vervielfachung der Varianz führen können. Durch den Anstieg der Varianz verliert der Item-Schätzer an Präzision, die alternativ auch in Form einer Reduktion der effektiven Stichprobengröße n_{eff} ausgedrückt werden kann.

$$n_{eff} = \frac{n}{deff_{int}} \tag{1.4}$$

Hierin offenbart sich auch eine ganz praktische Konsequenz der Interviewervarianz: So führt ein Design-Effekt von 1,79 bei einer realisierten Stichprobengröße von 1.500 Befragten zu einer effektiven Stichprobengröße von (nur noch) 836 Teilnehmern.

8.3.3 Umfang von und Umgang mit Interviewervarianz

Groves und Magilavy (1986) berechneten den Interviewer-Effekt für acht Telefonstudien und erhielten Werte für ρ_{int} von 0,0018 bis 0,0184, wobei der Mittelwert über alle Survey-Items für die Hälfte der Studien ein ρ_{int} von mehr als 0,0086 ergab. Im Vergleich dazu erhielt Groves (2004) in einer Untersuchung von Face-to-Face Studien Werte zwischen 0,005 und 0,102 bei denen der Mittelwert über alle Survey-Items für die Hälfte der Studien 0,02 betrug. Aufgrund der zumeist deutlich höheren Interviewerlast in telefonischen Studien, führen die geringen ρ_{int} dabei nicht unbedingt auch zu einem kleineren Designeffekt, als im Face-to-Face Setting (vgl. Groves und Magilavy 1986). Die Abbildungen 8.2 bis 8.4 beschreiben sowohl IntraInterviewer-Korrelationskoeffizienten als auch den Design-Effekt für ausgewählte Items in den Studien GEDA 10, GEDA 12 und CELLA1.

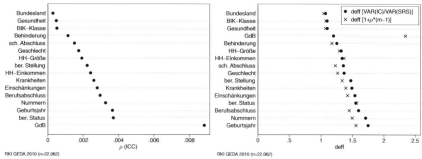

Abbildung 8.2 ρ_{int} und *deff* für ausgewählte Variablen in GEDA 10

Der Design-Effekt wurde hier sowohl mittels der faktischen Zunahme der Varianz über die unterschiedlich großen Interviewer-Kluster, als auch anhand der Formel von Kish aus der durchschnittlichen Klustergröße bestimmt. Wie über alle drei Studien zu erkennen ist, liegt dabei Letzterer durchschnittlich über dem Ersteren, was nicht zuletzt auf die stark schwankenden Klustergrößen zurückzuführen ist.

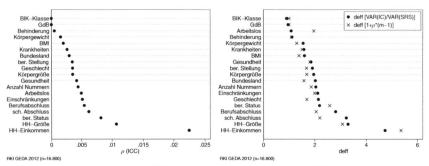

Abbildung 8.3 ρ_{int} und *deff* für ausgewählte Variablen in GEDA 12

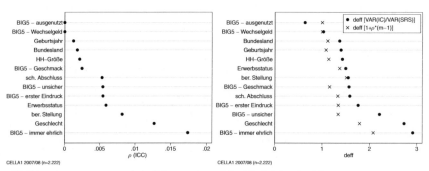

Abbildung 8.4 ρ_{int} und *deff* für ausgewählte Variablen in CELLA1

Der Fortschritt in Analysetechniken und –programmen erlaubt heutzutage eine relativ einfache Berücksichtigung der Interviewervarianz in Form von Mehrebenenmodellen, wobei die Angaben von Befragten in einer zweiten Ebene (Interviewer) genestet werden (Hox 1994; Hox et al. 1991). Dies setzt allerdings das Vorhandensein der entsprechenden Paradaten, also mindestens einer ID-Variable für die Interviewer sowie idealerweise Angaben zur

Soziodemographie und der Erfahrung der Interviewer voraus (Davis et al. 2010; Elliott und West 2015).

8.3.4 Einflussgrößen der Interviewervarianz

Wie bereits erwähnt ist das Ausmaß von Interviewer-Effekten in telefonischen Studien deutlich geringer als in persönlichen Befragungen, was nicht zuletzt dem Umstand einer geringen Wahrnehmbarkeit des Interviewers durch den Befragten geschuldet ist (Schaeffer et al. 2010). Tatsächlich findet sich in den meisten Studien kein signifikanter Einfluss von soziodemographischen Interviewermerkmalen auf die Datenqualität (Lyberg et al. 1997). Ausnahmen hierzu resultieren vorwiegend aus Effekten der sozialen Erwünschtheit (Groves et al. 2004, S. 270), wie beispielsweise bei geschlechtsspezifischen Themen, obwohl sich auch hier keine einheitlichen Evidenzen finden lassen. So stellten Kane und Macaulay (Kane und Macaulay 1993) Unterschiede in den Einstellungen zwischen Männern und Frauen bezüglich der beruflichen Gleichstellung in Abhängigkeit des Interviewer-Geschlechts fest, während Johnson und Moore (1993) keine Geschlechterunterschiede fanden, wenn es um den Kauf und Konsum von pornographischen Material ging. Auch ist über den Einfluss phonetischer Merkmale auf die Bereitschaft zur Teilnahme wenig bekannt, was nicht zuletzt der schwierigen Forschungsbedingung geschuldet ist, da dies meist ein komplettes Transkribieren des Interviews erfordern würde. Dies wäre aus sowohl technischen wie auch rechtlichen Gründen nur schwer machbar. Couper et al. (2004) untersuchten in einem Experiment den Einfluss von menschlich und mechanisch klingenden Bandansagen auf die Antwortbereitschaft zu heiklen Fragen und fanden für eine Letztere signifikante Zunahme von Item-Non-Response. Steinkopf et al. (2010) ließen die Stimmen von Interviewern in Bezug auf wünschenswerte Charakteristika (kompetent, angenehm, vertrauenswürdig, etc.) von Ratern (n=159) bewerten und fanden trotz einer hohen Reliabilität bezüglich der Stimm-Bewertungen keinen Zusammenhang zwischen den subjektiven Charakteristika und der Erfolgsquote von Interviewern. Objektive Stimmeigenschaften (bspw. Stimmhöhe) zeigte hingegen einen signifikanten, wenn auch nicht linearen Effekt auf die Erfolgsquote, wobei Interviewer mit sowohl relativ niedrigen als auch relativ hohen Stimmen eine insgesamt geringere Teilnahmebereitschaft hervorriefen.

Auch zu den Effekten von nicht-wahrnehmbaren Interviewer-Eigenschaften gibt es Evidenzen, wenn auch deutlich weniger. Dazu zählen zunächst Studien, die eine negative Wirkung der Interviewer-Erfahrung auf die Datenqualität zeigen (O'Muircheartaigh und Campanelli 1998; Van Tilburg 1998), wie beispielsweise durchschnittlich geringere Angaben bei heiklen Fragen (Hughes et al. 2002), höheres Item-Non-Response (Bailar et al. 1977; Lipps 2007) sowie eine insgesamt höhere Geschwindigkeit in der Durchführung des Interviews (Olson und Peytchev 2007). Ebenfalls kontraintuitiv ist, dass es keinen direkten Zusammenhang zwischen dem Grad der Standardisierung der Interviewführung und der Interviewervarianz zu geben scheint. Groves und Magilavy (1986) fanden in den von ihnen untersuchten Studien erhebliche Variation beim Vortragen von Fragen und Antworten unter den Interviewern, aber eben keine Korrelation mit der jeweils Item-spezifischen Interviewervarianz. Hess et al. kamen zu vergleichbaren Ergebnissen auf Basis von wiederholten Messungen (Hess et al. 1999). Dieser vermeintliche Widerspruch verweist auf die Bedeutung des Survey-Instruments und wie Interviewer und Befragte damit umgehen (können). So kann die Ursache für häufige Abweichungen vom Skript sowohl in einem Schulungsmangel der Interviewer als auch in einer problematischen Formulierung des Items liegen (Maynard und Schaeffer 2002; Schaeffer et al. 2010).

8.4   Response-Effekte von Interviewern

8.4.1   Die ‚Doorstep'-Situation

Eine mindestens genauso wichtige Rolle kommt Interviewern bei der Anbahnung von Interviews zu, da sie die Befragten zunächst zur Teilnahme überreden müssen. Für telefonische Interviews lässt sich dabei eine Reihe von Besonderheiten identifizieren, welche es in der Folge auch mit zu berücksichtigen gilt.

Zunächst beruhen aufgrund der stetig abnehmenden Zahl der in Telefonverzeichnissen eingetragenen Nummern (S. Häder et al. 2009) die meisten telefonischen Umfragen inzwischen auf einer Variante eines Random-Digit-Dialing-Verfahrens (RDD – Siehe dazu Kapitel 4), bei dem Telefonnummern zufällig generiert werden. Dadurch werden auch nicht eingetragene Telefonnummern in die Stichprobe aufgenommen, was zu einer Reduktion des Coverage-Error führt. Zeitgleich generiert dieses Verfahren eine Vielzahl an unbesetzten Nummern, was zu einer steigenden Arbeitslast für Interviewer führen kann[3]. Anders als in Face-to-Face Studien, stehen Interviewern somit keine oder nur wenig Informationen zur Vorbereitung auf den jeweils nächsten Anruf(-versuch) zur Verfügung[4].

Darüber hinaus sind Markt- und Meinungsforschungsinstitute gesetzlich dazu verpflichtet, im Fall des Zustandekommens eines Gesprächs eine Reihe von Angaben zu machen. Hierzu gehören:

- Name und Identität des Auftraggebers der Studie sowie des Erhebungsinstitutes, das die Studie durchführt sowie weitere Angaben, die es dem Teilnehmer erlauben die Identität zu überprüfen
- Der allgemeine Zweck der Umfrage, insbesondere im Hinblick auf eine Unterscheidung nach Markt-, Meinungs- und sonstigen Forschungsinteressen
- Ein Hinweis auf die Freiwilligkeit der Teilnahme
- Auskunft über die Herkunft der verwendeten Nummer und ein Hinweis zum Widerspruchsrecht bezgl. deren weiterer Verwendung (ADM 2016)

Nun müssen Interviewer nicht nur bei der jeweiligen Kontaktperson auf deren Kooperation hoffen und hinarbeiten, sondern mit deren Hilfe meist auch noch eine Personenauswahl im Haushalt (Schwedenschlüssel, Last- oder

---

3   Die meisten professionellen Markt- und Meinungsforschungsinstitute benutzen daher *Predictive Dialer*, die beim Anwählen der Nummer vom Provider einen Digitalcode erhalten, der den Vergabestatus der Nummer wiederspiegelt und nur vergebene Nummern an den Interviewer weitergibt. Aufgrund nicht einheitlicher Fehler- und Digitalcodes bei Mobilfunkanbietern, führt dieses Verfahren bei Mobilfunkstudien zu einer Reihe von Problemen. So werden teilweise funktionale Nummern als nicht-vergeben markiert und aus der Stichprobe ausgeschlossen (False Negative), während nicht vergebene Nummern, da sie eine generische Bandansage enthalten („Der Anrufer ist zur Zeit nicht erreichbar") in der Stichprobe belassen werden (False Positives). Dies bindet zum einen Kapazitäten der Interviewer und erschwert zum anderen eine genaue Berechnung der Ausschöpfungsquote (S. Häder 2000).

4   Während Interviewer in Face-to-Face Studien eine Vielzahl sozialer Cues aus der Wohnsituation oder der persönlichen Erscheinung des Befragten ziehen können, liegen bei RDD-Nummern aufgrund der Vorwahl grobe geographische Informationen vor.

Next-Birthday-Key) durchführen und die entsprechende Zielperson ermitteln, die anschließend ihrerseits zur Teilnahme bereit sein muss (Schlinzig und Schneiderat 2009; Sodeur 2007; Vehre 2012).

8.4.2 Kooperation, Standardisierung und Anpassung an den Befragten

Während in Bezug auf die Datenerhebung Interviewer zu einer möglichst genauen Befolgung des Skripts angehalten sind, werden ihnen in der Anbahnungsphase meist große Freiräume gelassen. Schließlich werden sie dabei mit einer Vielzahl unterschiedlicher Gesprächssituationen und -partner konfrontiert, die letztlich eine Kontingenz darstellen, welche sich nicht vollkommen standardisieren lässt. So zeigen auch Experimente, bei denen Interviewern verschiedene Freiheitsgrade in der Einleitung freigestellt wurden, einen negativen Einfluss der Standardisierung auf die Kooperationsbereitschaft der Befragten (Houtkoop-Steenstra und van den Bergh 2000; Morton-Williams 1993).

Nachdem sich auch sozialpsychologische Modelle zur Erklärung der Interviewer-Befragten-Interaktion (Groves et al. 1992) empirisch nicht bestätigen ließen (Dijkstra und Smit 2002; Hox et al. 2002), verschob sich der Fokus der Forschung zunehmend auf die Konversationsstrategien von Interviewern, wobei sich zwei komplementäre Prioritäten als entscheidend herausgestellt haben: Das Eingehen auf den Probanden (,tailoring') und die Aufrechterhaltung des Gespräches (,maintaining interaction') (Snijkers und de Leeuw 1999). Danach müssen Interviewer vor allem auf die Vermeidung einer Verweigerung hinwirken, indem sie sich auf den Befragten einlassen und ihm mittels eines umfassenden Repertoires an Argumentationsstrategien entgegnen können (Schaeffer et al. 2010). Obwohl sie als Erklärung eher tautologisch anmuten[5], zählen die beiden Paradigmen inzwischen zu den grundlegenden Konzepten von sowohl Interviewerschulungen (Cantor et al. 2004; Groves und McGonagle 2001; O'Brien et al. 2002) als auch Interviewerstudien (Brunton-Smith et al. 2016; Conrad et al. 2013; Jäckle et al. 2013; Olson et al. 2016; Tarnai und Moore 2008).

---

5   Die Fähigkeit zur ,guten Gesprächsführung' macht ,gute Gesprächspartner'.

8.4.3 Kooperations- und Non-Response-Effekte von Interviewern

Non-Response resultiert (stark vereinfacht) aus drei Ursachen: Verweigerungen (Non-Response), Nicht-Kontakte (Non-Contacts) oder per Definition über die Zugehörigkeit zur Stichprobe (ineligibles). Obwohl Interviewer auf alle drei Aspekte[6] Einfluss nehmen, befassen sich die meisten Analysen mit der Kooperations-, Verweigerungs- oder der Gesamtrücklaufquote (Schaeffer et al. 2010), da dezidierte Non-Response-Analysen aufgrund mangelnder Daten oft nicht durchführbar sind. Während sich mit Bezug auf konkrete Surveys immer wieder Interviewer-Effekte auf die Kooperationsraten finden lassen, werden diese Ergebnisse aufgrund zweier Einschränkungen oft relativiert: Erstens scheinen die Effekte insgesamt gering und verschwinden meist, wenn im Rahmen von multivariaten Kontrollen mehrere erklärende Variablen berücksichtigt werden (O'Muircheartaigh und Campanelli 1998). Dies legt eine starke Interaktion zwischen Befragten- und Interviewer-Merkmalen nahe, die zumeist aufgrund der mangelnden Informationen über die Verweigerer nicht eingehend geklärt werden kann[7]. Zweitens lassen sich auch wieder zahlreiche Evidenzen für und gegen konkrete Interviewer-Effekte finden, die letztlich stark vom Interviewer-Pool, der Zielpopulation und der Operationalisierung von Interviewer-Merkmalen abhängt (Olson et al. 2016).

So werden die weiblichen Stimmen zwar als kooperationssteigernd betrachtet (Morton-Williams 1993), weisen jedoch in empirischen Studien entweder keinen (Pickery und Loosveldt 2002) oder nur einen schwachen Effekt auf (Hox et al. 2002; O'Muircheartaigh und Campanelli 1999). Ebenso verhält es sich für das Alter der Interviewer, bei dem sich – wenn überhaupt – nur geringe Effekte zeigen (ebenda), und eine Konfundierung mit der Interviewererfahrung nicht ausgeschlossen werden kann (Schaeffer et al. 2010). Auch für die Stimme, die in telefonischen Interviews die wohl am stärksten wahrgenommene Interviewereigenschaft darstellt, liegen keine einheitlichen Befunde vor. Während Groves (Groves et al. 2008) keinen Einfluss von subjektiven oder objektiven Stimmeigenschaften auf die Kooperationsbereitschaft ausmachen konnte, fanden Van der Vaart

---

6   Für Interviewer in telefonischen Studien gilt dies nur eingeschränkt für die Kontaktaufnahme, die meist automatisch durch den *Predictive Dialer* erfolgt.

7   Einschlägige Studien hierzu beruhen meistens auf Paneldaten, wodurch Informationen von (späteren) Verweigerern aus früheren Wellen zugänglich sind.

et al. (2006) einen positiven Effekt der subjektiven, nicht aber der objektiven Stimmeigenschaften. Dem gegenüber stehen Steinkopf et al., nach denen „subjektive Ratings der Stimmen (z.b. die Bewertung der Stimme als freundlich, angenehm o.ä.) nicht relevant für den Interviewerfolg sind [, sondern] die objektiv gemessenen Merkmale der Stimme" (2010, S. 22). Im Gegensatz dazu und auch entgegen der Wirkung auf die Interviewervarianz scheint es einen Konsens über den positiven Effekt der Interviewererfahrung auf die Kooperationsbereitschaft zu geben (Groves et al. 1992; Groves und Fultz 1985; Hox et al. 2002; Jäckle et al. 2013; Pickery und Loosveldt 2002). Dabei ist jedoch anzumerken, dass es sich schließlich auch um einen Prozess der Selbstselektion handeln könne, der durch das frühzeitige Ausscheiden erfolgloser Interviewer resultieren kann (Schaeffer et al. 2010). Zuletzt scheinen auch positive Einstellungen der Interviewer zum Interviewprozess sowie zwischenmenschliche Fähigkeiten höhere Kooperationsraten zu bedingen (Durrant et al. 2010; Jäckle et al. 2013), obwohl auch dies ein Produkt des Auswahlprozesses der Interviewer sein kann.

8.5 Interviewer Performance & zentrale Leistungsindikatoren

Während Interviewer-Effekte und deren Ursachen eine zentrale Fragestellung in der Forschungsliteratur darstellen, befassen sich nur verhältnismäßig wenige Studien mit der Produktivität von Interviewern. Dies liegt nicht zuletzt daran, dass sich die Überwachung der Interviewerleistung als Teilfunktion der Feldsteuerung begreifen lässt und diese nur selten durch Auftraggeber kontrolliert werden kann. Tatsächlich handelt es sich bei der Interviewerleistung um eine zentrale Geschäftsgröße in Erhebungsinstituten, die maßgeblich den zu kalkulierenden Arbeitsaufwand (einschließlich der Projektlaufzeit) sowie die zu erwartenden Personalkosten (Lohnkosten für Interviewer) bestimmt. Darüber hinaus ermöglichen Performance-Indikatoren leistungsabhängige Entlohnungssysteme und dienen zur Identifikation von Interviewern, deren Leistung (dauerhaft) unterhalb der Standards liegt und die in der Folge nachgeschult oder gegebenenfalls entlassen werden müssen.

Darüber hinaus gilt es zu bedenken, dass die Supervision von Interviewern zwar technisch durch nicht-reaktives Mithören im Rahmen der Kontaktanbahnungs- oder Interviewphase zwar machbar ist, dies aber durchaus personalintensiv und zudem auch nur stichprobenartig möglich ist. Demgegenüber erlauben auf Prozessdaten beruhende Produktivitätsindikatoren die Einschätzung von- sowie den Vergleich zwischen Interviewern in Echtzeit. Dabei ist zu beachten, dass Belegschaften von Call-Centern sich zum überwiegenden Teil aus Teilzeitkräften zusammensetzen, die darüber hinaus auch noch einer hohen Fluktuation unterworfen sind. So berichten Tarnai und Moore im Rahmen eines Surveys unter CATI-Erhebungsinstituten, dass pro Jahr zweimal so viele Interviewer rekrutiert werden, wie sich durchschnittlich im Pool befinden (Tarnai und Moore 2008). Auch Schnell beschreibt, dass „höchstens 1/3 der ursprünglich eingeladenen Personen [..] längere Zeit in einem Interviewerstab" verbleibt (2012, S. 212). Performance-Indikatoren ergänzen damit die Überwachungsbemühungen von Supervisoren, deren Interviewerprüfungen zwangsläufig qualitativer Natur entsprechen. So besteht selbst unter idealen Bedingungen, wie sie bspw. von Weinberg (1983, S. 340) oder Lavrakas (1993) gefordert werden, ein Verhältnis von 1:10 zwischen Supervisoren und Interviewern. Insbesondere zu Projektbeginn oder nach umfangreichen Rekrutierungsbemühungen ist diese Quote nicht ausreichend, um Interviewer umfassend einzuweisen und deren Schulungsbedarf zu identifizieren.

8.5.1 Feldmanagement und statistische Prozesskontrolle

In der Vergangenheit wurde eine Vielzahl an Leistungsindikatoren zur Beurteilung von Umfrageprojekten und Interviewern vorgeschlagen. Hierzu zählen unter anderem vollständige Interviews und Verweigerungen je Interviewer und Zeitintervall (bspw. je Projekt, Schicht oder Stunde) sowie die Arbeitszeit und die durchschnittliche Interviewlänge. Darüber hinaus lassen sich in Abhängigkeit des Projektes auch Qualitätsindikatoren aus dem Item-Nonresponse, Zeitmessungen oder Beobachtungen der Supervisoren bestimmen oder klassische Größen aus dem Personalmanagement ableiten, wie beispielsweise Belegungswünsche, Anwesenheit oder Krankenstand (Tarnai und Moore 2008, S. 362f.).

Eine zentrale Eigenschaft all dieser Größen besteht darin, dass es sich dabei beinahe ausschließlich um (Para-)Daten handelt, die inzwischen vollautomatisch erhoben und teilweise bereits durch die CATI-Software ausgegeben werden (Edwards et al. 1998). Insofern markierte die Digitalisierung von Survey-Prozessen nicht nur den Advent von Paradaten, sondern eben auch deren regelmäßige Analyse mit Hilfe statistischer Prozess- und Qualitätskontrollen (Jans et al. 2013). Zu deren gängigsten Methoden zählt die fortlaufende Überwachung von Prozessgrößen anhand von Qualitätsregelkarten (englisch: ‚control chart‘). Diese häufig auch als Shewhart-Chart bezeichneten Diagramme bilden die untersuchte Kenngröße im Zeitverlauf ab, wobei Ausreißer anhand von definierten Kontrollgrenzen identifiziert werden und dadurch der Projektleitung eine Gelegenheit zur Intervention bieten. Abbildung 8.5 verdeutlicht das Vorgehen anhand der durchschnittlichen Anzahl an Anrufversuchen je Stunde, aggregiert über alle Interviewer und Schichten je Feldtag für die Studien GEDA 10 und CELLA1.

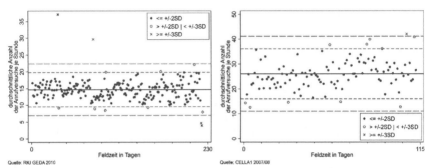

Abbildung 8.5   Anrufversuche je Stunde und Erhebungstag für GEDA 10 und CELLA1

Nach der Bestimmung der durchschnittlichen Anzahl der Anrufversuche je Tag werden diese als Streu- oder Liniendiagramm über den Zeitverlauf projiziert. Zur Orientierung wird zusätzlich der Mittelwert über alle Beobachtungen (durchgängige Linie) sowie jeweils zwei obere und untere Kontrollgrenzen (OKG/UKG) eingetragen. Letztere markieren die zwei-, respektive dreifache Standardabweichung des untersuchten Prozesses, sodass unter Annahme einer Normalverteilung per Definition nicht mehr als 5% bzw. 1% aller Beobachtungen jenseits der Kontrollbereiche liegen (Juran und Godfrey 1998). Diese Methode erlaubt nicht nur eine relativ einfache Identifikation von Ausreißern, sondern auch das frühzeitige Erkennen möglicher Trends sowie die Evaluation unternommener Qualitätsmaßnahmen.

Wie zu erkennen ist, handelt es sich bei der Zahl durchschnittlicher Anrufversuche um einen verhältnismäßig konstanten Prozess, der im Zeitverlauf zwar Schwankungen ausgesetzt ist aber keinem eindeutigen Trend unterliegt. Da mit einer steigenden Zahl an Anrufversuchen die Wahrscheinlichkeit eines Interviews abnimmt und mit fortlaufender Feldzeit der Anteil unbenutzter Nummern gegen Null tendiert, ist grundsätzlich von einem steigenden Trend auszugehen (Tarnai und Moore 2008, S. 365). Diesem Problem wurde in beiden Projekten mit einer schrittweisen Freigabe von Teilstichproben begegnet, wodurch der Nummernpool auch im späteren Feldverlauf immer wieder angereichert wurde. Dies führt unter anderem zu einem effizienteren Personaleinsatz.

Abbildung 8.6 stellt den durchschnittlichen Anteil der Zeit dar, die Interviewer in den beiden Projekten im Gespräch – also in der Kontaktanbahnungs- oder Interviewphase – verbracht haben. Dabei fällt insbesondere die Differenz zwischen den beiden Niveaus auf, welche auf die automatische Anrufsteuerung in GEDA 10 zurückzuführen ist: Während Interviewer bei GEDA10 beinahe 80% ihrer Arbeitszeit den Telefonaten widmeten, liegt der Wert bei CELLA1 unter 50%, und das obwohl (siehe Abbildung 8.6) die durchschnittliche Zahl der Anrufversuche deutlich höher war. Anders ausgedrückt waren die Interviewer in CELLA1 für den Großteil ihrer Arbeitszeit mit der Anwahl und Kodierung von Nummern beschäftigt, während dies in GEDA 10 insbesondere bei Nicht-Kontakten automatisch erfolgte.

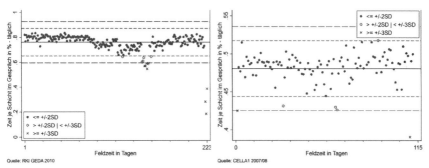

Abbildung 8.6   Zeit je Schicht die Interviewer im Gespräch verbringen

Weiterhin zeigt sich in GEDA 10 eine Episode aufeinanderfolgender Tage in denen die durchschnittliche Gesprächszeit einbricht und stellenweise mehr als drei Standardabweichungen unter dem Durchschnitt verläuft. Während dies im Rahmen der Kontrolle eines laufenden Projekts eine klare Handlungsaufforderung für die Projektleitung darstellen würde, lässt sich der Einbruch im vorliegenden Fall durch eine Lastenverteilung zu Gunsten einer Sonderstichprobe (Oversample Saarland) erklären. Eine weitere zentrale Kalkulationsgröße stellt die durchschnittliche Interviewerzeit (in Stunden) dar, die zur Realisierung eines erfolgreichen Interviews aufgewendet werden muss. Auch hier ist davon auszugehen, dass sie im Laufe der Feldphase zunimmt, da der Umfang verfügbarer Nummern kontinuierlich schrumpft (Tarnai und Moore 2008).

In Abbildung 8.7 lässt sich dies grafisch für GEDA 10 einmal näher veranschaulichen. Nachdem die Interviewer sich an den ersten Feldtagen zunächst in das Projekt einarbeiten müssen, sinkt die durchschnittliche Projektzeit je Interview in der Folge ab, um ab Mitte der Projektlaufzeit aufgrund der Alterungsprozesse der Stichprobe wieder anzusteigen. Zeitgleich gilt es zu bedenken, dass die Zeit, die für ein erfolgreiches Interview aufgewendet werden muss, von der durchschnittlichen Länge des Interviews selbst abhängt und damit nicht projektübergreifend vergleichbar ist. Während Projektindikatoren also mit beinahe beliebiger Detailtiefe (je Interviewer, Tag, Schicht, Stunde) abgebildet werden können und relativ einfach Anomalien im Projektverlauf identifizieren, werden sie direkt durch Projektcharakteristika, wie dem Inhalt und der Länge des Fragebogens, der Auswahl im Haushalt, dem Telefonmode (Mobil vs. Festnetz vs. Mixed-Mode) oder einem besonderen Interesse an Spezialpopulationen, beeinflusst.

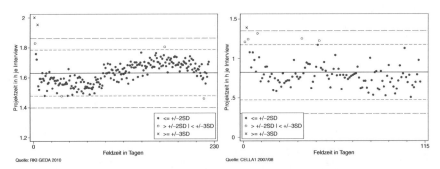

Abbildung 8.7   Projektzeit in h je Interview für GEDA 10 und CELLA1

Damit sind insbesondere einfache Leistungsindikatoren, wie beispielsweise das Verhältnis aus erfolgreichen Interviews zu Verweigerungen je Schicht oder die Länge eines Projekts (Lavrakas 1993), nicht geeignet, um die Interviewerleistung zu messen, geschweige denn projektübergreifend vergleichen zu können.

8.5.2 Kooperationsraten

Ein zentraler Grundsatz des Qualitätsmanagements bezieht sich auf die Erkenntnis, dass Kenngrößen tatsächlich durch das Personal beeinflussbar sein müssen, um sinnvoll in Regelkarten verwendet werden zu können. Die bislang daher gängigste Größe zur Beurteilung der Interviewerleistung selbst ist die Kooperationsrate, die sich nach AAPOR aus dem Verhältnis der realisierten Interviews zu allen Anrufergebnissen mit Personenkontakt ergibt (AAPOR 2016)

$$COOP1 = \frac{I}{I+R+O} \tag{1.5}$$

Sie kann für beliebige Zeiträume (Schichten, Monate oder die komplette Projektlaufzeit) und je Interviewer bestimmt werden und trägt dem Umstand Rechnung, dass das Anrufmanagement in der Regel computergesteuert ist und die Anbahnung eines Telefonats automatisch erfolgt. Das beschränkt den Einfluss von Interviewern auf jene Fälle, bei denen tatsächlich ein Gespräch mit einer Ziel- oder Kontaktperson (und sei es noch so kurz) zustande kommt, während alle übrigen Kontaktversuche nicht berücksichtigt werden[8]. Die Kooperationsrate gibt damit ein Maß an Effektivität von Interviewern wieder, während indes die realisierte Anzahl an Kontakten unberücksichtigt bleibt. Abbildung 8.8 stellt die durchschnittliche Cooperation Rate 1 (COOP1) aller Interviewer je Tag für die beiden Projekte dar. Insbesondere GEDA 10 weist dabei einen prototypischen Verlauf der Kooperationsrate über den Projektverlauf auf. Dabei werden zu Projektbeginn relativ viele Interviews je Kontaktversuch realisiert, während deren Anteil im

---

8   Kontakte mit Personen außerhalb der Stichprobe (‚non eligibles'), werden dann berücksichtigt, wenn deren finaler Status erst später festgestellt werden kann (beispielsweise nachdem erst ein Termin vereinbart und dann im Rahmen des Fragebogens ein Ausschluss erfolgt).

weiteren Projektverlauf abnimmt und insbesondere zum Ende der Feldphase durch versteckte Verweigerungen in Form von wiederholten Terminen oder sonstigen Kontakten (die in der Folge nicht endgültig aus dem Nummern-pool entfernt wurden) gedrückt wird.

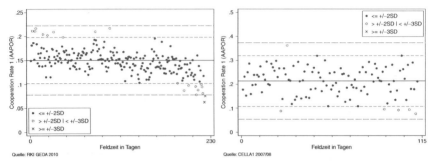

Quelle: RKI GEDA 2010

Quelle: CELLA1 2007/08

Abbildung 8.8   Durchschnittliche Tages-Kooperationsraten (COOP1) für GEDA 10 und CELLA1[9]

Obwohl die Kooperationsrate maßgeblich durch den Interviewer und dessen Überzeugungskraft beeinflusst wird, bestimmen auch die Anrufergebnisse vorangegangener Kontakte die jeweilige Erfolgswahrscheinlichkeit für ein letztlich erfolgreich getätigtes Interview (Durrant et al. 2013; Lipps 2008). So profitieren Interviewer von Terminen, die von Kollegen vereinbart wur-den oder leiden unter der Bürde, Befragte – die bereits einmal verweigert haben – erneut zu einer Teilnahme überreden zu müssen. Tatsächlich zeigen Eckman et al. (2013), dass Interviewer aufgrund ihrer Erfahrungen zudem häufig in der Lage sind, die Wahrscheinlichkeit eines Interviews zu einem späteren Zeitpunkt, im Hinblick auf eine bereits zuvor durch den Intervie-wer kontaktierte Person, einschätzen zu können.

Um diesem Problem zu begegnen wird zuweilen auf die Kooperationsrate zum ersten Anrufversuch ausgewichen, was eine bessere Vergleichbarkeit zwischen Interviewern gewährleisten soll (Lemay und Durand 2002; O'Brien et al. 2002). Auch dabei lassen sich mindestens zwei Probleme identifizie-ren: Zum einen schrumpft die Datenbasis in Abhängigkeit des Anteils der

---

9   Allen Ausschöpfungsraten ist gemein, dass sie auf einer einheitlichen Kodierung der Anrufergebnisse beruhen (vgl. Kapitel 10) – ein Umstand der in den beiden Beispielprojekten nicht gegeben ist.

Nummern, die mehr als einmal angerufen werden, erheblich. Dadurch wird die Berechnung je Interviewerschicht erschwert und eine Vergleichbarkeit nur in den frühen Feldphasen möglich. Selbst wenn aufgrund des Feldmanagements neue Stichprobenchargen in den Nummernpool eingespielt werden, beschreiben diese dann nur einen Teil der Arbeitslast eines jeweiligen Interviewers. Zum anderen stellt die Realisierung eines Interviews im Rahmen eines Kaltkontakts eben nur eine von zahlreichen Herausforderungen dar, die Interviewer meistern müssen. Abbildung 8.9 stellt die Verteilung der beiden Kooperationsraten je Interviewer und Schicht für die beiden Projekte einander gegenüber.

Wie im unteren Histogramm zu erkennen ist, lässt sich die Kooperationsrate beim ersten Anrufversuch für GEDA10 nicht sinnvoll berechnen: Während für ca. 27% aller Interviewerschichten keine entsprechende Rate bestimmt werden konnte (da gar keine unbenutzten Nummern kontaktiert wurden) ergab sich für weitere 36% der Schichten eine Kooperationsrate von Null. Hierbei wurden nur vereinzelt neue Nummern angerufen bei denen sich insgesamt jedoch kein Interview realisieren ließ.

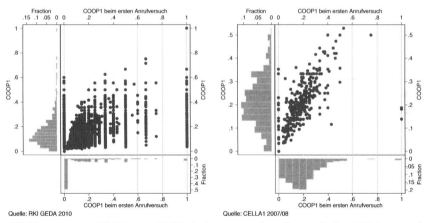

Abbildung 8.9   COOP1 vs. COOP1 beim ersten Anrufversuch für GEDA 10 und CELLA1

Für CELLA1 ergibt sich hingegen ein anderes Bild: Tatsächlich sind hier beide Raten (annähernd) normalverteilt und weisen in ihrer Verteilung eine hohe Symmetrie auf. Dies ist nicht zuletzt dem Umstand geringerer Anrufversuche je Nummer geschuldet. So entfielen in CELLA1 rund 56% aller Anrufversuche auf den ersten Kontakt, während es bei GEDA 10 gerade einmal 24% waren. Somit lässt sich festhalten, dass die Koopertionsrate beim ersten Anrufversuch eine sowohl spezifischere als auch objektivere Beurteilung der Interviewerleistung darstellt, deren Anwendbarkeit jedoch maßgeblich vom Charakter der Studie und der Intensität, mit der die Nummern überprüft werden, abhängt. Dies trifft insbesondere auf Mobilfunkstudien zu, bei denen die durchschnittliche Erreichbarkeit der Teilnehmer hoch und keine Haushaltsauswahl zu treffen ist.

In der jüngeren Vergangenheit wurden eine Reihe alternativer Instrumente zur Beurteilung der Interviewerleistung mit Blick auf die Realisierung von Interviews entwickelt, die im Folgenden exemplarisch dargestellt werden.

8.5.3 Net Contribution Performance Indicator (NCPI)

Durand (2005, 2008) entwickelte den *Net Contribution Performance Indicator* (NCPI) als Antwort auf die zentralen Kritikpunkte bei der Verwendung von Kooperationsraten zur Beurteilung der Interviewerleistung. Erstens berücksichtigen diese weder die durchschnittliche Interviewlänge, noch die insgesamt eingesetzte Interviewerzeit, die schließlich als fundamentale Größe zur Projektkalkulation dient. So zeigen Kooperationsraten zwar den relativen Erfolg eines Interviewers je Schicht, nicht aber dessen Gesamtbeitrag zur Realisierung des Projektes. Zweitens erlauben beide Raten einen Vergleich zwischen Interviewern nur unter der Bedingung, dass die durchschnittliche Erfolgswahrscheinlichkeit eines erfolgreich getätigten Interviews in Anbetracht der verwendeten Nummern für alle Interviewer gleich ist. Eine Voraussetzung die spätestens beim zweiten Anrufversuch nicht mehr gegeben ist, was die einfache Kooperationsrate verzerrt, während die Kooperationsrate beim ersten Anrufversuch schlichtweg nicht bestimmt werden kann.

Durand (2005, S. 765) fordert konsequenterweise einen Indikator, der ...
... eine hinreichende Varianz zwischen Interviewern erlaubt und deren Leistung klar differenziert (Präzision vs. Reliabilität);
... unabhängig von Schicht- und Interviewlängen bestimmt werden kann und idealerweise einen Vergleich von Interviewern innerhalb des glei-

chen Projektes und über verschiedene Projekte und Institute hinweg erlaubt;

... die teils unterschiedlichen Intervieweraufgaben (Kaltkontakt, Terminvereinbarungen, Nachkontakt bei Verweigerungen) berücksichtigt;

... sich aus bekannten Indikatoren der Interviewerleistung ableiten lässt.

Zur Berechnung des NCPIs wird zunächst ein additiver Punktescore
($NCPI_{raw}$) über alle Anrufergebnisse eines Interviewers innerhalb des Beob-
achtungszeitraumes (im vorliegenden Fall die jeweilige Interviewerschicht)
gebildet, der die Zahl der Interviews nach Abzug der Verweigerungen wiedergibt. Die genaue Bildung des Scores erfolgt dabei relativ arbiträr und
kann praktisch nach Belieben auch weitere Anrufergebnisse berücksichtigen. So gewichtet Durand (2005, S. 766) Interviews bei Nummern, bei deren
letzten Anrufergebnis verweigert wurde, doppelt – eine Konvention die im
Folgenden übernommen wird –, während beispielsweise auch Terminverga-
ben positiv (oder im Fall einer anschließenden Verweigerung negativ) in die
Bilanz eingehen können. In einem zweiten Schritt wird die durchschnittliche Interviewlänge über alle erfolgreichen Interviews gebildet. Der NCPI
ergibt sich zuletzt aus dem Quotienten des additiven Punktescores und der
durchschnittlichen Interviewlänge im Projekt.

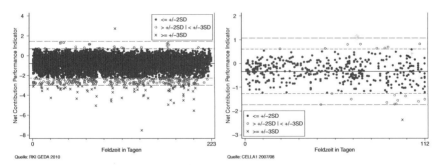

Abbildung 8.10   NCPI für alle Interviewerschichten in GEDA 10 und CELLA1

Anstatt der mittleren Ausprägungen je Erhebungstag zeigt Abbildung 8.10
die NCPI-Werte für alle Interviewerschichten in den beiden Projekten. Da
beide Kooperationsraten per Definition auf ein Intervall von [0,1] begrenzt
sind, können in einer vergleichbaren Grafik keine (sinnvollen) unteren

Kontrollbereiche abgetragen werden, was bereits eine der Stärken des NCPI darstellt.

Tabelle 8.2   Deskription von Kooperationsraten und NCPI

	GEDA 10			CELLA1		
	COOP1 (n=1)	COOP1	NCPI	COOP1 (n=1)	COOP1	NCPI
n^{10}	6.123	8.357	8.360	350	439	439
$\overline{x}$	0,15	0,15	-0,782	0,187	0,214	-0,333
Sd	0,219	0,102	0,741	0,139	0,105	0,467
Min	0	0	-7,532	0	0	-2,372
Max	1	1	3,856	1	0,529	0,821
$<UKG_{2sd}$	0	0	323 (3,86%)	0	0	12 (2,73%)
$<UKG_{3sd}$	0	0	66 (0,79%)	0	0	1 (0,22%)
Korrelation						
COOP1	$0,4279^{***}$			$0,6233^{***}$		
NCPI	$0,3252^{***}$	$0,6989^{***}$		$0,4061^{***}$	$0,7843^{***}$	

Zwei weitere Vorteile des NCPI können ebenfalls leicht in den Abbildungen verdeutlicht werden: Zum einen werden nach oben hin Schichtergebnisse mit einem NCPI von 1 praktisch begrenzt, was zu einer schnellen Identifikation von ‚Overachievern' führt, sprich Interviewern die erfolgreich Verweigerungen in Interviews umgewandelt haben. Zum anderen berücksichtigen die Kooperationsraten weder die Schichtlänge, noch die Anzahl an Anrufversuchen innerhalb der Schicht, was insbesondere kurze Schichten mit wenigen Anrufversuchen verzerrt, wohingegen im NCPI auch noch die Schichten unterschieden werden können, die eine COOP1 von 0% besitzen.

---

10   n beschreibt die Interviewerschichten – eine Interviewerschicht entspricht allen Anrufversuchen eines Interviewers an einem Tag und schließt gezwungener Maßen auch Pausen oder Beschäftigungszeiten mit anderen Aufgaben mit ein.

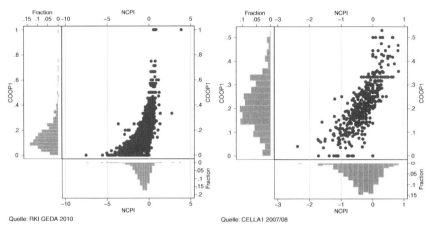

Abbildung 8.11   COOP1 vs. NCPI für GEDA 10 und CELLA1

Während beide Kooperationsraten stark mit dem NCPI korrelieren (vgl. auch Tabelle 8.2), lässt sich in Abbildung 8.11 erkennen, wie die Varianz des NCPI mit sinkender Kooperationsrate steigt. Insbesondere im Hinblick auf die Prozesskontrolle besitzt der NCPI damit nicht nur eine höhere Reliabilität als die Kooperationsraten, sondern auch eine entsprechend höhere Präzision (Ilgen und Schneider 1991; Juran und Godfrey 1998). Anders ausgedrückt erlaubt der NCPI Supervisoren eine zuverlässigere Identifikation problematischer Schichten, was den Kontroll- und somit Personalaufwand reduziert.

8.5.4   Weighted Interviewer Performance (WIP)

Laflamme und St-Jean (2011) schlagen einen alternativen Leistungsindikator für Interviewer vor, der – anders als die oben genannten Beispiele – auf Ebene des Anrufversuchs bestimmt werden kann. Dies erlaubt eine Berücksichtigung der in die jeweilige Nummer investierten Bemühungen und führt folglich zu einer stärkeren Kontrolle jener Aspekte, die außerhalb des Einflussbereiches des Interviewers liegen.

    Ähnlich dem NCPI wird auch hierbei zunächst ein Statusindikator gebildet, der jedoch auf Ebene der Anrufversuche (anstatt aggregiert auf die Interviewerschicht) Auskunft über den bisherigen Verlauf sowie den aktuellen Versuch gibt. Der Indikator berücksichtigt dabei drei Faktoren, namentlich das Ergebnis bisheriger Anrufversuche für die jeweilige Nummer (noch kein Kontakt, letzter Kontakt Termin bzw. verweigert), die gruppierte Zahl des Anrufversuches für den gegenwärtigen Anruf (1, 2, 3-5, 6-10, mehr als 11) sowie die Tageszeit des Anrufs (vor und nach 16 Uhr)[11]. Auch hier muss darauf hingewiesen werden, dass sowohl die berücksichtigten Faktoren als auch deren Kodierung arbiträr sind und generell auf das jeweilige Projekt abgestimmt werden sollten. Anschließend wird ein Produktivitätsgrad P_j für jede Ausprägung des Statusindikators, anhand von

$j =$ j^{th} Kombination aus drei Faktoren; $j = 1 \ldots 27$

$k =$ ID des Anrufs, $k=1 \ldots n$

$t_{jk} =$ Dauer des k-ten Anrufs in der j-ten Kombination

$d_{jk} =$ 1 wenn k-ter Anruf ist Teil von j, ansonsten 0

$d_{jkc} =$ 1 wenn k-ter Anruf Teil von j und Interview, ansonsten 0

$d_{ijk} =$ 1 wenn k-ter Anruf von Interviewer i und als Teil von j durchgeführt, ansonsten 0

wie folgt gebildet:

$$P_j = \frac{\sum_k t_{jk} d_{jkc}}{\sum_k t_{jk} d_{jk}} \tag{1.6}$$

Der Produktivitätsgrad berücksichtigt im vorliegenden Fall auch Anrufergebnisse, die zu keinem Kontakt führten. Diesem Umstand wird, durch die Berücksichtigung der aufgewendeten Zeit, Rechnung getragen. Damit wird die Produktivität aber auch durch die durchschnittliche Interviewlänge (bzw. den individuellen Abweichungen der Interviewer) sowie der Anwahlmethode (händisch oder per Dialer) beeinflusst. Aus der Wurzel der Inversen von P_j wird das Gewicht W_j für alle Anrufversuche gebildet, die zu einem Interview führen, während W_j bei allen anderen Anrufergebnissen gleich 1 ist:

---

11   Insgesamt ergeben sich damit 3 * 5 * 2 = 30 mögliche Kategorien ab dem zweiten Anrufversuch plus weitere zwei Kategorien (vor | nach 16 Uhr) für den ersten Anrufversuch, die aber empirisch nicht zwangsläufig alle vorliegen müssen (GEDA 10=26; CELLA1=22).

$$w_j = \sqrt{\frac{1}{P_j}} \tag{1.7}$$

Zuletzt wird die gewichtete Interviewerleistung (*Weighted Interviewer Performance*, WIP) für alle bisherigen Anrufversuche des Interviewers anhand von

$i =$ Interviewer ID

$d_{ijkc} =$ 1 wenn k-ter Anruf von Interviewer i und als Teil von j ein Interview ist, ansonsten 0

wie folgt ausgewiesen:

$$WIP_i = \frac{\sum_j \sum_k w_{jk} t_{jk} d_{ijkc}}{\sum_j \sum_k w_{jk} t_{jk} d_{ijk}} \tag{1.8}$$

Abbildung 8.12 stellt den durchschnittlichen WIP für alle Interviewerschichten und beide Projekte dar. Für GEDA 10 wurde hierbei zusätzlich eine vertikale Line bei Feldtag 86 eingefügt, welcher den Arbeitsbeginn für die Interviewer der zweiten Schulungswelle sowie die Freigabe einer neuen Teilstichprobe (Tag 81) markiert. Wie unschwer zu erkennen ist, schwankt der WIP zum Feldbeginn (eines jeden Interviewers) stark, um anschließend einer Regression zur interviewer- und statusspezifischen Mitte ausgesetzt zu sein.[12]

---

12   Hierzu kann P_j in seinen Ausprägungen nach Bedarf begrenzt werden. Laflamme und St-Jean begrenzen in ihrem Beispiel die Werte auf Max(P_j) = 0.7 und Min(P_j) = 0.1, während bei den vorliegenden Beispielen Werte von Max(P_j) = 0.85 und Min(P_j) = 0.1 verwendet wurden.

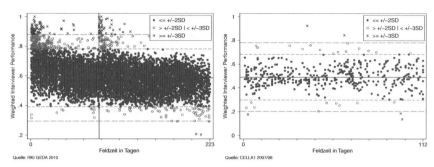

Abbildung 8.12   Durchschnittlicher WIP für alle Interviewerschichten in GEDA 10
und CELLA1

Dabei werden erfolgreiche Interviews aus Statusgruppen mit hoher Produktivität geringer gewichtet, als Interviews aus Statusgruppen mit niedriger Produktivität. Dadurch werden ‚schwere‘ Interviews stärker belohnt,
als ‚leichte‘. Zugleich ist davon auszugehen, dass die Gesamtproduktivi-
tät im Projekt (und über alle Statusgruppen hinweg) im Laufe der Feldzeit
abnimmt, wodurch spätere Interviews tendenziell höher gewichtet werden
(Laflamme und St-Jean 2011, S. 122).

Tabelle 8.3   Deskription von Kooperationsraten und durchschnittlichem WIP

	GEDA 10			CELLA1		
	COOP1	NCPI	WIP	COOP1	NCPI	WIP
n	8.357	8.360	8.355	439	439	435
$\bar{x}$	0,15	-0,782	0,592	0,214	-0,333	0,502
sd	0,102	0,741	0,099	0,105	0,467	0,106
Min	0	-7,532	0,194	0	-2,372	0,137
Max	1	3,856	1	0,529	0,821	0,922
$<UKG_{2sd}$	0	323 (3,86%)	94 (1,12%)	0	12 (2,73%)	11 (2,53%)
$<UKG_{3sd}$	0	66 (0,79%)	4 (0,05%)	0	1 (0,22%)	2 (0,46%)
Korrelation						
NCPI	0,6989[***]			0,7843[***]		
WIP	0,2560[***]	0,1850[***]		0,3679[***]	0,3061[***]	

Aufgrund der hohen Varianz des WIP zu Projektbeginn ist der Anteil der unterhalb der Kontrollbereiche liegenden Interviewerschichten in GEDA 10 entsprechend niedrig. Zeitgleich zeigt die geringe Korrelation mit der Kooperationsrate, als auch dem NCPI, dass der WIP offensichtlich ein von Grund auf anderes ‚Leistungs'-Konstrukt misst. Dieses ist maßgeblich durch die Arbeitszeit der Interviewer geprägt und schließt (im vorliegenden Fall) auch die Zeiten mit ein, die für Nicht-Kontakte aufgewandt wurden. Im Unterschied dazu ist in CELLA1 kein besonderer ‚Anfängerbonus' zu erkennen, weshalb auch die Ausreißer im Erwartungsbereich liegen und sich eine insgesamt höhere Korrelation mit den anderen Leistungsindikatoren feststellen lässt. Es gilt zu bedenken, dass die Auswahl der Teildimensionen für den Statusindikator auf Basis von GEDA 10 erfolgte und unverändert für CELLA1 übernommen wurde. Da insbesondere in den beiden Mobilfunksamples nur wenige Telefonnummern mehr als einmal angerufen wurden, finden sich allein in einer Statuskategorie rund 53% aller Anrufversuche wieder (erster Anrufversuch; vor 16 Uhr), deren Produktivitätsgrad in der Folge auch den WIP dominiert.

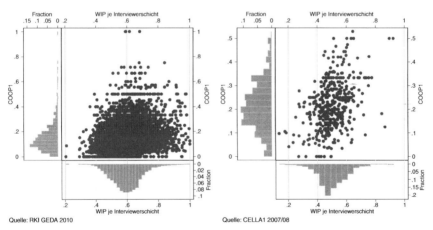

Abbildung 8.13   COOP1 vs. WIP für GEDA 10 und CELLA1

Die geringe Korrelation zwischen durchschnittlichem WIP je Interviewerschicht und der COOP1 zeigt sich auch noch einmal in Abbildung 8.13. Dabei ist auch zu erkennen, dass der WIP zwar ebenfalls dazu in der Lage ist,

Schichten mit geringer COOP1 zu differenzieren aber, anders als beim NCPI, auch Schichten mit hoher COOP1 sehr unterschiedlich bewertet werden.

8.5.5 Propensity Adjusted Interviewer Performance Indicator (PAIP)

Eine ähnliche Strategie verfolgen West und Groves (2013; vgl. auch Sinibaldi und Eckman 2015) mit dem *Propensity Adjusted Interviewer Performance Indicator* (PAIP), der ebenfalls eine anrufgenaue Bewertung der Interviewerleistung erlaubt. Während NCPI und WIP die unterschiedlichen Erfolgschancen von Interviewern anhand der Klassifizierung von Anrufergebnissen und -historien identifizieren, beruht der PAIP auf modellgeschätzten Erfolgswahrscheinlichkeiten ('propensities') die mit Hilfe einer Ereignisdatenanalyse über das gesamte Projekt ermittelt werden. Dem liegt die Annahme zugrunde, dass der Schwierigkeitsgrad eines jeweiligen Anrufversuches hinreichend und adäquat anhand der Modellprädiktoren bestimmt und in der Folge auch kontrolliert werden kann. Der PAIP ergibt sich dabei wie folgt:

a) Zunächst wird die Erfolgswahrscheinlichkeit p_{jc} für jede Nummer j und jeden Anrufversuch c mittels eines Discrete Time Hazard Modells und auf Basis der zur Verfügung stehenden Paradaten, denen ein Einfluss auf die Interviewwahrscheinlichkeit unterstellt werden kann, gebildet.

b) Nachdem ein Interviewer einen Kontaktversuch unternommen hat, wird das Ergebnis O_{jc} festgehalten, das beschreibt, ob ein erfolgreiches Interview stattgefunden hat (O_{jc}=1) oder nicht (O_{jc}=0). Die Differenz aus faktischem und vermuteten Ergebnis ergibt den Abweichungsscore dev_{jc} ($dev_{jc} = O_{jc} - p_{jc}$).

c) Im Laufe der Feldphase bearbeiten Interviewer n verschiedene Nummern, wobei sie jede Nummer j bis zu C_j-mal versuchen zu kontaktieren. Zur Bildung des PAIP werden dann zunächst alle Abweichungsscores für die gemeinsame Historie zwischen Interviewer und Nummer summiert sowie anschließend all diese Werte für den jeweiligen Interviewer aggregiert und durch die Zahl aller bisherigen Anrufversuche geteilt.

$$PAIP = \frac{\sum_{j=1}^{n}\sum_{c=1}^{C_j}d_{jc}}{\sum_{j=1}^{n}C_j} \qquad (1.9)$$

Der Abweichungsscore belohnt nicht nur die Realisierung schwerer Interviews (Anrufversuche mit geringer Erfolgswahrscheinlichkeit), sondern
bestraft auch die Nicht-Realisierung von Interviews, die als besonders sicher gelten. Zeitgleich gewichtet der PAIP nicht nur das vorliegende Anrufergebnis, sondern berücksichtigt auch alle vorhergehenden Kontakte
durch den gleichen Interviewer, was zumindest teilweise das Problem der
sich überschneidenden Zuordnung von Interviewern und Nummern (cross-
classified) adressiert (Durrant und Steele 2009; Lipps 2009). Bevor auf die
zugrundeliegenden Modellannahmen näher eingegangen wird, lassen sich
anhand der folgenden Abbildungen die Eigenschaften des (vorliegenden)
PAIP im Verhältnis zu anderen Indikatoren näher beschreiben. Da der PAIP
ein kumuliertes Ergebnis über alle Kontakte eines Interviewers bildet, kon-
vergiert er in der Folge stark, was seine Eignung insbesondere für Projekte
mit langer Feldzeit in Frage stellt. Wie in Abbildung 8.14 für GEDA 10 zu
erkennen ist, lässt sich anhand der Ausreißer wieder der Feldbeginn unterschiedlicher Interviewerkohorten feststellen (vgl. auch Abbildung 8.12),
wobei der PAIP (anders als der WIP) auch erfolgreich unterdurchschnittli-
che Leistungen identifiziert.

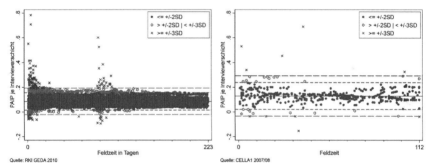

Abbildung 8.14   Durchschnittlicher PAIP für alle Interviewerschichten in GEDA10
                   und CELLA1

Die Ergebnisse von CELLA1 weisen augenscheinlich eine größere Streuung
aus, was wiederum auf die geringe Zahl an Anrufversuchen je Nummer
zurückzuführen ist. Dadurch wurde der überwiegende Teil aller Abweichungen anhand einer insgesamt geringen Auswahl zu erwartender Erfolgswahrscheinlichkeiten bestimmt. Abbildung 8.15 erlaubt den Vergleich

zwischen dem PAIP und der Kooperationsrate (COOP1), respektive dem WIP je Interviewerschicht.

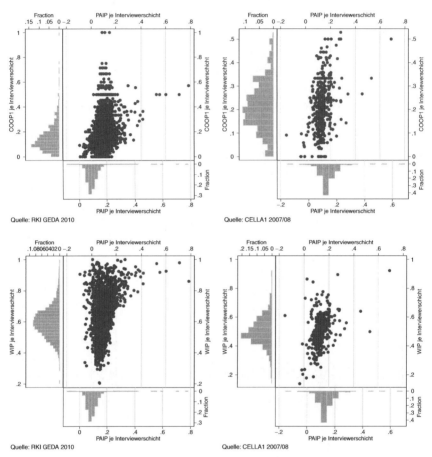

Abbildung 8.15   COOP1 vs. PAIP und WIP vs. PAIP je Interviewerschicht für GEDA10 und CELLA1

Obwohl auch alle zuvor gezeigten Größen als Paradaten (oder als davon abgeleitet) bezeichnet werden können, beruht kein anderer Leistungsindikator für Interviewer so direkt auf den Annahmen des Zusammenhangs zwischen Prozessgrößen und Prozessqualität. Das zentrale Forschungsparadigma zu

Paradaten unterstellt, dass sie entweder direkt zur Optimierung in der Feldphase genutzt (Durrant et al. 2011; Kreuter et al. 2010; Wagner et al. 2012; West 2011) oder zur anschließenden Korrektur der Datenqualität herangezogen werden können (Biemer et al. 2013; Maitlandet et al. 2009; Olson 2013; Wagner et al. 2014). So beruhen beispielsweise Analysen zum Nonresponse Bias, also dem Vorhandensein eines systematischen Unterschieds zwischen Teilnehmern und Nicht-Teilnehmern, auf Daten, die für alle (also auch für die Nicht-Teilnehmer) vorhanden sind. Aus dem Umstand, dass diese insbesondere für zentrale Untersuchungsgrößen selten vorliegen oder nur mit Hilfe anderer Quellen geschätzt werden können (bspw. einem Zensus), resultiert das besondere Interesse an Paradaten, die per Definition für alle Beobachtungen verfügbar sind. Darüber hinaus müssen die Paradaten auch mit der untersuchten Größe (oder wie im vorliegenden Fall der Teilnahmewahrscheinlichkeit) zusammenhängen, um sinnvoll genutzt werden können (Kreuter 2013).

Das bedeutet folglich auch, dass der PAIP nur dann eine gerechte(re) Beurteilung von Interviewern erlaubt, wenn das zugrundeliegende Ereignisdatenmodell mit Hilfe der verwendeten Para- und Hilfsdaten in der Lage ist, die Wahrscheinlichkeit einer Teilnahme unverzerrt zu schätzen. Sinibaldi und Eckman (2015, S. 977) merken dazu an, dass Propensity-Modelle auf Basis von Kontaktprotokollen regelmäßig nur eine sehr geringe Modellgüte aufweisen. Werte für das Pseudo-R^2 reichen dabei von 0.022 (Olson und Groves, 2012) bis 0.077 (Olson et al. 2012). Die Ergebnisse von West und Groves (2013; Artikel, in dem der PAIP vorgestellt wird) stellen mit einem Pseudo-R^2 von 0.337 folglich eine Ausnahme dar. In Anhang 1 kann das Ereignisdatenmodell zur Berechnung des PAIP für GEDA 10 und CELLA1 eingesehen werden. Mit Ausnahme des Bundeslandes, der Blockdichte und der Dummy-Variable, ob die Nummer in das Telefonbuch eingetragen ist, wurden alle darin verwendeten Variablen aus den jeweiligen Kontaktprotokollen abgeleitet. Die damit erzielten Modellgüten von Pseudo-R^2 0.069 bzw. 0.074 weichen somit nicht nur weit von den Ergebnissen von West und Groves ab, sie stellen zudem, angesichts der hohen Datenschutzanforderungen in Deutschland, vermutlich auch eher eine Obergrenze dar. Eine höhere Anpassung setzt das Vorhandensein zusätzlicher Hilfsdaten

(‚auxiliary data') voraus, die in der Regel nur für spezielle Stichproben[13] oder im Rahmen wiederholter Befragungen (Paneldaten) vorliegen werden. Darüber hinaus stellt der PAIP, im Gegensatz zu den anderen Indikatoren, ein dynamisches Konstrukt dar, da in Abhängigkeit der Feldzeit das Modell unterschiedliche Vorhersagen für die jeweilige Propensity trifft.

8.5.6 Empirische Kontrolle

Grundlegend lassen sich die gezeigten Indikatoren nicht nur vollständig auf Basis der Kontaktprotokolle, sondern auch unabhängig von der jeweils verwendeten CATI-Software bilden. Während dabei Unterschiede im Studiendesign bereits direkt bei der Bildung berücksichtigt werden können, muss dies hier allerdings nicht geschehen. Als zwingend erforderlich erweist sich hingegen – wie bei jedem anderen Qualitätsinstrument auch – die Einweisung von Supervisoren oder Projektleitung in die Interpretation von und den Umgang mit den entsprechenden Ergebnissen (Juran und Godfrey 1998).

In dieser Hinsicht bietet GEDA 10 eine besondere Gelegenheit zur Überprüfung der gebildeten Indikatoren, anhand eines direkten Vergleichs mit der Supervisionsstrategie des RKI. Angesichts der heiklen Natur der Befragung unterlag das Projekt verschärften Datenschutzauflagen, die ein nicht-reaktives Mithören der Telefonate verboten. Das RKI unterscheidet daher „zwischen quantitativer und qualitativer Qualitätssicherung (QS). Die quantitative QS vergleicht rein zahlenmäßig die von den jeweiligen Interviewerinnen und Interviewern erzielten Resultate wie z.B. die Interviewdauer zum Durchschnitt, wogegen bei der qualitativen Qualitätssicherung das Beobachten der Interviewerinnen und Interviewer hinsichtlich der sachgemäßen Durchführung der Interviews im Vordergrund steht" (Robert Koch-Institut (RKI) 2012, S. 177). In der Folge konnte bei dieser Beobachtung noch einmal zwischen der Kontrolle der Interviewführung (QS) und der Interviewanbahnung (KA) unterschieden werden. Diese war jeweils mit der Präsenz des Supervisors am Arbeitsplatz des Interviewers verbunden. Obwohl der jeweilige Anlass für die Kontrollen nicht dokumentiert wurde,

---

13 Im Rahmen von listenbasierten Auswahlrahmen, bei denen Informationen über die Elemente der Zielpopulation vorhanden sind, wie bspw. bei Kunden-, Patienten- oder Mitarbeiterbefragungen.

kann angenommen werden, dass sie sich aus den institutsinternen Über-
wachungsprozessen ableiten lassen. Insofern ist zu prüfen, ob die oben gebildeten Indikatoren in der Lage sind Kontrollen von Interviewern vorher-
zusagen. Hierzu wurden die Kontaktprotokolle auf die Ebene der Interviewerschichten begrenzt und anschließend vier separate Paneldatenanalysen
bestimmt.

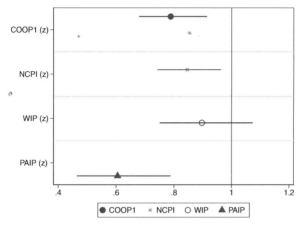

Abbildung 8.16   Separate Paneldatenanalysen für die Wahrscheinlichkeit einer
Kontaktanbahnungskontrolle in Abhängigkeit des jeweiligen
Indikators (Odds Ratios)[14]

Abbildung 8.16 gibt die Koeffizienten für die vier Modelle in einer gemeinsamen Grafik wieder, wobei zusätzlich die 95%-Konfidenzintervalle und
eine Kontrolllinie zur Prüfung der Signifikanz bei einem OR von 1 abgetragen sind. Wie zu erwarten war, steigt die Wahrscheinlichkeit des Interviewers, sich einer Kontrolle unterziehen zu müssen mit sinkender Leistung.
Insofern beruhen die vier Indikatoren nicht nur auf einem grundsätzlich
ähnlichen Leistungsverständnis, sondern decken sich auch mit den RKI-
internen Leistungsvorstellungen. Während sich der WIP als einziger Indikator nicht signifikant von Null unterscheidet, zeigt der PAIP den stärksten
Effekt. Mit der Zunahme des PAIP um eine Standardabweichung sinkt die
Wahrscheinlichkeit einer Kontrolle auf das 0,6-fache.

---

14   Alle vier Indikatoren wurden zuvor z-standardisiert (z).

Auf Grundlage derselben Datenbasis lässt sich auch noch einer zweiten Fragestellung nachgehen: Inwiefern bestimmen soziodemographische Eigenschaften der Interviewer deren durchschnittliche Leistungen? Wie in Tabelle 8.4 zu sehen ist, liegen hierzu für einen Teil der Interviewer soziodemographische Eigenschaften vor.

Tabelle 8.4   Deskriptive Beschreibung der Interviewereigenschaften

	n	$\bar{x}$	sd	Min	Max
Geschlecht	8.213	1,57	0,50	1	2
Alter	8.213	44,02	12,38	20	70
Schulungswelle	8.053	1,62	0,70	1	3
Schulbildung	7.942	1,83	0,37	1	2
Berufsbildung	7.942	1,95	0,21	1	2
Berufsstatus	7.942	1,95	0,21	1	2
Vorerfahrung	6.463	2,38	1,09	1	4
Schichtnrm.	8.360	40,58	29,73	1	154
Feldzeit	8.360	104,84	60,84	1	223

Da sich die Interviewer (insbesondere in der Zahl der gearbeiteten Schichten) unterscheiden, wurden Mehrebenenmodelle bestimmt, die in Tabelle 8.5 zu sehen sind. Während das Geschlecht und der Bildungsgrad offensichtlich keinen Einfluss auf den Interviewererfolg haben, zeigen sich deutliche Unterschiede bei den Alterskategorien. Angesichts des spezifischen Themas – Gesundheit und Krankheiten – erwies sich dies insgesamt als plausibel, wobei auch berücksichtigt werden muss, dass der Altersdurchschnitt im Interviewerpool relativ hoch ist und die andern Altersgruppen sich untereinander nur geringfügig unterscheiden. Weiterhin zeigen sich signifikant positive Effekte bei allen Leistungsindikatoren für Interviewer aus der dritten Schulungswelle, ohne dass dafür eine Erklärung nahe läge. Die positiven Effekte der Vorerfahrung als Interviewer sind hingegen selbsterklärend. Dabei kann davon ausgegangen werden, dass es sich weniger um Lern-, als mehr um Selektionseffekte handelt: ‚Gute' Interviewer bleiben in der Branche, während ‚schlechte' ausscheiden. Ein starker Effekt ist darüber hinaus beim WIP zu verzeichnen, der je Interviewer und Schicht im Durchschnitt um 1% wächst. Hierbei handelt es sich vermutlich um einen Designfehler bei der Konstruktion des Instruments, wobei ein Vergleich mit einer kürzeren Studie und andern Verteilungen in den Statusgruppen Aufschluss geben könnte. Insgesamt lässt sich festhalten, dass es keinen substantiellen Zusammenhang zwischen der Leistung der Interviewer und ihren soziodemographischen Eigenschaften gibt. Der Umstand, dass die Ergebnisse für vier unterschiedliche Indikatoren weitestgehend identisch sind, hebt dieses Ergebnis noch einmal hervor.

Tabelle 8.5 Random Intercept Modelle der durchschnittlichen Leistung auf die Interviewereigenschaften[15]

	COOP1		NCPI		WIP		PAIP	
	b	se	b	se	b	se	b	se
Frauen	0,014	0,06	0,12	0,06	0,11	0,11	0,096	0,14
31-40	0,14	0,09	0,27**	0,09	-0,11	0,16	0,18	0,20
41-50	0,28**	0,10	0,37***	0,10	0,14	0,18	0,72**	0,23
51-60	0,28**	0,09	0,24*	0,10	0,21	0,18	0,56*	0,22
über 60	0,33**	0,11	0,31**	0,12	0,43*	0,21	0,61*	0,27
2. Schulungswelle	0,027	0,06	0,038	0,07	0,19	0,12	-0,10	0,15
3. Schulungswelle	0,21*	0,10	0,29**	0,10	1,25***	0,15	0,38*	0,19
Abitur	-0,097	0,08	-0,12	0,08	-0,13	0,14	-0,25	0,18
Studium/Meister	0,19	0,16	-0,0093	0,17	-0,11	0,30	0,59	0,37
Vorerfahrung								
1-12 Monate	0,14	0,08	0,24**	0,08	0,22	0,15	0,21	0,18
18-48 Monate	0,20*	0,09	0,26**	0,09	0,49**	0,17	0,29	0,21
mehr als 60 Monate	0,089	0,09	0,20*	0,10	0,16	0,18	0,082	0,22
# der Einsatztage	0,00024	0,00	0,0014	0,00	0,0100***	0,00	0,0018	0,00
Konstant	-0,42	0,29	-0,63*	0,29	0,53	0,38	-2,01***	0,46
L2 RI	-1,46***	0,09	-1,41***	0,09	-0,73***	0,08	-0,49***	0,08
L1 Error	-0,079***	0,01	-0,12***	0,01	-0,41***	0,01	-0,52***	0,01
AIC	17941,1		17387,6		13807,5		12522,5	
BIC	19553,1		18999,8		15419,4		14134,5	
n	6.460		6.463		6.456		6.459	

---

15 Nicht abgebildet sind die Koeffizienten der 223 Feldtage, die als Kontrollvariablen in die Modelle eingehen.

Die Feststellung von Tarnai und Moore (2008) – dass die Interviewerleistung an sich, ein akademisch unterbeleuchtetes Themengebiet ist – wird vermutlich auch in Zukunft Bestand haben. Tatsächlich muss gefragt werden, inwiefern Erhebungsinstitute entsprechende Publikationen überhaupt rezipieren oder ob es nicht wahrscheinlicher ist, dass die Institute Verfahrensroutinen, die sie einmal selbst entwickelt oder aus der verwendeten Infrastruktur abgeleitet haben (bspw. aufgrund des verwendeten Dialers, der CATI- oder Analysesoftware), nur eher sehr zögerlich anpassen oder ändern. Es soll auch nicht der Eindruck erweckt werden, dass Qualitätsstandards etwas seien, dass von außen an Erhebungsinstitute herangetragen werden müsste. Viel eher sind es die Praktiker in den Erhebungsinstituten, die auf einer täglichen Basis und unter weitaus höheren zeitlichen und monetären Restriktionen um ein konstantes Leistungsniveau bemüht sind. Dem stehen in der Forschung wenige, aber umfangreich geplante (und finanzierte) Methodenprojekte gegenüber, deren Ergebnisse zwar regelmäßig Eingang in die Survey-Literatur finden, aber deswegen noch lange nicht zum Standard erklärt werden können, ohne zeitgleich die Mehrzahl aller Erhebungen zu disqualifizieren. Perspektivisch bieten Paradaten auch hier eine verfahrenstechnische Lösung an, welche Qualität mit Hilfe von Transparenz gewährleistet. Sicherlich sind die meisten Auftraggeber von Studien inhaltlich motiviert und besitzen wenig bis kein Interesse, umfangreiche Prüfungen des Erhebungsprozesses (der darüber hinaus bis dahin auch schon abgeschlossen ist) anhand von Paradaten vorzunehmen. Zeitgleich setzten eben jene Prüfungen jedoch das Vorhandensein der Paradaten voraus, die im Nachhinein nicht oder nur noch schwer zu erhalten sind. Umso mehr Auftraggeber jedoch anfangen, diese Daten nachzufragen (oder vielmehr deren Herausgabe einzufordern), umso eher werden Institute ihre Prozessroutinen daran anpassen, was wiederrum zu einer Vereinheitlichung von Praktiken und Standards in der Verarbeitung und Dokumentation führen wird. Dies – so könnte man überspitzt formulieren – ist der eigentliche Beitrag, den Paradaten zur Qualität in der Umfrageforschung liefern: Die Öffnung einer Branche für die breite Öffentlichkeit, ohne staatliche Verordnung oder oktroyierte Regulation.

8.6 Literatur

AAPOR. (2016). *Standard Definitions - Final Dispositions of Case Codes and Outcome Rates for Surveys. 9th edition. American Association of Public Opinion Research.* Retrieved from http://www.aapor.org/AAPOR_Main/media/publications/Standard-Definitions20169theditionfinal.pdf

ADM. (2016). Richtlinie für telefonische Befragungen. Berlin: Arbeitskreis Deutscher Markt- und Sozialforschungsinstitute e.V. https://www.adm-ev.de/index.php?eID=tx_nawsecuredl&u=0&file=fileadmin/user_upload/PDFS/R04_D.pdf&t=1516356317&hash=d5073f2820a9048ba817e90197e01460acc40817

Bailar, B., Bailey, L., & Stevens, J. (1977). Measures of Interviewer Bias and Variance. *Journal of Marketing Research 14* (3), 337–343. https://doi.org/https://doi.org/10.2307/3150772

Biemer, P. P., Chen, P., & Wang, K. (2013). *Incorporating Level of Effort Paradata in the NSDUH Nonresponse Adjustment Process.* Research Triangle Park, NC. Retrieved from https://www.samhsa.gov/data/sites/default/files/NSDUHCallbackModelReport2013/NSDUHCallbackModelReport2013.pdf

Biemer, P. P. & Lyberg, L. E. (2003). *Introduction to Survey Quality.* Hoboken, NJ: Wiley. https://doi.org/https://doi.org/10.1002/0471458740

Brunton-Smith, I., Sturgis, P., & Leckie, G. (2016). Detecting and understanding interviewer effects on survey data by using a cross-classified mixed effects location-scale model. *Journal of the Royal Statistical Society. Series A: Statistics in Society,* (October). https://doi.org/10.1111/rssa.12205

Brunton-Smith, I., Sturgis, P., & Williams, J. (2012). Is success in obtaining contact and cooperation correlated with the magnitude of interviewer variance? *Public Opinion Quarterly 76* (2), 265–286. https://doi.org/10.1093/poq/nfr067

Cantor, D., Allen, B., Schneider, S. J., Hagerty-Heller, T., & Yuan, A. (2004). Testing an Automated Refusal Avoidance Training Methodology. In *59th annual Conference of the American Association for Public Opinion Research.* Phoenix.

Conrad, F. G., Broome, J. S., Benki, J. R., Kreuter, F., Groves, R. M., Vannette, D., & Mcclain, C. (2013). Interviewer speech and the success of survey invitations. *Journal of the Royal Statistical Society. Series A: Statistics in Society 176* (1), 191–210. https://doi.org/10.1111/j.1467-985X.2012.01064.x

Couper, M. P., Singer, E., & Tourangeau, R. (2004). Does Voice Matter? An Interactive Voice Response (IVR) Experiment. *Journal of Official Statistics 20* (3), 551–570. Retrieved from http://www.websm.org/uploadi/editor/Couper_2004_Does_voice_matter.pdf

Davis, R. E., Couper, M. P., Janz, N. K., Caldwell, C. H., & Resnicow, K. (2010). Interviewer effects in public health surveys. *Health Education Research 25* (1), 14–26. https://doi.org/10.1093/her/cyp046

Deming, W. E. (1960). *Sample Design in Business Research*. New York, USA: Wiley.

Dijkstra, W. & Smit, J. H. (2002). Persuading reluctant recipients in telephone surveys. In R. M. Groves, D. A. Dillman, J. L. Eltinge, & R. J. A. Little (Eds.), *Survey Nonresponse* (S. 121-134). New York: John Wiley & Sons.

Durand, C. (2005). Measuring interviewer performance in telephone surveys. *Quality and Quantity 39* (6), 763-778. https://doi.org/10.1007/s11135-004-6781-0

Durand, C. (2008). Assessing the usefulness of a new measure of interviewer performance in telephone surveys. *Public Opinion Quarterly 72* (4), 741-752. https://doi.org/10.1093/poq/nfn044

Durrant, G. B., D'Arrigo, J., & Steele, F. (2011). Using paradata to predict best times of contact, conditioning on household and interviewer influences. *Journal of the Royal Statistical Society. Series A: Statistics in Society 174* (4), 1029-1049. https://doi.org/10.1111/j.1467-985X.2011.00715.x

Durrant, G. B., D 'arrigo, J., Steele, F., & Steele (2013). Analysing Interviewer Call Record Data by Using a Multilevel Discrete Time Event History Modelling Approach. *Journal of the Royal Statistical Society. Series A (Statistics in Society) 176* (1), 251–269. https://doi.org/10.1111/j.1467-985X.2012.01073.x

Durrant, G. B., Groves, R. M., Staetsky, L., & Steele, F. (2010). Effects of interviewer attitudes and behaviors on refusal in household surveys.

Public Opinion Quarterly 74 (1), 1–36. https://doi.org/10.1093/poq/nfp098

Durrant, G. B., & Steele, F. (2009). Multilevel modelling of refusal and noncontact nonresponse in household surveys: evidence from six UK government surveys. *Journal of the Royal Statistical Society 172* (2), 361–381. https://doi.org/10.1111/j.1467-985X.2008.00565.x

Eckman, S., Sinibaldi, J., & Möntmann-Hertz, A. (2013). Can interviewers effectively rate the likelihood of cases to cooperate? *Public Opinion Quarterly 77* (2), 561–573. https://doi.org/10.1093/poq/nft012

Edwards, T. P., Suresh, R., & Weeks, M. F. (1998). Automated call scheduling: current systems and practices. In R. P. Baker (Ed.), *Computer Assisted Survey Information Collection* (S. 285–306). Hoboken, NJ: Wiley.

Elliott, M. R. & West, B. T. (2015). "Clustering by Interviewer": A Source of Variance That is Unaccounted for in Single-Stage Health Surveys. *American Journal of Epidemiology 182* (2), 118–126. https://doi.org/10.1093/aje/kwv018

Ganninger, M. (2010). *Design effects: model-based versus design-based approach.* GESIS - Leibniz-Institut für Sozialwissenschaften, Bonn.

Groves, R. M. (2004). *Survey Errors and Survey Costs.* In R. M. Groves, G. Kalton, J. N. K. Rao, N. Schwarz, & C. Skinner (Eds.). Hoboken, New Jersey: Wiley Series in Probability and Statistics. https://doi.org/10.16373/j.cnki.ahr.150049

Groves, R. M., Cialdini, R. B., & Couper, M. P. (1992). Understanding the decision to participate in a survey. *Public Opinion Quarterly 56* (4), 475-495. https://doi.org/https://doi.org/10.1086/269338

Groves, R. M., Fowle, F., Couper, M. P., Siger, E., & Tourangeau, R. (2004). *Survey Methodology.* In R. M. Groves, G. Kaftan, J. N. K. Rao, N. Schwarz, & C. Skinner (Eds.). Hoboken, New Jersey: Wiley Series in Survey Methodology. https://doi.org/https://doi.org/10.1093/poq/nfi018

Groves, R. M. & Fultz, N. H. (1985). Gender effects among telephone interviewers in a survey of economic attitudes. *Sociological Methods & Research 14* (1), 31-52. https://doi.org/https://doi.org/10.1177/0049124185014001002

Groves, R. M. & Magilavy, L. J. (1986). Measuring and Explaining Interviewer Effects in Centralized Telephone Surveys. *The Public Opinion*

QuarterlyPublic Opinion Quarterly 50, 251–266. https://doi.org/10.1017/ CBO9781107415324.004

Groves, R. M. & McGonagle, K. A. (2001). A Theory-Guided Interviewer Training Protocol Regarding Survey Participation. *Journal of Official Statistics 17* (2), 249.

Groves, R. M., O'Hare, B. C., Gould-Smith, D., Benki, J., & Maher, P. (2008). Telephone interviewer voice characteristics and the survey participation decision. In J. M. Lepkowski, N. C. Tucker, J. M. Brick, E. de Leeuw, L. Japec, P. J. Lavrakas, ... R. L. Sangster (Eds.), *Advances in Telephone Survey Methodology* (S. 385-400). Hoboken, NJ: John Wiley & Sons. https://doi.org/https://doi.org/10.1002/9780470173404.ch18

Häder, S. (2000). *Telefonstichproben* (ZUMA How-to-Reihe No. 6). Mannheim. Retrieved from https://www.gesis.org/fileadmin/upload/forschung/ publikationen/gesis_reihen/howto/how-to6sh.pdf

Häder, S., Gabler, S., & Heckel, C. (2009). Stichprobenziehung für die CELLA-Studie. In M. Häder & S. Häder (Eds.), *Telefonbefragungen über das Mobilfunknetz* (S. 21–49). Wiesbaden: VS Verlag für Sozialwissenschaften. https://doi.org/https://doi.org/10.1007/978-3-531-91490-9_3

Hess, J., Singer, E., & Bushery, J. (1999). Predicting Test-Retest Reliability from Behavior Coding. *International Journal of Public Opinion Research 11* (4), 346–360. https://doi.org/https://doi.org/10.1093/ijpor/11.4.346

Houtkoop-Steenstra, H. & van den Bergh, H. (2000). Effects of Introductions in Large-Scale Telephone Survey Interviews. *Sociological Methods & Research 28* (3), 281–300. https://doi.org/https://doi. org/10.1177/0049124100028003002

Hox, J. J. (1994). Hierarchical Regression Models for Interviewer and Respondent Effects. *Sociological Methods & Research 22* (3), 300–318. https://doi.org/10.1177/1056492611432802

Hox, J. J., de Leeuw, E., Couper, M. P., Groves, R. M., De Heer, W., Kuusela, V., Japec, L. (2002). The Influence of Interviewers' Attitude and Behavior on Household Survey Nonresponse: An International Comparison. In R. M. Groves, D. A. Dillman, & J. L. Eltinge (Eds.), *Survey Nonresponse* (S. 103–120). New York: Wiley.

Hox, J. J., de Leeuw, E. D., & Kreft, I. G. G. (1991). The Effect of Interviewer and Resondent Characteristics on the Quality of Survey Data. In P. P. Biemer, R. M. Groves, L. E. Lyberg, N. A. Mathiowetz, & S. Sudman

(Eds.), *Measurement Errors in Surveys* (S. 439–461). Hoboken, NJ: John Wiley & Sons. https://doi.org/10.1177/0049124101029004004

Hughes, A., Chromy, J., Giacoletti, K., & Odom, D. (2002). Impact of Interviewer Experience on Respondent Reports of Substance Use. In J. Gfroerer, J. Eyerman, & J. Chromy (Eds.), *Redesigning an Ongoing National Household Survey: Methodological Issues* (S. 161–184). Rockville, MD: Department of Health and Human Services.

Ilgen, D. R. & Schneider, J. (1991). Performance measurement: A multidiscipline view. *International Review of Industrial and Organizational Psychology* 6 (1), 71–108.

Jäckle, A., Lynn, P., Sinibaldi, J., & Tipping, S. (2013). The Effect of Interviewer Experience, Attitudes, Personality and Skills on Respondent Co-operation with Face-to-Face Surveys. *Survey Research Methods 7* (1), 1–15.

Jans, M., Sirkis, R., & Morgan, D. (2013). Managing Data Quality Indicators With Paradata-Based Statistical Quality Control Tools: The Keys to Survey Performance. In F. Kreuter (Ed.), *Improving Surveys with Paradata: Analytic Uses of Process Information* (S. 191–229). Thousand Oaks: Sage Publications. https://doi.org/https://doi.org/10.1002/9781118596869.ch9

Johnson, T. P. & Moore, R. W. (1993). Gender interactions between interviewer and survey respondents: Issues of pornography and community standards. *Sex Roles 28* (5–6), 243–261. https://doi.org/https://doi.org/10.1007/bf00289884

Juran, J. M. & Godfrey, A. B. (1998). *Juran's Quality Handbook. McGrawHill* (5. Auflage). New York: McGraw-Hill. https://doi.org/10.1108/09684879310045286

Kane, E. W. & Macaulay, L. J. (1993). Interviewer Gender and Gender Attitudes. *Public Opinion Quarterly 57* (1), 1–28. https://doi.org/10.1086/269352

Kish, L. (1962). Studies of interviewer variance for attitudinal variables. *Journal of the American Statistical Association 57* (297), 92–115. https://doi.org/10.1080/01621459.1962.10482153

Kreuter, F. (2013). *Improving surveys with Paradata: Analytic Uses of Process Information.* (M. P. Couper, G. Kalton, J. N. K. Rao, N. Schwarz, C. Skinner, & R. M. Groves, Eds.). New York, London: Wiley. https://doi.org/10.1017/CBO9781107415324.004

Kreuter, F., Couper, M., & Lyberg, L. E. (2010). The use of paradata to monitor and manage survey data collection. In *Section on Survey Research Methods – JSM 2010* (S. 282–296).

Laflamme, F. & St-Jean, H. (2011). Proposed Indicators to Assess Interviewer Performance in CATI Surveys. *Section on Survey Research Methods – JSM*, 118–128. Retrieved from https://ww2.amstat.org/sections/srms/Proceedings/y2011/Files/300092_64606.pdf

Lavrakas, P. J. (1993). *Telephone survey methods: Sampling, selection, and supervision.* London: Sage Publications, Inc.

Lemay, M. & Durand, C. (2002). The Effect Of Interviewer Attitude on Survey Cooperation. *Bulletin of Sociological Methodology 76* (1), 27–44. https://doi.org/10.1177/075910630207600102

Lipps, O. (2007). Interviewer and Respondent Survey Quality Effects in a CATI Panel. *Bulletin of Sociological Methodology/Bulletin de Methodologie Sociologique 95* (2007), 5–25. https://doi.org/10.1177/075910630709500103

Lipps, O. (2008). A Note on Interviewer Performance Measures in Centralised CATI Surveys. *Survey Research Methods 2* (2), 61–73.

Lipps, O. (2009). Cooperation in centralised CATI household panel surveys - A contact-based multilevel analysis to examine interviewer, Respondent, and fieldwork process effects. *Journal of Official Statistics 25* (3), 323–338.

Lohr, S. L. (2010). *Sampling: Design and Analysis.* Boston: Brooks / Cole. https://doi.org/10.1002/1521-3773(20010316)40:6<9823::AID-ANIE9823>3.3.CO;2-C

Lyberg, L. E. (2012). Survey Quality. *Survey Methodology 38* (2), 107–130.

Lyberg, L. E., Biemer, P. P., Collins, M., De Leeuw, E., Dippo, C., Schwarz, N., Trewin, D. (1997). *Survey Measurement and Process Quality.* New York: Wiley Series in Probability and Statistics. https://doi.org/10.1002/9781118490013

Mahalanobis, P. C. (1946). Recent Experiments in Statistical Sampling in the Indian-Statistical-Institute. *Journal of the Royal Statistical Society. Series A: Statistics in Society 109* (4), 325–378.

Maitland, A., Casas-Cordero, C., & Kreuter, F. (2009). An Evaluation of Nonresponse Bias Using Paradata from a Health Survey. In *JSM 2009* (S.

370-378). Retrieved from https://ww2.amstat.org/sections/srms/Proceedings/y2009/Files/303004.pdf

Maynard, D. W. & Schaeffer, N. C. (2002). Standardization and its Discontents. In R. M. Groves, G. Kalton, J. N. K. Rao, N. Schwarz, & C. Skinner (Eds.), *Standardization and Tacit Knowledge: Interaction and Practice in the Survey Interview* (S. 3-45). New York: Wiley Interscience. https://doi.org/https://doi.org/10.4135/9781412984492.n11

Morton-Williams, J. (1993). *Interviewer Approaches*. London: Dartmouth Publishing Co Ltd.

O'Brien, E. M., Mayer, T. S., Groves, R. M., & O'Neill, G. E. (2002). Interviewer training to increase survey participation. In *Proceedings of the Annual Meetings of the American Statistical Association* (S. 5202-5207).

O'Muircheartaigh, C. & Campanelli, P. (1998). The relative impact of interviewer effects and sample design effects on survey precision. *Journal of the Royal Statistical Society. Series A (Statistics in Society) 161* (1), 63–77. https://doi.org/10.1111/1467-985X.00090

O'Muircheartaigh, C. & Campanelli, P. (1999). A multilevel exploration of the role of interviewers in survey non-response. *Journal of the Royal Statistical Society: Series A (Statistics in Society) 162* (3), 437–446. https://doi.org/https://doi.org/10.1111/1467-985x.00147

Olson, K. M. (2013). Paradata for Nonresponse Adjustment. *The Annals of the American Academy of Political and Social Science 645* (1), 142–170. https://doi.org/10.1177/0002716212459475

Olson, K. M. & Groves, R. M. (2012). An examination of within-person variation in response propensity over the data collection field period. *Journal of Official Statistics 28* (1), 29–51.

Olson, K. M., Kirchner, A., & Smyth, J. (2016). Do Interviewers with High Cooperation Rates Behave Differently? Interviewer Cooperation Rates and Interview Behaviors. *Survey Practice 9* (2), 1–11.

Olson, K. M. & Peytchev, A. (2007). Effect of interviewer experience on interview pace and interviewer attitudes. *Public Opinion Quarterly 71* (2), 273–286. https://doi.org/https://doi.org/10.1093/poq/nfm007

Olson, K. M., Smyth, J. D., & Wood, H. M. (2012). Does giving people their preferred survey mode actually increase survey participation rates? an experimental examination. *Public Opinion Quarterly 76* (4), 611–635. https://doi.org/10.1093/poq/nfs024

Pickery, J. & Loosveldt, G. (2002). A multilevel multinomial analysis of inter-viewer effects on various components of unit nonresponse. *Quality and Quantity 36* (4), 427–437. https://doi.org/10.1023/A:1020905911108

Robert-Koch-Institut (RKI). (2012). Daten und Fakten: Ergebnisse der Stu-die »Gesundheit in Deutschland aktuell 2010«. *Beiträge zur Gesund-heitsberichterstattung des Bundes 32* (2), 56. https://doi.org/10.1016/j.khinf.2010.03.002

Schaeffer, N. C., Dykema, J., & Maynard, D. W. (2010). Interviewers and Interviewing. In P. V. Marsden & J. D. Wright (Eds.), *Handbook of Sur-vey Research* (S. 437–470). Bingley: Emerald Group Publishing Limited.

Schlinzig, T. & Schneiderat, G. (2009). Möglichkeiten zur Erhöhung der Teilnahmebereitschaft bei Telefonumfragen über Festnetz und Mobil-funk. In *Umfrageforschung* (S. 21-43). Wiesbaden: VS Verlag für Sozi-alwissenschaften. https://doi.org/10.1007/978-3-531-91852-5_2

Schnell, R. (2012). *Survey-Interviews: Methoden standardisierter Befra-gungen.* Wiesbaden: VS, Verlag für Sozialwissenschaften. https://doi.org/10.1007/978-3-531-94208-7

Schnell, R. & Kreuter, F. (2005). Separating Interviewer and Sampling-Point Effects. *Journal of Official Statistics 21* (3), 389–410.

Sinibaldi, J. & Eckman, S. (2015). Using call-level interviewer observations to improve response propensity models. *Public Opinion Quarterly 79* (4), 976–993. https://doi.org/10.1093/poq/nfv035

Snijkers, G. & de Leeuw, D. (1999). Interviewers' tactics for fighting survey nonresponse. *Journal of Official Statistics 15* (2), 185.

Sodeur, W. (2007). Entscheidungsspielräume von Interviewern bei der Wahrscheinlichkeitsauswahl - Ein Vergleich von ALLBUS-Erhebun-gen. *MDA - Methoden Daten Analysen 1* (2), 107–130.

Steinkopf, L., Bauer, G., & Best, H. (2010). Nonresponse und Interviewer-Erfolg im Telefoninterview. *Methoden - Daten - Analysen 4* (1), 3–26.

Tarnai, J. & Moore, D. L. L. L. (2008). Measuring and Improving Telephone Interviewer Performance and Productivity. In J. M. Lepkowski, C. Tucker, J. M. Brick, E. D. de Leeuw, L. Japec, P. J. Lavrakas, ... R. L. Sang-ster (Eds.), *Advances in Telephone Survey Methodology* (S. 359–384). New York: Wiley Interscience. https://doi.org/10.1002/9780470173404.ch17

Van der Vaart, W., Ongena, Y., Hoogendoorn, A., & Dijkstra, W. (2006). Do interviewers' voice characteristics influence cooperation rates in telephone surveys? *International Journal of Public Opinion Research 18* (4), 488–499. https://doi.org/10.1093/ijpor/edh117

Van Tilburg, T. (1998). Interviewer Effects in the Measurement of Personal Network size a Nonexperimental Study. *Sociological Methods & Research 26* (3), 300–328. https://doi.org/10.1177/0049124198026003002

Vehre, H. (2012). *"Sie wollen mir doch was verkaufen!" Analyse der Umfrageteilnahme in einem offline rekrutierten Access Panel.* Wiesbaden: VS Verlag für Sozialwissenschaften. https://doi.org/10.1007/978-3-531-94236-0

Wagner, J., Valliant, R., Hubbard, F., & Jiang, L. (2014). Level-of-Effort Paradata and Nonresponse Adjustment Models for a National Face-to-Face Survey. *Journal of Survey Statistics and Methodology 2* (4), 410–432. https://doi.org/10.1093/jssam/smu012

Wagner, J., West, B. T., Kirgis, N., Lepkowski, J. M., Axinn, W. G., & Ndiaye, S. K. (2012). Use of Paradata in a Responsive Design Framework to Manage a Field Data Collection. *Journal of Official Statistics 28* (4), 477–499.

Weinberg, E. (1983). Data collection: Planning and Management. In P. Ross, J. Wright, & A. Anderson (Eds.), *Handbook of Survey Research* (S. 329–358). New York, London: Academic Press.

West, B. T. (2011). Paradata in Survey Research. *Survey Practice 4* (4).

West, B. T. & Groves, R. M. (2013). A Propensity-Adjusted Interviewer Performance Indicator. *Public Opinion Quarterly 77* (1), 352–374. https://doi.org/10.1093/poq/nft002

West, B. T. & Olson, K. M. (2010). How much of interviewer variance is really nonresponse error variance? *Public Opinion Quarterly 74* (5), 1004–1026. https://doi.org/10.1093/poq/nfq061

Michael Häder

9   Datenqualität

Auf einen Blick

▸ Um die Qualität von Daten, die mithilfe telefonischer Befragungen gewonnen wurden, zu ermitteln stehen eine Reihe unterschiedlicher Strategien zur Verfügung.

▸ Als besonders taugliche Indikatoren erweisen sich die Summierung der „Weiß nicht" Antworten, die Summierung der Antworten in der Skalenmitte sowie die Streuung der Antworten. Dagegen stellen Rundungen bei Fragen nach nummerischen Angaben sowie die Summierung der „K.A." Kodierungen keine ausreichend zuverlässigen Hinweisgeber auf die Datenqualität dar.

▸ Mithilfe der gefundenen Kriterien lässt sich die Wirkung von Designelementen auf die Datenqualität erkennen. So nimmt beispielsweise ab einer bestimmten Dauer der telefonischen Befragung die Datenqualität ab.

▸ Aus der Analyse der Anzahl und der Position der Abbrüche (Drop-outs) im Fragebogen, können ebenfalls Schlussfolgerungen auf die Qualität des Erhebungsinstruments gezogen werden.

▸ Auch die Nutzung von SD-Skalen, die Ermittlung der von den Befragten subjektiv wahrgenommen kognitiven Belastung durch die Befragung sowie die Einfügung einer Pseudo-Opinion Frage liefern weiterhin Aufschluss über die Datenqualität.

▸ Experimentelle und quasiexperimentelle Designs sind zwar aufwendiger beim Implementieren, sie liefern jedoch ebenfalls wichtige Hinweise auf das Funktionieren der Erhebungsinstrumente und damit auf die Qualität der Daten.

© Springer Fachmedien Wiesbaden GmbH, ein Teil von Springer Nature 2019
S. Häder et al. (Hrsg.), *Telefonumfragen in Deutschland*, Schriftenreihe der ASI – Arbeitsgemeinschaft Sozialwissenschaftlicher Institute, https://doi.org/10.1007/978-3-658-23950-3_9

9.1   Einleitung

Die Bedeutung von Qualität in der Umfrageforschung ist direkt mit der Entwicklung der wissenschaftlichen Methoden verbunden. Dabei lassen sich zahlreiche Dimensionen und Konzepte identifizieren, die historisch unterschiedlichen Ursprungs sind und in der Folge verschiedene Definitionen von Qualität hervorgebracht haben. Dies ist nicht zuletzt dem Umstand geschuldet, dass Umfragen den Anforderungen und Erwartungen von ganz verschiedenen Personenkreisen gerecht werden müssen. So kann insbesondere bei telefonischen Umfragen inzwischen davon ausgegangen werden, dass es sich bei denen, die die Umfragen erheben ('producer') und denen, die sie auswerten ('user'), um unterschiedliche Gruppen handelt (Groves 1989; Krejci 2010). Hinzu kommt die jeweilige (Fach-)Öffentlichkeit, die die Ergebnisse rezipieren soll, eventuelle Reviewer, die als akademische Gate-Keeper von einer Publikation überzeugt werden müssen oder andere Wissenschaftler, die die Daten für Sekundäranalysen zu gleichen oder auch ganz anderen Themen analysieren wollen. Alle diese Gruppen haben nicht nur einen sehr unterschiedlichen Überblick über die einzelnen Stufen und Teilaspekte der Erhebung, sondern eben auch zuweilen sehr unterschiedliche Prioritäten und Vorstellungen bezüglich der Anforderungen, die an die Qualität der Umfrage gestellt werden.

Ziel des Kapitels ist es, den interessierten Leser nicht nur einen einfachen Einstieg in relevante Qualitätsbegriffe von telefonischen Umfragen zu ermöglichen, sondern ihn auch in die Lage zu versetzen, Umfragedaten im Hinblick auf gängige Qualitätskriterien zu überprüfen und gegebenenfalls eigene Erhebungen zu planen. Nach einer kurzen Einführung in die relevanten Begriffe bauen die einzelnen Abschnitte entsprechend der Forschungslogik auf einander auf. Innerhalb der Abschnitte werden dabei die jeweils relevanten Konzepte vertieft sowie eine kurze Zusammenfassung des aktuellen Forschungsstandes gegeben. Handlungsleitende Erkenntnisse werden anhand ausgewählter Ergebnisse aus Beispielstudien verdeutlicht, sodass jeder Abschnitt mit einer kurzen Zusammenfassung relevanter Hinweise endet.

Viele der Konzepte, die hier im Weiteren besprochen werden, stammen ursprünglich aus der englischsprachigen Fachliteratur und sind als Synonyme und Eigenbegriffe auch in den deutschsprachigen Diskurs eingegangen. Aus diesem Grund werden auch im Folgenden die Originalbegriffe verwendet und – soweit es sich anbietet – um deutsche Übersetzungen ergänzt. Schließlich haben zahlreiche Begriffe – wie beispielsweise der ‚sampling error' – je nach Kontext und Autor verschiedene Funktionen in der englischsprachigen Literatur erfüllt, sodass der Versuch, alle Fachausdrücke zu übersetzen, aus Sicht der Autoren nicht im Interesse der Leser sein kann.

9.2 Qualitätsindikatoren

Die Gebrauchstauglichkeit (fitness for use) bzw. die Qualität von Daten kann – je nach Definition – sehr weit gefasst werden. Allen Bestimmungen ist jedoch gemeinsam, dass es darum geht, für einen bestimmten Verwendungszweck die geeigneten Daten zu finden. Dabei können auch die Glaubwürdigkeit, die Relevanz, die Aktualität, die Zugänglichkeit, die Vergleichbarkeit, die Vollständigkeit und die Genauigkeit der Daten als wichtige Facetten der Datenqualität verstanden werden. Ein Teil dieser Facetten gilt allgemein als der nichtstatistische Aspekt der Datenqualität. So wird beispielsweise die Glaubwürdigkeit von Daten mithilfe qualitativer Verfahren erfasst. Bei der Genauigkeit von Daten – und um die soll es in diesem Abschnitt gehen – handelt es sich um den quantifizierbaren Aspekt der Datenqualität. Hier kommt nun der Ansatz vom Total Survey Error (vgl. auch Kapitel 2 in diesem Band) zur Anwendung, um die Datenqualität zu erklären. Bei diesem Ansatz spielen z.B. Messfehler eine wichtige Rolle. Solche Fehler führen dann letztlich zu systematischen Verzerrungen bei der Datenauswertung. Die Forschung bemüht sich nun darum, die Ursachen für solche Fehler aufzudecken und sie schließlich zu vermeiden. Aber auch bereits die Quantifizierung dieser Messfehler und damit die Abschätzung dieses Aspekts der Datenqualität ist sowohl ein Anliegen der Forschung als auch für den Nutzer der Daten von Relevanz. Für eine solche Quantifizierung liegen unterschiedliche Qualitätsindikatoren vor.

Es existiert eine Vielzahl an Strategien, um die Datenqualität zu ermitteln. Auf drei unterschiedliche Möglichkeiten wird hier bei der Vorstellung der Qualitätsindikatoren hingewiesen: 1. Auf der Basis einer einfachen Datenlage soll das Antwortverhalten der Zielpersonen analysiert werden. 2. Mithilfe einzelner zusätzlicher Indikatoren, die in die jeweilige Studie integriert werden, soll die Antwortqualität ermittelt werden. 3. Über ein experimentelles bzw. über ein pseudo-experimentelles Design wird die mit dem jeweiligen Instrument erzielte Datenqualität eruiert. Entsprechend dieser Einteilung ist auch der Abschnitt aufgebaut.

9.2.1 Qualitätskriterien aufgrund einer einfachen Datengrundlage

In einem ersten Schritt ist es das Ziel, geeignete Kriterien für die Ermittlung der Antwortqualität einzelner Zielpersonen in regulären, d.h. in nicht explizit methodisch angelegten (z.b. experimentellen) telefonischen Erhebungen, vorzustellen. Gelänge dies, so ergäbe sich in einem zweiten Schritt die Möglichkeit, beispielsweise Designvarianten einer solchen Befragung auf ihre Wirkung auf die Datenqualität hin zu bewerten. Als Grundlage für die Überlegungen im ersten Schritt soll die Theorie des Satisficing (Krosnick 1991, 1999; Krosnick und Alwin 1987) dienen. Satisficing setzt sich zusammen aus den englischen Wörtern *satisfying* (= befriedigend) und *suffice* (= genügen). Diesem theoretischen Ansatz folgend absolvieren nicht alle Befragten bei ihrer Antwortfindung das Idealmodell des Optimizing. Dieses letztere geht davon aus, dass erstens die Frage richtig verstanden wird, zweitens ein gründlicher Abruf aller für die Beantwortung der Frage relevanten Informationen aus dem Gedächtnis erfolgt, drittens darauf aufbauend ein qualifiziertes Urteil gebildet und dieses schließlich, viertens, vor der Abgabe noch editiert wird. Stattdessen erfolgt eine teilweise deutliche Reduzierung des kognitiven Aufwandes bei der Fragebeantwortung. Dies führt dazu, dass die Antwort nur zufriedenstellend, scheinbar jedoch akzeptabel bzw. lediglich sinnvoll und damit stark willkürlich gegeben wird. Eine solche Antwort ist damit verzerrt und minderwertig. Gründe dafür können auf der Seite der Zielperson mangelndes Interesse am Gegenstand der Studie, eine Ermüdung im Verlauf der Befragung, Nichtwissen und ähnliches sein. Auf der Seite des Umfrageforschers können Fehler im Aufbau des Fragebogens eine Ursache sein.

Weiterhin hat sich in der Literatur eine Unterscheidung zwischen einer schwachen und einer starken Tendenz zu einem solchen Satisficing durchgesetzt. Beim schwachen Satisficing erfolgt z.B. die Wahl der ersten plausibel erscheinenden Antwort aus einer Liste von Antwortmöglichkeiten (Krosnick 1991, S. 216-217; Krosnick und Alwin 1987, S. 202-204) sowie eine mit dem Begriff Akquieszenz bedachte Tendenz. Diese bezeichnet die Zustimmung zu Aussagen unabhängig von deren Inhalt (Krosnick 1991, S. 217-218). Stärkere Ausprägungen von Satisficing (das „Strong satisficing") indes umfassen die inhaltsunabhängige Verwendung der Mittelkategorie von Antwortskalen, die Nichtdifferenzierung der Antworten bei umfangreicheren Fragebatterien mit Ratingskalen, die Abgabe einer „Weiß nicht" Antwort, unabhängig davon, ob z.b. eine Einstellung berichtet werden könnte sowie die zufällige Auswahl einer Antwort aus einer Liste von Antwortmöglichkeit (Krosnick 1991, S. 217-220, vgl. auch Rossmann 2016). Daneben existiert eine ganze Reihe weiterer Möglichkeiten, um die Antwortqualität empirisch zu ermitteln. So ist der Einsatz antwortzeitbasierter Indikatoren zur Bestimmung der Antwortqualität zu diskutieren. Eine weitere Möglichkeit bestünde beispielsweise darin, Antworten auf Fragen zu analysieren, bei denen eine numerische Angabe von den Zielpersonen erwartet wird. Hier kann man aus der Angabe gerundeter Zahlen unter Umständen ebenfalls auf ein Satisficing schließen, während eine exakte numerische Angabe ein Indikator für das Optimizing sein kann. Es besteht die Möglichkeit, verbale Kommentare auf offene Fragen auf ihren Umfang und auf ihre Qualität hin zu untersuchen. Spezielle Skalen können eingesetzt werden, um die Stärke zu ermitteln, in der die Antworten in Richtung auf die soziale Erwünschtheit verzerrt sind usw.

Aber auch auf Forschungslücken ist zu verweisen: „Es ist somit festzuhalten, dass die Satisficing-Theorie in der vorliegenden Form keine präzisen Aussagen darüber erlaubt, unter welchen Bedingungen Befragte welche Antworteffekte zeigen und ob sie dabei jeweils auf distinkte Antworteffekte oder Sätze von Antworteffekten zurückgreifen. Zudem ist unklar, ob Befragte bei der Teilnahme an einer Umfrage eine ganz bestimmte Sequenz durchlaufen, wonach sie zu Beginn motiviert sind und sorgfältig und akkurat antworten und mit zunehmender Dauer und Belastung zunächst zu schwächeren und später zu stärkeren Formen von Satisficing übergehen oder ob das Auftreten und die Stärke von Satisficing vielmehr von den spezifischen Fragen, dem situativen Kontext und der grundsätzlichen Verfasstheit sowie den Prädispositionen der Befragten abhängt." (Rossmann 2016, S. 33).

Um nun die Datenqualität konkret zu quantifizieren, besteht eine Möglichkeit darin, für jede befragte Person einen Wert zu ermitteln, der die Stärke ihrer Tendenz zum Satisficing ausdrückt. Dieses Vorgehen wird in den kommenden Abschnitten anhand der Untersuchung GEDA 2012 des RKI sowie anhand der CELLA-Studien demonstriert. Bei GEDA 2012 handelt es sich bekanntlich um eine inhaltlich-substanzielle Studie, deren Ziele nicht vorranging methodischer Art waren.

Die Analyse der „Weiß nicht" Antworten

Mithilfe einer simplen Zählung von „Weiß nicht" Kodierungen ist es möglich, für jede befragte Person einen Anhaltspunkt für deren Grad an Satisficing-Antworten zu erhalten (zu diesen Count Pocedures vgl. van Vaerenberg und Thomas 2013, S. 206). Es handelt sich hier um eine bereits relativ häufig genutzte Strategie (vgl. Fricker et al. 2005; Green et al. 2001; Heerwegh 2009; Heerwegh und Loosveldt 2002, 2008; Holbrook et al. 2003; Jäckle et al. 2006; Lenzner 2012; Lipps 2007; Lynn und Kaminska 2012; Mavletova 2013; O'Muircheartaigh et al. 2001; Pickery und Loosveldt 1998; Vogl 2013). Dabei wird jedoch nicht für einzelne Fragen des Instruments der Grad an Satisficing ermittelt, sondern eine Aussage ist lediglich auf der Ebene der Befragten möglich.

Aus den Untersuchungen des RKI wurden dazu beispielshaft verschiedene Strategien auf ihre Tauglichkeit hin überprüft. Erstens wird nach „Weiß nicht" Antworten lediglich bei relativ einfachen Fragen gesucht. Laut Krosnick (vgl. Krosnik et al. 2002; Krosnik et al. 1996; Narayan und Krosnik 1996) handelt es sich hier um ein Kriterium für ein starkes Satisficing. Zumeist geht es in der genannten Studie inhaltlich um faktische Angaben, wie beispielsweise bei der Frage „Haben Sie ein Hörgerät?". Bei dieser ersten Vorgehensweise bleiben die „Weiß nicht" Antworten bei relativ schwierigen Fragen, bei denen den Interviewern zudem teilweise bereits vorab der Hinweis „Bei Unsicherheit 'Weiß nicht' wählen" vorgegeben worden ist, außer Acht. Bei komplizierten (Wissens-)Fragen kann es sich bei den abgegebenen „Weiß nicht" Antworten auch um substanzielle Antworten handeln, die gerade Unwissenheit signalisieren. Auch gelten Fragen, die sich eines längeren Fragetextes und/oder einer komplizierten grammatikalischen Struktur bedienen, als schwierig. Die zweite Variante berücksichtigt dagegen alle „Weiß nicht" Antworten bei nahezu allen Fragen. Ausgenommen sind hier dann lediglich solche, über die eine Filterung möglich ist. Diese Vorgehensweise besitzt den Vorteil, dass vorab keine subjektiven Entscheidungen darüber getroffen werden müssen, welche Fragen als „relativ einfach" zu beantworten gelten.

In GEDA 2012 wurden für die erste Vorgehensweise 70 Fragen ausge-wählt, die sich für eine Addition der Häufigkeit der „Weiß nicht" Antworten eignen. Im Ergebnis einer solchen Addition zeigt sich die folgende Vertei-lung (siehe die rechte Seite von Abbildung 9.1): Der Mittelwert liegt bei 0.18 Antworten und der Median bei 0. Es wurden dazu n = 24.391 Fälle betrachtet. Das bedeutet, dass in nur etwa 0.3 Prozent der Fälle eine „Weiß nicht" Antwort bei den relativ einfachen Fragen gewählt worden ist. Bei der zweiten Vorgehensweise gingen die Ergebnisse von 91 Indikatoren in die Analyse ein (siehe die linke Seite von Abbildung 9.1). Der Mittelwert liegt hier bei 1,0 Antworten und der Median ebenfalls bei 1. Es wurden dazu n = 26.520 Fälle betrachtet. Das bedeutet, dass nun bei etwa einem Prozent der gegebenen Antworten ein „Weiß nicht" bei den Fragen gewählt worden ist.

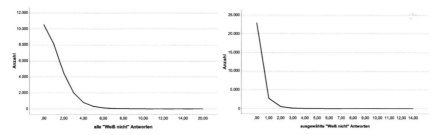

Abbildung 9.1   Verteilung der summierten „Weiß nicht" Antworten bei GEDA 2012

Zur Prüfung der Validität der beiden Strategien werden die Kriterien Alter, die absolvierten Bildungsjahre sowie der durch Selbstauskunft erhobene allgemeine Gesundheitszustand der Befragten herangezogen. Dem liegt der Gedanke zugrunde, dass eine höhere Anzahl an absolvierten Bildungsjah-ren einher geht mit der Fähigkeit zu einem differenzierteren und geübte-ren Denken, mit einer höheren kognitiven Gewandtheit, mit einer stärke-ren Überzeugung von der Notwendigkeit von Umfragen sowie mit einem höheren kognitiven Engagement bei der Beantwortung der Fragen. Auch kann, folgt man Krosnick (1991, S. 223) weiter, davon ausgegangen werden, dass mit einer höheren Anzahl an absolvierten Bildungsjahren auch eine stärkere Neigung zu kognitiven Herausforderungen besteht. Damit sollten mehr Bildungsjahre mit selteneren „Weiß nicht" Antworten einhergehen.

Die physische Konstitution wirkt sich ebenfalls auf die Motivation für die Beantwortung der Fragen aus. Ein als schlecht bewerteter eigener allgemeiner Gesundheitszustand sollte die Wahrscheinlichkeit des Satisficing und damit die Anzahl an „Weiß nicht" Antworten erhöhen.

Im Ergebnis zeigt sich, dass tatsächlich eine höhere Anzahl an absolvierten Bildungsjahren in einer klaren Beziehung steht zu einer geringeren Anzahl an ausgewählten „Weiß-nicht" Antworten (Korrelationskoeffizient r: -0,111, signifikant mit 0,000 und n = 23.797) sowie zu einer geringeren Anzahl an „Weiß nicht" Antworten auch bei allen Fragen (r: -0,07, signifikant mit 0,000). Ein erkennbarer Zusammenhang zwischen dem Alter und der Entscheidung für eine „Weiß nicht" Antwort liegt bei den dafür ausgewählten Fragen nicht vor. Der Gesundheitszustand hängt ebenfalls deutlich mit der Häufigkeit der „Weiß nicht" Antworten zusammen (r: 0,100 bzw. 0,051, jeweils signifikant mit 0,000), wobei auch hier die Häufigkeit bei den ausgewählten, von uns als einfach interpretierten Fragen, einen deutlicheren Zusammenhang aufweisen. Beide Strategien haben sich damit zunächst als geeignet erwiesen, um die Antwortqualität einer Person zu ermitteln. Deutlich wird jedoch auch, dass bei den ausgewählten, d.h. bei den besonders einfach zu beantwortenden Fragen, der Zusammenhang deutlicher hervor tritt. Dieser Indikator der Antwortqualität ist damit, wie zu erwarten war, etwas höherwertiger.

Keine Angabe / Item Nonresponse

Neben den „Weiß nicht" Antworten gelten auch die gewöhnlich mit „k.A." kodierten „Keine Antworten" bzw. „Keine Angabe" als ein nicht substanzielles Antwortverhalten und damit als potenzielle Indikatoren für die Stärke des Satisficing und damit für die Antwortqualität. Entsprechend kann vermutet werden, dass eine Addition auch dieser Kategorien über den Fragebogen hinweg geeignet ist, um als Indikator für die Antwortqualität zu dienen. Dies wird wieder anhand der GEDA 2012 Daten näher vorgestellt. Der Mittelwert der gesamten „K.A." Kodierungen liegt bei GEDA 2012 bei 0,21 Fällen (von n = 26.520 Fällen) und der Median bei 0. Das bedeutet, dass auch hier in nur in etwa 0,3 Prozent der Fragen eine „K.A." Kodierung vorgenommen worden ist. Die Verteilung hat das folgende in Abbildung 9.2 gezeigte Aussehen:

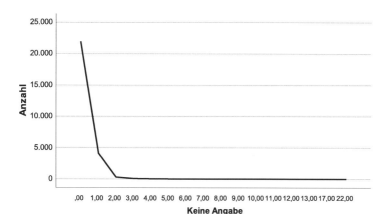

Abbildung 9.2 Verteilung der summierten „K.A." Kodierungen in der Studie GEDA 2012

Im Ergebnis des anschließenden Validierungsversuchs zeigt sich, dass tatsächlich eine höhere Anzahl an absolvierten Bildungsjahren zu selteneren „K.A." Kodierungen (r: -0,017, signifikant mit 0,008 und n = 23.797) führt. Dieser Zusammenhang ist jedoch deutlich schwächer als derjenige, der bei den „Weiß nicht" Antworten ermittelt worden ist. Ein höheres Alter ist mit etwas häufigeren „K.A." Kodierungen (r: 0,048, signifikant mit 0,000 und n = 26.520) verbunden. Beim Vorliegen gesundheitlicher Probleme treten ebenfalls häufiger „K.A." Kodierungen auf (r: 0,015, signifikant mit 0,013). Auch dieser Zusammenhang fällt nur recht schwach aus. Damit ist davon auszugehen, dass die Summe der „K.A." zwar ebenfalls ein Indikator für die Antwortqualität sein kann, jedoch weniger stark bzw. weniger eindeutig als die Summierung der „Weiß nicht" Antworten.

Entscheidung für die Mittelkategorie

Nun wird ein Antwortverhalten als Indikator für die Antwortqualität vorgestellt und beispielhaft überprüft, welches bei der Vorgabe einer ungeraden Zahl an Antwortmöglichkeiten häufig die Mittelkategorie präferiert. Nach Krosnick (Krosnik et al. 1996; Narayan und Krosnik 1996) ist dies wieder ein deutlicher Indikator für ein starkes Satisficing. Verschiedene Autoren haben diesen Weg bereits gewählt, um den Grad an Satisficing zu bestimmen (vgl. z.B. Kieruj und Moors 2010; Lenzner 2012; Lenzner et al. 2010; O'Muircheartaigh et al. 2001; Roberts et al. 2010). Auch die Ergebnisse verschiedener kognitiver Pretestverfahren, wie z.b. dem Category Selection Probing, bei denen offen die Gründe für die Wahl gerade dieser Antwortvariante hinterfragt wurde, sprechen für eine solche Annahme (vgl. M. Häder 2015, S. 404; Faulbaum et al. 2009, S. 67f.). Hier begründeten Zielpersonen auf Nachfrage ihre Entscheidung für eine Mittelkategorie mit dem eigenen Nichtwissen.

Vorausgesetzt wird an dieser Stelle eine empirische Studie, die mit Einstellungsfragen arbeitet, bei denen die Anzahl an Antwortvorgaben ungerade ist und damit eine Mittelkategorie zur Auswahl steht. Dazu können aus der Untersuchung GEDA 2012 des RKI zur Demonstration 16 sehr unterschiedliche Fragen herangezogen werden. Der Mittelwert der summierten Aufzählung beträgt 2,89 und der Median liegt bei 3 (von 16), d.h. es wurde von den Zielpersonen in der Befragung bei diesen Indikatoren durchschnittlich drei Mal die mittlere Kategorie gewählt. Es wurden dazu n = 24.391 Fälle analysiert. Wie in der Abbildung 9.3 zu sehen ist, hat keine Person alle 16 Fragen mit der Mittelkategorie beantwortet, eine beträchtliche Zahl griff hingegen auch nie auf diese Antwortversion zurück. Hier hat die ermittelte additive Verteilung das folgende, in Abbildung 9.3 gezeigte Aussehen:

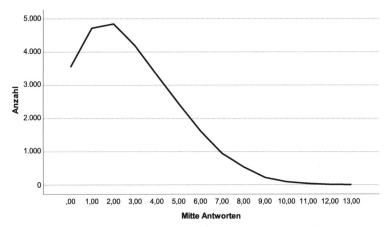

Abbildung 9.3   Verteilung der summierten Antworten in der Skalenmitte bei 16 Fragen aus der Studie GEDA 2012

Im Ergebnis der Validierung anhand der bereits bekannten Kriterien zeigt sich wieder, dass eine höhere Anzahl an absolvierten Bildungsjahren in einer klaren, jedoch sehr schwachen Beziehung steht zu einer weniger starken Bevorzugung der Mittelkategorie (r: -0,080, signifikant mit 0,000 und n = 23.797). Ein höheres Alter ist mit einer häufigeren Bevorzugung der Mittelkategorie (r: 0,26, signifikant mit 0,000 und n = 26.520) verbunden. Schließlich lässt sich ein besonders starker Zusammenhang (r: 0,308, signifikant mit 0,000) ausmachen zwischen dem selbst berichteten Vorliegen von physischen Problemen und der Entscheidung für die Mittelkategorie. Damit stellt auch die Summierung der von einer Zielperson gewählten Mittelkategorien über alle geeigneten Indikatoren einen sehr guten Messwert für die Antwortqualität dar.

Betrachtung der Streuung der Antworten

Ein weiteres Kriterium für die Qualität des Antwortverhaltens stellt die Differenziertheit der abgegebenen Antworten vor allem innerhalb einer umfangreicheren Itembatterie mit Ratingskalen dar. Auch dies ist, so Krosnick, wiederum ein Indikator für ein starkes Satisficing und damit für die Qualität der Antwort.

Vor allem Online-Access Panels stehen vor dem Problem, solche Zielpersonen zu ermitteln, deren Antwortqualität (zu) gering ist und die beispielsweise lediglich durch die Incentives zur Teilnahme an der Befragung motiviert werden. Dabei spielt gerade die Suche nach auffälligen Antwortmustern (Rossmann 2016; Leiner 2013) eine wichtige Rolle, um solche Personen zu identifizieren. Zu nennen wäre das Straightlining (für die Antworten einer Fragebatterie werden stets die gleichen Skalenwerte benutzt) oder die zigzac-Antwortmuster. Diese Muster dürften bei telefonischen Befragungen weniger von Bedeutung sein, da hier die Zielpersonen keinen eigenen optischen Eindruck von den Antwortmodellen haben. Als Indikator für ein differenziertes Antwortverhalten und damit für die Antwortqualität, soll als Streuungsmaß die Standardabweichung genutzt werden. Dazu bieten sich bei GEDA 2012 zwei Fragebatterien an: die eine ermittelt die subjektiven Befindlichkeiten in den vergangenen vier Wochen und nutzt dazu insgesamt neun Items. Eine weitere Fragebatterie fokussiert auf die empfundene Lärmbelästigung in den vergangenen 12 Monaten mit insgesamt sechs Items.

Im Ergebnis der Validierung zeigt sich, dass tatsächlich eine höhere Anzahl an absolvierten Bildungsjahren in einer (wenn auch nur schwachen) Beziehung steht zu einem differenzierteren Antwortverhalten (r: 0,027, signifikant mit 0,000 und n = 23.774 bzw. r: 0,019, signifikant mit 0,003 und n = 23,794) bei den beiden Itembatterien aus der GEDA 2012 Studie. Die Befundlage bei der Differenziertheit der Antworten im Zusammenhang mit dem Alter ist dagegen widersprüchlich. Während mit höherem Alter die erste Batterie differenzierter beantwortet wird (r: 0,100, signifikant mit 0,000 und n = 26.494) ist bei der zweiten Batterie die Tendenz sogar schwach gegenläufig (r: -0,057, signifikant mit 0,000 und n = 26.514). Das physische Befinden steht im erwarteten klaren und dazu auch besonders starken Zusammenhang mit der Differenziertheit des Antwortverhaltens. Dies gilt allerdings lediglich für die erste Antwortbatterie (r: -0,224, signifikant mit 0,000). Menschen, die sich nicht wohlfühlen, antworten, wie es zu erwarten war, weniger differenziert. Bei der Abfrage der Lärmbelastung ist der Zusammenhang jedoch wiederum leicht gegenläufig (r: 0,071, signifikant mit 0,000).

Damit ist das Antwortverhalten nicht bei allen prinzipiell infrage kommenden Indikatorenbatterien dazu geeignet, um über die Datenqualität Auskunft zu geben. So sind die einzelnen Items bei der ersten Batterie – nur diese hat sich schließlich als geeignet erwiesen – unterschiedlich gepolt. In der zweiten Batterie erfolgte keine solche Umpolung. Das bedeutet, dass von Personen, die sich (nicht) von Lärm belästigt fühlen, auch keine Streuung in ihren Antworten zu erwarten ist. Damit stellt in diesem Fall ein differenziertes Antwortverhalten zwangsläufig keinen Indikator für die Antwortqualität dar. Insgesamt liegt ein deutlicher Hinweis auf die Validität dieses Kriteriums der Antwortqualität nur bei der ersten Batterie vor.

Rundung / Heaping

Während es in wohl allen telefonischen Umfragen zu „Weiß nicht" Antworten und zu „K.A." Kodierungen kommen dürfte und es in zahlreichen Studien auch Itembatterien geben wird, die bei den Antwortvorgaben eine Mittelkategorie aufweisen, so kommt es doch in der Umfrageforschung seltener vor, dass offen nach numerischen Angaben gefragt wird. In diesem Fall gelten dann Rundungen als ein Indiz für ein oberflächliches Antwortverhalten und damit als ein möglicher Qualitätsindikator. In der Studie GEDA

2012 waren lediglich drei Fragen enthalten, deren Auswertung in diesem Zusammenhang angezeigt sein könnte. Es ging um das jeweils eigene Körpergewicht, um die Körpergröße sowie um das Einkommen. Als Rundungen werden hier solche Antworten verstanden, die in Zehnerschritten abgegeben worden sind. Es wurde wieder ein entsprechender Summenwert gebildet. Dieser liegt zwischen 0 – also keiner – und drei Rundungen.

Bei der Validierung zeigen sich die überprüften Zusammenhänge jeweils nur sehr schwach. So gehen die Korrelationen bei der physischen Gesundheit in die erwartete Richtung: kranke Personen neigen etwas stärker zu Rundungen (r: 0,026, signifikant mit 0,000). Dies gilt auch für ältere Menschen (r: 0,030, signifikant mit 0,000). Jedoch ist bei den absolvierten Bildungsjahren die festgestellte Tendenz entgegen den Erwartungen: Mit der Anzahl der Bildungsjahre wächst auch die Tendenz, numerische Angaben zu runden, jedoch nur sehr schwach (r: 0,018, signifikant mit 0,006).

Die Nutzung von Rundungen mag zwar damit prinzipiell als ein Hinweis auf eine mangelnde Antwortqualität gewertet werden. Jedoch ist im Falle der Studie GEDA 2012, mit nur drei dafür infrage kommenden Indikatoren, die Eignung nur sehr gering.

Erstes Zwischenfazit

Die Zusammenstellung der Kriterien für die Antwortqualität beruhte bis hierher auf Plausibilitätsüberlegungen, die sich vor allem auf Hinweise aus der Literatur stützten. Außerdem wurden solche Kriterien betrachtet, von denen wohl die meisten in nahezu allen via Telefon geführten Bevölkerungsbefragungen enthalten sein dürften. Die dafür erforderliche Datenbasis war also relativ einfach. Es stellt sich nun die Frage, ob diese Kriterien einen gemeinsamen Sachverhalt, also auf nur einer Dimension messen. Wäre dies der Fall, so könnte ein globaler Qualitätsindex gebildet werden, der dann Auskunft gibt über die Gesamtheit dieser Facette der Datenqualität.

Zu einer empirischen Beantwortung dieser Frage werden die sechs bisher besprochenen Indikatoren miteinander korreliert. Erwartet werden könnte ein starker Zusammenhang zwischen den einzelnen identifizierten Variablen. Dabei handelt es sich bekanntlich um die Summe der „Weiß nicht" Antworten mit zwei Varianten, die Summe der Antworten in der Skalenmitte, die Summe der „K.A." Kodierungen, die Summe der Rundungen und die über die Streuung ausgedrückte Differenziertheit des Antwortverhaltens. Dazu kommen wieder Korrelationsanalysen zum Einsatz. Das Ergebnis (r-Werte, Fallzahlen und Signifikanzniveaus) zeigt die folgende Tabelle 9.1.

Tabelle 9.1   Korrelation der sechs oben identifizierten Kriterien für die Qualität des Antwortverhaltens in der GEDA 2012 Studie

	K.A.	StdAbw	w.n. alle	w.n. Auswahl	Summe Rundungen
Summe Mitte-Antworten	*-0,018* *(0,003)*	-0,691 (0,000)	0,052 (0,000)	0,032 (0,000)	0,024 (0,000)
Summe K.A.-Kodierung	-	*0,018* *(0,003)*	0,075 (0,000)	0,071 (0,000)	*-0,159* *(0,000)*
StdAb	-	-	-0,057 (0,000)	-0,038 (0,000)	*-0,020* *(0,001)*
Summe w.n. Antworten	-	-	-	0,614 (0,000)	*-0,063* *(0,000)*
n	26.520	26.494	26.520	26.520	26.520

Interpretationshinweis: Bei der Korrelation zwischen der Standardabweichung und den übrigen Kriterien deutet das negative Vorzeichen auf ein differenzierteres Antwortverhalten und damit auf eine höhere Antwortqualität hin. Die Befunde, die den Erwartungen nicht entsprechen wurden in der Tabelle *kursiv* gedruckt.

Den Erwartungen *nicht* entsprechen die Zusammenhänge zwischen der Summe der Antworten in der Mitte der Skala und der Summe der K.A. Antworten, dieser hätte positiv sein müssen. Eine höhere Anzahl an K.A. Kodierungen hätte auch mit einem weniger differenzierten Antwortverhalten bei der ausgewählten Indikatorenbatterie einhergehen sollen. Schließlich entspricht auch der Zusammenhang zwischen der Anzahl der Rundungen und der Anzahl der K.A. Kodierungen nicht den Erwartungen. Dies führt zu folgender Vermutung: K.A. Kodierungen werden nicht selten auch dafür genutzt, um beispielsweise aufgrund logischer Kontrollen nachträglich entfernte Werte umzucodieren bzw. um diese zu entfernen. Als Fazit kann davon ausgegangen werden, dass die Summe der K.A. Kodierungen kein besonders geeigneter Indikator für die Antwortqualität ist.

Weiterhin ist auch die Summe der Rundungen im Rahmen der GEDA 2012 Studie kein besonders gut geeigneter Hinweisgeber für die Antwortqualität. Dies dürfte – wie bereits angedeutet – vor allem auf die bei GEDA 2012 mit nur drei relativ kleine Anzahl an solchen Aufgaben innerhalb der telefonischen Befragung zurückzuführen sein. Hierzu ist an dieser Stelle ein verallgemeinerndes Urteil nicht möglich.

Dem stehen einige Befunde gegenüber, die konform zu den Erwartungen sind: Es treten häufiger „Weiß nicht" Antworten bei Personen auf, die auch häufiger die Mittelkategorie gewählt haben und deren Streuung der Antworten in umfangreicheren Fragebatterien weniger differenziert ausfällt. Damit werden die auf Krosnick zurckgehenden Annahmen anhand der gewählten Beispiele weitgehend bestätigt. Der Versuch, die genannten Kriterien zu einem Index zusammenzuführen bleibt jedoch erfolglos. Die festgestellten Zusammenhänge sind zwar (aufgrund der hohen Fallzahl bei GEDA 2012) signifikant, jedoch relativ schwach. Die folgenden Konsequenzen können daraus für das Qualitätsmanagement bei telefonischen Befragungen gezogen werden:

„Insofern die intra-individuelle Variabilität in der Wahl der Antwortstrategie durch Eigenschaften der Befragten als auch den Kontext der Fragen in der Befragung begrenzt wird, kann vermutet werden, dass Befragte in Abhängigkeit von Eigenschaften der individuellen Fragen auf unterschiedliche Mittel zurückgreifen werden, um die Belastungen bei der Fragebeantwortung zu minimieren. Ist ein Befragter beispielsweise auf Grund seiner grundlegenden Fähigkeiten und seiner momentanen Motivation dazu geneigt, die Belastungen bei der Beantwortung der aktuellen Frage stark zu reduzieren, so stehen ihm hierzu in Abhängigkeit von den Eigenheiten dieser Frage mal mehr und mal weniger Möglichkeiten zur Verfügung. Handelt es sich z.B. um eine Fragebatterie mit einer Ratingskala, die eine ungerade Anzahl von Skalenpunkten und die Möglichkeit „weiß nicht" zu antworten aufweist, so kann der Prozess der Fragebeantwortung prinzipiell durch die Abgabe von „Weiß nicht"- oder Mittelkategorie-Antworten sowie durch Straightlining oder die zufällige Auswahl von Antworten minimiert werden. Handelt es sich jedoch um eine offene Frage, so bleibt vermutlich oftmals nur die Wahl zwischen einer „Weiß nicht"- oder einer anderen nichtsubstantiellen Antwort, um eine Vereinfachung der Beantwortung zu erreichen. Bei kategorialen Fragen, die keine „Status quo"- oder Mittelkategorie umfassen und „weiß nicht" als Antwort nicht möglich oder angebracht ist, verbleibt bei Satisficing als Antwortstrategie hingegen lediglich die Auswahl einer zufälligen Antwort." (Rossmann 2016, S. 35).

Diese Argumentation begründet die oben festgestellten, nur schwachen Zusammenhänge zwischen den identifizierten Qualitätskriterien. Mit anderen Worten bedarf es stets verschiedener Kriterien, um die Antwortqualität einer Zielperson zu bewerten.

- Personen, die zum Satisficing tendieren, wenden relativ heterogene individuelle Strategien an. Sie entscheiden sich also entweder dazu, vermehrt „Weiß nicht" Antworten zu geben ODER häufiger die Mittelkategorie zu wählen ODER wenig differenziert zu antworten.

- Es lässt sich somit (leider) aus den oben zusammengetragenen einzelnen Qualitätskriterien kein gemeinsamer Index berechnen, der dann ein Gesamtausdruck der Antwortqualität wäre.

- Damit ist es nicht ausreichend, lediglich einen der genannten Indikatoren für die Beurteilung der Antwortqualität zu benutzen.

- Als besonders geeignete Indikatoren hat sich die Summe der ausgewählten „Weiß nicht" Antworten bei besonders einfach zu beantwortenden Fragen, die Summe der Antworten in der Skalenmitte sowie die Standardabweichung bei einer Indikatorenbatterie mit einer entgegengesetzten Polung der Antwortvorgaben erwiesen.

- Anders als bei Rossmann (2016) wird davon ausgegangen, dass es sich bei der Antwortqualität um eine Größe handelt, die als Kontinuum zwischen den Polen Optimizing und starkes Satisficing dargestellt werden kann. Während Rossmann eine konsequente Unterscheidung zwischen den Zielpersonen vornimmt – er ordnet sie entweder der Gruppe der Optimizer oder der der Satisficer zu – wird hier von der Antwortqualität als einem kontinuierlich ausgeprägten Sachverhalt ausgegangen.

Zweites Zwischenfazit

Ausgerüstet mit diesen theoretisch begründeten und empirisch überprüften Kriterien für die Antwortqualität können jetzt beispielhaft Betrachtungen zum Zusammenhang zwischen dem Design einer telefonischen Studie und der durch die drei Kriterien ausgedrückten Antwortqualität angestellt werden. Die Studien von Galesic und Bosnjak (2009) und von Roberts et al. (2010) legen nahe, dass die Wahrscheinlichkeit für das Auftreten von Saticficing mit der Länge der Befragung wächst. Am Beispiel der Dauer der

Befragung wird mithilfe von Daten der Studie GEDA 2012 demonstriert, wie sich die drei identifizierten Kriterien verhalten.

Eine einfache Gegenüberstellung der drei Kriterien zur Antwortqualität mit der Gesamtdauer der Befragung ergibt bei den GEDA 2012 Daten einen klaren ersten Befund: Je länger das Interview dauert, desto häufiger kommt es zu „Weiß nicht" Antworten (r: 0,123, signifikant mit 0,000 und n = 26.520). Die Befunde zum zweiten Kriterium sind noch eindeutiger und gehen in die gleiche Richtung (r: 0,135, signifikant mit 0,000 und n = 26.520): Mit der Dauer der Befragung steigt auch die Anzahl der Antworten in der Skalenmitte. Schließlich korrespondiert auch die an der Standardabweichung gemessene Differenziertheit der Antworten mit der Länge der Befragung: Je länger das telefonische Interview dauert, desto geringer ist die Streuung der Antworten (r: 0,126, signifikant mit 0,000 und n = 26.494). Dies alles bedeutet mit anderen Worten, dass die Antwortqualität unter der Länge der Befragung leidet. Wie erwartet ermüden die Zielpersonen und greifen zu kognitiv einfacheren Strategien, um sich bei der Antwortfindung zu entlasten, sie geben häufiger „Weiß nicht" Antworten und entscheiden sich vermehrt für die Skalenmitte.

Nun soll weiter beobachtet werden, wie sich die Antwortqualität in Abhängigkeit von der Länge der telefonischen Befragung verändert. Es ist zu erwarten, dass bei Personen, denen es gelingt, die gesamte Befragung in einer kürzeren Zeit komplett zu absolvieren, eine geringere Ermüdung und damit auch eine höhere Antwortqualität vorliegen. Dazu wird an dieser Stelle gezeigt, wie stark der Zusammenhang zwischen der Antwortqualität und der Dauer der Befragung ausfällt, wenn man sich schrittweise anschaut, welchen Einfluss eine kürzere Befragungsdauer auf die drei Kriterien hat. Es werden dazu also jeweils nur Personen ausgewählt, die die gesamte Befragung absolviert haben. Nähere Auskunft geben dazu die folgende Tabelle 9.2 sowie die Abbildung 9.4.

Tabelle 9.2   Korrelationskoeffizienten (r), Signifikanzniveaus (Sign.) und Fallzahlen
(n) der drei Qualitätsindikatoren für das Antwortverhalten bei unterschiedlicher Länge der Befragung am Beispiel von GEDA 2012

Max. Dauer der Befr. (Min.)	r Mitte Antw.	Sign.	r Weiß nicht	Sign.	n	r abw.	Sign.	n
76	0,135	0,000	0,123	0,000	26.520	-0,126	0,000	26.494
...	...	...	...	...	...	...	...	...
35	0,108	0,000	0,032	0,000	23.566	-0,118	0,000	23.543
34	0,100	0,000	0,023	0,001	22.819	-0,114	0,000	22.796
33	0,095	0,000	0,015	0,026	21.776	-0,111	0,000	21.753
32	0,091	0,000	0,008	0,261	20.613	-0,107	0,000	20.592
31	0,076	0,000	-	-	19.144	-0,095	0,000	19.124
30	0,063	0,000	-	-	17.431	-0,085	0,000	17.412
29	0,052	0,000	-	-	15.479	-0,078	0,000	15.479
28	0,035	0,000	-	-	13.360	-0,064	0,000	13.360
27	0,025	0,010	-	-	11.062	-0,052	0,000	11.049
26	0,013	0,213	-	-	8.791	-0,044	0,000	8.780
25	-	-	-	-	-	-0,017	0,157	6.685

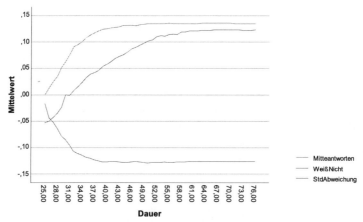

Abbildung 9.4   Korrelationskoeffizienten zwischen der Dauer der Befragung und
den drei Kriterien der Antwortqualität

Es wird deutlich, dass bei einer Befragungszeit von etwa 26 Minuten der
statistisch gesicherte Zusammenhang zwischen erstens den drei genannten

Kriterien, die Auskunft über die Antwortqualität geben, und zweitens der Länge des Interviews verloren geht. Befragungen, die bis zu 26 Minuten lang waren, stellen für die Zielperson keine Belastung dar, die zu einer klaren Tendenz zum Satisficing führt. Dies kann als ein Hinweis auf die im Interesse der Antwortqualität nicht zu überschreitende Befragungsdauer bei einem telefonischen Interview gewertet werden. Wichtig ist zu betonen, dass dieser Befund auf einer großen Stichprobe beruht. Auch ist bekannt, dass das Thema der jeweiligen Befragung einen starken Einfluss auf das Interesse der Teilnehmer an dieser Befragung und damit auf die kognitive Bereitschaft, sich mit den Fragen auseinander zu setzen hat. Eine Verallgemeinerung der Marke von 26 Minuten ist damit ohne weiteres nicht möglich.

Abbrüche

Ein weiteres Kriterium für die Antwortqualität stellt die Anzahl jener Fälle bzw. Personen dar, die das laufende Interview abgebrochen haben. Dabei kann man unterstellen, dass solche Drop-outs ebenfalls ein Qualitätsindikator für die jeweilige Studie sind. Je mehr Personen sich, aus welchen Motiven auch immer, dazu entschließen, die Befragung nicht bis zum Ende zu absolvieren, desto geringer ist die Qualität des gesamten Designs der Erhebung einzuschätzen. Das Kriterium „Abbrüche" kann damit nicht auf das Ausmaß an Satisficing bei den einzelnen Zielpersonen bezogen werden, sondern es gilt als ein Ausdruck für die Qualität des gesamten Instruments.

Betrachtet man die von Bosnjak (2003) entwickelte Klassifikation des Drop-outs, so muss im Zusammenhang mit der telefonischen Befragung vor allem mit dem Typ des Answering Drop-outs gerechnet werden, also mit Personen, die zunächst Fragen beantwortet haben und dann später aus dem Interview aussteigen bzw. dieses abbrechen. Eine Ursache kann das Thema der jeweiligen Frage – des jeweiligen Indikators – sein, das den Anlass zum Drop-out bietet. Auch eine zu große Länge der Befragung gilt als möglicher Auslöser für einen Drop-out. „Ab zehn Minuten durchschnittlicher Länge steigt die Abbrecherquote deutlich an", so stellen Welker, Werner und Scholz bei der Analyse einer online administrierten Befragung fest (2005, S. 79). Eine Übersicht der Drop-outs für die CELLA1-Studie gibt die Abbildung 9.5. Die Darstellung ist so zu verstehen, dass ein Anstieg der Kurve bei einem bestimmten Indikator auf einen (weiteren) Drop-out hindeutet. Entsprechend zeigt ein waagerechter Verlauf an, dass es an dieser Stelle nicht zu Drop-outs gekommen ist.

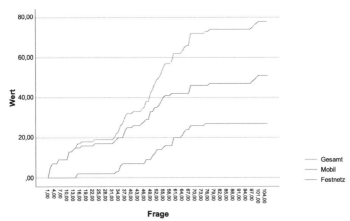

Abbildung 9.5   Drop-outs während der gesamten Mobilfunk- und der gesamten Festnetzbefragung und Drop-outs insgesamt, ungewichteter Datensatz von CELLA1

Auffällig ist zunächst die insgesamt relativ geringe Anzahl an Personen, die das Interview vorzeitig beendet haben. Weiter fällt danach eine deutlich höhere Rate an Abbrechern während der Mobilfunkbefragungen (mittlere Kurve) auf. Klar wird aber auch, dass sich diese Abbrüche vor allem während der ersten Fragen ereignen. Dies wird nun in der folgenden Abbildung 9.6 noch offensichtlicher. Dazu werden lediglich die Abbrüche nach der Frage 15 gezeigt.

Auch hier wird zunächst die noch immer etwas höhere Abbrecherquote bei den Mobilfunkbefragungen wieder deutlich; die entsprechende Kurve verläuft zu allen Zeitpunkten über derjenigen der Festnetzbefragung. Am nahezu parallelen Verlauf beider Kurven wird aber auch ersichtlich, dass es zwischen den Modi in Bezug auf die Abbrüche keine weiteren fundamentalen Differenzen gibt. Dies betrifft erstens den deutlichen Anstieg von Drop-outs bei einem Frageblock, in dem es um den Ausbau der Mobilfunknetze geht. Zweitens lösen jene Indikatoren eine solche Wirkung aus, bei denen um eine Einschätzung darüber gebeten wurden, für wie glücklich oder unglücklich man sein Leben empfindet Indikator 46 bis 59 in Abbildung 9.6). Schließlich lässt sich dies auch bei der SD-Skala (Indikator 75 in Abbildung 9.6) beobachten. Einen anderen Verlauf nehmen die beiden Kurven dann lediglich gegen Ende der Befragung. Hier sind beim Mobilfunkmodus (ab der Frage 97 in Abbildung 9.6) wiederum etwas vermehrt Abbrüche anzu-treffen. Dies betrifft dann vor allem demografische Fragen zur Zielperson.

Abbrüche können damit sowohl als ein globaler Indikator für die Qua-lität des gesamten Designs einer Studie gelten als auch als Anzeiger für Probleme mit einzelnen Indikatoren des Fragebogens fungieren.

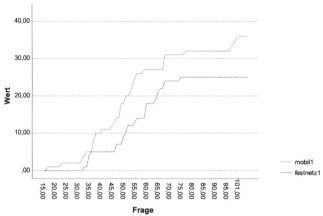

Abbildung 9.6   Drop-outs während der Mobilfunk- und der Festnetzbefragung nach dem 15. Indikator, Ungewichteter Datensatz von CELLA1

9.2.2 Kriterien für die Antwortqualität auf der Grundlage zusätzlicher Indikatoren

Die bis hierher vorgestellten Kriterien basierten auf einer einfachen Daten-grundlage. Bei nahezu allen telefonischen Befragungen sollten z.b. „Weiß nicht" Kodierungen auftreten, es sollte zu Antworten in der Skalenmitte und zu Drop-outs kommen. Daneben bestehen aber noch weitere Möglich-keiten, um Auskunft über die Antwortqualität der Zielpersonen zu erlan-gen. Diese erfordern jedoch – anders als bei den zuvor genannten – eigene, zusätzliche Fragestellungen in das Erhebungsprogramm aufzunehmen.

SD Skalen

Vor allem bei Auskünften über jene Sachverhalte, die als besonders heikel gelten – hierzu zählen in den westlichen Industrieländern beispielsweise die Einkommensfrage, aber auch Angaben zum eigenen Gesundheitsverhalten (vgl. Béland und St-Pierre 2008, S. 297ff.) – ist damit zu rechnen, dass es bei den Zielpersonen zu gewissen Beschönigungstendenzen und damit zu sozial erwünschten Antworten kommt. Das Problem sozial erwünschter Antworten tritt vor allem bei persönlich mündlichen Befragungen auf und wird hier stark durch die Person des Interviewers beeinflusst. Dessen Geschlecht, sein Alter, seine Mimik, seine Kleidung usw. werden von der Zielperson beobachtet und entsprechend subjektiv bewertet. Telefonische Befragungen sind naturgemäß nicht im gleichen Ausmaß von diesem Einfluss betroffen. Jedoch beeinflussen auch hier solche Merkmale wie die Stimme, die Sprechgeschwindigkeit, das Geschlecht und ein möglicher Dialekt des Interviewers das Antwortverhalten der Zielpersonen.

Es wurden Strategien entwickelt, die das sozial erwünschte Antwortverhalten minimieren und zugleich die Zielperson verstärkt dazu bewegen sollen, sich vor allem bei Verhaltensfragen bei ihren Antworten am wahren Wert auszurichten. In diesem Zusammenhang wäre beispielsweise die Randomized-Response-Technik zu nennen (vgl. Warner 1965). Sozial erwünschtes Antworten lässt sich jedoch kaum völlig neutralisieren. In der Umfrageforschung sind deshalb spezielle Skalen entwickelt worden (vgl. Krebs 1991, 1993 und erste Ansätze bereits bei Edwards 1957 und Fordyce 1956), mit denen der Grad an sozial erwünschten Antwortverhalten einer Zielperson ermittelt werden kann. Solche Instrumente erfüllen damit ebenfalls eine Indikatorfunktion für die Qualität der Daten. Ein solches Instrument ist im Rahmen der CELLA1-Studie bei einer telefonischen Befragung eingesetzt worden. Das Instrument ist aus dem Sozio-Ökonomischen Panel (SOEP) entlehnt (vgl. Winkler et al. 2006), welches wiederum eine Skala von Paulhus (1984) weiter entwickelt hat. Dabei werden den Zielpersonen – ursprünglich innerhalb einer computergestützten persönlich-mündlichen Befragung – sechs Items vorgelegt und mit der Aufforderung versehen, diesen auf einer gestuften Antwortskala zuzustimmen oder sie abzulehnen. Die Skala (vgl. Tabelle 9.3) besitzt wiederum zwei Subdimensionen: die der Selbsttäuschung (SDE) und die der Fremdtäuschung (IM). Zur Neutralisierung der Zustimmungstendenz wurden die Indikatoren in beide Richtungen gepolt.

Tabelle 9.3   Zweidimensionale SD-Skala zur Ermittlung des Grades sozial erwünschten Antwortverhaltens

Text der Frage	Subdimension
Mein erster Eindruck von Menschen stellt sich gewöhnlich als richtig heraus.	SDE +
Ich bin mir oft unsicher in meinen Urteilen.	SDE -
Ich weiß immer genau, wieso ich etwas mag.	SDE +
Ich habe schon einmal zu viel Wechselgeld zurückbekommen und nichts gesagt.	IM -
Ich bin immer ehrlich zu anderen.	IM +
Ich habe gelegentlich mal jemanden ausgenutzt.	IM -

SDE: Selbsttäuschung, IM: Fremdtäuschung, Quelle: Winkler, Kroh und Spiess (2006)

Da die Skala bei CELLA sowohl in der Festnetz- als auch in der Mobilfunkbefragung eingesetzt wurden ist, lässt sich so nun beispielsweise das Ausmaß sozial erwünschter Antworten nicht nur pro Zielperson, sondern auch zwischen den beiden Modes vergleichen. Das Ergebnis zeigt die folgende Tabelle 9.4:

Tabelle 9.4   Aus den SD-Skalen gebildete Indices in beiden Modes, Gewichteter Datensatz von CELLA1

SD-Dimension	Festnetz	Mobilfunk	Signifikanzniveau der Mittelwertdifferenz (t-Test)
Selbsttäuschung (SDE)	1,20	1,00	0,75
Fremdtäuschung (IM)	1,18	0,82	0,00
n	1.047	1.024	

Offenbar ergeben sich hier Unterschiede zwischen den beiden Modi Festnetz- und Mobilfunkbefragung. So ist erkennbar, dass die Subdimension Selbsttäuschung jeweils ähnlich stark auftritt. Die Subdimension Fremdtäuschung macht sich jedoch deutlich stärker im Festnetzmodus bemerkbar (für weiteren Analysen vgl. M. Häder und Kühne 2009, S. 175ff.).

Wichtig war an dieser Stelle zu zeigen, dass sich das Ausmaß sozial erwünschten Antwortverhaltens mittels des gezeigten Instruments ermitteln und abbilden lässt. So besteht nun prinzipiell auch die Möglichkeit, bei der Modellierung weiterer abhängiger Variablen mittels Regressionsanalysen die genannten Indices als spezielle Qualitätskriterien bzw. als eine weitere unabhängige Variable einzubeziehen und auf diese Weise zu beobachten, inwieweit ein sozial erwünschtes Antwortverhalten vorliegt.

Kognitive Belastung

Zwei weitere Möglichkeiten zur Ermittlung der Antwortqualität werden hier vorgestellt. Eine erste relativ simple Möglichkeit, das Ausmaß an kognitiver Belastung der Zielpersonen während einer telefonischen Befragung zu bestimmen, besteht in einer mehr oder weniger direkten Abfrage. Es bietet sich an, gegen Ende der Befragung die Interviewpartner darum zu bitten, beispielsweise die folgende Frage auf einer fünfstufigen Skala zu beantworten: „Wie sehr mussten Sie sich bei diesen Fragen konzentrieren?" In der Studie CELLA2 wurde dieser Weg gewählt. Bei CELLA1 gab es eine ähnliche Bitte an die Befragten. Sie lautete: „Zum Schluss möchte ich Sie bitten, mir zu sagen, wie anstrengend Sie dieses Interview alles in allem empfanden." Das dabei bei CELLA1 ermittelte Ergebnis zeigt die Tabelle 9.5. Sie dokumentiert, dass es zwischen der Befragung über das Festnetz und jener über das Handy keine bedeutenden Unterschiede gibt und sie zeigt zugleich, dass die Befragung als nur wenig belastend empfunden wurde.

Tabelle 9.5   Subjektive Einschätzungen der Befragten darüber, inwieweit die Befragung anstrengend war, insgesamt und in beiden Modes, Angaben in Prozent, Gewichteter Datensatz von CELLA1

	Festnetzbefragung	Handybefragung	insgesamt
überhaupt nicht	55,8	54,7	55,2
kaum	31,4	31,9	31,7
teilweise	10,3	11,2	10,8
überwiegend	1,7	1,3	1,5
äußerst anstrengend	0,7	0,9	0,8
n	1.044	1.119	2.164

Erwähnenswert sind noch zwei weitere mittels Regressionsmodellen ermittelte Befunde, bei denen ebenfalls die Antworten auf diese Frage eingeflossen sind: erstens das Ausbleiben eines Mode-Effekts. Für die Erklärung der während des Interviews empfundenen Anstrengung spielt es also keine Rolle, ob die Befragung am Festnetz oder am Mobilfunktelefon stattgefunden hat. Zweitens lassen sich auch keine weiteren Effekte ausmachen, die einen Unterschied bewirken. Weder ein Alters- noch ein Bildungseinfluss sind erkennbar. Dieser Befund deutet darauf hin, dass die Befragten der Studie nicht intellektuell überfordert gewesen sind. Freilich handelt es sich bei der direkten Abfrage um ein relativ grobes Instrument, bei dem auch das Auftreten sozial erwünschter Antworten nicht ausgeschlossen werden kann.

Eine zweite Möglichkeit, die kognitive Belastung während des Interviews indirekt zu ermitteln, besteht darin, die subjektiv empfundene Dauer des Telefoninterviews von der Zielperson am Ende der Befragung schätzen zu lassen und diesen Wert dann dem tatsächlichen, objektiv gemessenen Wert gegenüber zu stellen. Eine Unterschätzung dieser Dauer durch die Zielperson kann so interpretiert werden, dass es sich bei der Befragung um eine eher kurzweilige und damit angenehme, weniger kognitiv belastende Angelegenheit gehandelt hat. Ein Auftreten von Satisficing sollte in einem solchen Fall weniger wahrscheinlich sein. Auch diese Abfrage ist in den CELLA-Erhebungen enthalten gewesen und die damit gewonnenen Einsichten sollen kurz dargestellt werden.

Beim Vergleich der subjektiv empfundenen Länge der Befragung mit der objektiv gemessenen Länge zeigt sich, dass trotz einer objektiv deutlich längeren Interviewzeit der Befragungen im Mobilfunk diese Dauer als wesentlich kürzer eingeschätzt wird (vgl. Tabelle 9.6). Die tatsächlich längere Interviewdauer bei der Handybefragung ist auf den Fakt zurückzuführen, dass einige Befragte am Festnetz einen Frageblock (zur Handynutzung) nicht erhalten haben und hier damit insgesamt weniger Fragen zu beantworten waren.

Tabelle 9.6   Durch die Befragten durchschnittlich geschätzte Dauer der Befragung
und Differenz zwischen der tatsächlichen Dauer und der geschätzten
Dauer, für Festnetz- und Mobilfunkbefragung (in Minuten), Gewichteter Datensatz von CELLA1

	Festnetz	Mobilfunk
Tatsächliche Dauer der Befragung	12,1	14,3
Geschätzte Dauer der Befragung	10,5	10,9
Differenz	1,6	3,4

Die Differenz zwischen der geschätzten und der tatsächlichen Dauer des
Interviews unterscheidet sich zwischen beiden Modi signifikant (M *Festnetz*
= 1,62 < M *Mobilfunk* = 3,39; t = 8,15; p < 0,01). Die Dauer der Interviews am
Mobilfunkgerät werden von den Interviewten nach Abschluss des Interviews
fast dreieinhalb Minuten kürzer geschätzt. Die Interviews am Festnetz werden
ebenfalls kürzer geschätzt als diese tatsächliche angedauert haben. Mit knapp
eineinhalb Minuten fallen diese Schätzungen aber signifikant geringer aus.
Das mag ein Indiz dafür sein, dass aufgrund der damaligen Neuheit von
Mobilfunkbefragungen bei CELLA die Belastung durch eine Umfrage noch
nicht so stark wahrgenommen wird bzw. die entstehenden Kosten (z.B. einer alternativen Zeitverwendung) individuell nicht so zentral erscheinen.
Weiterhin kann der Befund als ein Hinweis darauf gewertet werden, dass
eine Befragung über den Mobilfunk nicht mit einem höheren Ausmaß an
Satisficing verbunden ist.

Pseudo-Opinion

Als ein weiterer Indikator der Antwortqualität kann die Reaktion auf Pseudofragen verwendet werden. Dabei werden Befragungsteilnehmern fiktive
Fragegegenstände präsentiert. Eine Reaktion auf einen fiktiven Fragege-
genstand kann als Form sozialer Erwünschtheit bzw. als Indiz für Satisficing gewertet werden. Je stärker und systematischer diese Effekte in einer
Erhebung auftreten, umso höher sind die Verzerrungen in den Daten bzw.
umso geringer ist die Qualität des Antwortverhaltens der betreffenden Person.

In CELLA1 wurde eine solche Pseudofrage gestellt (vgl. Tabelle 9.7), um Aufschluss über das Vorhandensein von sogenannten Pseudo-Opinions (Reuband 2000, S. 27) zu erlangen.

Tabelle 9.7   Fragetext eines Indikators zu Pseudo-Opinion aus CELLA1

Kennen Sie den Vorschlag des Europäischen Parlaments zum Ausbau eines gemeinsamen europaweiten Mobilfunknetzes vom März dieses Jahres?

Ja

Nein

Weiß nicht

Die Erwartungen gehen dahin, dass die Reaktionen auf die Pseudofragen in der Festnetz- und in der Mobilfunkbefragung gleich stark ausgeprägt sind, dass es also in dieser Hinsicht keine Unterschiede in der Qualität des Antwortverhaltens gibt. Es wird vermutet, dass das Antwortverhalten – auch unter der erforderlichen Kontrolle von Alters-, Bildungs- und Geschlechtseinflüssen – keine Unterschiede zwischen diesen beiden Modi aufweist. Als intervenierende Größe wird die Anwesenheit Dritter während des Interviews als eine mögliche Ursache beispielsweise für Zeitdruck bei der Beantwortung der Fragen in die Modelle einbezogen werden. Insgesamt gaben 16 Prozent der befragten Personen an, diesen fiktiven Gegenstand zu kennen. Der Anteil der Pseudo-Opinions ist bei CELLA somit im Umfang mit dem in anderen Studien durchaus vergleichbar (vgl. Diekmann 1995, S. 386; Noelle-Neumann und Petersen 1996, S. 88, für einen Überblick vgl. Reuband 2000) und bei beiden Modi nahezu identisch: Er beträgt bei der Befragung über das Festnetz 15,5 Prozent und im Mobilfunkmodus 15,6 Prozent. Insofern ist zu erwarten, dass auch unter Kontrolle der anderen Variablen der Einfluss des Instruments unerheblich bleibt. Nähere Auskunft gibt darüber eine logistische Regression (vgl. Tabelle 9.8).

Tabelle 9.8   Ergebnisse der logistischen Regression (odds ratios) zum Auftreten von
Pseudo-Opinions. Die abhängige Variable zum Pseudo-Opinion wurde
dichotomisiert in 0 = Pseudo-Opinion liegt vor, die entsprechende
Frage wurde beantwortet und 1 = Pseudo-Opinion liegt nicht vor, keine
Antwort auf die Frage.

	Odds ratios	
Konstante	21,59	***
Intensität	0,79	***
Zentralität	0,89	**
Modus (1 = Festnetz)	1,07	
Bildungsjahre	0,96	
Geschlecht (1 = männlich)	1,04	
Anwesenheit Dritter (1 = Ja)	0,93	
Alter (in Jahren)	1,00	
n	1.805	
Pseudo-R^2	0,03	

* p <0,05; ** p< 0,01; *** p< 0,001; gewichteter Datensatz

Mithilfe einer Frage zur Intensität und einer Frage zur Zentralität wird in
der CELLA1-Studie die Einstellungsstärke gemessen (vgl. Kühne und M.
Häder 2006, S. 216f.) Es stellt sich heraus, dass Personen mit einer hohen Einstellungsstärke (bei beiden Indikatoren) tatsächlich seltener auf die
Pseudofrage reagieren. Alle anderen Variablen besitzen keinen Einfluss.
Insofern zeigt sich auch hier, dass der Erhebungsmodus ebenso wie die
Anwesenheit Dritter keinen Einfluss auf das Antwortverhalten haben. Das
bedeutet, dass – wie in der Literatur ebenfalls vielfach belegt – bei Umfragen das Antwortverhalten der Zielpersonen auf eine Einstellungsfrage von
der Einstellungsstärke abhängig ist. Weiterhin ist zu vermerken, dass es in
der CELLA-Studie auf diese Weise gelungen ist, diesen Einfluss empirisch
nachzuweisen. Dieser Nachweis hat weiterhin zu der Erkenntnis geführt,
dass die Beeinflussung unabhängig vom Modus der Erhebung ist. Zu weiteren Analysen vgl. Kühne und M. Häder (2009, S. 219ff.).

Drittes Zwischenfazit

Mit der SD-Skala, mit der direkten und der indirekten Abfrage der von den Zielpersonen während der Befragung empfundenen Belastungen bzw. der subjektiv wahrgenommenen Dauer der Befragung sowie mit der Pseudo-Opinion-Frage wurden drei weitere Qualitätsindikatoren vorgestellt. Deren Einsatz erfordert jedoch die Aufnahme zusätzlicher Fragen in das Erhebungsinstrument. Die so gewonnenen Informationen können jedoch sinnvoll genutzt werden, vor allem um im Rahmen von Modellen Effekte der Antwortqualität zu integrieren und diese zu schätzen.

9.2.3 Experimentelle und quasi-experimentelle Designs zur Ermittlung der Antwortqualität

Schließlich bieten auch experimentelle und quasi-experimentelle Ansätze die Möglichkeit, Unterschiede in der Datenqualität beispielsweise zwischen zwei Designvarianten einer Umfrage zu ermitteln. Dieses Vorgehen wurde u.a. bei den CELLA Studien gewählt und kann hier nun daran demonstriert werden. Es geht nicht mehr – wie bisher – darum, Aussagen über die Neigung einzelner Zielpersonen zum Satisficing zu treffen, sondern es soll die Qualität größerer Bestandteile des Instruments, in der Regel einzelner Fragen, eingeschätzt werden.

Bei den experimentellen Ansätzen wird die zu untersuchende Population zunächst zufällig in zwei oder mehr Hälften geteilt. Anschließend werden den so entstandenen Subpopulationen unterschiedliche Varianten des Instruments vorgelegt. Eine gegebenenfalls ermittelte Differenz zwischen den Subpopulationen gibt dann Auskunft über das Vorhandensein und die Stärke möglicher Effekte. Das relativ aufwendige Design dürfte ein gewisser Nachteil dieser Vorgehensweise sein.

Fragereihenfolgeeffekte

Bereits 1948 ist die Umfrageforschung in einer sozialwissenschaftlichen Erhebung auf Fragereihenfolgeeffekte aufmerksam geworden. Hyman und Sheatsley (1950) stellten einer Reihe Personen die Frage, ob es einem kommunistischen Reporter gestattet sein sollte, über seinen Besuch in den Vereinigten Staaten zu berichten. Platzierten sie einen entsprechenden Indikator, nachdem Auskunft darüber eingeholt worden war, ob es denn einem amerikanischen Reporter erlaubt sein sollte, über die Sowjetunion zu berichten, so antworteten 73 Prozent der Befragten mit Ja. Wurde die Fragereihenfolge jedoch verändert, so betrug die Zustimmung nur noch 37 Prozent. Solche Reihenfolgeeffekte können aufgrund verschiedener Ursachen erzeugt worden sein. Bei diesem Beispiel liegt eine wertebasierte Erklärung nahe. Offenbar veranlasst es ein Gebot der Fairness, dass das Recht, welches man einem amerikanischen Reporter zuvor bereits zugesprochen hatte, auch für einen kommunistischen Reporter gelten muss. Damit wird bei der Bildung der Antwort auf die zweite Frage auch die bei der ersten Frage gegebene Antwort berücksichtigt (vgl. auch Dillman 2000, S. 90).

Die Zielpersonen beziehen bei ihrer Urteilsbildung zur Beantwortung der zweiten Frage jene Informationen mit ein, die sie bereits in der oder den vorangegangenen Frage(n) abgerufen bzw. aktiviert hatten. Je stärker nun dieser Einfluss ist, desto stärker sind auch die Antworten verzerrt. Somit kann die Stärke des Reihenfolgeeffekts als ein gewisser Indikator für die Antwortqualität gelten.

Unterschiede im Antwortverhalten können auch aufgrund von Additions- und Subtraktionseffekten verursacht werden. Dies haben Schuman und Presser (1981) anhand der Fragen „Wie würden Sie Ihre Ehe beschreiben?" und „Wie geht es Ihnen denn zur Zeit?" nachgewiesen. Werden Personen zunächst nach ihrer Ehe befragt, so geben sie in der Folgefrage deutlich häufiger an, glücklich zu sein, als im umgekehrten Fall. Der Additionseffekt bewirkt also, dass eine bestehende hohe Zufriedenheit mit der Ehe auf die Bewertung des Lebens allgemein ausstrahlt.

Im Rahmen der CELLA-Studie wurde nach Qualitätskriterien gesucht, um die über das Festnetz geführten telefonischen Befragungen mit jenen zu vergleichen, die über den Mobilfunk erhoben wurden. Die Vermutung geht bei der CELLA-Studie dahin, dass in beiden Modes die kognitiven Prozesse bei der Bildung der Antworten weitgehend identisch ablaufen (vgl. M. Häder und Kühne 2009, S. 201ff.). Sollte es zu Reihenfolgeeffekten kommen, so ist zu erwarten, dass solche Effekte jeweils etwa in der gleichen Stärke in beiden Modi auftreten. Sollte ein Erhebungsmodus qualitativ höherwertige Befunde liefern, so müsste sich dies auch in einem deutlich geringeren Reihenfolgeeffekt ausdrücken.

Dazu wurden bei CELLA1 ein Split sowie eine spezielle Aufgabenstellung an die Befragten vorgesehen: Die Hälfte der Respondenten jedes Modes erhielt die Frage gestellt: „Wenn Sie einmal Ihr Leben betrachten, was würden

Sie sagen, wie glücklich oder unglücklich sind Sie alles in allem?" Für die Antworten wurde eine an den Polen mit „voll und ganz glücklich" bzw. mit „überhaupt nicht glücklich" verbalisierte fünfstufige Skala bereitgestellt. Die andere Hälfte der Befragten sollte sich eingangs zu Dingen äußern, die im Leben entweder als verzichtbar oder als unverzichtbar gelten können. Dabei wurden angesprochen: (1) eine zweiwöchige Urlaubsreise pro Jahr, (2) der Ersatz abgenutzter Möbel durch neue, (3) der Kauf von Markenartikeln, (4) der Erwerb von hochwertigen Lebensmitteln, (5) ein Hobby, (6) finanzielle Rücklagen als Altersvorsorge, (7) Restaurantbesuche mit Verwandten und Bekannten, (8) der Kauf eines neuen Autos sowie schließlich (9) ausreichend disponible Zeit zu haben. Dem schloss sich dann die oben bereits genannte allgemeine Fragestellung zum Glücksempfinden an. Erwartet wurde, dass die Aufzählung in der entsprechenden Splitvariante für einen Subtraktionseffekt sorgt und demzufolge die Abfrage des Lebensglücks im Anschluss an die zahlreichen genannten (angenehmen) Dinge zu einem negativeren Befund führt als bei einem Tausch der Reihenfolge der Fragen.

Betrachtet man alle Befragten, so zeigt sich, dass die globale Beurteilung des Lebensglücks tatsächlich (signifikant) etwas positiver ausfällt, wenn die entsprechende Frage *vor* dem Indikator zur Bewertung der unterschiedlichen Dinge des Lebens gestellt wird. Somit ist es zunächst gelungen, mithilfe des gewählten Designs in der Gesamtstichprobe den entsprechenden Effekt zu erzeugen. Nähere Auskunft gibt dazu die Tabelle 9.9.

Tabelle 9.9   Mittelwerte der fünfstufigen Frage nach dem empfundenen Glück im Leben, insgesamt, in beiden Splitvarianten und in beiden Modes im Vergleich (t-Test), Gewichteter Datensatz von CELLA1

		Vordere Position	Hintere Position	Signifikanz	n
Alle Befragten	2,05	2,00	2,10	0,01	2.171
Festnetzbefragung	2,05	2,05	2,05	0,95	1.033
Mobilfunkbefragung	2,04	1,95	2,12	0,00	1.092

Betrachtet man die beiden Modi separat, so kann festgestellt werden, dass der Effekt nur in einem Modus, nämlich bei den Befragungen über den Mobilfunk, statistisch gesichert auftritt. Wird die allgemeine Frage nach dem Lebensglück *vor* den einzelnen konkreten Aspekten des Lebens gestellt, so wird diese positiver bewertet. Das Auftreten lediglich im Mobilfunkmodus entspricht also nicht ganz den Erwartungen. Es bedeutet, dass nur hier eine schlechtere Datenqualität zu vermuten ist. Man könnte annehmen, dass beispielsweise aufgrund von Ablenkungen gerade bei Handybefragungen eine solche schlechtere Datenqualität zustande kommt. Weitere Einflüsse sollen mit einem linearen Regressionsmodell kontrolliert werden. Dazu werden neben dem Modus und der Splitvariable auch das Einkommen der Zielperson, deren Bildungsjahre, die Anwesenheit Dritter, das Geschlecht sowie das Alter des Befragten in das Modell aufgenommen. Das Ziel ist es dabei zu zeigen, wie groß der Einfluss des Modus der Erhebung auf das Antwortverhalten ist. Die Ergebnisse enthält Tabelle 9.10.

Tabelle 9.10   Ergebnisse einer linearen Regression (Beta) zur Erklärung des Lebens-glücks, gewichteter Datensatz; um den Effekt des Alters deutlicher her-vorzuheben, wird es gruppiert erfasst, dabei bedeuten die Werte 1: bis 24 Jahre, 2: 25 bis 44 Jahre, 3: 45 bis 64 Jahre und 4: 65 Jahre und älter

Variablen	
Konstante	2,14***
Modus (1 = Festnetz)	0,00
Split (1 = allgemeine Frage vorn)	0,15***
Haushaltseinkommen (gruppiert)	-0,05***
Bildungsjahre	-0,02**
Geschlecht (1 = männlich)	-0,06
Anwesenheit Dritter (1 = ja)	0,08
Alter (gruppiert)	0,11***
R^2	0,07
N	2.171

**$p \leq 0,05$, ***$p \leq 0,01$;

Die Ergebnisse sind aufschlussreich und interessant. Wie zunächst bereits vermutet, spielt der Modus alleine keine Rolle bei der Antwortfindung auf die genannte Frage. Besonders wichtig ist es dagegen, an welcher Stelle die Frage im Fragebogen platziert wurde (Variable Split). Auch durch die Auf-nahme weiterer Variablen in das Modell geht dieser Effekt nicht verloren.

Ein wesentlicher Gesichtspunkt bei der Diskussion von Mode-Effekten ist die Anwesenheit dritter Personen, auch während eines telefonischen Interviews. Ein solcher Fakt könnte zu Ablenkungen der Zielperson und damit zu weniger Konzentration bei der Antwortfindung führen. Dies ist, wie in Tabelle 9.10 zu sehen, auch tatsächlich der Fall gewesen. Während es also doch unwesentlich für das Antwortverhalten ist, ob die Befragung über das Festnetz oder über den Mobilfunk erfolgt, spielt die Anwesenheit Dritter während des Interviews – zumindest bei diesem Indikator – eine Rolle bei der Konditionierung des Antwortverhaltens. Erwartungsgemäß spielen die Höhe des Einkommens, das Alter sowie die absolvierten Ausbildungsjahre bei den Antworten ebenfalls eine entscheidende Rolle. Ein höheres Einkommen und eine längere Ausbildung korrespondieren positiv mit einem glücklicheren Leben. Ohne Wirkung ist das Geschlecht.

Wichtig war es an dieser Stelle zu zeigen, wie mithilfe eines Splits ein Fragereihenfolgeeffekt zustande gekommen ist, der dann dazu genutzt werden kann, um die Antwortqualität bei verschiedenen Erhebungsvarianten zu vergleichen.

Skaleneffekte

In der Umfrageforschung geht man davon aus, dass die Zielpersonen bei ihrer Suche nach Informationen zur Beantwortung einer Frage sehr verschiedene Quellen benutzen. Natürlich ist dabei zuerst das eigene Gedächtnis als Ressource zu vermuten. Zusätzlich zu den hier abgelegten Informationen werden aber auch solche Ressourcen genutzt, die beispielsweise aus den präsentierten Antwortvorgaben abgeleitet werden können. Bekannt geworden ist besonders ein Experiment zur Ermittlung der Fernsehdauer. Schwarz und Kollegen (1985) fragten so nach dem durchschnittlichen Fernsehkonsum: „Wie viele Stunden sehen Sie an einem normalen Werktag fern? Bitte benutzen Sie für Ihre Antwort das folgende Schema." Es kamen dafür zwei Varianten (A und B) zum Einsatz. Die Tabelle 9.11 zeigt die beiden verschiedenen jeweils den Zielpersonen vorgelegten Antwortschemata und die dabei ermittelten empirischen Befunde.

Tabelle 9.11   Für die Beantwortung der Frage nach dem Fernsehkonsum vorgesehene Antwortvorgaben und dabei gefundene Verteilungen (in Prozent) Quelle: Schwarz et al. (1985)

Variante A		Variante B	
bis 1/2 Stunde	7,4		
½ bis 1 Stunde	17,7		
1 bis 1 ½ Stunden	26,5		
1 ½ bis 2 Stunden	14,7		
2 bis 2 ½ Stunden	17,7	bis 2 ½ Stunden	62,5
mehr als 2 ½ Stunden	16,2	2 ½ bis 3 Stunden	23,4
		3 bis 3 ½ Stunden	7,8
		3 ½ bis 4 Stunden	4,7
		4 bis 4 ½ Stunden	1,6
		mehr als 4 ½ Stunden	0,0
n = 65		n = 68	

„Die Antwortvorgaben liefern den Zielpersonen ein Referenzsystem für ihre Antworten. Sie interpretieren die Antwortvorgaben und ziehen daraus Schlussfolgerungen für ihr Antwortverhalten" (M. Häder 2015, S. 192).

Falls einer Zielperson nicht genau bekannt ist, wie viel Zeit sie vor dem Fernsehgerät verbracht hat, ist die korrekte Beantwortung der entsprechenden Frage mithilfe des Optimizing Modus für sie mit einem nicht unerheblichen kognitiven Aufwand verknüpft. Die Fernsehdauer müsste aus dem Gedächtnis rekonstruiert werden. Man müsste sich an jeden einzelnen Tag der letzten Woche erinnern und die jeweils vor dem Fernseher verbrachten Stunden zu einer Summe verarbeiten und sie dann schließlich durch sieben dividieren. Weiter müsste überlegt werden, ob die letzten sieben Tage typisch für das reguläre Fernsehverhalten waren und ob es somit berechtigt wäre, einen entsprechenden Wert zu verallgemeinern. Gegebenenfalls müsste die Antwort noch editiert werden. Eine einfachere Alternative bietet sich aber für den Satisticing Modus an. Dabei kommt der mittleren Antwortvorgabe eine besondere Bedeutung zu. Es liegt für die Befragten offenbar die Schlussfolgerung nahe, dass in der Mitte der ihnen präsentierten Antwortskala vom Fragebogenentwickler jene Zeit an Fernsehkonsum angegeben ist, die für den Durchschnitt der Bevölkerung zutrifft. Folgt man dieser Heuristik, so muss von den Befragten lediglich noch ein Urteil darüber gefällt werden, ob man (vermutlich) ebenso viel, mehr oder weniger als der Durchschnitt fernsieht. Entsprechend fällt die Entscheidung für eine Antwortstufe über oder unter der mittleren Kategorie.

Je stärker eine Zielperson auf die ihr vorgelegten Skalen reagiert, desto weniger ruft sie aus dem Gedächtnis relevante Informationen ab. Damit bildet die Stärke der Skaleneffekte einen weiteren Indikator für die Güte der Antworten bei diesem Instrument. Weiter heißt dies, dass ein Vergleich der Skaleneffekte zwischen beiden Modes der CELLA-Studie Schlussfolgerungen auf die Qualität des Antwortverhaltens in beiden Modes zu liefern vermag.

In Anlehnung an das oben vorgestellte Experiment wurde in beiden Modes ebenfalls ein Split vorgesehen. Die Frage lautete: „Nun bitte ich Sie zu schätzen, wie viele Nummern Sie in ihrem Handy gespeichert haben. Sowohl auf der SIM-Karte als auch auf dem Handy gespeicherte Nummern sind einzubeziehen." Dazu wurden drei unterschiedliche Vorgaben herangezogen. Jeder dieser Vorgaben wurden circa 33 Prozent der Befragten zufällig zugewiesen. In der Variante A erfolgte eine offene Abfrage. Die Skalen der Varianten B und C zeigt die Tabelle 9.12.

Die Befunde ergeben große Unterschiede im Antwortverhalten. Dies betrifft sowohl Differenzen zwischen den drei Splitvarianten innerhalb eines Modus als auch zwischen beiden Modi. Zwei Fragen stellen sich: Erstens, handelt es sich um einen wirklichen Mode-Effekt oder haben die über den Mobilfunk interviewten Personen tatsächlich mehr Rufnummern gespeichert als die anderen Befragten? Zweitens, in welchem Modus tritt ein stärkerer Skaleneffekt zutage und damit, in welchem Modus ist mit einer höheren Antwortqualität zu rechnen bzw. ist die Antwortqualität in beiden Modi gleich?

Tabelle 9.12   Beim Split in der CELLA1 Studie zur Ermittlung von Skaleneffekten
benutzte Skalenversionen B und C

Variante B		Variante C	

Hierfür lese ich Ihnen einige Spannen vor, in denen Sie die Zahl Ihrer im Handy
gespeicherten Nummern einordnen können.

		1	Bis 25
		2	Bis 50
		3	Bis 75
1	Bis 100	4	Bis 100
2	Bis 150	5	Mehr als 100 Nummern
3	Bis 200		
4	Bis 250		
5	Bis 300		
6	Mehr als 300 Nummern		
		0	Keine
0	Keine	8	Weiß nicht
8	Weiß nicht	9	Keine Angabe
9	Keine Angabe		
7	Abbruch		

Für die Analysen wird eine neue Variable gebildet, die die Ergebnisse der
drei Splitversionen synthetisiert. Dabei wird lediglich unterschieden, ob
vom Befragten mehr oder weniger als 100 Nummern angegeben worden
sind. Mithilfe einer binär logistischen Regression lässt sich überprüfen,
welcher Einfluss auf den Modus zurückzuführen ist und inwieweit von
Drittvariablen eine Wirkung auf das Antwortverhalten ausgeht. Um die
Intensität der Nutzung des Mobilfunks zu kontrollieren, wurden neben den
üblichen Kontrollvariablen (absolvierte Bildungsjahre, Geschlecht und Alter der Zielperson sowie Anwesenheit Dritter während der Befragung) zwei
weitere Indikatoren einbezogen. Sie geben Auskunft über die Routine, mit
der der Mobilfunk von der Zielperson genutzt wird. Dabei handelt es sich
um eine Frage nach der Dauer, in der das Mobilfunkgerät empfangsbereit ist
sowie um einen Indikator zur Anzahl der auf dem Handy durchschnittlich
eingehenden Anrufe. Tabelle 9.13 zeigt die Resultate der Regressionsbe-
rechnung.

Tabelle 9.13 Ergebnisse der binär logistischen Regression – Exp(B) – zur Erklärung des Antwortverhaltens bei der Frage nach der Anzahl gespeicherter Nummern, gewichteter Datensatz von CELLA1

Variablen	
Konstante	4,79
Bildungsjahre	0,93
Geschlecht (1 = männlich)	0,55
Anwesenheit Dritter (1 = ja)	1,07
Alter (in Jahren)	1,00
Anrufe auf dem Handy	0,53***
Handy empfangsbereit	0,50
Mode (1 = Festnetz)	1,23
Nagelkerkes R^2	0,21
n	2.171

** $p \leq 0{,}05$, *** $p \leq 0{,}01$

Damit lässt sich feststellen: Der Mode-Effekt verliert seinen Einfluss, wenn man die Gewohnheiten beim Umgang mit dem Mobilfunkgerät in das Modell mit aufnimmt. Offenbar besitzen die am Mobilfunkgerät befragten Zielpersonen einen höheren Grad an Routine im Umgang mit dieser Technik. Damit ist es auch nahe liegend zu schlussfolgern, dass sie mehr Rufnummern auf ihren Geräten gespeichert haben als die über das Festnetz befragten Personen. Mit anderen Worten: Die ermittelten Differenzen dürften der Realität nahe kommen und nicht etwa aufgrund des Erhebungsmodus erzeugt worden sein.

Interessante Einsichten verspricht die Antwort auf die Frage nach der Stärke der Skaleneffekte und damit der Antwortqualität in den unterschiedlichen Modes. Als Referenzkategorie wird die offene Abfrage (Version A) herangezogen. Danach werden Korrelationen zwischen der Referenzkategorie (offene Abfragen) und den beiden Varianten B und C berechnet. Das Ergebnis zeigt Tabelle 9.14.

Tabelle 9.14 Ergebnisse der Korrelationsberechnungen (Cramers V) zwischen der Referenzkategorie (A) und den Varianten B und C, Gewichteter Datensatz von CELLA1

	Festnetzbefragung	n	Mobilfunkbefragung	n
A versus B	0,183	453	0,153	724
A versus C	0,088	454	0,139	730

In Tabelle 9.14 verweisen höhere Werte auf einen engeren Zusammenhang zwischen der Referenzkategorie und der jeweiligen Skalenversion. Ein enger Zusammenhang kann wiederum als Indikator für eine höhere Antwortqualität interpretiert werden, da sich die Zielpersonen in diesem Fall offenbar weniger an den ihnen präsentierten Antwortvorgaben orientieren. Wie man sieht, lässt sich das Ergebnis bestenfalls als ein hauchdünner Vorsprung der Mobilfunkbefragung vor der Festnetzbefragung interpretieren.

Die Befragung über das Festnetz erreicht eine nach bestimmten Kriterien deutlich anders strukturierte Personengruppe als die Mobilfunkbefragung. Eine Folge davon sind teilweise deutliche Unterschiede im Antwortverhalten, wie sie unter anderem in der Tabelle 9.13 sichtbar geworden sind. Diese Unterschiede lösen sich jedoch auf, wenn man die entsprechenden Größen kontrolliert.

Sucht man nach Kriterien, um die Qualität des Antwortverhaltens zwischen beiden Modes zu vergleichen, so bietet es sich an, die Skalenvarianten B und C jeweils mit der Referenzkategorie A in Beziehung zu setzen. Auch hier ist die Diagnose beeindruckend: Nimmt man die Variante B als Maßstab, so schneidet die Festnetzbefragung hauchdünn günstiger ab. Nimmt man die Variante C als Maßstab, so ergibt sich ein nur unwesentlich größerer Vorsprung für die Mobilfunkvariante (vgl. Tabelle 9.14). Damit bestätigt sich die vermutete starke Ähnlichkeit zwischen den beiden Erhebungsmodes.

Viertes Zwischenfazit

Die Nutzung der Stärke von Skalen- und Reihenfolgeeffekten als Kriterien für die Qualität des Antwortverhaltens ist methodisch relativ aufwendig. Sie erfordert vor allem die Aufnahme von Splits in das Erhebungsdesign.

Ein solches Vorgehen war für die Beurteilung möglicher Qualitätsunterschiede zwischen telefonischen Befragungen über das Festnetz und den Mobilfunk erforderlich. Vermieden wird mit dieser Strategie jedoch ein sozial erwünschtes Antwortverhalten, was die besondere Attraktivität dieses Vorgehens ausmacht.

Robert Neumann

9.2.4 Antwortreaktionszeiten

Auf einen Blick

▸ Reaktionszeitmessungen ermöglichen die Verbesserung der Datenqualität durch einfache Identifikation von Ausreißern im Interviewverlauf.

▸ Zeitmarken sollten den gesamten Computer-gestützten Interviewprozess lückenlos erfassen und dabei differenziert für jeden einzelnen „Screen" programmiert werden.

▸ Weiterführende Auswertungen von Reaktionszeitmessungen erfordern stets die Berücksichtigung der Basisgeschwindigkeit der Interviewer bzw. Zielpersonen.

▸ Direkte Messungen von Antwortlatenzzeiten durch Interviewer sollten einer Validierung unterzogen werden

Ein bedeutsames Element der Sicherung von Datenqualität bei Umfragen betrifft die Eindämmung des Messfehlers (*measurement error* im TSE, siehe Kapitel 1) bei Fragen, bei denen Zielpersonen geneigt sind, die Unwahrheit zu sagen, zu raten, meinungslos irgendeine zufällige Antwort zu geben oder sozial erwünscht zu antworten. Die bisher genannten Instrumente der SD-Skalen bzw. der experimentellen Versuchsanordnungen wie die der Pseudo-Opinion können in Befragungen jedoch nicht immer eingesetzt werden, denn sie zeichnen sich durch einige Nachteile bei der Datenerhebung und der anschließenden -auswertung aus. So verlängern zusätzliche Items für die SD Skalen die Befragung um die relevanten Items, die die Neigung von Befragten zu sozial erwünschten Antwortverhalten messen sollen. Außerdem weisen die SD-Skalen häufig eine verhältnismäßig niedrige Reliabilität auf, sobald sie für Auswertungen skaliert werden. Split Ballot Designs bieten in der Grundlagenforschung interessante Einsatzmöglichkeiten um methodische Fragestellungen zu untersuchen. In der Praxis verringern solche methodischen Splits die Fallzahlen zur Messung eines Phänomens von Interesse oder lassen die gewonnen Aussagen zweifelhaft erscheinen, sobald sich tatsächlich ein Treatment-Effekt (z.b. durch unterschiedliche Skalenlängen oder Frageformulierungen) einstellt. Besondere Fragetechniken zur Erhebung von heiklen Themen (bspw. Gesundheits- und Risikoverhalten) sind in telefonischen Interviews nur mit großen Schwierigkeiten implementierbar. Außerdem wurde zuletzt gezeigt, dass die Randomized Response Technik bzw. deren Weiterentwicklung (Crosswise Modell) zur Messung heikler Themen messmethodische Artefakte produzieren (Höglinger und Diekmann 2017).

Unter diesen Bedingungen stellt die Messung von Reaktions- bzw. Antwortlatenzzeiten eine zusätzliche Strategie dar, problematische Passagen eines Fragebogens zu identifizieren. Unter der Reaktionszeitmessung versteht man dabei die Messung der Zeit, die ein Proband insgesamt benötigt, um eine gestellte Frage oder einen Fragekomplex zu beantworten. Latenzzeitmessungen beziffern die konkrete Zeitspanne, die nach dem Ende des Vorlesens einer Frage und dem Beginn des Antwortprozesses durch die Zielperson verstreicht (Mayerl und Urban 2007).

Der Leitgedanke hinter der Reaktionszeitmessung ist es, durch die zeitliche Erfassung des Antwortprozesses ein gesamtheitliches Bild des kognitiven Antwortprozesses des Befragten zu gewinnen. Eine vereinfachte Sicht auf den Zusammenhang von Antwortreaktionszeiten und Antwortqualität würde dabei unterstellen, dass extrem kurze und extrem lange Antwortzeiten als Indizien für eine niedrige Antwortqualität anzusehen sind (Couper und Kreuter 2013, S. 272). So lassen sich die Zeitmessungen in der Regel dahingehend nutzen, dass Antworten, die zwei oder drei Standardabweichungen von der mittleren Antwortgeschwindigkeit abweichen, einfach aus den Daten gelöscht werden.

Allerdings bedarf es dabei der Überprüfung, ob die Zeitmessungen auf die Eigenschaften des Items selbst oder auf Befragten-spezifische Eigenschaften zurückzuführen sind. Viele Untersuchungen zeigen, dass ältere Befragte sowie Befragte mit niedrigen Bildungsabschlüssen stets längere Zeit für Antworten benötigen (Yan und Tourangeau 2008). Der Grad der Komplexität der Frage sowie Interviewer-Einflüsse konnten ebenfalls als Einflussfaktoren auf die Antwortreaktionszeit nachgewiesen werden (Überblick in Mayerl und Urban 2007). Aus diesen Zusammenhängen lassen sich aber nicht per se Rückschlüsse auf die Qualität der gegebenen Antwort ziehen.

Dafür existieren verschiedene theoretische Perspektiven, die den Zusammenhang von Reaktionszeiten, Antwortverhalten und potentiellen Messfehlern genauer spezifizieren möchten. Gemäß dem 4-Phasen Modell des Frage-Antwort-Prozesses (Tourangeau 1984) durchlaufen die Befragten die kognitiven Schritte der Comprehension, Retrieval, Judgment und Response Selection. Hier werden längere Antwortzeiten mit problembehafteten Antworten in Verbindung gebracht. So führen Verständnisprobleme der Frage, geringe Zugänglichkeit von Wissensbeständen oder die Anpassung der Antworten an bestimmte Antwortvorgaben zu längeren Antwortzeiten mit potentiell geringerer Datenqualität. Zusätzlich berichten Autoren, dass Befragte, die ihre Meinung während eines Interviews häufig änderten, stets längere Zeit zur Beantwortung von Fragen benötigen. Gleiches galt für Personen mit weniger zugänglichen und deshalb inkonsistenten Einstellungen. Diese Befunde lassen sich auch mit dem Ansatz der dualen Prozessmodelle in Einklang bringen (Fazio et al. 1986; Fazio 1995), wo starke und stabile Einstellungsmuster als zugänglich und schnell verfügbar angesehen werden, sodass schnellere Antworten auf Einstellungsfragen eine höhere Datenqualität zugerechnet wird (Bassili und Fletcher 1991). Kurzum, die Ausprägungen der Reaktionszeiten sollten stets in Verbindung mit den Inhalten der Items interpretiert werden, da sich aus langen und aus kurzen Antwortreaktionszeiten je nach Frageinhalt positive oder negative Rückschlüsse hinsichtlich der Datenqualität ziehen lassen.

Im Vergleich zu den Problemen der zuvor genannten Strategien weisen die Reaktions- bzw. Latenzzeitmessungen eine Reihe von vorteilhaften Eigenschaften auf. Die Messungen der Antwortzeiten können in verschiedenen Modi durchgeführt werden, sobald eine computergestützte Erhebungsmethode verwendet wird. Zeitmessungen sind dann als Paradaten aufzufassen, die im Laufe des Interviewprozesses aufgezeichnet werden. Die Messungen können sehr kostengünstig und vollständig erfasst werden. Die technische Umsetzung der Messung stellt sich durch die Programmierung von Zeitmarken (sog. Time-Stamps) als relativ unproblematisch dar, Aufzeichnungen bis auf Tausendstel-Sekunden sind in Abhängigkeit der verwendeten Befragungssoftware möglich. Außerdem stellt die Methode

ein nicht-reaktives Verfahren dar, da der Informationsgewinn für den Forschenden ohne direkte Beeinflussung der Zielperson erlangt wird.

Für den erfolgreichen Einsatz von Reaktionszeitmessungen lassen sich
zwei notwendige Bedingungen benennen. Die erste Bedingung ist die lü-
ckenlose Berücksichtigung von Zeitmarken auf jeder Seite, auf jedem
Screen oder getrennt für jedes Item eines Fragebogens. Besonders für die
nachträgliche Analyse der Antwortqualität bildet eine blockweise Zeitmessung von mehreren Fragebogenabschnitten oder Item-Batterien meist keine
geeignete Datengrundlage. Der größte Informationsgewinn liegt bei der
Item-spezifischen Reaktionsmessung dann vor, wenn die genestete Struktur der Daten bei der Erhebung der Paradaten berücksichtigt wird. Um die
Nestung aller Antworten innerhalb eines Befragten zu berücksichtigen,
muss gewährleistet werden, dass die Item-spezifischen Messungen sowohl
trennscharf als auch vollständig vorliegen. Im weiteren Verlauf bieten sich
so auch die besten Möglichkeiten, Vergleichsanalysen zwischen den Befragten durchzuführen.

Die zweite Voraussetzung zur Analyse von Antwortreaktionszeiten ist es,
die Item- oder Befragten-spezifischen Reaktionszeiten von der allgemeinen,
durchschnittlichen Basisantwortgeschwindigkeit der Befragten zu bereinigen. Dazu wurden in der Vergangenheit verschiedene Vorschläge und Strategien unterbreitet (Mayerl und Urban 2007; Neumann 2014). Sie beruhen
im Kern auf der Idee, die normale, sprich durchschnittliche Antwortgeschwindigkeit von Befragten bei einfachen, wenig komplexen Fragen zu
ermitteln. Diese als Basisgeschwindigkeit bezeichnete Messgröße wird im
Anschluss genutzt, um die Antwortreaktionszeiten bei einzelnen konkreten
Items auf diese normale Geschwindigkeit hin zu kontrollieren. Dies macht
es einerseits notwendig, die Antwortzeiten ebenfalls bei Standarditems wie
z.b. der Soziodemographie oder einfachen Eisbrecherfragen am Anfang
eines Interviews zu erfassen. Andererseits kann es von Vorteil sein, die
typische Fragegeschwindigkeit von Interviewern ebenfalls als Größe zu erfassen und zur Bereinigung heranzuziehen. Die Verweildauer auf Screens
mit Instruktionen durch die Interviewer stellt eine interessante Informationsquelle dar, die ebenfalls den Frage-Antwort-Prozess reflektiert.

Ist es Ziel des Forschungsvorhabens, einzelne konkrete Sachverhalte unter Zuhilfenahme von Latenzzeitmessungen und somit durch Rückschlüsse
auf den kognitiven Antwortprozess zu untersuchen, bietet sich zusätzlich zur computergestützten Aufzeichnung der Zeitmarken auch die ak-

tive Messung der Antwortreaktionszeit durch Keystrokes der Interviewer an. Entsprechende Schulungen und die Möglichkeiten der Validierung der Messung durch die Interviewer ermöglichen es, diese Erfassung der Zeit zwischen Ende des Vorlesens und dem Beginn des Antwortprozesses auf Fehler hin noch genauer evaluieren zu lassen. Besonders bei Fragen mit sensiblen Inhalten ergeben sich so noch genauere Hinweise auf die Qualität der Antworten.

Empirische Beispiele

Zur Illustration der beschriebenen Einsatzmöglichkeiten werden Daten aus einer Nachbefragung der CELLA2-Studie sowie einer Telefonbefragung des CATI-Methodenpraktikums an der TU Dresden aus dem Jahre 2012 verwendet (zur Studienbeschreibung, siehe Neumann 2014). Im ersten Beispiel wird illustriert, dass Antwortreaktionszeiten mit Indikatoren niedriger Antwortqualität in Beziehung gesetzt werden können.

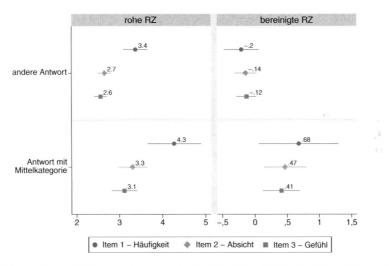

Abbildung 9.7   Mittlere Antwortgeschwindigkeit (und 95%-Konfidenzintervalle) bei Fragen nach individuellem Umweltverhalten, gruppiert nach den Antwortmustern. Die linke Abbildung zeigt die Unterschiede der rohen Reaktionszeiten, die rechte zeigt die Unterschiede der bereinigten Reaktionszeiten.

Bei einer Erhebung zum Thema Umweltverhalten sollten Befragte mit Hilfe einer 5-er Likert Skala angeben, inwieweit sie den Kauf von Bio-Produkten beabsichtigen, ob der Kauf ihnen ein gutes Gefühl vermittelt und wie häufig diese Produkte gekauft werden. Es konnte gezeigt werden, dass Befragte, die als Antwort jeweils die Mittelkategorie wählten, nachweislich länger für die Beantwortung der Fragen benötigten. Abbildung 9.7 zeigt diese Unterschiede sowohl für die rohen Reaktionszeiten, als auch für die bereinigten Reaktionszeiten (bereinigt mittels Residual-Index).

Gleichermaßen wie in der CELLA1-Studie konnte gezeigt werden, dass Befragte für die (falsche) Äußerung einer Pseudo-Opinion längere Zeit für den Beantwortungsprozess benötigten. In einer Mixed-Mode-Nachbefragung der CELLA2-Studie zum Thema Umwelteinstellungen und Umweltverhalten war es ebenfalls möglich zu zeigen, dass Ja-Sage Tendenzen bei Pseudo-Opinions und geäußerte Meinungslosigkeit mit langsameren Antwortreaktionszeiten einhergehen. Diese Befunde unterstellen somit, dass lange Reaktionszeiten stets mit Antworten von niedriger Antwortqualität einhergehen.

Im nächsten Beispiel soll gezeigt werden, wie die Bereinigung der Reaktionszeit um die normale Basisgeschwindigkeit Rückschlüsse auf die Antwortqualität beeinflusst. Bei der Analyse der Antwortqualität bei Items zu den klassischen Vertrauenseinstellungen (generalisiertes Vertrauen, Hilfsbereitschaft, Fairness) lieferte der Vergleich der rohen, unbereinigten Antwortreaktionszeiten den folgenden Eindruck (siehe Abbildung 9.8): Befragte benötigen für Antworten auf das Vertrauens-Item generell länger, sowohl für die vermeintlich „meinungslose" Wahl der Mittelkategorie als auch für die anderen Antwortoptionen. Der Vergleich zwischen den drei Items liefert gar den Befund, dass der Antwortprozess des Vertrauens-Items systematisch längere Zeit in Anspruch nahm als bspw. die Frage nach der Fairness oder Hilfsbereitschaft. Nach der Bereinigung der Antwortreaktionszeiten unter Kontrolle der Basisgeschwindigkeit (hier mit Hilfe des Verfahrens des Residual-Index, siehe Mayerl und Urban 2007, S. 74) zeigt sich aber, dass die Unterschiede in den Antwortzeiten weniger gravierend erscheinen. Die mittleren Antwortgeschwindigkeiten auf die drei Items ähneln sich nun sehr, systematische Unterschiede lassen sich mit Blick auf die überlappenden 95%-Konfidenzintervalle nicht mehr identifizieren.

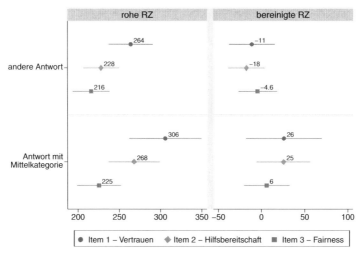

Abbildung 9.8   Vergleich der mittleren Antwortreaktionszeiten für potentiell Meinungslose Befragte, d.h. zwischen Antworten mit der Mittelkategorie und anderen Antwortoptionen. Linke Abbildung zeigt den Vergleich von rohen Antwortzeiten, rechte Abbildung zeigt die um die Basisgeschwindigkeit mittels des Residualindex-Verfahrens bereinigten Reaktionszeiten.

Als letztes Beispiel soll unterstrichen werden, dass die aktive Messung der Antwortzeiten durch die Interviewer in Verbindung mit der im Anschluss durchgeführten Validierung der Messungen durch die Interviewer eine sinnvolle und realisierbare Erhebungsstrategie darstellen kann. Die Interviewer waren instruiert worden, nach dem Vorlesen von zwei Fragen den Vorleseprozess mit einem Tastendruck zu beenden und den Beginn des Antwortprozesses durch die Befragten mit einem erneuten Tastendruck festzuhalten. Nach der Erfassung der Antwort durch den Interviewer sollten diese angegeben, ob die Messung erfolgreich war und welche Gründe dazu aufgeführt werden konnten. Die deskriptiven Auswertungen in Tabelle 9.15 zeigen, dass die Messung bei über 80% der Interviews als erfolgreich eingeschätzt wurde, aber ein nicht zu verachtender Anteil als invalide gekennzeichnet wurde. Für Untersuchungen, die über die bloße Antwortdauer der Items hinausgehen, sollte solche invaliden Messungen ausgeschlossen werden. Im Umkehrschluss erscheint die Schulung der Interviewer und die

Validierung der Messungen als unerlässliche Voraussetzung für verwertbare Messungen.

Tabelle 9.15   Ergebnisse der Validierung der aktiven Zeitmessung durch die Interviewer (durchgeführt während des Interviews).

	n	rel. Häufigkeit (in %)	kumuliert
Zeitmessung war gültig	575	81,56	81,56
Interviewer-Fehler, d.h. ungültige Zeitmessung	38	5,39	86,95
Befragten-Fehler, d.h. Zeitmessung ungültig	92	13,05	100
Total	705	100	

Fünftes Zwischenfazit

Die Messung der Zeit, die Befragte zur Beantwortung von Fragen und Fragekomplexen benötigen, kann eine wertvolle Informationsquelle für Aufbereitung und Analyse von Befragungsdaten darstellen.

Rückschlüsse auf die Datenqualität lassen sich dabei immer nur in Verbindung mit den inhaltlichen Fragestellungen der Items ziehen. Denn: Bei unterschiedlichen Frageinhalten können schnelle oder langsamere Antworten unterschiedliche Schlussfolgerungen im Hinblick auf die Datenqualität bereithalten.

Zeitmessungen sollten stets über den gesamten Fragebogen hinweg und so differenziert wie möglich erfolgen. D.h. die Speicherung der Antwortzeiten für jedes einzelne Item sollte angestrebt werden.

Der blockweise Einsatz von Zeitmarken über mehrere Items hinweg sollte vermieden werden.

Die Analyse spezifischer Antwortmuster sollte immer unter Berücksichtigung der Basisantwortgeschwindigkeit erfolgen. Dafür wird die Zeitmessung auch bei wenig aufwendigen Fragekomplexen benötigt.

Aufwendigere Erhebungsdesigns beinhalten die Messung der direkten Antwortlatenzzeiten durch aktive Messung der Interviewer. Spezielle Schulungen ermöglichen, dass diese manuellen Messungen im Vergleich zur automatisierten Verfahren validere Ergebnisse liefern.

9.3 Literatur

Bassili, J. N. & Fletcher, J. (1991). Response-Time Measurement in Survey-Research -- A Method for CATI and A New Look at Nonattitudes. *Public Opinion Quarterly 55* (3), 331–346. http://doi.org/10.1086/269265

Béland, Y. & St-Pierre, M. (2008). Mode Effects in the Canadian Community Health Survey: A Comparision of CATI and CAPI. In J.M. Lepkowski, N.C. Tucker, J.M. Brick, E. de Leeuw, L. Japec, P.J. Lavrakas, M. W. Link, & R. L. Sangster (Eds.): *Advances in Telephone Survey Methodology* (S. 297-314). New York: Wiley.

Couper, M. P. & Kreuter, F. (2013). Using paradata to explore item level response times in surveys. *Journal of the Royal Statistical Society: Series A (Statistics in Society) 176* (1), 271–286. http://doi.org/10.1111/j.1467-985X.2012.01041.x

Dillman, D. A. (2000). *Mail and Internet Surveys. The Tailored Design Method*. New York: Wiley.

Edwards, A. L. (1957). *The Social Desirability Variable in Personality Assessment and Research*. New York: Dryden.

Faulbaum, F., Prüfer, P., & Rexroth, M. (2009). *Was ist eine gute Frage? Die systematische Evaluation der Fragenqualität*, Wiesbaden, VS Verlag für Sozialwissenschaften.

Fazio, R. H. (1995). Attitudes as Object-Evaluation Associations: Determinants, Consequences, and Correlates of Attitude Accessibility. In R. E. Petty & J. A. Krosnick (Eds.), *Attitude Strength: Antecedents and Consequences* (S. 247-282). Mahwah: Erlbaum.

Fazio, R. H., Sanbonmatsu, D. M., Powell, M. C., & Kardes, F. R. (1986). On the automatic activation of attitudes. *Journal of Personality and Social Psychology 50* (2), 229–238. http://doi.org/10.1037//0022-3514.50.2.229

Fordyce, W. E. (1956). Social Desirability in the MMPI. *Journal of Consulting Psychology 20* (3), 171-175.

Fricker, S., Galesic, M., Tourangeau, R., & Yan, T. (2005). An Experimental Comparison of Web and Telephone Surveys. *Public Opinion Quarterly 69* (3), 370-392. doi: 10.1093/poq/nfi027.

Galesic, M. & Bosnjak, M. (2009). Effects of Questionnaire Length on Participation and Indicators of Response Quality in a Web Survey. *Public Opinion Quarterly 73* (2), 349-360. doi: 10.1093/poq/nfp031

Green, M. C., Krosnick, J. A., & Holbrook, A. L. (2001). The Survey Response Process in Telephone and Face-to-Face Surveys: Differences in Respondent Satisficing and Social Desirability Response Bias. Retrieved from http://users.clas.ufl.edu/kenwald/pos6757/spring02/tch62.pdf

Groves, R.M. (1989). *Survey Errors and Survey Costs*. Wiley & Sons. Hoboken NJ.

Häder, M. (2015). *Empirische Sozialforschung. Eine Einführung*. 3. Auflage. Wiesbaden. Springer VS.

Häder, M. & Kühne, M. (2009). Die Prägung des Antwortverhaltens durch die soziale Erwünschtheit. In M. Häder & S. Häder (Eds.). *Telefonbefragungen über das Mobilfunknetz. Konzept, Design und Umsetzung einer Strategie zur Datenerhebung*, Wiesbaden, VS Verlag für Sozialwissenschaften.

Häder, M. & Kühne, M. (2009). Skaleneffekte, In M. Häder & S. Häder (Eds.). *Telefonbefragungen über das Mobilfunknetz. Konzept, Design und Umsetzung einer Strategie zur Datenerhebung*. Wiesbaden, VS Verlag für Sozialwissenschaften.

Heerwegh, D. & Loosveldt, G. (2002). An Evaluation of the Effect of Response Formats on Data Quality in Web Surveys. *Social Science Computer Review* 20 (4), 471-484. doi: 10.1177/089443902237323

Heerwegh, D. (2009). Mode Differences Between Face-to-Face and Web Surveys: An Experimental Investigation of Data Quality and Social Desirability Effects. *International Journal of Public Opinion Research* 21 (1), 111-121. doi: 10.1093/ijpor/edn054

Höglinger, M. & Diekmann, A. (2017). Uncovering a blind spot in sensitive question research: false positives undermine the crosswise-model RRT. *Political Analysis 25* (1), 131–137.

Holbrook, A. L., Green, M. C., & Krosnick, J. A. (2003). Telephone Versus Faceto-Face Interviewing of National Probability Samples with Long Questionnaires. Comparisons of Respondent Satisficing and Social Desirability Response Bias. *Public Opinion Quarterly* 67 (1), 79-125. doi: 10.1086/346010

Hyman, H. H. & Sheatsley, P. B. (1950). The Current Status of American Public Opinion. In J.C. Payne (Eds.), *The Teaching of Contemporary Affairs. Twenty-first Yearbook of the National Council of Social Studies* (S. 11-34). New York: National Education Association.

Jäckle, A., Roberts, C., & Lynn, P. (2006). *Telephone versus Face-to-Face Interviewing: Mode Effects on Data Quality and Likely Causes*. Colchester: University of Essex.

Kieruj, N. D. & Moors, G. (2013). Response Style Behavior: Question Format Dependent or Personal Style? *Quality & Quantity* 47 (1), 193-211. doi: 10.1007/s11135-011-9511-4

Krejci, J. (2010). Approaching Quality in Survey Research: Towards a Comprehensive Perspective. Sociologický časopis / *Czech Sociological Review* 46, 1011–1034.

Krebs, D. (1991). *Was ist sozial erwünscht? Der Grad sozialer Erwünschtheit von Norbert Schwarz*. ZUMA-Arbeitsbericht 18/1991. Mannheim: GESIS-ZUMA.

Krebs, D. (1993). *Social Desirability: The Collective Conscience? Judging the Degree of Social Desirability in Attitude Items*. ZUMA-Arbeitsbericht 16/1993. Mannheim: GESIS-ZUMA.

Krosnick, J.A. (1991). Response Strategies for Coping with the Cognitive Demands of Attitude Measures in Surveys. *Applied Cognitive Psychology* 5 (3), 213-236. doi: 10.1002/acp.2350050305

Krosnick, J. A. (1999). Survey Research. *Annual Review of Psychology* 50, 537-567. doi: 10.1146/annurev.psych.50.1.537

Krosnick, J. A. & Alwin, D. F. (1987). An Evaluation of a Cognitive Theory of Response-Order Effects in Survey Measurement. *Public Opinion Quarterly* 51 (2), 201-219. doi: 10.1086/269029

Krosnick, J.A., Holbrook, A.L. Berent, M.K., Carson, R.T., Hanemann, W.M., Kopp, R.J., Mitchell, R.C., Presser, S., Ruud, P.A., & Smith, V.K. (2002). The impact of „ no opinion" response options on data quality: non-attitude reduction or an invitation to satisfice? *Public Opinion Quarterly* 66, 371–403.

Krosnick, J. A., Narayan, S. & Smith, W. R. (1996). Satisficing in Surveys: Initial Evidence. In M. T. Braverman & J. K. Slater (Eds.), *Advances in Survey Research: New Directions for Evaluation* (S. 29-44). Jossey-Bass: Wiley.

Lenzner, T. (2012). Effects of Survey Question Comprehensibility on Response Quality. *Field Methods* 24 (4), 409-428. doi: 10.1177/1525822X12448166

Lenzner, T., Kaczmirek, L. & Lenzner, A. (2010). Cognitive Burden of Survey Questions and Response Times: A Psycholinguistic Experiment. *Applied Cognitive Psychology* 24 (7), 1003-1020. doi: 10.1002/acp.1602

Lipps, O. (2007). Interviewer and Respondent Survey Quality Effects in a CATI Panel. *Bulletin de Méthodologie Sociologique* 95 (1), 5-25. doi: 10.1177/075910630709500103

Lynn, P. & Kaminska, O. (2012). The Impact of Mobile Phones on Survey Measurement Error. *Public Opinion Quarterly* 77 (2), 586-605. doi: 10.1093/poq/nfs046

Mavletova, A. (2013). Data Quality in PC and Mobile Web Surveys. *Social Science Computer Review* 31 (6), 725-743. doi: 10.1177/0894439313485201

Mayerl, J. & Urban, D. (2007). *Antwortreaktionszeiten in Survey-Analysen – Messung, Auswertung und Anwendungen.* Wiesbaden: VS Verlag für Sozialwissenchenschaften.

Narayan, S. & Krosnick, J. A. (1996). Education Moderates Some Response Effects in Attitude Measurement. *Public Opinion Quarterly* 60 (1), 58-88. doi: 10.1086/297739

Neumann, R. (2014). Analyse der Antwortqualität durch Reaktionszeitmessungen in CATI Befragungen - Alles eine Frage der Operationalisierung? In M. Häder & R. Neumann (Eds.), *Auswahlprobleme und Antwortverhalten bei Telefonbefragungen – Dresdner Beiträge zur Soziologie, Band 5* (S. 91-136). Münster: Verlagshaus Monsenstein und Vannerdat.

Neyman, J. (1934). On the two different aspects of the representative method: The method of stratified sampling and the method of purposive selection. *Journal of the Royal Statistical Society* 97, 558-625.

Noelle-Neumann, E. & Petersen, Th. (2000). Das halbe Instrument, die halbe Reaktion. Zum Vergleich von Telefon- und Face-to-Face Umfragen. In V. Hüfken (Eds.), *Methoden in Telefonumfragen* (S. 183-200). Opladen: Westdeutscher Verlag.

O'Muircheartaigh, C.A., Krosnick, J.A. & Helic, A. (2001). *Middle Alternatives, Acquiescence, and the Quality of Questionnaire Data.* Chicago: Irving B. Harris Graduate School of Public Policy Studies, University of Chicago.

Paulhus, D. L. (1984). Two-Component Models of Social Desirability. *Journal of Personality and Social Psychology* (46) 3, 598-609.

Pickery, J. & Loosveldt, G. (1998). The Impact of Respondent and Interviewer Characteristics on the Number of "No Opinion" Answers. *Quality & Quantity* 32 (1), 31-45. doi: 10.1023/A:1004268427793

Quatember, A. (1996). Das Problem mit dem Begriff Repräsentativität. *Allgemeines Statistisches Archiv* 80, 236-241.

Reuband, K-H. & Blasius, J. (2000). Situative Bedingungen des Interviews, Kooperationsverhalten und Sozialprofil konvertierter Verweigerer. Ein Vergleich von telefonischen und face-to-face Befragungen. In V. Hüfken, (Eds.), *Methoden in Telefonumfragen* (S. 139-167). Opladen: Westdeutscher Verlag.

Roberts, C., Gillian, E., Allum, N., & Lynn, P. (2010). Data Quality in Telephone Surveys and the Effect of Questionnaire Length: A Cross-National Experiment. *ISER Working Paper Series*, No. 2010-36. University of Essex.

Rossmann, J. (2016). *Satisficing in Befragungen: Theorie, Messung und Erklärung.* Inauguraldissertation zur Erlangung des akademischen Grades eines Doktors der Sozialwissenschaften der Universität Mannheim.

Schouten, B., Cobben, F., & Bethlehem, J. (2009). Indicators for the representativeness of survey response. *Survey Methodology* 35 (1), 101-113.

Schuman, H. & Presser, St. (1981). *Questions and Answers in Attitude Surveys: Experiments on Question Form, Wording, and Context.* San Diego: Academic Press.

Van Vaerenberg, Y. & Thomas, T. D. (2013). Response Styles in Survey Research: A Literature Review of Antecedents, Consequences, and Remedies. *International Journal of Public Opinion Research* 25 (2), 195-217. doi: 10.1093/ijpor/eds021

Vogl, S. (2013). Telephone Versus Face-to-Face Interviews: Mode Effect on Semistructured Interviews with Children. *Sociological Methodology* 43 (1), 133-177. doi: 10.1177/0081175012465967

Warner, St. L. (1965). Randomized Response Technique: A Survey Technique for Eliminating Evasive Answer Bias. *Journal of the American Statistical Association* (60) 1, 63-69.

Winkler, N., Kroh, M., & Spiess, M. (2006). Entwicklung einer deutschen Kurzskala zur zweidimensionalen Messung von sozialer Erwünschtheit. *Discussion Papers 579*. Berlin: DIW Berlin. http://opus.zbw-kiel. de/volltexte/2007/6253/pdf/dp579.pdf.

Yan, T. & Tourangeau, R. (2008). Fast times and easy questions: the effects of age, experience and question complexity on web survey response times. *Applied Cognitive Psychology 22* (1), 51–68. http://doi. org/10.1002/acp.1331

Tobias Gramlich, Martin Liebau & Jürgen Schunter

10   Die Berechnung von Responseraten

Auf einen Blick

▸ Die Anzahl der Interviews oder eine Responserate einer Erhebung wird oft als das Gütekriterium einer Befragung wahrgenommen und kommuniziert: Je größer die Anzahl an Interviews und je höher eine Responserate, desto aussagekräftiger und belastbarer seien Ergebnisse einer Erhebung. Dabei bleibt unberücksichtigt, dass im Modell des Total Survey Errors viele weitere Faktoren neben einer Responserate Einfluss auf die Qualität einer Erhebung und auf die Aussagekraft der Ergebnisse haben. Zudem bleibt dabei unberücksichtigt, dass Responseraten unterschiedlich berechnet werden können.

▸ Wichtig ist daher die transparente und detaillierte Beschreibung der Art und Weise der Berechnung einer Responserate und eine ausführliche Diskussion, welchen Einfluss die wenigen oder vielen Nonrespondenten auf berichtete Ergebnisse haben könnten.

▸ Bereits bei der Planung der Erhebung muss eine explizite und detaillierte Definition und Beschreibung der Grundgesamtheit und der Zielpopulation der Erhebung vorliegen. Diese genaue Definition ist wichtiger Bestandteil für die Einteilung der Kontaktergebnisse und Grundlage der Berechnung einer Responserate.

▸ Das Ziel der eindeutigen Feststellung, ob ein Element der Stichprobe zur Zielpopulation gehört oder nicht, soll bereits in der Planung des Ablaufs einer Erhebung und des Erhebungsinstrumentes (v.a. in der Kontaktphase) berücksichtigt werden. Nach Abschluss der Erhebung soll die Anzahl der Rufnummern mit unklarem Status möglichst gering sein.

▸ Es muss eine Entscheidung getroffen und dokumentiert werden, wie mit Rufnummern mit ungeklärtem Status umgegangen wird. Eine „eligibility rate" muss explizit und nachvollziehbar beschrieben und dokumentiert werden. Außerdem sollen Ergebnisse präsentiert und diskutiert werden, wie sich eine Responserate verändert, je nachdem, wie mit Fällen mit ungeklärtem Status umgegangen wird.

© Springer Fachmedien Wiesbaden GmbH, ein Teil von Springer Nature 2019
S. Häder et al. (Hrsg.), *Telefonumfragen in Deutschland*, Schriftenreihe
der ASI – Arbeitsgemeinschaft Sozialwissenschaftlicher Institute,
https://doi.org/10.1007/978-3-658-23950-3_10

▸ Zur Berechnung von Responseraten soll das Kontaktergebnis mit dem höchsten Informationsgehalt für eine eindeutige Kategorisierung einer Rufnummer festgestellt und verwendet werden („finales" Kontaktergebnis, das nicht in allen Fällen gleich dem Ergebnis des letzten Kontaktversuchs ist). Das Ziels der eindeutigen Feststellung des finalen Kontaktergebnisses sollte bereits in der Planung des Ablaufs einer Erhebung berücksichtigt werden.

▸ Beim Einsatz mehrerer separater Stichproben sollten Responseraten nicht insgesamt, sondern für jede Stichprobe einzeln berechnet und berichtet werden.

10.1 Nonresponse im Modell des Total Survey Error

Im Modell des Total Survey Error stellt Nonresponse nur einen Teil von vielen möglichen Fehlerquellen dar. In der öffentlichen und fachlichen Wahrnehmung ist Nonresponse häufig jedoch das zentrale Element, an dem die Qualität einer Erhebung bemessen wird. Die Höhe einer Responserate und die Diskussion darüber, ob diese Zahl hoch oder niedrig sei (und ob eine ggf. niedrige Zahl nun schlecht oder nicht so schlimm sei), steht dabei oft im Mittelpunkt.

Nonresponse bezeichnet den Umstand, dass nicht alle Elemente einer Bruttostichprobe ein Interview führen („Unit-Nonresponse") und nimmt auch deshalb einen solchen prominenten Platz in der öffentlichen Wahrnehmung und der fachlichen Auseinandersetzung ein, weil es das auffälligste und auch spürbarste Problem in der Umfrageforschung darstellt. Alle Erhebungen sind von Nonresponse betroffen.[1] Während sich die Literatur uneinig darüber ist, ob Auswirkungen von Nonresponse tatsächlich zunehmen, berichtet diese einheitlich, dass das Ausmaß von Nonresponse gestiegen ist. Zumindest jedoch sind mehr Mittel und Anstengungen notwendig, um das Ausmaß an Nonresponse nicht weiter zunehmen zu lassen (vgl. Engel und Schmidt 2014). Während andere mögliche Fehlerquellen im Rah-

---

[1] Selbst der Mikrozensus, für den eine gesetzliche Teilnahmepflicht besteht, berichtet Unit-Nonresponse in Höhe von rd. 4% aller Haushalte. Auch bei einzelnen Fragen, für die im Mikrozensus Auskunftspflicht besteht, wird für 2015 Item-Nonresponse von 3 % berichtet (2006 noch „unter 10%", bei bestimmten Fragen – ohne Auskunftspflicht – sogar bei 24%).

men des Total Survey Error Modells oft implizit und unbemerkt, aber eben nicht ohne Auswirkungen bleiben, ist Nonresponse offensichtlich, da nicht für alle Elemente der Bruttostichprobe ein Interview realisiert werden kann. Für solche „Ausfälle" gibt es verschiedene Ursachen, z.b. wenn eine Telefonnummer nicht (mehr) in Verwendung ist, die Nummer zwar vergeben, aber nicht zu einem Haushalt führt oder im Haushalt keine Person der Zielpopulation lebt, die Kontakt- oder auch Zielperson Auskünfte oder ein Interview verweigert, trotz mehrfacher Kontaktversuche niemand erreichbar ist, usw.

Seinen Ausdruck findet Nonresponse in einer Responserate einer Erhebung. Diese entspricht dem Verhältnis aus der Anzahl erfolgreicher Interviews und der Anzahl angestrebter Interviews. Hier existieren verschiedene Begriffe, Definitionen und Berechnungsarten einer Responserate, so dass oft weitere genauere Beschreibungen und Dokumentationen notwendig sind, damit deutlich wird, was eine Responserate tatsächlich wiedergibt und die Höhe einer Responserate beurteilt und verglichen werden kann.

Eine Responserate sollte daher v.a. nachvollziehbar und gut dokumentiert berechnet und berichtet werden. Nicht nur die Responserate selbst, sondern auch die Art und Weise ihrer Berechnung ist wichtiger Bestandteil der Dokumentation einer Erhebung (siehe dazu auch Kapitel 6 und 12).

Eine Möglichkeit einer transparenten und nachvollziehbaren Berechnung und Dokumentation einer Responserate stellen die Empfehlungen der AAPOR dar, die im späteren Verlauf dieses Kapitels beschrieben werden.

10.1.1 Responseraten und Nonresponsebias

Nonresponse verringert zunächst die Anzahl der Interviews:

$$n_{\{Interviews\ ohne\ Nonresponse\}} > n_{\{Interviews\ bei\ Nonresponse\}}$$

und damit auch die Präzision der Ergebnisse im Vergleich zu einer Stichprobe ohne Nonresponse. Konfidenzintervalle um einen Schätzwert für den Wert in der Grundgesamtheit sind durch die verringerte Fallzahl größer. Eine durch Nonresponse verringerte Fallzahl (und die damit verringerte Präzision einer Schätzung) ist auch ohne Verzerrungen durch Nonresponse dann sehr schnell bedeutsam, wenn das interessierende Merkmal eine große

Varianz aufweist und/oder wenn das Interesse einer Erhebung im Vergleich verschiedener Subgruppen liegt.[2]

Nonresponse betrifft dadurch nicht nur statistische Effizienz, sondern hat auch Auswirkungen auf monetäre Kosten und Zeit, wenn z.B. mehr Interviewer in einer längeren Feldzeit die gleiche angestrebte Anzahl an Interviews realisieren sollen.

Daneben bedroht Nonresponse die Möglichkeit, Aussagen über die Teilnehmer einer Befragung hinaus bezüglich einer Grundgesamtheit zu machen, wenn sich Nichtteilnehmer von Teilnehmenden systematisch unterscheiden. Ein solcher Nonresponsebias ist formal definiert als:

$$B\left(\bar{y}_{Respondenten}\right) = \left(1 - RR\right) * \bar{y}_{Respondenten} - \bar{y}_{Nonrespondenten} \tag{1}$$

Gleichung (1) besteht aus zwei Teilen: Eine Verzerrung im Mittelwert bei Nonresponse (d.h. nur aufgrund der Respondenten) bemisst sich aus dem Anteil der Nonrespondenten in der Stichprobe (gleich 1 minus einer Responserate) multipliziert mit der Differenz zwischen den Mittelwerten von Respondenten und Nonrespondenten.

Eine systematische Verzerrung durch Nonresponse (Nonresponsebias) hängt also nicht von der Anzahl der Interviews ab, und auch nicht allein von einer Responserate, sondern auch vom Unterschied zwischen Respondenten und Nonrespondenten. Wenn sich Merkmale von Respondenten und Nonrespondenten nicht unterscheiden, liegt keine systematische Verzerrung durch Nonresponse vor, auch bei kleiner Responserate. Andererseits kann auch bei mittlerer oder hoher Responserate eine Verzerrung durch Nonresponse beträchtlich sein, wenn sich Nonrespondenten deutlich von Respondenten unterscheiden. Da in aller Regel wenig bis keine Information über Nonrespondenten einer Erhebung bekannt ist, konzentrieren sich Sorgen v.a. auf den quantifizierbaren Teil in Gleichung (1), die Responserate.

Abbildung 10.1 zeigt diesen Zusammenhang zwischen Responserate, Unterschied zwischen Respondenten und Nonrespondenten und resultierendem Nonresponsebias anschaulich: Auf der x-Achse ist die Nonresponse-

---

2   Beides, die Anzahl Interviews und die Varianz des interessierenden Merkmals gehen in die Formel zur Berechnung eines Konfidenzintervalls ein: z.B. beim 95%-Konfidenzintervall um einen Mittelwert eines Merkmals x aus einer Zufallsstichprobe $x \pm 1,96 * \sqrt{\dfrac{\sigma^2}{n}}$.

rate (d.h. 1-Responserate) abgetragen, auf der y-Achse die relative (absolute) Differenz zwischen Respondenten und Nonrespondenten. Der resultierende relative Nonresponsebias ist in verschiedenen Grauschattierungen dargestellt. Deutlich ist der große helle Bereich eines vergleichsweise niedrigen relativen Nonresponsebias, solange einer der beiden Faktoren – Nonresponserate oder Unterschied zwischen Respondenten und Nonrespondenten – klein ist.

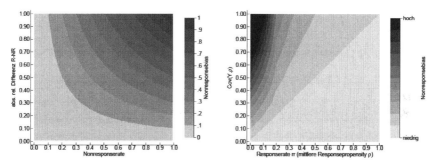

Abbildung 10.1 Zusammenhang zwischen (Non-)Responserate und Nonresponse-bias

Eine zweite, allgemeinere Definition eines Nonresponsebias bezieht sich auf den Zusammenhang zwischen der Teilnahme an der Befragung (der sog. response propensity ρ) und einer abhängigen Variable Y in der Grundgesamtheit:

$$B\left(\overline{y}_{Respondenten}\right) = \frac{1}{\rho} * Cov\left(Y, \rho\right) \qquad (2)$$

Auch diese Gleichung besteht aus zwei Termen: Ein Merkmal ist dann durch Nonresponse verzerrt, wenn die Teilnahme an der Befragung mit diesem Merkmal korreliert und eine Verzerrung ist dann groß, wenn die Korrelation hoch ist und wenn die mittlere Teilnahmewahrscheinlichkeit ρ – geschätzt durch die Responserate der Erhebung – niedrig ist. Auch hier ist also deutlich, dass weder eine hohe Responserate unverzerrte Schätzwerte garantiert, noch dass bei niedrigen Responseraten notwendigerweise auch Bias vorliegt.

Zur Abschätzung eines möglichen Nonresponsebias wird nun aber v.a. Gleichung (1) verwendet und werden in der Praxis oft Vergleiche zwischen den aus der Stichprobe (der Respondenten) geschätzten Werten und bekannten Werten der Grundgesamtheit (z.B. aus dem Zensus oder Mikrozensus) herangezogen. Da für die eigentlich interessierenden Merkmale einer Erhebung die Werte und Verteilungen in der Grundgesamtheit eben nicht bekannt sind (und aus einer Stichproben geschätzt werden sollen), müssen diese Vergleiche auf auch für die Grundgesamtheit verfügbaren Merkmalen beruhen: Das sind dann oft Vergleiche anhand weniger soziodemographischer Merkmale, z.B. Alter, Geschlecht, Bildung, räumliche oder regionale Merkmale wie Bundesland, usw. Da Verzerrungen aber merkmalsspezifisch sind, liefern solche Untersuchungen Aufschluss über einen Nonresponsebias dann auch nur für diese Merkmale oder wenige andere, die mit soziodemographischen Merkmalen korrelieren.

Aufgabe und Ziel einer Feldsteuerung muss daher sein, den Nonresponsebias insgesamt zu minimieren, d.h. einerseits eine möglichst niedrige Nonresponserate zu erzielen, und bei der andererseits Unterschiede zwischen Respondenten und Nonrespondenten gering sind. Um möglichst belastbare Aussagen über Verzerrungen durch Nonresponse treffen zu können, müssen ggf. zusätzliche Merkmale erhoben werden, für die bekannte Werte in der Grundgesamtheit vorliegen und die mit den eigentlich interessierenden Merkmalen der Erhebung korrelieren.

10.2   AAPOR-Codes der verwendeten Kontaktergebnisse

Der Berechnung einer Responserate liegt die Einteilung aller Kontaktergebnisse in vier (Haupt-) Kategorien zugrunde. Diese Hauptkategorien können in weitere Unterkategorien unterteilt werden. Während eine feingliedrige Unterteilung für die Einsatzsteuerung von Interviewern und Rufnummern während der Feldzeit sinnvoll ist sowie eine transparente Dokumentation des Feldgeschehens ermöglicht, ist für die nachvollziehbare Berechnung von Responseraten eine Einteilung in die vier Hauptkategorien zunächst ausreichend.

Wesentlich für eine Berechnung von Responseraten ist die Einteilung jeder Rufnummer in genau eine dieser vier Gruppen:

A: Diese Kategorie umfasst die Rufnummern, unter denen Interviews mit Angehörigen der Zielpopulation geführt wurden. Ob und ab wann Teilinterviews als Interview zählen (oder andernfalls als Abbruch) muss genau festgelegt und dokumentiert werden.

B: Eine zweite Gruppe von Kontaktergebnissen umfasst alle Rufnummern von Angehörigen der Zielpopulation, mit denen aus verschiedenen Gründen kein Interview geführt werden kann. Das sind also Nonrespondenten, z.b. Verweigerungen, nicht erreichbare Personen oder Personen, die prinzipiell teilnahmegeeignet sind, aber aus verschiedenen Gründen nicht teilnahmefähig, usw.[3] Hier ist die genaue Definition der Grundgesamtheit ausschlaggebend. Auch Interviewabbrüche (im Unterschied zu Teilinterviews) gehören in diese Kategorie.

C: Rufnummern, unter denen keine Angehörigen der Zielpopulation erreichbar sind, bilden eine dritte Gruppe. Dazu gehört der bei RDD-Designs oft hohe Anteil an erzeugten Ziffernfolgen, die keine Rufnummern, d.h. nicht geschaltet sind.[4] Einen weiteren Teil machen hier Rufnummern aus, die zwar vergeben und in Verwendung sind, die aber nicht für Telefonie verwendet werden (z.b. Faxgeräte, Modems, M2M-Kommunikation usw.). Zu dieser Kategorie gehören z.b. auch vergebene Telefonnummern, unter denen auch ein Telefon klingelt, dann aber keine Person der Zielpopulation erreichbar ist (z.b. keine Personen mit einem bestimmten die Grundgesamtheit definierenden Merkmal: Alter, Geschlecht, Krankheiten, Berufe, usw.). Dazu gehören auch z.b. rein geschäftlich genutzte Telefonanschlüsse. Unter diesen Nummern kann also kein Interview mit einer Person der Zielpopulation geführt werden. Rufnummern aus dieser Kategorie werden oft auch als „(stichproben-) neutrale Ausfälle" bezeichnet.

---

3   Das trifft auch für die in Deutschland gebräuchlichsten Varianten und Modifikationen der in den USA verbreiteten RDD-Stichprobendesigns zu, vor deren Hintergrund die AAPOR Empfehlungen für telefonische Erhebungen verfasst hat. Zu den in Deutschland verbreiteten Auswahlgrundlagen für telefonische Erhebungen siehe Kapitel 4.

4   Diese Fälle stellen tatsächlich eine Ausnahme dar. Wenn unter einer Rufnummer weiter nach Angehörigen spezieller Populationen gescreent werden müsste, könnte auch ein erfolgreich abgeschlossenes, aber negatives Screening als (Teil-)Interview gewertet werden – und so eine berichtete Responserate deutlich erhöhen. Solche Entscheidungen sollten diskutiert und dargestellt und verschiedene Responseraten berichtet werden.

D: Die Kategorien A, B und C sind zunächst exhaustiv und prinzipiell über-
schneidungsfrei: Jede Rufnummer einer Stichprobe kann in genau eine
der Kategorien A, B, C eingeteilt werden. In der Praxis kann aber auch
nach mehrfachen Anruf- und Kontaktversuchen nicht sicher entschieden werden, ob eine Nummer in Kategorie B oder C zuzuordnen ist:
Z.B. wenn Signaltöne oder Ansagetexte von Anrufbeantwortern keine
eindeutige Entscheidung zulassen, ob eine Rufnummer tatsächlich vergeben ist oder nicht, oder ob hinter einer geschalteten Rufnummer dann
tatsächlich Angehörige der Zielpopulation erreicht werden können. In
der Praxis (insbesondere bei telefonischen Erhebungen mit einem RDD-
Design) machen Rufnummern mit ungeklärtem Status daher einen großen Teil der Stichprobe aus. Diese Rufnummern werden in einer eigenen
Kategorie zusammengefasst. Je nach Auswahlgrundlage, Zielpopulation
und Erhebungsdesign ist die Anzahl der Nummern aus dieser Kategorie
unterschiedlich und kann sehr groß, aber auch sehr klein sein.

Bereits bei der Planung des Ablaufs einer Erhebung muss das Ziel berücksichtigt werden, jede Rufnummer eindeutig einer der Kategorien A–D zuordnen zu können. Dabei soll die Zahl der ungeklärten Fälle aus Kategorie
D möglichst klein sein, da sich die Höhe einer berechneten Rate besonders
danach unterschiedet, ob und wie viele ungeklärte Rufnummern es gibt
und wie sie bei der Berechnung berücksichtigt werden. Die AAPOR hat
für verschiedene Erhebungsmodi Empfehlungen veröffentlicht (zuletzt
2016), wie mögliche Kontaktergebnisse in die Kategorien A, B, C und D
eingeordnet werden können. Ausschlaggebend ist aber immer die für eine
Erhebung spezifische Definition der Grundgesamtheit und die eindeutige
Feststellung und Trennung von Kontaktperson und Zielperson.

Grundsätzlich entsprechen die von der AAPOR vorgeschlagenen Codes
dieser Einteilung:

A: (Teil-)Interviews, AAPOR-Code *1*

B: AAPOR-Code *2* („eligible, non-interview"), Rufnummern von Angehörigen der Zielpopulation, unter denen aus verschiedenen Gründen kein
Interview zustande kommt

C: AAPOR-Code *4* („not eligible") für ungültige Rufnummern und Rufnummern, unter denen (dauerhaft) keine Angehörigen der Zielpopulation
erreichbar sind

D: AAPOR-Code *3* („unknown eligibility") für Rufnummern mit unklarem Status (entweder weil der Status der Rufnummer oder der Personen hinter einer Rufnummer nicht eindeutig geklärt ist)

Im Folgenden wird auf diese Terminologie der AAPOR („1er-Code", „Kategorie 3") zurückgegriffen.

Ursachen, die einem Kontaktergebnis zugrunde liegen, können für Kategorien 2 und 3 verbal sehr ähnlich sein: „Verständigungsprobleme", „technische Probleme", „Verweigerung", „nicht erreichbar" usw. Der wesentliche Unterschied zwischen Rufnummern aus Kategorie 2 und 3 liegt im Umstand, dass unter Rufnummern der Kategorie 2 *immer* auch mindestens eine Person der eigentlichen Zielpopulation entsprechend der Definition der Grundgesamtheit erreicht werden kann. Dieses Wissen stammt entweder bereits aus der Auswahlgrundlage oder der Definition der Grundgesamtheit, aus dem Kontaktversuch selbst oder aus einem vorhergehenden Kontaktversuch.

Tabelle 10.1 zeigt die Liste der Kontaktergebnisse, die die AAPOR in ihren Empfehlungen für telefonische Erhebungen vorschlägt.

Tabelle 10.1   AAPOR-Empfehlungen für Final Disposition Codes für telefonische Befragungen (mit RDD-Designs)

Kategorienlabel	Code
Interview	(1.0)
Complete	(1.1)
Partial	(1.2)
Eligible, Non-Interview	(2.0)
Refusal and break-off	(2.1)
Refusal	(2.11)
Household-level refusal	(2.111)
Known respondent refusal	(2.112)
Break-off	(2.12)
Non-contact	(2.2)
Respondent never available	(2.21)
Telephone answering device (message confirms residential household)	(2.22)
Message left	(2.221)
No message left	(2.222)

Fortsetzung Tabelle 10.1

Kategorienlabel	Code
Other	(2.3)
Dead	(2.31)
Physically or mentally unable/incompetent	(2.32)
Language	(2.33)
Household-level language problem	(2.331)
Respondent language problem	(2.332)
No interviewer available for needed language	(2.333)
Inadequate audio quality	(2.34)
Location/Activity not allowing interview	(2.35)
Miscellaneous	(2.36)
Unknown Eligibility, Non-Interview	(3.0)
Unknown if housing unit	(3.1)
Not attempted or worked	(3.11)
Always busy	(3.12)
No answer	(3.13)
Telephone answering device (don't know if housing unit)	(3.14)
Telecommunication technological barriers, e. g., call-blocking	(3.15)
Technical phone problems	(3.16)
Ambiguous operator's message	(3.161)
Housing unit, Unknown if eligible respondent	(3.2)
No screener completed	(3.21)
Unknown if person is household resident	(3.3)
Other	(3.9)
Not Eligible	(4.0)
Out of sample	(4.1)
Fax/data line	(4.2)
Non-working/disconnected number	(4.3)
Non-working number	(4.31)
Disconnected number	(4.32)
Temporarily out of service	(4.33)
Special technological circumstances	(4.4)
Number changed	(4.41)
Call forwarding	(4.43)
Residence to residence	(4.431)
Nonresidence to residence	(4.432)

Fortsetzung Tabelle 10.1

Kategorienlabel	Code
Pagers	(4.44)
Cell phone	(4.45)
Landline phone	(4.46)
Nonresidence	(4.5)
Business, government office, other organization	(4.51)
Institution	(4.52)
Group quarters	(4.53)
Person not household resident	(4.54)
No eligible respondent	(4.7)
Quota filled	(4.8)
Other	(4.9)

Diese Liste der AAPOR umfasst alle möglichen Kontaktergebnisse einer telefonischen Befragung.[5]

Tabelle 10.2 AAPOR-Empfehlungen Final Disposition Codes (1-stellig) für telefonische Befragungen (mit RDD-Designs)

Kategorienlabel	Code
Interview	(1.0)
Eligible, Non-Interview	(2.0)
Unknown Eligibility, Non-Interview	(3.0)
Not Eligible	(4.0)

---

5   Die AAPOR-Empfehlungen beziehen sich prinzipiell auf US-amerikanische Gegebenheiten (technisch, traditionell, rechtlich, usw.). Für Erhebungsdesigns, die sich wesentlich von Gegebenheiten in den USA für eine „normale" telefonische Erhebung unterscheiden, – z.b. besondere Grundgesamtheiten, besondere Auswahlgrundlagen usw. – spielen einige der von der AAPOR vorgeschlagenen Kategorien keine Rolle oder können zusätzliche Unterkategorien eingeführt werden. Die AAPOR-Empfehlungen erlauben Anpassungen wie Streichungen, Zusammenfassungen und Ergänzungen von Kategorien – solange die hierarchische Struktur der Codes erhalten bleibt und bietet auch jeweils entsprechende Residualkategorien (2.3, 2.36, 3.8, 4.9), die um sprechendere, aussagekräftigere Unterkategorien ergänzt werden könnten.

Für eine Erhebung müssen nicht alle dieser Label und Codes tatsächlich Verwendung finden, genauso ist es möglich, weitere Unterkategorien zu verwenden, falls für die Steuerung und Überwachung des Feldgeschehens sinnvoll und notwendig. Das Kategorienschema der AAPOR folgt dabei einer bestimmten Anordnung, so dass Label und Codes eine hierarchische Struktur bilden. Diese hierarchische Struktur zeigt sich weniger auf Seite der verwendeten Label als auf der Seite der numerischen Codes. Tabellen 10.2 und 10.3 zeigen die hierarchische Struktur der Kategorien: Tabelle 10.1 kann „zusammengeklappt" und drei- bzw. vierstellige Codes bis auf die Ebene der einstelligen Codes aggregiert werden.

Tabelle 10.3   AAPOR-Empfehlungen für Final Disposition Codes (2-stellig) für telefonische Befragungen (mit RDD-Designs)

Kategorienlabel	Code
Complete	(1.1)
Partial	(1.2)
Refusal and break-off	(2.1)
Non-contact	(2.2)
Other	(2.3)
Unknown if housing unit	(3.1)
Housing unit, Unknown if eligible respondent	(3.2)
Unknown if person is household resident	(3.3)
Other	(3.9)
Out of sample	(4.1)
Fax/data line	(4.2)
Non-working/disconnected number	(4.3)
Special technological circumstances	(4.4)
Nonresidence	(4.5)
No eligible respondent	(4.7)
Quota filled	(4.8)
Other	(4.9)

Die von der AAPOR empfohlenen Kategorien bilden nun aber nicht nur ein nominales Schema, auch die ordinale Abfolge der Kategorien, d.h. der Wert der Codes bzw. die Position der Kategorien im Schema hat eine bestimmte Bedeutung. Dies ist spätestens bedeutsam bei der Ermittlung des „finalen"

Kontaktergebnisses. Letztlich muss betont werden, dass AAPOR-konforme Responseraten auf der korrekten Einteilung von Kontaktergebnissen zu numerischen Codes beruhen und nicht auf der Zuteilung zu den verbalen Labels.[6]

$$1 < 2 < 3 < 4 \tag{3}$$

Diese Beziehung gilt aber nicht nur zwischen den einstelligen Codes, sondern auch innerhalb der Kategorien sind die Rangfolge und der Wert der Codes von Relevanz:

$$2.1 < 2.2 < 2.3 \tag{4}$$

bzw.

$$3.1 < 3.2 < 3.3 < 3.9 \tag{5}$$

usw.

Während für Responseraten die einstelligen Codes aus Tabelle 3.1 bereits ausreichten, sind für speziellere Raten zumindest zweistellige Codes notwendig, um z.B. Verweigerungs- bzw. Kooperationsraten oder Kontaktraten berechnen und berichten zu können. Dazu sind die zweistelligen Codes des AAPOR-Schemas (Tabelle 10.2) ausreichend.

Unterkategorien von Kategorie 1 sind notwendig, um ggf. vollständige und Teilinterviews unterscheiden zu können, Unterkategorien von Kategorie 2 erlauben die Berechnung von Kooperations- und Verweigerungs- sowie Kontaktraten. Unterkategorien zu Kategorie 3 sind ggf. notwendig, wenn in Haushalten weiter nach Angehörigen speziellerer Zielgruppen gescreent werden muss und unterschieden werden soll, ob eine Telefonnummer in Gebrauch ist oder unter einer geschalteten Telefonnummer Angehörige der

---

6   Während diese Struktur und Beziehung der Codes und Label bei Betrachtung der Tabellen 10.1, 10.2 und 10.3 noch auffällig ist, geht diese Wahrnehmung bei Verwendung der von der AAPOR bereitgestellten Excel-Tabelle zur Berechnung verschiedener Responseraten verloren. Die Verwendung der (korrekten!) Excel-Tabelle verleitet bei der Anwendung dazu, Kontaktergebnisse allein aufgrund der verbalen Ähnlichkeit zwischen Kontaktergebnis und verbalem Label der Kategorien zu vercoden. Dadurch kann es zu falschen Zuordnungen der numerischen Codes kommen und in der Folge zu fehlerhaften Responseraten.

eigentlichen Zielpopulation erreichbar sind.[7] Unterkategorien zu Kategorie 4 sind für verschiedene Responseraten nicht von Belang.[8]

Für Feldsteuerung und -Monitoring sind die einzelnen Kontaktergebnisse detaillierter zu erfassen. Dies kann, muss aber nicht im Rahmen des von der AAPOR vorgeschlagenen Schemas geschehen. Die AAPOR-Empfehlungen und das vorgeschlagene Kategorienschema haben zum Ziel, transparent und vergleichbar Responseraten berechnen und berichten zu können, und dienen nicht vorrangig Feldsteuerung oder -Monitoring.

10.2.1 Responseraten

Auf Grundlage der Zuteilung aller Rufnummern in eine der vier Kategorien A–D können nun bereits verschiedene Responseraten berechnet werden. Verschiedene Responseraten unterscheiden sich danach, wie mit Rufnummern aus den Kategorien C (ungeklärter Status der Rufnummer) und D (u.a. ungültige Rufnummern) umgegangen wird.

Responseraten können sehr unterschiedlich ausfallen, allein durch unterschiedliche Berechnungsarten, zudem haben viele Aspekte eines Erhebungsdesigns Einfluss auf die verschiedenen Bestandteile bei der Berechnung einer Responserate.[9] Daher eignen sich Responseraten nur bedingt

---

7 Diese Unterscheidung ist dann von Belang, wenn es viele Rufnummern mit ungeklärtem Status gibt und unter geschalteten Telefonnummern weiter stark nach Angehörigen der Zielpopulation gescreent werden muss, d.h. der Anteil an geschalteten Rufnummern, die tatsächlich zu Angehörigen der Grundgesamtheit führen, deutlich niedriger ist als der Anteil geschalteter Rufnummern.

8 In Einzelfällen mögen aber auch hier separat berechenbare Raten von Interesse sein, z.b. für negative Screeninginterviews (4.7) oder zur Untersuchung von Eigenschaften der Auswahlgrundlage (Anzahl oder Anteil „Nieten", z.B. 4.3).

9 Viele Aspekte eines Erhebungsdesigns haben Einfluss auf eine Responserate. Dazu gehören z.B. Grundgesamtheit, Erhebungsmodus, Auswahlgrundlage, Stichprobendesign, Vorankündigungen und Incentives/Belohnungen, Tranchenbildung der Bruttostichprobe, Thema und Auftraggeber, Dauer, Feldzeit, Anrufzeiten, Anzahl Kontaktversuche, Länge des Erhebungsinstrumentes, Erhebungsinstitut und Interviewerleistung, etc. Die ausführliche Dokumentation und Beschreibung dieser Aspekte im Rahmen von ausführlichen Feld- oder Methodenberichte einer Erhebung (siehe dazu Kapitel 12) sind zur Beurteilung der Qualität einer Erhebung und der Aussagekraft ihrer Ergebnisse mindestens ebenso notwendig wie das Berichten einer Responserate.

zum Vergleich zwischen Erhebungen und nur wenn weitere Metadaten verschiedener Erhebungen beim Vergleich berücksichtigt werden. Deswegen ist nicht nur die Berechnung einer Responserate wichtiger Bestandteil einer Dokumentation, sondern v.a. auch die ausführliche Darstellung und Dokumentation der Art und Weise der Berechnung sowie weitere zur Beurteilung einer Responserate relevanter Aspekte eines Erhebungsdesigns.

Der Wertebereich von Responseraten (in Prozent) liegt prinzipiell zwischen 0% (keine Interviews) und 100% (für alle ausgewählten Teilnehmer liegt ein Interview vor): $0 \leq RR \leq 100$.

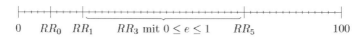

$$0 \quad RR_0 \quad RR_1 \quad RR_3 \text{ mit } 0 \leq e \leq 1 \quad RR_5 \quad 100$$

Abbildung 10.2 Wertebereich (in Prozent) und relative Lage von verschiedenen Responseraten im Wertebereich

Aus dem Wert einer Responserate selbst kann in aller Regel nicht auf die Art der Berechnung geschlossen werden: Je nach Erhebungsdesign kann es vergleichsweise hohe Bruttoraten und „minimale" Responseraten geben oder auch vergleichsweise niedrige maximale Responseraten. Daher sollte bei Angabe einer Responserate auch immer die Art und Weise der Berechnung vermerkt werden und die Fallzahlen der zur Berechnung notwendigen Kategorien.[10]

10.2.1.1 Bruttorate: Anteil Interviews an allen eingesetzten Rufnummern

Eine erste Responserate setzt die Anzahl der Interviews ins Verhältnis zu allen eingesetzten Rufnummern der Bruttostichprobe:

$$R_0 = \frac{A}{A+B+C+D} * 100 = \frac{1}{1+2+3+4} * 100 \tag{6}$$

Diese „Bruttorate" ist oft sehr niedrig, v.a. bei Stichproben nach einem RDD-Design, bei dem sehr viele Rufnummern auf die Kategorien C und D

---

10 Z.B. in Form einer Tabelle nach der zweistelligen AAPOR-Systematik (ähnlich Tabelle 10.3), aus der Interessierte dann für ihre Zwecke selbst vergleichbare Raten berechnen können.

entfallen. Eine solche Zahl ist aber trotzdem notwendig z.b. für die Planung der Bruttostichprobengröße.[11] Weil einer Bruttorate auch jeweils alle Rufnummern einer Bruttostichprobe zugrunde liegen, eignete sie sich eigentlich gut zum Vergleich zwischen Erhebungen. Allerdings unterscheiden sich Erhebungen oft in zwei wichtigen Bestandteilen dieser Bruttorate: der Anzahl ungeklärter Rufnummern (Kategorie 3) und der Anzahl an Rufnummern der Bruttostichprobe, die eindeutig nicht zur Zielpopulation gehören (Kategorie 4).

Tabelle 10.4   Bruttorate RR0 bei ungleicher Aufteilung von Telefonnummern auf die Kategorien 1–4 bzw. A–D

Nummern (brutto)	10.000	10.000	10.000	10.000
Interviews	1.000	1.000	1.000	1.000
Nonrespondenten	2.000	2.000	1.000	1.000
unklare Nummern	2.000	1.000	0	8.000
ungültige Nummern	5.000	6.000	8.000	0
Bruttorate	10.0	10.0	10.0	10.0

Tabelle 10.4 zeigt, dass selbst bei sehr unterschiedlicher Aufteilung der Telefonnummern auf die Kategorien 1 bis 4 bzw. A–D die gleiche Bruttorate resultiert.

Für eine Beurteilung, wie groß eine Verzerrung der Ergebnisse einer Stichprobe durch Nonrespondenten möglicherweise sein kann, eignet sich eine solche Bruttorate nicht, da im Nenner auch alle stichprobenneutralen Ausfälle mitgezählt werden. Rufnummern aus Kategorie 4 tragen aber nie zur Verzerrung durch Nonresponse bei. Bruttoraten können nun in ihrer Größe gleich oder sehr ähnlich sein, aber ein sehr unterschiedliches Risiko für eine Verzerrung durch Nonresponse darstellen: Kleine Bruttoraten bedeuten nicht notwendigerweise auch niedrige Responseraten (wie im Fol-

---

11 „Wie viele Rufnummern eines bestimmten Stichprobendesigns muss die (Brutto-) Stichprobe enthalten, um eine bestimmte Anzahl Interviews (netto) zu erhalten?" Diese „Übersetzung" beruht auf der Erfahrung der Erhebungsinstitute und muss verschiedene Aspekte eines Erhebungsdesigns berücksichtigen: Auswahlgrundlage und Zielpopulation, Feldzeit, angestrebte Anzahl Interviews, antizipierte Responserate, etc.

genden berechnet) oder bei kleiner Responserate auch Verzerrung durch Nonresponse. Auf der anderen Seite schützen hohe Bruttoraten auch nicht vor Nonresponsebias – obwohl hier auch andere Responseraten hoch sein werden. Ob keine, alle oder nur ein bestimmter Anteil der Rufnummern mit ungeklärtem Status (Kategorie 3) als Nonrespondenten im Nenner gezählt werden sollen, ist der wesentliche Unterschied bei verschiedenen Empfehlungen zur Darstellung von Responseraten der AAPOR.

Interessanter als die Höhe einer Bruttorate selbst ist daher oft die Darstellung der einzelnen Kategorien, da daraus alle im Weiteren vorgestellten Responseraten berechnet werden können.

10.2.2 AAPOR-Responseraten

Die AAPOR beschreibt in ihren Empfehlungen verschiedene Responseraten, die sich darin unterscheiden, wie Rufnummern aus der Kategorie 3 – Rufnummern mit ungeklärtem Status – berücksichtigt werden. Kategorie 4 spielt im Gegensatz zur Bruttorate bei der Berechnung keine Rolle bzw. nur implizit.

10.2.2.1 Maximale Responserate

Werden alle Rufnummern aus der Berechnung einer Responserate ausgeschlossen, die eindeutig nicht zu Angehörigen der Zielpopulation gehören (Code 4) oder deren Status ungeklärt ist (Code 3), ergibt sich eine maximale Responserate RR_{max}:

$$RR_{max} = \frac{1}{1+2} * 100 = RR_5 \qquad (7)$$

Diese Responserate entspricht der von der AAPOR beschriebenen RR_5. Die implizite Annahme hier lautet, dass alle Rufnummern mit ungeklärtem Status aus Kategorie 3 tatsächlich auch ungültig sind, weil z.B. die Rufnummer nicht in Verwendung ist oder hinter der geschalteten Rufnummer nicht mindestens eine Person der Zielpopulation erreichbar ist. Diese Annahme kann für spezielle Grundgesamtheiten und Auswahlgrundlagen zutreffend sein, im Allgemeinen dürfte eine solche Annahme nicht zutreffen (insbesondere bei einem RDD-Design für die Grundgesamtheit einer allgemeinen Bevölkerung, aber auch wenn nach Angehörigen speziellerer Grundgesamtheiten gescreent werden muss).

Im Vergleich zu den anderen AAPOR-konformen Responseraten ist eine RR_5 vergleichsweise hoch, unterschätzt dadurch potenziell aber die Gefahr von Verzerrungen durch Nonresponse.

10.2.2.2 Minimale Responserate

Demgegenüber steht eine minimale Responserate RR_{min}, die für alle ungeklärten Rufnummern der Kategorie 3 annimmt, dass sie tatsächlich Nonrespondenten (Kategorie 2) seien. Dies entspricht der von der AAPOR beschriebenen Responserate RR_1:

$$R_{min} = \frac{1}{1+2+3} * 100 = RR_1 \tag{8}$$

Dadurch, dass alle ungeklärten Rufnummern aus Kategorie 3 in den Nenner übernommen werden, ist RR_{min} bei RDD-Designs auch bei bereits „normalen" Grundgesamtheiten häufig deutlich kleiner als eine RR_{max}. Die Annahme, dass alle ungeklärten Rufnummern der Kategorie 3 tatsächlich in die Kategorie „eligible, non-interviews" gehörten, bleibt oft implizit, ist aber in diesem Umfang nicht zutreffend. Bei einigen Erhebungsdesigns ist dies jedoch plausibel (z.B. wenn eine Stichprobe aus einem aktuellen Mitgliederverzeichnis gezogen wurde). Die Verwendung von RR_1 scheint wenig attraktiv, da sie im Vergleich zu anderen Responseraten kleinere Raten zum Ergebnis hat, allerdings vermeidet sie das Problem der Unterschätzung einer möglichen Verzerrung durch Nonresponse.

RR_1 und RR_5 sind beide legitime Responseraten, da sie bei der Abschätzung einer möglichen Verzerrung durch Nonresponse die obere und untere Grenze eines Nonresponsebias festlegen. Daher ist es sinnvoll, tatsächlich auch beide Raten zu berechnen und zu berichten. Weiterhin stellt sich die Frage, wie ungeklärte Fälle aus Kategorie 3 auf andere Weise berücksichtigt werden können.

10.2.3 Schätzung einer eligibility rate und Berücksichtigung bei der Berechnung einer Responserate RR_3

Eine Möglichkeit besteht in einem Zwischenweg zwischen RR_1 und RR_5: Eine zu bestimmende Anzahl der Rufnummern aus Kategorie 3 mit unklarem Status fließt in die Responseratenberechnung als Nonrespondenten mit ein:

$$RR_e = \frac{1}{1+2+e*3} *100 = RR_3 \tag{9}$$

Diese „zu bestimmende Anzahl" wird durch eine sog. „eligibility rate" e festgelegt. Damit sind die minimalen Responserate RR_1 (e=1) und die maximale Responserate RR_5 (mit e=0) Spezialfälle einer Responserate RR_3 mit jeweils den Extremwerten für e.

Durch diese eligibility rate e wird ein Teil der Rufnummern aus Kategorie 3 im Nenner berücksichtigt und wie Rufnummern der Kategorie 2 behandelt.

Bestimmte Werte von e sind auch durch die Empfehlungen der AA-POR nicht vorgegeben, sondern prinzipiell frei wählbar. Für verschiedene Auswahlgrundlagen und Zielpopulationen sind verschiedene Werte von e plausibel: Bei einer Stichprobe nach einem RDD-Design einer allgemeinen Bevölkerung ist ein niedrigeres e plausibler als bei einer Stichprobe von Kunden oder Mitgliedern aus einer aktuellen Adressdatei.

Werte von e können also a priori z.B. durch Erfahrung oder aufgrund von mehr oder weniger plausiblen Annahmen bestimmt sein. Solche Festsetzungen und zugrundeliegenden Annahmen sollten dann explizit berichtet werden und Auswirkungen von verschiedenen Setzungen von e untersucht und ebenfalls berichtet werden.

Eine Möglichkeit, e studienspezifisch zu bestimmen liegt in der Schätzung durch die eindeutig geklärten Rufnummern der Erhebung:

$$e = \frac{1+2}{1+2+4} \tag{10}$$

e ist dann gleich dem Anteil der teilnahmegeeigneten gültigen Rufnummern (Respondenten und Nonrespondenten) an allen Rufnummern mit eindeutigem Status (gültige wie ungültige Rufnummern). Diesem Vorschlag der AAPOR liegt die Annahme zugrunde, dass unter den ungeklärten Rufnummern dasselbe Verhältnis von teilnahmegeeigneten zu ungeeigneten Rufnummern herrscht wie unter Rufnummern mit eindeutig geklärtem Status und daher eine diesem Verhältnis entsprechende Anzahl der unklaren Rufnummern tatsächlich auch teilnahmegeeignet sei.

Wenn es keine Rufnummern mit unklarem Status gibt, sind alle drei Responseraten gleich: $RR_1 = R_3 = RR_5$, unabhängig davon, wie viele Rufnummern es gibt, die nicht zur Zielpopulation gehören und unabhängig davon, wie hoch eine a priori gewählte oder berechnete eligibility rate e

ist. Deutlich unterschiedlich können Responseraten RR_1, RR_3 und RR_5 dann werden, wenn der Anteil der Rufnummern mit unklarem Status hoch ist,[12] da dann selbst bei kleiner eligibility rate $e>0$ die absolute Anzahl an Fällen aus Kategorie 3, die in die Berechnung einer RR_3 eingehen, groß sein kann.

Eligibility rates e, wie hier beschrieben, werden für verschiedene Erhebungen unterschiedlich sein, da die Anzahl der für die Berechnung relevanten Rufnummern in den verschiedenen Kategorien von vielen verschiedenen Aspekten des Erhebungsdesigns abhängt. Für eine Bewertung einer Responserate ist daher auch die Angabe notwendig, ob und wie unklare Rufnummern berücksichtigt werden und welcher Wert von e bei Berechnung einer Responserate RR_3 verwendet wurde.

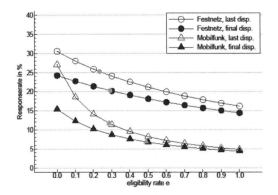

Abbildung 10.3   Responseraten RR_3 bei verschiedenen eligibility rates e
                      (INFLUENZA 2014)

Abbildung 10.3 zeigt für eine Dual-Frame-Erhebung (INFLUENZA 2014) verschiedene Responseraten (jeweils RR_3), die unter Verwendung verschiedener eligibility rates e berechnet und berichtet werden können. Zusätzlich hervorgehoben ist auf allen Kurven jeweils die Responserate RR_3, die bei Verwendung des von der AAPOR vorgeschlagenen studienspezifisch ge-

---

12 RR_1 und RR_5 liegen dann schon weit auseinander, da sie sich in der Berechnung
    um genau diese Rufnummern unterschieden.

schätzten Wertes e resultiert: Alle Punkte auf der Linie sind nach den Empfehlungen der AAPOR korrekt berechnete Responseraten RR_3.[13]

10.2.4 Der ausschlaggebende Kontaktversuch: Letztes vs. finales Kontaktergebnis

Viele Rufnummern einer Stichprobe erfordern nur wenige Kontaktversuche bis zum endgültigen Abschluss: z.b. wird für die Erhebung INFLUENZA 2014 jeweils ein Viertel aller Interviews bereits nach dem ersten und zweiten Kontaktversuch geführt. Auch ob eine Nummer vergeben ist oder nicht, lässt sich in den meisten Fällen spätestens nach dem zweiten (einen ersten bestätigenden) Kontaktversuch feststellen. Trotzdem erfordern viele Rufnummern sehr viele Kontaktversuche, bis ein Interview geführt werden kann oder es zu einem endgültigen Ausfall der Nummer kommt.

Tabelle 10.5 zeigt zusammengefasst die Anzahl notwendiger Kontaktversuche bis zum endgültigen Abschluss (darunter auch, aber nicht nur, die Interviews) einer Rufnummer der verschiedenen Stichproben der INFLUENZA 2014.[14] Deutlich unterscheiden sich hier Festnetz- und Mobilfunkstichproben: In beiden Festnetzstichproben sind nach dem zweiten Kontakt(versuch) über 60% der Nummern endgültig abgeschlossen.[15] Ein Fünftel bzw. ein Viertel der Rufnummern benötigt aber immer noch 5 oder mehr Kontaktversuche bis zum endgültigen Abschluss. In der Mobilfunkstichprobe kann zwar bereits die Hälfte aller Interviews beim ersten Kontaktversuch geführt werden, drei Viertel der Rufnummern benötigen aber mehr als 3 Kontaktversuche bis zur endgültigen Klärung. Knapp ein Fünftel der Rufnummern

---

13 Die Empfehlungen der AAPOR sehen vor, Responseraten nicht mit dem letzten, sondern dem „finalen" Kontaktergebnis (siehe folgenden Abschnitt 10.2.4) zu berechnen, daher sind „korrekt berechnete Responseraten" nur diejenigen auf den Linien mit den gefüllten Plotsymbolen.

14 Dass bei der Festnetzstichprobe 60+ fast 10% der Rufnummern beim ersten Kontakt abgeschlossen werden können, liegt sowohl in der Anzahl „richtiger" Interviews (mit Personen der Zielgruppe 60+) begründet, als auch in den erfolgreichen (aber negativen) Screeninginterviews in Haushalten, die nicht zur Zielpopulation (Haushalte, in denen keine Person der Zielpopulation 60+ lebt) gehören.

15 Das sind Interviews bzw. negative Screeninginterviews, endgültige Verweigerungen, und v.a. eindeutig nicht vergebene Rufnummern, deren Status aus dem ersten Kontaktversuch durch einen weiteren, zweiten Kontaktversuch bestätigt wird.

der Festnetzstichproben wird nach 10 Kontaktversuchen abgeschlossen, in der Mobilfunkstichprobe haben über 60% der Rufnummern 10 oder mehr Kontaktversuche benötigt bis zum Abschluss.[16]

Tabelle 10.5 Anzahl Kontakte/Kontaktversuche bis Abschluss einer Nummer (INFLUENZA 2014)

Anzahl Kontakte/-versuche bis Abschluss einer Nummer	Festnetz 60+		Festnetz		Mobilfunk	
	Anzahl	Anteil	Anzahl	Anteil	Anzahl	Anteil
ein Kontakt	1.912	9,1	720	6,6	324	3,0
zwei Kontaktversuche	13.034	62,1	6.868	62,4	2.435	22,2
drei bis fünf Versuche	1.798	8,6	836	7,6	791	7,2
fünf bis neun Versuche	907	4,3	470	4,3	689	6,3
zehn Versuche	3.254	15,5	1.993	18,1	6.581	60,0
mehr als zehn Versuche	73	0,4	113	1,0	154	1,4
Anzahl Nummern insgesamt	20.978	100,0	11.000	100,0	10.974	100,0
Kontaktversuche insgesamt	74.612		42.226		80.360	
Mittelwert	3,6		3,8		7,3	
Median	2		2		10	

Gerade Nummern mit vielen Anrufversuchen zeigen auch am Ende einen unklaren Status und sind nicht eindeutig geklärt (Interview, Verweigerung, nicht geschaltete Nummer o.ä.).[17] Tabelle 10.6 zeigt, dass diese Nummern im Festnetz dann in der Hälfte der Nummern mit 10 oder mehr Kontaktversuchen mit dem Kontaktergebnis Freizeichen abgeschlossen werden, für weitere 30% der Rufnummern im Festnetz mit 10 oder mehr Kontakt-

---

16 Der hohe Anteil abgeschlossener Rufnummern nach einem zehnten Kontaktversuch liegt in den Vorgaben des ADM begründet, dass nur in begründeten Ausnahmefällen mehr als 10 Kontaktversuche zu einer Nummer unternommen werden sollen, um die Belastung und Belästigung für potentiell Befragte gering zu halten.

17 Per Definition ist der Anteil unklarer Nummern unter den Nummern mit vielen Kontaktergebnissen sehr hoch. Genauso ist es nicht verwunderlich, dass nach vielen erfolglosen Kontaktversuchen noch Interviews geführt werden: Nummern, die noch nicht geklärt wurden, erhalten überhaupt einen weiteren Kontaktversuch, bzw. nur unter Nummern, die noch nicht eindeutig geklärt wurden, können bei einem weiteren Kontaktversuch Interviews geführt werden.

versuchen werden Kontaktergebnisse als Anrufbeantworter erfasst. Auch Interviews werden beim zehnten oder späteren Kontaktversuch noch vereinzelt geführt (v.a. negative Screenings für die Zielpopulation 60+). In der Mobilfunkstichprobe spielen nur Kontaktergebnisse eine Rolle, die (von der Dialersoftware oder den Interviewern) als Anrufbeantworter erfasst wurden. Da beide Kontaktergebnisse, Anrufbeantworter (ohne weitere Hinweise) und Freizeichen, keine Rückschlüsse auf den Status der Rufnummer in Bezug auf die Zugehörigkeit zur Grundgesamtheit zulassen, sind diese Kontaktergebnisse daher entsprechend den Empfehlungen der AAPOR in Kategorie 3 („unknown eligibility") einzuordnen.

Tabelle 10.6   Ergebnis bei Abschluss nach 10 oder mehr Kontaktversuchen (INFLU-ENZA 2014)

	Festnetz 60+			Festnetz			Mobilfunk		
	Anzahl	Anteil	Anteil	Anzahl	Anteil	Anteil	Anzahl	Anteil	Anteil
Nummern insgesamt	20.978	100,0		11.000	100,0		10.974	100,0	
10 oder mehr Versuche	3.327	15,9	100,0	2.106	19,2	100,0	6.735	61,4	100,0
Freizeichen	1.948		58,6	1.022		48,5	266		4,0
Anrufbeantworter	938		28,2	728		34,6	6.223		92,4
besetzt	189		5,7	119		5,7	65		1,0
Screening-interview	73		2,2	1		0,1	1		0,0
vollständiges Interview	5		0,2	9		0,4	13		0,2
Rest	174		5,2	227		10,8	167		2,5

Bei der Berechnung einer Responserate würden Nummern mit diesen Kontaktergebnissen also nur bei einer Bruttorate RR_0, einer minimalen Responserate RR_1 und bei einer Responserate RR_3 unter Berücksichtigung einer eligibility rate $e > 0$ berücksichtigt. Die absolute Anzahl der bei einer RR_3 zu berücksichtigenden Nummern aus Kategorie 3 wird also deutlich sein – weil bereits die Anzahl der Rufnummern mit unklarem Status bei Abschluss recht groß ist. Ob sich dadurch auch Responseraten deutlich unterscheiden werden, lässt sich aber allein aufgrund der Anzahl an Rufnummern in Kategorie 3 (oder der Anzahl durch ein $e > 0$ neu zu berücksichtigende Anzahl an Rufnummern) nicht beurteilen.

Berechnet man Responseraten nun also mit dem Ergebnis des letzten Kontaktversuchs, fallen Responseraten aber zu niedrig aus: die Kontakergebnisse, die den Status einer Rufnummer nicht eindeutig klären, gehören auch zu den häufig vorkommenden Kontaktergebnissen. Betrachtet man aber nicht nur einzelne Kontaktergebnisse – das Ergebnis des letzten Kontaktversuchs – sondern die Abfolge von Kontaktversuchen zu einer Nummer, kommen in dieser Sequenz von Kontaktversuchen zu einer Rufnummer auch Kontaktergebnisse vor, die zwar nicht den Status einer Rufnummer zu diesem früheren Kontaktversuch eindeutig abschließend geklärt haben, aber zumindest die grundsätzliche Zugehörigkeit zur Grundgesamtheit einer Rufnummer aufklären können.

Die Empfehlungen der AAPOR sehen daher vor, die Kategorisierung der Rufnummern zur Berechnung der Responseraten eben nicht auf Grundlage des Ergebnisses des letzten Kontaktversuchs vorzunehmen, sondern auf Grundlage eines „finalen" Kontaktergebnisses. Während das letzte Kontaktergebnis das Ergebnis des in der Abfolge der einzelnen Kontaktversuche zu einer Rufnummer letzten Versuchs ist, soll das „finale" Kontaktergebnis auf dem Kontaktergebnis beruhen, das am informationsreichsten in Bezug auf den Status der Rufnummern zur Klärung der Zugehörigkeit zur Grundgesamtheit ist. Dadurch werden sich Responseraten tendenziell verringern. Auch wenn eine niedrigere Responserate zunächst unattraktiv erscheint, bietet sie den Vorteil, dass die Gefahr durch eine Verzerrung durch Nonresponse dadurch nicht unterschätzt wird.

Tabelle 10.7 zeigt Beispiele, bei denen das letzte Kontaktergebnis gleich dem finalen Kontaktergebnis ist: Mit diesem Kontaktversuch ist gleichzeitig der Status einer Nummer eindeutig und endgültig geklärt (bzw. finden keine weiteren Kontaktversuche statt). In Beispiel 1 führt ein Kontaktversuch zu einem Interview. In Beispiel 2 wird ein vorhergehender Kontaktversuch bestätigt und hier („kein Anschluss unter dieser Nummer") dann der Status einer Nummer ebenfalls eindeutig geklärt.

Tabelle 10.7 Letzter vs. „finaler" Kontaktversuch (I)

Beispiel	Versuch	Ergebnis	AAPOR
1	1	besetzt	3
	2	Interview	1
⇒ finaler Kontakt: Interview (2. Versuch, Code 1)			
2	1	Nummer nicht vergeben	4
	2	Nummer nicht vergeben	4
⇒ finaler Kontakt: Nummer nicht vergeben (2. Versuch Code 4)			
3	1	Freizeichen	3
	2	besetzt	3
	3	Freizeichen	3
	4	Verweigerung (ZP)	2
⇒ finaler Kontakt: Freizeichen (4. Versuch, Code 2)			
4	1	Freizeichen	3
	2	besetzt	3
	3	Freizeichen	3
	4	Verweigerung (KP)	3
⇒ finaler Kontakt: Freizeichen (4. Versuch, Code 3)			

Beispiele 3 und 4 sind sehr ähnlich: beide Kontaktsequenzen werden mit dem letzten Kontaktversuch auch final abgeschlossen. Hier unterscheiden sich nur die Codes des letzten und finalen Kontaktergebnisses: In Beispiel 3 wurde die Zugehörigkeit zur Grundgesamtheit festgestellt (daher Code 2), im vierten Beispiel bleibt diese Zugehörigkeit noch ungeklärt, daher wird hier auch ein Code aus Kategorie 3 vergeben.[18]

Tabelle 10.8 zeigt einige Beispiele für verschiedene Abfolgen von Kontaktergebnissen zu einer Telefonnummer, bei denen das Ergebnis des letzten Kontaktversuches nicht gleich dem zur Berechnung der Responserate zu verwendenden finalen Kontaktversuch ist. Wird statt des finalen nun das

---

18 Z.B. Code 3.2; je nach Auswahlgrundlage und bei speziellen Zielpopulation sollte hier sicher unterschieden werden können zwischen den Unterkategorien von Kategorie 3, um ggf. separate eligibility rates für geschaltete Rufnummern und Haushalte mit Angehörigen der eigentlichen Zielpopulation berechnen zu können.

letzte Kontaktergebnis verwendet, können unterschiedlich hohe Responseraten resultieren.

Tabelle 10.8   Letzter vs. „finaler" Kontaktversuch (II)

Beispiel	Versuch	Ergebnis	AAPOR
	1	Freizeichen	3
	2	Freizeichen	3
5	3	AB, Privathaushalt	2
	4	Freizeichen	3
	...	Freizeichen	3
	10	Freizeichen	3

⇒ letzter: Freizeichen (10. Versuch, Code 3)
⇒ finaler: AB, Privathaushalt (3. Versuch, Code 2)

	1	Freizeichen	3
	2	KP, Auswahl der ZP, ZP nicht da	2
6	3	Freizeichen	3
	...	Freizeichen	3
	10	Freizeichen	3

⇒ letzter: Freizeichen (10. Versuch, Code 3)
⇒ finaler: ZP nicht erreichbar (2. Versuch, Code 2)

	1	Freizeichen	3
	2	ZP hat keine Zeit, Terminvereinbarung	2
7	3	Freizeichen (zum vereinbarten Zeitpunkt)	3
	...	Freizeichen (kurz nach vereinbartem Zeitpunkt)	3
	10	Freizeichen	3

⇒ letzter: Freizeichen (10. Versuch, Code 3)
⇒ finaler: (geplatzte) Terminvereinbarung (3. Versuch, Code 2)

	1	Freizeichen	3
	2	Freizeichen	3
8	3	Freizeichen	3
	4	Freizeichen	3
	...	Freizeichen	3
	10	Freizeichen	3

⇒ letzter: Freizeichen (10. Versuch, Code 3)
⇒ finaler: Freizeichen (10. Versuch, Code 3 (oder Code 4?))

Beispiel 5 enthält eine Reihe von Kontaktversuchen mit Freizeichen, darunter einmal einen Anrufbeantworter, der auf einen Privathaushalt schließen lässt.[19] Die Zugehörigkeit der Nummer zur Grundgesamtheit wird hier also nicht im letzten Kontaktversuch geklärt, sondern in einem früheren. Daher sollte für die Responseratenberechnung auch dieses, die Rufnummer genauer spezifizierende, Kontaktergebnis verwendet werden und nicht das (oft unspezifische) letzte.

In Beispiel 6 wird die Folge von Freizeichen von einem Kontakt zu einer Kontaktperson unterbrochen, eine Zielperson ausgewählt, aber kein Interview geführt. Danach folgen bis Ende der Feldzeit weitere erfolglose Kontaktversuche. Auch hier unterscheiden sich letztes (Code 3) und finales Kontaktergebnis (Code 2) voneinander. Bei der Berechnung der Responserate sollte die Rufnummer als „eligible, non-interview" behandelt werden (Code 2, wegen der beim dritten Versuch offenbar stattgefunden Auswahl einer Zielperson (ZP) – die in den folgenden Kontaktversuchen aber nicht erreicht werden kann) und nicht als unbekannt (wegen des Freizeichens).

Ähnlich ist dazu Beispiel 7. Hier wurde in einem früheren Kontaktversuch ebenfalls eine Zielperson ausgewählt und ein Termin zu einem späteren Zeitpunkt für ein Interview vereinbart. Kontaktversuche zu diesem vereinbarten Zeitpunkt und danach bleiben aber erfolglos, sodass es weiterhin auch zu keinem Interview kommt. Der letzte Kontaktversuch endet mit einem Kontaktversuch aus Kategorie 3, der finale Kontaktversuch ist jedoch der zweite Kontaktversuch, die (im Folgenden uneingelöste) Terminvereinbarung mit Code 2. Die AAPOR empfiehlt, (von Seiten der Zielpersonen) uneingelöste Terminvereinbarungen als (versteckte) Verweigerung zu behandeln (Code 2.1 oder weitere Unterkategorie).

Einen Sonderfall zeigt Beispiel 8 mit einer langen Sequenz identischer unspezifischer Kontaktergebnisse (hier Freizeichen, aber auch besetzt, unspezifische Ansagen, etc.), bei denen auch bei mehrfachen Anrufversuchen zu verschiedenen Uhrzeiten und an verschiedenen Wochentagen nicht ein-

---

19 Code 2.22, im Gegensatz zu Code 3.14, bei dem eben unklar ist, ob sich dahinter ein Privathaushalt verbirgt. Generell muss über die Definition der Grundgesamtheit und der Zielpopulation einer Erhebung geklärt sein, ob ein Anrufbeantworter mit Hinweis auf einen Privathaushalt für einen 2er-Code ausreicht, oder ob es sich auch dann eher um eine Rufnummer aus Kategorie 3.2 handelt, z.B. wenn in Privathaushalten weiter sehr stark nach Angehörigen spezieller Zielpopulationen gescreent werden müsste.

deutig entschieden werden kann, ob die Nummer geschaltet ist oder nicht. Während jedes einzelne Kontaktergebnis in der Sequenz identischer Ergebnisse einen 3er-Code hat (und dadurch auch der letzte gleich dem finalen Kontaktversuch ist), sind einige Institute dazu übergegangen, Nummern nicht anhand eines einzigen letzten oder finalen Kontaktversuchs zu vercoden, sondern anhand der gesamten Sequenz aller Kontaktversuche. Nummern mit einer langen Sequenz unspezifischer, aber identischer Kontaktergebnisse werden nicht als ungeklärte Nummern behandelt, sondern als nicht geschaltete Nummern (Code 4) und werden so in der Responseratenberechnung nicht berücksichtigt.

Eine solche Entscheidung beruht oft auf der Erfahrung (und der technischen Ausstattung und Möglichkeit, Signaltöne sicher erkennen und voneinander unterscheiden zu können) der Erhebungsinstitute und sollte im Feld- und Methodenbericht zusammen mit Auswirkungen auf eine Responserate dokumentiert werden.

Zusammenfassend zeigt Abbildung 10.4 die Auswirkungen auf die Responserate noch einmal sehr deutlich am Beispiel der INFLUENZA 2014, wenn das letzte oder ein finales Kontaktergebnis zur Responseratenberechnung verwendet wird: Vor allem die maximale Responserate RR_5 (bei der alle Rufnummern mit unklarem Status unberücksichtigt bleiben) erhöht sich dadurch deutlich in beiden Stichproben.

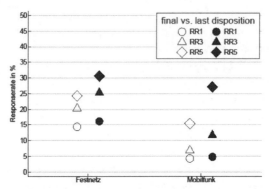

Abbildung 10.4   Responseraten bei Verwendung des letzten oder des finalen Kontaktergebnisses (INFLUENZA 2014)

10.2.5 Studienspezifische Kontaktergebnisse und AAPOR-Kategorien

Für die Berechnung von AAPOR-konformen Responseraten ist es sinnvoll, die von der AAPOR vorgeschlagenen Kategorien und Codes zu verwenden. Je nach Grundgesamtheit, Zielpopulation und Erhebungsdesign
sind dabei Codes und Kategorien eventuell ohne Bedeutung oder es ist
notwendig, das von der AAPOR empfohlene Kategorienschema um Unterkategorien zu ergänzen. Für die Steuerung der Feldphase einer Erhebung
ist es dagegen nicht notwendig oder sinnvoll, diese AAPOR-Kategorien zu
verwenden. In der Praxis werden Erhebungsinstitute bereits über ein ela-
boriertes Set an Kontaktergebnissen verfügen, das die Kontaktphase bis
zum endgültigen Ausfall einer Nummer bzw. bis zum Abschluss eines erfolgreichen Interviews abbildet (und auch hier je nach Grundgesamtheit,
Zielpopulation und sonstigem Erhebungsdesign ggf. angepasst wird). Um
AAPOR-konforme Responseraten zu berechnen, muss dieses Set an insti-
tuts- oder studienspezifischen Kontaktergebnissen in das von der AAPOR
vorgeschlagene Kategorienschema überführt werden. Prinzipiell ist diese
Überführung nicht problematisch, da beide Schemata jeweils bereits vollständig und die verwendeten Kategorien per Definition überschneidungs-
frei sind. In der Praxis ist eine Überführung zwischen verschiedenen Kodierschemata häufig aber problematisch, da für eine korrekte Zuordnung
sehr genaues und detailliertes studienspezifisches Wissen über Definition
der Grundgesamtheit, Auswahlgrundlage, Auswahlverfahren und Ablauf
der Kontaktphase notwendig ist, um reliable und valide Transkodierun-
gen zwischen den beiden Kodierschemata vornehmen zu können. Das Ziel
der Berechnung von AAPOR-konformen Responseraten sollte daher bei der
Studienplanung und der Planung und Programmierung der Erhebungsinstrumente (insb. der Kontaktphase vor/bis zu einem Ausfall oder Interview)
berücksichtigt werden, um eine eindeutige, reliable Transkodierung der
Kontaktergebnisse vornehmen zu können.

10.2.6 Probleme und Missverständnisse bei Anwendung der AAPOR-Empfehlungen zur Kodierung von Kontaktergebnissen

Für die Berechnung von Responseraten ist die korrekte Kategorisierung von Rufnummern in eine der vier Hauptkategorien (ggf. weitere Unterkategorien) zentral. Fehlklassifikationen über Hauptkategorien hinweg führen zu fehlerhaften Responseraten. Fehlklassifikationen sind leicht möglich, wenn unklar ist, ob sich ein Kontaktergebnis auf die Zielperson (bei der die Zugehörigkeit zur Zielpopulation eindeutig geklärt ist) bezieht oder die Zugehörigkeit einer Kontaktperson zur Zielpopulation noch nicht feststeht.

Tabelle 10.9 zeigt Kontaktergebnisse, bei denen sich (Haupt-) Kategorien ändern, wenn Zugehörigkeiten zur Zielpopulation (noch nicht) festgestellt sind. Zur Entscheidung, welcher Code letztlich vergeben werden muss, kann es hilfreich sein, „gleichen" Kontaktergebnissen mehrere explizit verschiedene Codes (und Label) zuzuweisen, um Missverständnisse und Fehlkategorisierungen zu vermeiden: z.B. „Verständigungsprobleme mit einer Kontaktaktperson" gegenüber „Verständigungsprobleme mit der Zielperson" usw.

Tabelle 10.9   Problematische Kontaktergebnisse I

	Zugehörigkeit zur Zielpopulation eindeutig geklärt	
Kontaktergebnis	Ja (Zielperson)	Nein (Kontaktperson)
Freizeichen	2.2	3.1
besetzt	2.2	3.1
Verweigerung	2.1	3.1, 3.2
sprachlich nicht fähig	2.3	3.1, 3.2
technische Probleme (z.B. Rauschen, Nebengeräusche etc.)	2.3	3.1
Anrufbeantworter	2.2	3.1, 3.2

Die AAPOR-Empfehlungen beziehen sich auf eine „normale Erhebung" einer allgemeinen Bevölkerung, d.h. den AAPOR-Empfehlungen liegt mehr oder weniger implizit eine bestimmte Definition der Zielpopulation zugrunde, die nicht für alle Erhebungen zutreffen muss, auf die sie angewendet werden sollen. Insbesondere Erhebungen mit spezifischeren Zielpopulationen als eine allgemeine Bevölkerung, aber auch sonstige Besonderheiten im Erhebungsdesign, z.b. Dual-Frame-Erhebungen sind diesbezüglich zu nennen.[20] Hier ist besondere Vorsicht und Achtsamkeit bei der naiven, d.h. unreflektierten Anwendung der AAPOR-Kategorien für endgültige Kontaktergebnisse angebracht, da für spezielle Erhebungen der Ausfallgrund vielleicht mit dem Erhebungszweck zusammenhängt und eine interessierende Variable der Erhebung bereits sogar (teilweise) erfasst. Abweichungen von den Definitionen der AAPOR erfordern dann in der Regel kein anderes Set von Kontaktergebnissen (d.h. neue, zusätzliche Label und Codes), aber eine unterschiedliche Kodierung der Kontaktergebnisse.

Die Empfehlungen der AAPOR sind in dieser Hinsicht aber nicht fix, sondern erlauben (und erfordern) Modifikationen am verwendeten Kategorienschema. Tabelle 10.10 zeigt einige Kontaktergebnisse, die in dieser Hinsicht problematisch sein können. Diese ist unter dem Aspekt zu betrachten, wenn für Erhebungen mit speziellen Erhebungsinteresse und spezielleren Grundgesamtheiten dann aber eine von den AAPOR-Empfehlungen abweichende Kodierung der Kontaktergebnisse notwendig ist. Dies gilt, um einerseits korrekte Responseraten zu berichten (falls ein Teil der Ausfälle die abhängige Variable misst) oder wenn „Zielpersonen" mit diesen Kontaktergebnissen nicht zur Grundgesamtheit gehören (und dadurch die Gefahr durch Nonresponsebias überschätzt würde). Bei der Anwendung der AAPOR-Empfehlungen für die Kategorisierung der Kontaktergebnisse muss daher genau beachtet werden, ob die jeweiligen Definitionen von Grundgesamtheit und sonstigen Aspekten des Erhebungsdesigns zwischen Erhebung und AAPOR-Empfehlung übereinstimmen. Weiterhin stellt sich die Frage, wie ggf. Abweichungen bei der Kategorisierung der Kontaktergebnisse berücksichtigt

---

20 Ob es bei einer Erhebung ohne mehrsprachige Erhebungsinstrumente und mehrsprachige Interviewer „Zielpersonen mit Verständigungsproblemen" geben kann, ist eine Frage der Definition der Grundgesamtheit, auf die Ergebnisse verallgemeinert werden sollen. Sollen Ergebnisse auf diese Personengruppe verallgemeinerbar sein, sollte sich die Gefahr für eine Verzerrung durch Nonresponse dieser Gruppe auch in einer niedrigeren Responserate ausdrücken – und Codes der Kategorie 2 vergeben werden. Sollen Ergebnisse nicht auf diese Gruppe verallgemeinerbar sein, gehören solche Personen auch nicht zur Grundgesamtheit und können nicht Zielperson im eigentlichen Sinn sein; entsprechend wären hier Codes aus Kategorie 4 zu vergeben oder aber der Kategorie 3 (wenn unklar bleibt, ob es mindestens eine Zielperson unter dieser Nummer gibt).

werden müssen, um Responseraten adäquat zu berechnen, ohne dabei die Gefahr eines Nonresponsebias weder zu unter- noch zu überschätzen.

Tabelle 10.10 Problematische Kontaktergebnisse II: Definition der Grundgesamtheit

AAPOR Code	AAPOR Label	alternative Codes
2.31	Dead	1.2, 4.1, 4.7, 3.20 (ggf. Ersatzperson im Haushalt)
2.32	Physically or mentally unable/incompetent	1.2, 4.1, 4.7, 3.20
2.33	Language	1.2, 3.1, 4.1

Neben der Grundgesamtheit können sich auch vorgesehene Abläufe der Erhebung bei bestimmten Kontaktergebnissen unterscheiden und so von den AAPOR-Empfehlungen abweichende Kodierungen von Kontaktergebnissen notwendig machen. Je nach Zielpopulation sind Kontaktergebnisse nur final für eine Telefonnummer, wenn es neben der Person, auf die sich ein (dann zunächst temporäres) Kontaktergebnis bezieht, keine „Ersatzperson" im Haushalt gibt, die dann zur eigentlichen Zielperson im Haushalt wird (oder für die ursprüngliche Kontaktperson Auskunft gibt). Weiterleitungen zwischen Telefonienetzen (AAPOR-Codes 4.45 und 4.46) müssen z.B. bei Dual-Frame-Erhebungen nicht zwangsläufig finale Codes und Ausfälle darstellen, sondern sind bei entsprechender Berücksichtigung im Erhebungsdesign weiterhin gültige Telefonnummern.

Diese Beispiele problematischer Kontaktergebnisse weisen aber weniger auf Schwächen der AAPOR-Empfehlungen zur Erfassung und Kategorisierung von Kontaktergebnissen und Berechnung von Responseraten hin, sondern betonen die Wichtigkeit einer genauen Definition der Grundgesamtheit und der genauen Kenntnis von Surveyprozeduren bei der korrekten Feststellung der Kontaktergebnisse.[21]

---

21 Für einige Kontaktergebnisse stellt sich weniger das Problem der korrekten Kodierung, sondern das Problem der validen und reliablen Feststellung für alle diese Ausfälle. Das Kontaktergebnis „verstorben, 2.31" kann nur durch eine Auskunft einer dritten Person erfolgen (und für eine bereits bekannte Zielperson), der Großteil dieser Ausfälle wird vermutlich unerkannt bleiben – dann oft mit einem 3er-

Tabelle 10.11 Problematische Kontaktergebnisse III: Grundgesamtheit und andere Aspekte des Erhebungsdesigns

AAPOR Code	AAPOR Label	Prozedur
2.31	Dead	Ersatzperson? Proxy?
2.32	Physically or mentally unable/ incompetent	Ersatzperson? Proxy?
2.33	Language	Ersatzperson? Proxy?
4.54	Person not household resident	ggf. Auswirkungen bei Auswahl „im Haushalt"
4.45	Cell Phone	ggf. Auswirkungen oder Berücksichtigung bei Gewichtung
4.46	Landline Phone	ggf. Auswirkungen oder Berücksichtigung bei Gewichtung

10.2.7 Abfolge der Kontaktergebnisse und Codes

Betrachtet man den Ablauf bis zur abschließenden Einteilung einer Telefonnummer als Flussdiagramm, zeigt sich erneut, dass der numerische Code des AAPOR-Kategorienschema ausschlaggebend für die Berechnung einer Responserate ist. Aus der Abfolge der Kategorien ergeben sich auch hilfreiche Implikationen zur Feststellung des finalen Kontaktergebnisses (anstelle des letzten Kontaktes).

Abbildung 10.5 zeigt den Vorgang der Kategorisierung einer Nummer als Flussdiagramm. Ausgehend von der Situation eines RDD-Stichprobendesigns gelten alle Nummern zunächst als ungeklärt, da unbekannt ist, ob zufällig erzeugte Ziffernfolgen überhaupt Rufnummern sind und dann auch zu Angehörigen der Zielpopulation führen. Daraufhin können zunächst Ausfälle bestimmt werden, z.B. weil sich herausstellt, dass eine Nummer nicht in Verwendung ist oder keine Zielperson entsprechend der Definition der Grundgesamtheit unter dieser (ansonsten geschalteten) Nummer erreicht werden kann. Schließlich folgen Ausfälle von Zielpersonen

---

Code. Dadurch können identische Umstände – z.B. Ausfall durch Tod – unterschiedlich zur Responserate und Abschätzung eines Nonresponsebias beitragen.

aus verschiedenen Gründen. Am unteren Ende des Flussdiagramms stehen
Interviews.

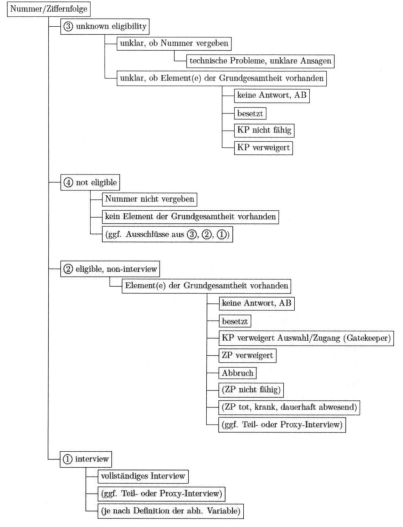

Abbildung 10.5   Abfolge der Kontaktergebnisse

Kontaktergebnisse sind endgültig, wenn sie in eine der Kategorien 4, 2 oder 1 zugeordnet wurden.[22] Solange eine Nummer einen unklaren Status besitzt, werden entsprechend der Vorgaben des Surveydesigns weitere Kontaktversuche unternommen bis zur weiteren Klärung im Flussdiagramm, d.h. einem Kontaktergebnis aus den Kategorien 4, 2 oder 1. Auch in Abbildung 10.5 erscheinen sehr ähnliche Kontaktergebnisse an unterschiedlicher Stelle (d.h. in unterschiedlichen Hauptkategorien): Z.B. „besetzt", „keine Antwort", „Anrufbeantworter", „Verweigerungen" usw., je nachdem, ob die Zugehörigkeit der Nummer zur Grundgesamtheit eindeutig festgestellt wurde (Kategorie 2) oder nicht (Kategorie 3).

Eine Darstellung der möglichen Kontaktergebnisse als Flussdiagramm gibt nun auch Hilfestellung bei der Feststellung, welches Kontaktergebnis das „finale" Kontaktergebnis ist. Bereits in Abschnitt 10.3 wurde auf die Rangfolge der AAPOR-Codes hingewiesen. Das Flussdiagramm zeigt nun tatsächlich eine davon abweichende Abfolge:

$$1 < 2 < 4 < 3 \tag{11}$$

Aus dieser Rangfolge ergeben sich Implikationen für die Feststellung des finalen Kontaktergebnisses. Eine Darstellung der Rangfolge wie hier erlaubt nach einer einfachen Transformation die Feststellung des finalen Kontaktergebnisses als das Kontaktergebnis mit dem kleinsten numerischen Code:

(Teil-) Interviews (1) schließen eine Kontaktsequenz immer final ab. Kommt es nicht zu einem Interview mit einer Zielperson, ...

... kam es bereits zu einem Ausfall der Zielperson (2), oder ...

... zu einem Ausfall der Nummer als nicht geschaltet. Weiterhin möglich ist, dass unter einer Nummer keine der Grundgesamtheit zugehörige Personen

---

22 Vorgaben des Erhebungsdesigns sollten vorsehen, dass bestimmte Kontaktergebnisse mindestens einmal im (nach einem bestimmten zeitlichen Abstand) folgenden Kontaktversuch repliziert werden müssen, z.B. eine nicht geschaltete Rufnummer. Andererseits könnten Vorgaben des Erhebungsdesigns vorsehen, Nummern nach zehn erfolglosen Kontaktversuchen mit Freizeichen nicht weiter als ungeklärt zu betrachten, sondern als ungültige Nummer. Während das erste Vorgehen keine Verzerrung verschleiert, können Vorgehen wie im zweiten Fall zusätzlichen Bias erzeugen, verschleiern oder unintendierte Umdefinitionen der Grundgesamtheit zur Folge haben.

(4) leben. Rufnummern bleiben auch final ungeklärt (3), sofern sie nicht einen anderen statusklärenden Kontaktversuch hatten.

Um nun die Eigenschaft des AAPOR-Kodierschemas zu nutzen, das stets der kleinste numerische Code auch das finale Kontaktergebnis darstellt, müssen lediglich Codes aus Kategorie 3 entsprechend umkodiert werden (ein beliebiger Wert größer 4, z.B. indem auf alle 3er-Codes die Zahl 2 addiert wird oder jeder 3er-Code mit 10 multipliziert wird). Damit ist folgende Gleichung wieder erfüllt:

$$1 < 2 < 4 < 30 \tag{12}$$

Das finale Kontaktergebnis ist dann das Kontaktergebnis mit dem kleinsten Codewert. Bei mehreren gleichwertigen finalen Kontaktergebnissen sollte das finale Kontaktergebnis das des späteren Kontaktversuchs sein.[23]

```
1   *** Variablen :
2   *** id: ID - Nummer einer Rufnummer
3   *** versuch: Laufende Nummer des Kontaktversuchs zu einer Ruf-
    nummer (oder ID)
4   *** code: Kontaktergebnis (z.B. nach AAPOR - Schema)
5
6   *** Umkodieren : alle 3er - Codes sollen Werte groessser als 4
    erhalten (hier : mal 10)
7   generate final = code
8   replace final = final *10 if final >2 &final <4
9
10  *** Sortieren innerhalb jeder ID: Code aufwaerts , Kontaktver-
    such abwaerts ,
11  gsort +id +final -versuch
12
13  *** finalen Kontaktversuch in Kontaktsequenz zu einer Nummer
    markieren
```

---

[23] Die Anzahl der Kontaktversuche, die insgesamt zu einer Nummer unternommen werden, sollte demgegenüber nicht umdefiniert werden, d.h. das ist immer noch die Laufendnummer des letzten Kontaktversuchs!

```
14  *** das ist in der sortieren Liste jetzt jeweils der erste Ein-
    trag!
15  bysort id: generate mark = _n == 1
16
17  *** Tabelle der AAPOR - Codes des FINALEN Kontaktergebnisses
18  tabulate final if mark == 1
```

Abbildung 10.6   Code zur Bestimmung des finalen Kontaktergebnisses aus einer Sequenz an Kontaktversuchen

Auch innerhalb der zweistelligen Unterkategorien ergibt sich so eine Rangfolge der Kontaktergebnisse aufgrund der Wertigkeit der Codes:

$$1.1 < 1.2$$
$$2.1 < 2.2 < 2.3 \tag{13}$$
$$31 < 32 < 33 < 39$$

Einige Kontaktergebnisse schließen sich gegenseitig aus und können nicht gemeinsam in einer Kontaktsequenz auftreten, andere Kontaktergebnisse können in einer Abfolge von Kontaktversuchen gemeinsam auftreten, hier ist eine Entscheidung anhand der Codewertigkeit hilfreich, welches Kontaktergebnis als finaler Kontaktversuch betrachtet werden soll.

Vollständige Interviews gehen Teilinterviews als finales Kontaktergebnis vor. In Kategorie 2 gehen Verweigerungen von Zielpersonen der Nichterreichbarkeit und anderen Ausfällen einer Zielperson vor. In Kategorie 4 schließen sich Codes gegenseitig aus, da eine Ziffernfolge nicht *gleichzeitig* (d.h. in einer Sequenz von Kontaktversuchen zu einer Nummer) eine nicht geschaltete Nummer *und* einen Firmenanschluss darstellen kann.[24] Die Reihenfolge der Codewerte nach der AAPOR-Tabelle 1 für Rufnummern mit unklarem Status in Kategorie 3 sieht einen Vorzug für den ungeklärten Status einer Rufnummer dem unklaren Status von möglichen Zielpersonen einer ansonsten geschalteten Rufnummer vor.

---

24 Ähnlich auch Kategorie 1: die Kategorien „vollständiges Interview" und „Teilinterview" schließen sich gegenseitig aus. Anders zu den Codes aus Kategorie 4 war jedes vollständige Interview zuvor aber auch ein Teilinterview.

Wenn getrennte eligibility rates *e* für geschaltete Rufnummern und teilnahmegeeignete Rufnummern mit Angehörigen der Zielpopulation unter geschalteten Rufnummern berechnet und verwendet werden, ist diese Reihenfolge der Codes eventuell nicht sinnvoll. Begründet wird dies damit, dass in einer Abfolge aller Kontaktversuche zu einer Telefonnummer verschiedene Kontaktergebnisse aus Kategorie 3 vorkommen können und dann dem unklaren Status der Nummer der Vorzug gegenüber dem Status der geschalteten Nummer gegeben würde. In diesem Fall könnten Codes aus Kategorie 3 gespiegelt werden, damit der kleinste 3er-Code in einer Abfolge verschiedener 3er-Codes dann ggf. auf eine geschaltete Nummer verweist, unter der es aber unklar ist, ob es mindestens eine Person der eigentlichen Zielpopulation gibt.

```
1  *** Drehen der Werte aus Kategorie 3
2  *** (nach Zeile 8 in Abbildung 6)
3  replace final = 39 - final + 30 if code > 2 & code < 4
4
5  *** Allgemein:
   *** gedrehter Wert = (Maximum der Skala) - (alter Wert) +
6  (Minimum der Skala)
```

Abbildung 10.7   Code zum Drehen der Codes innerhalb Kategorie 3

10.3   Responseraten am Beispiel der INFLUENZA 2014

Im Folgenden werden verschiedene Responseraten berechnet, denen unterschiedliche Entscheidungen zum letzten und finalen Kontakt zugrunde liegen und bei denen verschiedene eligibility rates verwendet wurden.

Ausgangspunkt ist Tabelle 10.12, die die Liste der Kontaktergebnisse einer telefonischen Dual-Frame-Erhebung (INFLUENZA 2014; Ausschnitt der Kontaktergebnisse) zeigt. Dabei fallen bereits mehrere Besonderheiten auf:

- Einige, gleiche oder augenscheinlich sehr ähnliche, Kontaktergebnisse wurden mehrfach erfasst (*):
  Je nachdem, an welcher Stelle (z.B. beim ersten Kontaktversuch oder späteren Kontaktversuchen) und von wem (automatischer Dialer oder Intervie-

wer) diese erfasst wurden, können gleiche Kontaktergebnisse unterschiedliche Bedeutung für die Responseratenberechnung haben und unterschiedliche Codes erforderlich machen.

- Die Liste der Label und Codes folgt grob dem Ablauf der Kontaktphase: Rufnummer wird angewählt; Kontakt zu (k)einer Person; Kontakt zu einer Kontaktperson; Kontakt zu einer Person der Zielpopulation; Interview oder Abbruch des Interviews nach Beginn.

- Trennung zwischen Kontaktperson und Zielperson bei ansonsten gleichen Kontaktergebnissen:
  Diese Unterscheidung ist zentral für eine Entscheidung, ob eine Nummer eindeutig und sicher zu einer Person der Zielpopulation führt oder nicht. Diese strikte Unterscheidung ist auch dafür verantwortlich, dass einige sehr ähnliche Kontaktergebnisse verschiedene Codes erhalten: Einmal bezieht sich ein Kontaktergebnis auf eine Kontaktperson, ein weiterer Code bezieht sich auf eine Person der Zielpopulation.

- Es lassen sich bereits in dieser Liste grob die notwendigen Hauptkategorien zur Berechnung einer Responserate erkennen:
  Nummer ist ungültig (4); Nummer ist gültig und mindestens eine Zielperson vorhanden (2); unklar, ob Nummer gültig oder ob Zielperson vorhanden (3); (Teil-)Interview (1)

Ohne genaue Kenntnis von Definitionen und Entscheidungen zur Grundgesamtheit und dem genauen Ablauf der Kontaktphase lassen sich studienspezifische Kontaktergebnisse kaum reliabel rekonstruieren bzw. in AAPOR-konforme Kategorien überführen und z.B. Gründe für eine „doppelte Erfassung" bestimmter Kontaktergebnisse nicht aufklären bzw. korrekt zuordnen.

Im nächsten Schritt können diese studien- oder auch institutsspezifischen Kontaktergebnisse in das Kategorienschema der AAPOR umkodiert werden. Eine Planung und Berücksichtigung der Erfassung der Kontaktergebnisse vor dem Hintergrund der Berechnung AAPOR-konformer Responseraten ist hierbei sehr hilfreich. Dazu gehört eben der Umstand, dass unterschiedliche Codes für sonst gleiche/sehr ähnliche Kontaktergebnisse

verwendet werden und die Möglichkeit der strikten Trennung von Kontakt-
und Zielperson.[25]

Tabelle 10.12 zeigt die Kontaktergebnisse nach AAPOR aller rund 200.000
Kontaktversuche die im Rahmen der INFLUENZA 2014 zu rd. 42.000 Telefonnummern der verschiedenen Stichproben für insgesamt 1.516 Interviews
unternommen wurden.

Tabelle 10.13 zeigt die Anzahl der Rufnummern in den AAPOR-Hauptkategorien, die resultierenden Responseraten RR_1, RR_5, RR_3 und die dabei
studienspezifisch berechnete eligibility rate e, wenn einmal der letzte Kontaktversuch verwendet wird oder aber wenn der finale Kontaktversuch zur
Berechnung der Raten verwendet wird.

---

25 Für den Ablauf der Befragung macht es evtl. keinen Unterschied, ob eine Kon-
    taktperson oder eine Zielperson die weitere Kooperation verweigert – bei bei-
    den ist ein erneuter Kontaktversuch evtl. nicht mehr erlaubt. Für die Berechnung
    einer Responserate macht die getrennte Erfassung ähnlicher Kontaktergebnisse
    aber sehr wohl einen Unterschied: Verweigert die Zielperson, muss ein 2er-Code
    vergeben werden. Verweigert eine Kontaktperson (d.h. es bleibt unklar, ob es sich
    dabei um die Zielperson handelt oder ob es eine weitere Zielperson gibt), sieht die
    AAPOR einen 3er-Code vor. Fälle der Kategorien 2 und 3 werden bei der Respon-
    seratenberechnung aber unterschiedlich berücksichtigt.

Tabelle 10.12 Erfasste Kontaktergebnisse einer telefonischen Erhebung (INFLUENZA 2014)

Codes		Kontaktergebnis
*	*	Kein Anschluss unter dieser Nummer
*	*	Anrufbeantworter
*	*	Fax, Modem
*		ZP zwischenzeitlich verstorben
*	*	kein Privatanschluss
*		keine ZP entsprechenden Alters
*		keine ZP-sonstige Gründe
*		kein Rufton
*	*	Freizeichen
*	*	Besetzt
*		Ergebnis unbekannt
*		Ansage: Teilnehmer hat neue Nummer
*		Ansage: Anschluss ist vorübergehend nicht erreichbar
*	*	sonstige Ansagen
*		Ansage: Bitte überprüfen Sie die Rufnummer
*		KP lässt nicht ausreden/wimmelt ab
*		KP versteht nicht ausreichend deutsch
*		Technische Verständigungsprobleme mit KP
*		KP ist nicht auskunftsfähig
*		KP hat gerade keine Zeit für ZP-Ermittlung
*		kommentarlos aufgelegt vor/während Einleitung
*		KP: ZP nicht da/kann gerade nicht
*		KP: ZP versteht nicht ausreichend deutsch
*		KP: ZP nicht in der Lage zu antworten
*		KP: ZP während Feldzeit nicht erreichbar
*		KP verweigert stellvertretend für ZP
*	*	ZP verzogen
*		ZP hat gerade keine Zeit
*		ZP versteht nicht ausreichend deutsch
*		ZP verweigert
*		ZP nicht in der Lage teilzunehmen
*		Unterbrechung im Interview
*		Interview
*		Abbruch

Tabelle 10.13 Dreistellige AAPOR-Codes, alle Kontaktversuche, letzter Kontaktversuch, finaler Kontaktversuch (INFLUENZA 2014)

AAPOR-Code	alle Kontaktversuche			letzter Kontaktversuch			finaler Kontaktversuch		
	Festnetz 60+	Festnetz	Mobilfunk	Festnetz 60+	Festnetz	Mobilfunk	Festnetz 60+	Festnetz	Mobilfunk
110	505	646	365	505	646	365	505	646	365
211	928	976	358	927	974	191	927	974	297
212	511	1.093	415	187	252	315	259	526	331
221	4	29	1	2	12	0	2	10	1
222	2.773	1.855	4.763	185	161	450	841	349	1.225
231	2	0	0	2	0	0	1	0	0
232	82	60	18	82	60	18	77	49	18
235	244	468	505	3	9	8	36	107	138
310	1.883	1.245	1.370	1	0	3	68	53	22
312	2.238	1.337	573	190	122	67	216	130	34
313	23.499	12.502	3.839	1.976	1.052	293	1.412	724	203
314	11.097	6.699	58.171	762	569	5.812	430	231	3.869
316	156	127	130	4	3	3	1	0	1
320	1.191	891	415	214	146	71	58	25	12
410	30	33	59	22	18	53	21	18	39
420	1.558	804	65	697	338	27	742	344	29
431	23.273	12.569	8.340	11.276	6.121	2.907	11.849	6.311	3.944
432	605	358	288	36	23	20	175	59	50
433	28	20	283	1	0	5	11	6	120
440	76	9	17	0	0	1	11	1	4
441	3	1	0	1	1	0	1	0	0
451	624	454	187	624	453	186	548	405	147
470	3.283	40	180	3.281	40	179	2.787	32	125
Insgesamt	74.593	42.216	80.342	20.978	11.000	10.974	20.978	11.000	10.974

Da während der Feldzeit zur Feldsteuerung und nach Abschluss der Erhebung zur ausführlichen Dokumentation des Feldgeschehens die detaillierten Kontaktergebnisse (evtl. in Form der 3-stelligen AAPOR-Codes) von Bedeutung sind, wird für die Berechnung der Responserate nur der zusammengefasste einstellige Code benötigt.[26]

Die beiden Festnetzstichproben unterschieden sich nur in der Altersabgrenzung der Zielpopulation („Personen 16 Jahre oder älter" bzw. „Personen 60 Jahre oder älter"). Dass in den Haushalten für Angehörige der Zielpopulation stärker gescreent werden muss, zeigt sich in der deutlich niedrigeren Bruttorate bzw. im schlechteren Verhältnis der Anzahl der Rufnummern der Bruttostichprobe zur Anzahl der Interviews für die Festnetzstichprobe für die Zielpopulation 60+. Der Anteil der Interviews an allen Rufnummern ist hier mit 2,4% weniger als halb so groß wie unter den Rufnummern einer Festnetzstichprobe ohne diese besondere Zielpopulation, mit rund 6% aller Rufnummern. In der Mobilfunkstichprobe liegt die Bruttorate bei 3,3%.

Während diese Bruttorate wenig aussagekräftig im Sinne einer Responserate ist und eine Gefahr durch eine Verzerrung durch Nonresponse stark überbetont[27], zeigt diese Rate, um welchen Faktor eine Bruttostichprobe größer als die angestrebte Anzahl an Interviews sein sollte. Daher sind Erfahrungswerte und Dokumentation solcher Bruttoraten hilfreich für die Studienplanung und für Vergleiche von Auswahlrahmen oder Details der Feldarbeit eines Institutes oder zwischen Instituten. Da die Anzahl der Interviews und die Bruttostichprobengröße nicht von der Verwendung des letzten oder finalen Kontaktversuches zur Bestimmung abhängt (für das Kontaktergebnis „Interview" ist in der Regel der letzte auch gleich dem finalen Kontaktversuch), ändern sich auch Bruttorate und Übersetzung nicht, werden Raten mit dem letzten oder finalen Kontaktversuch berechnet.

---

26 Für Kooperations- oder Verweigerungsraten werden die zweistelligen Codes benötigt. Ebenso, wenn unter vergebenen Nummern weiter sehr stark nach teilnahmegeeigneten Haushalten gescreent werden muss und daher separate eligibility rates für geschaltete Nummern und teilnahmegeeignete Haushalte berechnet werden sollen.

27 In diese Rate gehen auch alle nicht geschalteten Nummern und Rufnummern von nicht teilnahmegeeigneten Haushalten u. ä. ein, die keine Verzerrung verursachen.

Die Responseraten RR_1 (minimal), RR_3 und RR_5 (maximal) fallen unterschiedlich aus, sofern es ungeklärte Rufnummern aus Kategorie 3 gibt. Je nach Anteil ungeklärter Rufnummern ist dann auch die Spannweite zwischen RR_1 und RR_5 groß.

Während dieser Unterschied per Definition besteht, sobald es Rufnummern mit ungeklärtem Status gibt, ist ein anderer Unterschied nicht so offensichtlich und bleibt daher oft unbemerkt: Berechnete und berichtete Responseraten können sich unterscheiden, wenn statt des letzten ein finales Kontaktergebnis verwendet wird. Das letzte Kontaktergebnis zu einer Nummer klärt in einige Fällen (v.a. „Interview", „Nummer nicht geschaltet", „Verweigerung"), aber nicht in allen, den Status einer Nummer eindeutig. Tabelle 10.14 zeigt, dass für alle drei Stichproben Responseraten RR_3 und RR_5 niedriger[28] sind, wenn zur Berechnung der Responseraten nicht das letzte, sondern ggf. ein vorhergehendes Kontaktergebnis verwendet wird, das mehr Information in Bezug auf den Status der Nummer trägt. Der Unterschied beträgt 7 Prozentpunkte für die Festnetzstichprobe 60+, mehr als 6 Prozentpunkte in der Festnetzstichprobe und über 11 Prozentpunkte in der Mobilfunkstichprobe.

Tabelle 10.14 zeigt die Responseraten für die separaten Stichproben der Erhebung INFLUENZA 2014. Deutlich unterscheiden sich die Bestandteile der Responseraten entsprechend des unterschiedlichen Auswahlrahmens und der unterschiedlichen Zielpopulation (v.a. des Oversamplings von Personen ab 60 Jahren im Festnetz). Eine gemeinsame Responserate über alle drei Stichproben wäre daher nicht sinnvoll, da sie über diese Unterschiede hinwegtäuscht und sich wenig eignet, Ober- und Untergrenze eines möglichen Nonresponsebias festzulegen. Zudem stellte sich die Frage, ob und wie die separaten Stichproben bei der Berechnung unterschiedlich gewichtet Berücksichtigung finden sollten (z.B. nach der Anzahl der Interviews – so wie es im Abschnitt zur Designgewichtung für Dual-Frame-Erhebungen beschrieben wird – oder nach der Größe der Bruttostichproben – was bei Responseraten sinnvoller erscheint).

---

28 Die minimale RR_1 unter Verwendung eines finalen Kontaktversuches anstatt des letzten ist hier sogar etwas höher als wenn das Ergebnis des letzten Kontaktversuchs verwendet wird.

Tabelle 10.14 Rufnummern nach AAPOR-Hauptkategorien und Responseraten unter Verwendung des letzten oder finalen Kontakts

(INFLUENZA 2014)

	letzter Kontaktversuch			finaler Kontaktversuch		
	Festnetz 60+	Festnetz	Mobilfunk	Festnetz 60+	Festnetz	Mobilfunk
1 -- Interview	505	646	365	505	646	365
2 -- eligible non-interview	1.388	1.468	982	2.143	2.015	2.010
3 -- unknown eligibility	3.147	1.892	6.249	2.185	1.163	4.141
4 -- not eligible	15.938	6.994	3.378	16.145	7.176	4.458
Nummern insgesamt	20.978	11.000	10.974	20.978	11.000	10.974
Bruttorate: $1/(1+2+3+4)*100$	2,4	5,9	3,3	2,4	5,9	3,3
Übersetzung Brutto--Interviews	41,5	17,0	30,1	41,5	17,0	30,1
eligibility rate $e=(1+2)/(1+2+4)$	0,11	0,23	0,29	0,14	0,27	0,35
$RR\_1=1/(1+2+3)*100$	10,0	16,1	4,8	10,5	16,9	5,6
$RR\_3=1/(1+2+e*3)*100$	22,7	25,3	11,7	17,1	21,7	9,6
$RR\_5=1/(1+2)*100$	26,7	30,6	27,1	19,1	24,3	15,4

Tabelle 10.15 zeigt verschiedene Responseraten, die nicht separat für jede Teilstichprobe sondern über alle Rufnummern aller drei Stichproben berechnet wurden bzw. gewichtete separaten Raten.

Tabelle 10.15 Kontaktergebnisse und Responseraten (insgesamt) unter Verwendung des finalen Kontaktergebnisses (INFLUENZA 2014)

	Insgesamt
1 -- Interview	1.516
2 -- eligible, non-interview	3.838
4 -- unknown eligibility	11.288
3 -- not eligible	26.310
Nummern insgesamt	42.952
eligibility rate $e = (1+2)/(1+2+4)$	0,22
gewichtet nach Anzahl Interviews	0,25
gewichtet nach Anzahl Rufnummern	0,23
$RR_1 = 1/(1+2+3)*100$	10,0
gewichtet nach Anzahl Interviews	12,1
gewichtet nach Anzahl Rufnummern	11,0
$RR_5 = 1/(1+2)*100$	19,7
gewichtet nach Anzahl Interviews	20,4
gewichtet nach Anzahl Rufnummern	19,7

Insgesamt scheint für Dual-Frame-Erhebungen (aber auch Oversamples, Auffrischungsstichproben, usw.) eine Berechnung von Responseraten über alle separaten Teilstichproben ungeeignet, da hier unterschiedliche Responseraten zu erwarten sind: Responseraten RR_1 der separaten Stichproben liegen bei 5,6% im Mobilfunk und 16,9% im Festnetz, eine Responseraten über alle Stichproben läge bei 12% und würde den Eindruck deutlich verändern, den die separaten Responseraten vermitteln.[29]

---

29 Dazu kommt, dass auch Verzerrungen durch Nonresponse zwischen den Stichproben unterschiedlich sein können: Zum einen können gleiche Merkmale unterschiedlich, zum anderen völlig verschiedene Merkmale betroffen sein. Eine

10.3.1 Umgang mit mehrfach replizierten Kontaktergebnissen: zehnmal Freizeichen

Bei RDD-Designs bleibt es für viele erzeugte Ziffernfolge auch nach mehreren Kontaktversuchen unklar, ob die erzeugte Ziffernfolge überhaupt eine gültige „Rufnummer" i.e.S. ist. Für die INFLUENZA 2014 ist das in den Festnetzstichproben für über 10% der Rufnummern der Fall, in der Mobilfunkstichprobe bleibt für über ein Drittel der Rufnummern der Status unklar. In den Festnetzstichproben haben dann aber knapp die Hälfte dieser Nummern immer dasselbe Kontaktergebnis über alle Kontaktversuche: „Freizeichen" (Tabelle 10.16). In der Mobilfunkstichprobe bleibt ein großer Teil der Nummern zwar auch nach mehreren Kontaktversuchen ungeklärt, lange Sequenzen von Freizeichen spielen dabei aber nur eine untergeordnete Rolle.

Tabelle 10.16 Finales Kontaktergebnis, zehnmal Freizeichen (INFLUENZA 2014)

	Festnetz 60+	Festnetz	Mobilfunk
Anzahl Nummern insgesamt	20.978	11.000	10.974
davon bei Abschluss ungeklärt	10,4	10,6	37,7
davon immer Freizeichen	51,8	47,8	1,8

In der Praxis sind einige Erhebungsinstitute dazu übergegangen, diese Ziffernfolgen mit ausschließlich Freizeichen als Kontaktergebnis der einzelnen Kontaktversuche nicht als gültige Rufnummern zu betrachten, sondern als ungültig: Kontaktergebnisse ließen nicht mit ausreichender Sicherheit auf eine geschaltete Rufnummer schließen. Für die Festnetzstichproben halbiert sich dann der Anteil an Rufnummern mit unklarem Status, der Anteil ungültiger Nummern erhöht sich aber nicht im gleichen Maß. Tabelle 10.17 zeigt nun resultierende Responseraten. Im Vergleich zu Tabelle 10.15 steigen die Responseraten in den Festnetzstichproben: RR_1 (jeweils rund 3 Prozentpunkte) und RR_3 (jeweils rund 1 Prozentpunkt). Für eine RR_3 än-

---

getrennte Darstellung und Betrachtung berücksichtigt diese unterschiedliche Gefahr für Verzerrungen. Die Empfehlungen der AAPOR (2016: 65ff.) beschreiben auch gewichtete Responseraten für komplexere Designs, z.B. mehrstufige oder Mixed-Mode-Erhebungen.

dert sich zusätzlich zur Anzahl der Rufnummern aus Kategorie 3 auch die eligibility rate e, die durch die größere Anzahl an Rufnummern in Kategorie 4 etwas kleiner wird. Jeweils beides, eine niedrigere Anzahl unklarer Rufnummern und eine niedrigere eligibility rate e, als auch zusätzlich im Zusammenspiel erhöht eine Responserate RR_3. Eine maximale Responserate RR_5 ist von diesen Änderungen nicht betroffen: Sie berücksichtigt weder Rufnummern aus Kategorie 3 oder 4 oder eine eligibilty rate e.

Tabelle 10.17 Responseraten (finales Kontaktergebnis), zehnmal Freizeichen als „not eligible" (INFLUENZA 2014)

	Festnetz 60+	Festnetz	Mobilfunk
1 -- Interview	505	646	365
2 -- eligible, non-interview	2.143	2.015	2.010
3 -- unknown eligibility	1.054	607	4.066
4 -- not eligible (inkl. 10x Freizeichen)	17.276	7.732	4.533
Nummern insgesamt	20.978	11.000	10.974
Bruttorate: $RR_0 = 1 / (1 + 2 + 3 + 4) * 100$	2,4	5,9	3,3
Übersetzung Brutto -- Interviews	41,5	17,0	30,1
eligibility rate $e = (1 + 2) / (1 + 2 + 4)$	0,13	0,26	0,34
$RR_1 = 1 / (1 + 2 + 3) * 100$	13,6	19,8	5,7
$RR_3 = 1 / (1 + 2 + e * 3) * 100$	18,1	22,9	9,7
$RR_5 = 1 / (1 + 2) * 100$	19,1	24,3	15,4

Das Vorgehen, Rufnummern mit einer langen Sequenz an Kontaktversuchen mit ausschließlich Freizeichen als ungültige Rufnummern zu behandeln, ist vor allem in der Annahme oder Erfahrung der Erhebungsinstitute begründet, dass (alle) diese Rufnummern gar nicht geschaltet seien (und dann auch nie zu einer Person der Zielpopulation führen). Trifft diese Annahme nicht zu (und zumindest hinter einem Teil dieser Nummern können doch Angehörige der Zielpopulation erreicht werden), kommt es dadurch implizit zu einer Umdefinition der Grundgesamtheit: Sehr schwer erreichbare Personen gehören nicht mehr zur Grundgesamtheit. Ein zusätzlicher Bias in den Ergebnissen wird dadurch zwar nicht erzeugt (die Differenz zwischen Respondenten und Nonrespondenten änderte sich dadurch nicht), allerdings wird durch die höhere Responserate die obere Grenze einer möglichen Verzerrung durch Nonresponse unterschätzt. Solche Entscheidungen müssen daher sorgsam bedacht sein und transparent dokumentiert werden.

10.3.2 Ungeklärte Mobilfunknummern: HLR Lookup und Responseraten

Tabelle 10.17 zeigte, dass insbesondere in Stichproben von Mobilfunknummern nach einem RDD-Design ein größerer Anteil an Rufnummern ungeklärt bleibt. Bei der Erhebung INFLUENZA 2014 war das über ein Drittel der Rufnummern. Dieser hohe Anteil an ungeklärten Rufnummern sorgt entsprechend für niedrige Responseraten RR_1 und RR_3. Für Mobilfunknummern besteht eine technische Möglichkeit, Ziffernfolgen durch sog. HLR Lookups (vgl. Kapitel 4) tatsächlich als Rufnummer zu identifizieren. Struminskaya et al. haben 2011 gezeigt, wie ein solches HLR Lookup im Rahmen von Mobilfunkstichproben verwendet werden kann, um die Anzahl an ungeklärten Nummern einer Stichprobe zu reduzieren, und dadurch einerseits Kosten zu reduzieren und andererseits Responseraten zu erhöhen. Da HLR Lookup ein integraler und notwendiger Vorgang innerhalb eines Mobilfunknetzwerkes für zahlreiche Interaktionen der Netzwerkteilnehmer ist, gelten Ergebnisse eines HLR Lookup als zuverlässiger als die Erkennung und Vercodung von Kontaktergebnissen durch Software oder Interviewer. Durch Ergebnisse eines HLR Lookups können nun unklare Rufnummern aus der Befragung eindeutig als ungültig identifiziert werden und so von Kategorie 3 in Kategorie 4 wechseln. Umgekehrt ist ein Vorgehen nicht sinnvoll: Nicht alle Rufnummern mit positivem HLR-Eintrag sind auch tatsächlich Rufnummern von Zielpersonen der Erhebung.

Tabelle 10.18 zeigt Ergebnisse des HLR Lookups für Rufnummern der INFLUENZA 2014. Über zwei Drittel der Nummern mit finalem Kontaktergebnis „not eligible" hatten auch ein negatives HLR Lookup-Ergebnis. Unter den Rufnummern mit unklarem Status liegt der Anteil HLR-negativer Nummer mit 64 % nur etwas niedriger. Durch HLR Lookups können also 2.660 der 4.141 Rufnummern mit unklarem Status als ungültige Rufnummern identifiziert werden, die bei der Responseratenberechnung nicht mehr berücksichtigt werden müssen.

Tabelle 10.18 Finales Kontaktergebnis, ungeklärte Rufnummern und HLR Lookup-Ergebnis (INFLUENZA 2014)

| | Rufnummern insg. | | davon mit neg. HLR | |
	Anzahl	in %[a]	Anzahl	in %[b]
1 -- Interview	365	3,3	7	1,9
2 -- eligible, non-interview	2.010	18,3	65	3,2
3 -- unknown eligibility	4.141	37,7	2.660	64,2
4 -- not eligible	4.458	40,6	3.053	68,5

[a]: Spaltenprozent, [b]: Zeilenprozent

In Tabelle 10.18 fällt aber auch auf, dass insgesamt 72 Rufnummern ein negatives HLR Lookup-Ergebnis hatten, aber bei der Befragung sogar unter 7 Rufnummern letztlich Interviews geführt wurden. Struminskaya et al. (2011) und Sand (2016) weisen darauf hin, dass durch unterschiedliche zeitliche Bezüge (HLR Lookup längere Zeit vor oder nach der Befragung, so dass Rufnummern in größerer Zahl tatsächlich den Status wechseln können) Fehlklassifikationen auftreten können. Durch die Anwendung der HLR Lookup-Ergebnisse nach der Befragung und nur auf Rufnummern mit unklarem Status sind keine Verzerrungen möglich. Tabelle 10.19 zeigt Responseraten der Mobilfunkstichprobe ohne und mit Berücksichtigung von HLR Lookup, wenn unklare Rufnummern mit HLR-negativem Ergebnis als ungültig betrachtet werden. Erwartungsgemäß ändern sich Bruttorate und eine RR_5 nicht, demgegenüber erhöht sich RR_1 und RR_3 deutlich von 6% auf knapp 10% bzw. von 10% auf über 13%.

Tabelle 10.19 Responseraten (finales Kontaktergebnis), ungeklärte Rufnummern mit negativem HLR Lookup-Ergebnis (INFLUENZA 2014)

	ohne HLR Lookup	mit HLR Lookup[a]
1 -- Interview	365	365
2 -- eligible, non-interview	2.010	2.010
3 -- unknown eligibility	4.141	1.481
4 -- not eligible	4.458	7.118
Nummern insgesamt	10.974	10.974
Bruttorate: $1/(1+2+3+4)*100$	3,3	3,3
Übersetzung Brutto -- Interviews	30,1	30,1
eligibility rate $e=(1+2)/(1+2+4)$	0,35	0,25
$RR\_1 = 1/(1+2+3)*100$	5,6	9,5
$RR_3 = 1/(1+2+e*3)*100$	9,6	13,3
$RR_5 = 1/(1+2)*100$	15,4	15,4

[a]: 2660 ungeklärte Nummern (aus 3) mit negativem HLR Lookup-Ergebnis nach 4 -- not eligible

Ähnliche Verfahren zur Bereinigung der Kontaktergebnisse um unklare Rufnummern wurden bereits früher (Smith 2009) und im Rahmen von Festnetzstichproben diskutiert: Bei entsprechender Definition der Grundgesamtheit (und ausreichender Aktualität der Auswahlgrundlage) könnten Rufnummern mit unklarem Status 3, die aber in einem aktuellen Telefonverzeichnis eingetragen sind, als Nonrespondenten 2 zählen. Ein solches Vorgehen würde alle Responseraten RR_1, RR_3 und RR_5 tendenziell verringern, da Nummern mit Eintrag im Telefonverzeichnis aus Kategorie 3 nach Kategorie 2 wechselten, und die Gefahr für Nonresponsebias daher eher überschätzen. Umgekehrt vorgegangen: Unklare Rufnummern in Kategorie 3 ohne Eintrag in einem Telefonverzeichnis werden als ungültig (Kategorie 4) behandelt. Diese würden die Responseraten RR_1, RR_3 deutlich erhöhen (und RR_5 unverändert bleiben). Ein solches Vorgehen würde eine Response-rate aber wegen der niedrigen Eintragshäufigkeit – zwischen 30 und 40% der Haushalte in Deutschland mit Festnetz sind im Telefonbuch eingetragen – deutlich unterschätzen, und damit auch die Gefahr für einen Nonrespon-sebias. Das erste Vorgehen ist wegen niedrigerer Responseraten zwar wenig attraktiv, kann für bestimmte Grundgesamtheiten aber ein plausibles Vorgehen sein. Das zweite Vorgehen (unklare Nummern ohne Verzeichniseintrag gelten als ungültig) dürfte für die meisten Anwendungen unplausibel sein und kein gutes Vorgehen darstellen. Werden Bereinigungen der Rufnummern (vor oder nach der Erhebung) vorgenommen, sollte dies explizit dokumentiert und beschrieben werden.

10.4 Zusammenfassung

Responseraten können auf unterschiedliche Art und Weise berechnet werden und unterscheiden sich dann danach, wie Rufnummern mit unklarem Status in Bezug zur Zielpopulation bei der Berechnung berücksichtigt werden. Je nach Berücksichtigung dieser Rufnummern (zusammen mit dem Anteil, den diese Rufnummern an der Bruttostichprobe ausmachen) sind Responseraten vergleichsweise hoch (RR_5) oder niedrig (RR_1): Für die Mobilfunkstichprobe mit einem besonders hohen Anteil ungeklärter Rufnummern kann eine Responserate von 5,6% (RR_1) oder mit 15,4% (RR_5) fast dreimal so hoch berichtet werden. In den beiden Festnetzstichproben ist der Anteil ungeklärter Rufnummern niedriger, sodass die (relative) Spannweite zwischen RR_1 und $x \pm 1,96 * \sqrt{\dfrac{\sigma^2}{n}}$ weniger groß ist.

Zudem können sich Responseraten stark unterscheiden, wenn statt dem finalen (d.h. in Bezug auf den Status einer Nummer informationsreichste) Kontaktergebnis das Ergebnis des zeitlich letzten Kontaktversuchs verwendet wird. Bei Berechnungen auf Grundlage des letzten Kontaktversuchs fallen Responseraten häufig nochmal höher aus als unter Berücksichtigung eines finalen Kontaktversuchs. Die Empfehlungen der AAPOR zur Berechnung sehen vor, nicht das letzte, sondern das finale (d.h. das informationsreichste) Kontaktergebnis zur Berechnung der Responseraten zu verwenden, daher sind Responseraten auf Grundlage des letzten Kontaktversuchs keine AAPOR-konformen Responseraten, in der Regel höher als AAPOR-konforme Responseraten und unterschätzen so eine mögliche Verzerrung durch Nonresponse.

Allein an der Höhe der Responserate lässt sich aber weder erkennen, ob eine Responserate auf Grundlage des letzten oder des finalen Kontaktversuchs berechnet wurde, noch, um welche Responserate es sich handelt. Zudem können sich Responseraten sehr stark voneinander unterscheiden, je nachdem wie sie berechnet wurden. Daher sollte nicht nur „die Responserate" berichtet werden, sondern verschiedene Raten, zusammen mit der Beschreibung der Art und Weise der Berechnung und den Bestandteilen der Berechnung, so dass ggf. weitere Raten aus diesen Angaben berechnet werden können.

Als alleiniges oder vorrangiges Qualitätskriterium einer Erhebung eignen sich Responseraten nicht, da sie allein betrachtet auch keine Rückschlüsse auf Verzerrungen durch Nonresponse erlauben. Erst die Gesamtschau aller Aspekte eines Surveydesigns, ihre Umsetzung und Vergleiche mit anderen Erhebungen oder Verteilungen der Grundgesamtheit erlauben eine Beurteilung der Qualität im Sinne eines Total Survey Errors. Das Berechnen und Berichten von Responseraten ist nur ein (kleiner) Teil einer zur Beurteilung notwendigen ausführlichen Dokumentation einer Erhebung.

Ziel einer Erhebung sollte sein, Nonresponse zu verhindern, um Nonresponsebias zu minimieren. Bei der Berechnung und dem Berichten von Responseraten sollten ggf. mehrere verschiedene Responseraten berichtet und Unterschiede diskutiert werden. Um eine Unterschätzung eines möglichen Nonresponsebias zu vermeiden, sollten eher konservativ berechnete (d.h. im Zweifel eher zu niedrige) Responseraten berichtet werden.

10.5 Literatur

The American Association for Public Opinion Research (Hrsg.) (2016). *Standard Definitions: Final Dispositions of Case Codes and Outcome Rates for Surveys. 9th edition.* AAPOR.

Engel, U. & Schmidt, O. (2014). *Unit- und Item-Nonresponse.* In N. Baur & J. Blasius (Hrsg.), *Handbuch Methoden der empirischen Sozialforschung* (S. 331-348). Wiesbaden: Springer VS. https://doi.org/10.1007/978-3-531-18939-0_23

Dillman, D., Smyth, J. & Melani, C. (2014). *Internet, phone, mail and mixed-mode surveys: The tailored design method, 4th edition.* John Wiley and Sons. Inc., Hoboken, NJ, USA.

Groves, R. (2006). Nonresponse rates and nonresponse bias in household surveys. *The Public Opinion Quarterly 70* (5), 646–675. https://doi.org/10.1093/poq/nfl033

Groves, R., Couper, M. Presser, S., Singer, E., Tourangeau, R., Acosta, G., & Nelson, L. (2006). Experiments in Producing Nonresponse Bias. *The Public Opinion Quarterly 70* (5), 720–736. https://doi.org/10.1093/poq/nfl036

Groves, R. & Peytcheva, M. (2008). The impact of nonresponse rates on non-response bias. *The Public Opinion Quarterly 72(2)*, 167–189. *The Public Opinion Quarterly 64* (2), 125–148. https://doi.org/10.1093/poq/nfn011

Keeter, S., Miller, C. Kohut, A. Groves, R., & Presser, S. (2000). Consequences of reducing nonresponse in a national telephone survey. *The Public Opinion Quarterly 64* (2), 125–148. https://doi.org/10.1086/317759

Keulens, K. & Loosveldt, G. (2012). Should high response rates really be a primary objective? *Survey Practice 15* (3), 1-5.

Koch, A. & Blohm, M. (2015). *Nonresponse Bias.* GESIS Survey Guidelines. Mannheim: GESIS – Leibniz-Institut für Sozialwissenschaften. DOI: 10.15465/gesis-sg_004

Lepkowski, J., Tucker, C., Brick, J., De Leuw, E., Japec, L., Lavrakas, P., Link, M., & Sangster, R. (2007). *Advances in telephone survey methodology.* John Wiley and Sons. Inc., Hoboken, NJ, USA.

Martsolf, G., Schofield, R., Johnson, D., & Scanlon, D. (2013). Editors and researchers beware: Calculating response rates in random digit dial health surveys. *Health Services Research 48* (2), 665–676. DOI: 10.1111/j.1475-6773.2012.01464.

Meterko, M., Restuccia, J., Stolzmann, K., Mohr, D., Brennan, C., Glasgow, J., & Kapoli, P. (2015). Response rates, nonresponse bias, and data quality: Results from a national survey of senior healthcare leaders. *The Public Opinion Quarterly 79* (1), 130–144. https://doi.org/10.1093/poq/nfu052

Nishimura, R., Wagner, J. & Elliott, M. (2016). Alternative indicators for the risk of non-response bias: a simulation study. *International Statistical Review 84* (1), 43–62. DOI: 10.1111/insr.12100

Sand, M. (2016). Evaluierung von HLR-Lookup-Verfahren: Erste Ergebnisse aus dem Projekt VermIn." In S. Eifler & F. Faulbaum (Hrsg.), *Methodische Probleme von Mixed-Mode-Ansätzen in der Umfrageforschung* (S. 203-229). Wiesbaden: Springer.

Smith, T. (2009). A revised review of methods to estimate the status of cases with unknown eligibility. *American Association for Public Opinion*

Research. https://www.aapor.org/AAPOR_Main/media/MainSiteFiles/ FindingE.pdf

Struminskaya, B., Kaczmirek, L., Schaurer, I., Bandilla, W., Gabler, S., & Häder, S. (2011). Identifying non-working numbers in cell phone RDD samples via HLR-Lookup technology. *Survey Practice 4* (4).

Matthias Sand & Siegfried Gabler

11 Gewichtung von (Dual-Frame -) Telefonstichproben

Auf einen Blick

Was vor der Erhebung zu beachten ist

▸ Beinhaltet der Fragebogen alle zur Bestimmung der Inklusionswahr-scheinlichkeiten notwendigen Items?

Dies sind: Anzahl der erhebungsrelevanten Haushaltsmitglieder; Anzahl der (privaten) Festnetznummern, unter denen die Zielperson erreichbar ist; Anzahl der (privaten) Mobilfunknummern, unter denen die Zielperson er-reichbar ist

⇒ In beiden Stichproben jeweils nach der Anzahl an Festnetz- und Mobil-funknummern fragen

▸ Beinhaltet der Fragebogen alle Items zur späteren Kalibrierung? Beispiele: Alter, Geschlecht, Bildungsabschluss, Region/Bundesland, etc.

▸ Sind Anpassungsvariablen für die Zielpopulation verfügbar?

▸ Ist die Abfrage der Items im Fragebogen mit Anpassungsvariablen der externen Quelle vergleichbar (z.B. gleiche/ähnliche Kategorien)?

Während der Erhebung

▸ Telefonnummern der Bruttostichprobe sollten zufällig auf separate Sub-stichproben („Tranchen") aufgeteilt werden

⇒ Bei vorherigem Erreichen der angestrebten Anzahl erfolgreicher Inter-views: Alle Kontaktversuche der jeweiligen Tranche ausschöpfen! Die neue Bruttostichprobengröße entspricht jetzt der Summe aller Rufnum-mern der verwendeten Tranchen.

Nettofeldsteuerung sollte vermieden werden, da diese die Bestimmung der Inklusionswahrscheinlichkeiten deutlich erschwert oder sogar unmöglich macht.

© Springer Fachmedien Wiesbaden GmbH, ein Teil von Springer Nature 2019
S. Häder et al. (Hrsg.), *Telefonumfragen in Deutschland*, Schriftenreihe
der ASI – Arbeitsgemeinschaft Sozialwissenschaftlicher Institute,
https://doi.org/10.1007/978-3-658-23950-3_11

Datenaufbereitung und Gewichtung

▸ Die Datenaufbereitung braucht Zeit und Expertise mit möglichst wenigen Missings in den Daten; die Gewichtung dient nicht der Kompensation einer mangelhaften Erhebungspraxis oder Feldarbeit!

▸ Die Designgewichtung dient der Berücksichtigung unterschiedlicher Inklusionswahrscheinlichkeiten der Stichprobeneinheiten.

▸ Kalibrierung hat zwei Funktionen im Rahmen der Gewichtung:
  ▸ Reduzierung der Verzerrung durch Nonresponse
  ▸ Steigerung der Präzision der Schätzergebnisse auch ohne Nonresponse (z.b. Verhältnis- oder Regressionsschätzer, bzw. GREG-Schätzer) durch die Verwendung zusätzlicher Informationen

11.1 Was kann man unter der Gewichtung von Erhebungsdaten verstehen?

Gewichtung ist ein Verfahren, bei dem z.b. bei der Schätzung relevanter Parameter, wie dem Mittelwert oder dem Totalwert einer Zielpopulation, die (relative) Bedeutung von einzelnen Erhebungseinheiten einer Erhebung verändert wird. Im Zuge von Erhebungen begegnen dem Forschenden in den meisten Fällen Survey-Gewichte. Diese finden spätestens dann Anwendung, wenn es darum geht, die Stichprobenergebnisse auf die Zielpopulation zu projizieren, über die ursprünglich Aussagen getroffen werden sollten. Allgemein sind Gewichte genau dann notwendig, wenn es sich bei der Datengrundlage nicht um Zensusdaten einer Vollerhebung handelt. Hierbei erfüllen verschiedene Arten von Gewichten unterschiedliche Funktionen bei der Hochrechnung von Stichprobenergebnissen. So können (vereinfacht) Designgewichte berücksichtigen, dass die aus der Erhebung stammenden Daten nicht auf der Grundlage einer Vollerhebung beruhen, sondern auf einer Zufallsstichprobe. Nonresponse-Gewichte können z.b. dann zum Tragen kommen, wenn im Rahmen einer Erhebung Daten zu einer gezogenen Einheit vollständig oder teilweise fehlen, während die Kalibrierung einmal zum Ausgleich von Antwortverweigerung aber auch zur Anpassung an externe Daten (z.b. der nachträglichen Schichtung) verwendet werden kann.

Welche Gewichte wie anzuwenden sind, ist oftmals davon abhängig, wie eine bestimmte Erhebung zustande gekommen ist und welche Aussagen vom Forscher genau auf Basis dieser Erhebungsdaten getroffen werden sollen. So ist z.b. die rein deskriptive Erläuterung von Daten, die sich *nur* auf die (nach Ausfallprozessen) vorhandene Stichprobenpopulation bezieht, auch ohne die Verwendung von Gewichten möglich. Sobald jedoch (generalisierbare) Aussagen über eine (Teil-) Population, die der Stichprobe zugrunde liegt, getroffen werden sollen, muss zumindest die Verwendung von Erhebungsgewichten erwogen werden. In welchen Fällen, welche Art von Gewichten wie anzuwenden sind, wird im folgenden Kapitel näher erläutert.

11.2 Einordnung der Gewichtung in das Rahmenwerk des TSEs

Im Rahmenwerk des Total Survey Errors (TSE) ist die Gewichtung als Teil des „Armes" der Repräsentation der Zielpopulation zu finden. Da die Gewichtung selbst aus mehreren Schritten besteht und in der Regel sowohl eine Designgewichtung als auch eine Kalibrierung beinhaltet, lässt sich dieser Arbeitsschritt nicht als Maßnahme verstehen, die einzig und allein der Vermeidung einer einzigen Fehlerquelle zuzuordnen ist.

Die Gewichtung einer Erhebung geschieht jedoch erst, nachdem die Erhebung durchgeführt wurde. Demnach hat dieser Prozess, im Gegensatz zu Maßnahmen der Stichprobenziehung oder der Vermeidung von Messfehlern, keine präventive Komponente, die bereits vor der Feldphase durchgeführt werden kann. Da gerade die Designgewichtung jedoch direkt mit der Art und Weise, wie eine Stichprobe gezogen wird, verknüpft ist, sollten dennoch bereits vor Feldbeginn mögliche Implikationen, die deren Durchführung (negativ) beeinflussen können, berücksichtigt werden. So haben das Stichprobendesign und die daraus resultierenden Auswahlwahrscheinlichkeiten der einzelnen Stichprobenelemente einen direkten Einfluss auf die spätere Komplexität der Designgewichtung. Weiterhin sollte im Zuge der Vorbereitung der Stichprobe bedacht werden, welche Parameter zu erheben sind, um eine entsprechende Designgewichtung durchzuführen. Am Beispiel einer Dual-Frame-Telefonstichprobe zeigt sich dies z.B. in der Überlegung sowohl eine Festnetz- als auch eine Mobilfunkstichprobe einzuschließen, um einen Undercoverage-Fehler aufgrund von „Only-Haushalten" zu vermeiden. Da jedoch in der Erhebung auch Personen enthalten sind, die über Festnetz und Mobilfunk erreichbar sind, muss dies in der Designgewichtung Berücksichtigung finden. Im einfachsten Fall, wenn alle Personen nur eine Festnetznummer und/oder eine Mobilfunknummer haben und alle in Einpersonenhaushalten leben, haben Personen, die über beide Anschlussarten verfügen, bereits eine doppelt so hohe Wahrscheinlichkeit in die Erhebung zu gelangen als diejenigen mit nur einer Anschlussart. Erschwerend kommt noch hinzu, dass Personen auch über mehrere Festnetz- oder Mobilfunkanschlüsse verfügen können und nicht ausschließlich in Einpersonenhaushalten leben. Demnach bringt der Stichprobenprozess unterschiedliche Auswahlwahrscheinlichkeiten hervor. Werden diese nicht im Zuge der Designgewichtung adäquat berücksichtigt, sind Schätzergebnisse aus der Erhebung verzerrt.

Weiterhin wird deutlich aus diesem Beispiel, dass im Zuge der Erhebung erfasst werden muss, wie wahrscheinlich es ist, dass eine Person Teil der Erhebung ist bzw. ausgewählt wurde. Auch wenn der erste Schritt der Ziehung einer Rufnummer aus dem jeweiligen Auswahlrahmen einer einfachen, uneingeschränkten Zufallsauswahl folgt, ist es von entscheidender Bedeutung, dass erfasst wird, über wie viele Rufnummern eine Person in die Stichprobe gelangen kann und (zumindest bei einer Festnetzstichprobe) wie viele weitere Personen über diese Rufnummer potentiell erhoben werden können. Kommt nun noch eine weitere Stichprobe hinzu, so ist es ebenfalls elementar, dass auch die Wahrscheinlichkeit der erhobenen Einheit eruiert wird, Teil der zusätzlichen Stichprobe zu sein. Daher müssen im Zuge einer Dual-Frame-Erhebung die Parameter zur Auswahl jeder Erhebungseinheit für beide Stichproben getrennt erhoben werden, unabhängig davon, über welches Medium diese Einheit tatsächlich in die Erhebung gelangt ist.

Die Kalibrierung hingegen hat zwei Aufgaben im Rahmen des Total Survey Errors. Einmal dient diese dazu, durch Berücksichtigung von Hilfsmerkmalen, etwa durch die nachträgliche Schichtung, den Stichprobenfehler zu verringern. Dies gilt besonders dann, wenn im Vorfeld einer Erhebung zwar Merkmale bekannt sind, die der Schichtung dienlich sind, aber genauere Angaben über deren Verteilung in der Auswahlgrundlage fehlen. Weiterhin dient diese Art der Anpassungsgewichtung dazu, Verzerrungen, die aufgrund von Ausfällen (durch Unit-Nonresponse) eintreten können, zu verringern. Um dies zu ermöglichen, sollten jedoch bereits im Vorfeld Variablen, die zur nachträglichen Schichtung herangezogen werden sollen, sowie Variablen, die Ausfälle potenziell erklären können, identifiziert und deren Abfrage in adäquater Form sichergestellt werden.

Das exakte Vorgehen im Zuge einer Designgewichtung und Kalibrierung wird im Folgenden genau erläutert.

11.3 Die Gewichtung von Erhebungsdaten allgemein

Es sollte bei der Planung einer Erhebung im Bewusstsein der verantwortlichen Person stehen, dass eine schlecht geplante und/oder durchgeführte Erhebung durch eine anschließende Gewichtung nur kosmetisch übertüncht wird. Hat der Forscher oder Nutzer von Daten ein statistisches Modell im Hinterkopf, wie seine Daten erzeugt wurden, wird er die Parameter seines Modells ohne Rücksicht auf die Art der Datenerhebung schätzen. Je weiter die Realität von seinem Modell entfernt ist, desto schlechter werden die Ergebnisse sein.

Valliant et al. (2013, S. 308) beschreiben das generelle Ziel der Gewichtung von Erhebungsdaten darin, für eine Einheit i Gewichte w_i zu ermitteln, die für jegliche Analysen des Datensatzes verwendet werden können, die darauf abzielen, geeignete, z.b. unverzerrte, Schätzwerte für Parameter der zugrundeliegenden Zielpopulation der Erhebung zu ermitteln. Gabler et al. (2012, S. 147) zufolge sind Hauptgründe der Verwendung von Gewichten bei Erhebungsdaten die Berücksichtigung ungleicher Auswahlwahrscheinlichkeiten, die Reduktion potentieller Verzerrungen der Schätzwerte aufgrund von Nonresponse sowie der Anpassung bestimmter soziodemografischer Charakteristika an die entsprechende Verteilung in der Zielpopulation (z.B. zur nachträglichen Schichtung einer Stichprobe). Ist der Auswahlrahmen nicht perfekt, kann die Gewichtung helfen, diese Lücke zu schließen oder zumindest zu verkleinern. Die Stichprobenziehung ist zur Vermeidung von Fehlerquellen eines der zentralen Elemente im Rahmen einer Erhebung (vgl. Lundström und Särndal 2001, S. 17ff.). Wichtig dabei ist, dass die Gewichtung der Daten einer Erhebung nicht dazu dient, Ergebnisse derselben zu beschönigen oder Mängel innerhalb der Feldzeit zu beseitigen. Vielmehr dient die Gewichtung der Berücksichtigung des Designs sowie der Minderung der Verzerrung, die aufgrund von Nichtteilnahme aus verschiedenen

Gründen (*Nonresponse*) entsteht.[1] Abbildung 11.1 zeigt diesbezüglich nochmals potentielle Fehlerquellen im Rahmen der Stichprobenziehung auf.

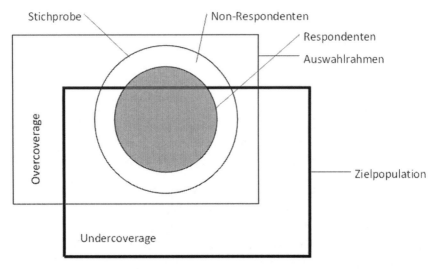

Abbildung 11.1   Fehlerquellen

Eine Einheit (z.B. Person), die über den Auswahlrahmen erreichbar ist, aber nicht zur Zielpopulation gehört, ist eine Karteileiche und gehört zum Overcoverage. Umgekehrt gibt es Einheiten in der Zielpopulation, die nicht über den Auswahlrahmen erreichbar sind und daher zum Fehlbestand (Undercoverage) zählen. In der Regel wird davon ausgegangen, dass zwischen Ziel- und Auswahlgesamtheit kein großer Unterschied ist, die Anzahl der Karteileichen und Fehlbestände also vernachlässigt werden können. Trotzdem kann eine Gewichtung vom statistischen Standpunkt aus sinnvoll sein, etwa um unverzerrte Schätzungen für einen Parameter (z.B. Anteilswert) der Zielpopulation zu erhalten.

---

1   Siehe dazu auch: Lohr 2009, S. 388ff.; Särndal und Lundström 2005, S. 9ff. und S. 43ff.

11.4   Die Durchführung der Gewichtung im Zuge von (Dual-Frame-) Telefonstichproben

Da es in diesem Kapitel um telefonische Erhebungen geht, wird sich die Frage der Gewichtung im Wesentlichen darauf beziehen.

Beim Vorliegen von Frame-Imperfections, also dem Problem, dass der zugrundeliegende Auswahlrahmen entweder nicht die gesamte Zielpopulation abdeckt (Undercoverage) oder sich Einheiten im Auswahlrahmen befinden, die nicht Teil der Zielpopulation sind (Overcoverage), werden oftmals Maßnahmen unternommen, um mögliche Ursachen von Verzerrungen zu vermeiden oder zumindest im Nachhinein ihre Auswirkungen zu mindern. Die Maßnahmen selbst sind jedoch häufig Teil der Stichprobenziehung. So ist die Verwendung von Dual-Frame-Erhebungen z.b. als Maßnahme zur Verringerung des Undercoverage durch Mobile-Only-Haushalte zu verstehen. Um den Overcoverage zu reduzieren, werden z.b. bei der Erstellung von Auswahlgrundlagen nach dem Gabler-Häder-Verfahren Blöcke entfernt, die ausschließlich Rufnummern beinhalten, die zu gewerblich genutzten Anschlüssen führen. In einem solchen Fall sollte auch die Designgewichtung diese Maßnahmen berücksichtigen, da diese die entsprechenden Aspekte der Stichprobenziehung reflektiert.

Der in diesem Kontext einfachste Fall ist das Bestehen von Overcoverage im Auswahlrahmen. Bei Telefonstichproben kommt dies z.b. dann vor, wenn der zugrundeliegende Auswahlrahmen bei einer Erhebung von Privatpersonen auch Rufnummern beinhaltet, die zu Geschäftsanschlüssen führen. In einem solchen Fall wird gewöhnlich ein vorgeschaltetes Screening durchgeführt, um diejenigen Anschlüsse auszuschließen, die nicht Teil der Zielpopulation sind. Zu beachten ist dabei jedoch, dass in der Berechnung der Inklusions- oder Auswahlwahrscheinlichkeit die gesamte Bruttostichprobengröße (Anzahl der verwendeten Rufnummern) verwendet und keine Bereinigung dieser um ausgescreente Fälle vorgenommen wird. Eine Bereinigung um diese Fälle könnte und sollte nur dann geschehen, wenn der Auswahlrahmen gleichermaßen um diese stichprobenneutralen Ausfälle bereinigt würde. Da die Anzahl der Einheiten im Auswahlrahmen, die nicht zur Zielpopulation gehören, jedoch in den seltensten Fällen bekannt ist, sollte von einer solchen Bereinigung in der Regel abgesehen werden.

Undercoverage stellt im Rahmen von Telefonbefragungen durch das vermehrte Aufkommen von Mobile-Only-Haushalten nicht nur in jüngster Vergangenheit ein zunehmendes Problem dar. 1996 berichtete S. Häder von der Problematik der nicht in Telefonregistern geführten Haushalte. Dies war für Gabler und S. Häder der Anlass, um für telefonische Erhebungen eine Methode zur Generierung von Auswahlrahmen für Telefonstichproben im Festnetz zu entwickeln. Diese ermöglicht die Stichprobenziehung sowohl für eingetragene, als auch für nicht eingetragene Haushalte (vgl. S. Häder 1996, S. 47ff.).[2] Zur Behandlung der Mobile-Only-Problematik stellen die umfassenden Untersuchungen CELLA 1 und 2, die von GESIS in Kooperation mit der TU Dresden im Zeitraum von 2007 bis 2011 durchgeführt wurden, sowie einige Untersuchungen des Arbeitskreises deutscher Markt- und Sozialforschungsinstitute (ADM) (2011) fest, dass aufgrund von systematisch unterschiedlichen soziodemografischen Charakteristika von der Verwendung eines Dual-Frame-Ansatzes in den seltensten Fällen abgesehen werden sollte, um bei bundesweiten Erhebungen genaue Schätzwerte zu ermitteln (vgl. S. Häder et al. 2009, S. 25ff.; Heckel & Wiese 2012, S. 112ff.; ADM 2012, S. 4ff.; Sand 2015, S. 134).[3] Bei Dual-Frame-Telefonstichproben stimmen Ziel- und Auswahlgesamtheit im Wesentlichen überein. Oft kann davon ausgegangen werden, dass sich für interessierende Merkmale die Parameter (z.B. Anteilswerte) nicht nennenswert unterscheiden.

11.4.1 Warum Designgewichtung?

Designgewichte, gelegentlich auch *Base Weights* genannt, berechnen sich beim Vorliegen von Zufallsstichproben (oftmals) als Inverse der Inklusionswahrscheinlichkeiten. Sie dienen der Entwicklung von Schätzern für Parameter der Zielpopulation. Ein solcher Schätzer ist unverzerrt, wenn sein (Design-) Erwartungswert gleich dem Parameter (z.B. Mittelwert oder Totalwert) in der Zielgesamtheit ist. Wie bereits erwähnt liegt der Auswahl ein *perfekter* Auswahlrahmen zugrunde, also ein Auswahlrahmen, der (fast) alle Einheiten der Zielpopulation beinhaltet. Zudem sei der Nonresponse

---

2   Siehe Kapitel Stichprobenziehung.

3   Für regionale Stichproben gibt es diese Möglichkeit leider nicht oder nur eingeschränkt, weswegen diese im CATI-Modus Gefahr laufen, verzerrte Schätzergebnisse zu produzieren.

vernachlässigbar (Valliant et al. 2013, S. 307). Notwendig ist eine Designewichtung nach Gabler et al. (2012) immer dann, wenn unterschiedliche Inklusionswahrscheinlichkeiten der Erhebungseinheiten bestehen und ein unverzerrter Schätzer der (Teil-) Population verwendet werden soll. Im Falle von Telefonstichproben trifft dies dadurch zu, dass zwar Rufnummern aus einem Auswahlrahmen mit gleichen Wahrscheinlichkeiten gezogen werden, dass jedoch eine Erhebungseinheit über mehrere Rufnummern in die Stichprobe gelangen kann (vgl. Gabler et al. 2012, S. 147f.). Zusätzlich gilt im Rahmen von Festnetzstichproben zu beachten, dass hier zuerst ein Haushalt anhand der Rufnummer kontaktiert wird und dann erst durch ein geeigneten Verfahrens (z.b. Kish-Grid oder (Randomized-) Birthday-Verfahren) die Auswahl innerhalb des Haushaltes erfolgt.

Bei einem solchen Ansatz gilt, dass die Auswahlwahrscheinlichkeit einer Erhebungseinheit, die sowohl über Festnetz als auch über Mobilfunk erreicht werden kann, immer dann entsprechend berücksichtigt werden muss, wenn kein Screening nach Only-Haushalten eines Telekommunikationsmediums und ein *Overlap-Ansatz* durchgeführt wird (vgl. S. Häder et al. 2009, S. 25). Wie sich die Designgewichtung eines solchen Ansatzes genau gestaltet, wird im Abschnitt 5.1 dargestellt.

11.4.2 Warum Kalibrierung?

Ein durch die Designgewichtung bestimmter Schätzer (z.B. Horvitz-Thompson-Schätzer) für einen Parameter der Zielpopulation, ist immer dann unverzerrt, wenn alle Einheiten (der Zielpopulation) positive Inklusionswahrscheinlichkeiten haben und weitere Fehlerquellen, wie z.b. *Undercoverage* ausgeschlossen werden können. Jedoch lässt sich ein Nonresponse für die meisten Erhebungen feststellen (vgl. Gabler et al. 2012, S. 162.). Bezüglich der Anpassungsgewichtung zur Berücksichtigung von (Unit-) Nonresponse bemerkt Lohr (2009), dass die zugrundeliegenden Modelle starke Annahmen über den Zusammenhang des Ausfallmechanismus treffen (in der Regel *Missing at Random (MAR);* siehe Lohr 2009, S. 338ff.), während diese jedoch niemals vollständig den wahren Sachverhalt des Antwortausfalls widerspiegeln. Daher diskutiert die Autorin, dass man eine Anpassungsgewichtung nicht, wie oftmals beworben, als Allheilmittel gegen Nonresponse betrachten sollte, sondern diese lediglich als Instrument versteht, das dazu beitragen kann, die Verzerrung aufgrund von Nonresponse zu verringern.

Ein weiterer Aspekt, weswegen man eine Kalibrierung durchführt, ist die Steigerung der Präzision der Schätzergebnisse. So führt Lumley (2010) an, dass es im Zuge einer Erhebung, auch ohne dass Nonresponse auftritt, oftmals wünschenswert ist, die Daten zu kalibrieren. Beispiele für den Vorteil einer Kalibrierung auch ohne Nonresponse sind bei uneingeschränkter Zufallsauswahl der Verhältnis- oder auch der Regressionsschätzer, wenn zwischen der Untersuchungsvariablen und einer Hilfsvariablen ein linearer Zusammenhang besteht. Die Kalibrierung an die Hilfsvariable bringt eine Reduzierung des (Stichproben-) Fehlers mit sich.

Bei der Schätzung von Anteilen kann eine Kalibrierung verwendet werden, um zu erreichen, dass die Schätzung des Anteils mit Ausprägung 1 addiert mit der Schätzung des Anteils mit Ausprägung 0 sich zu 1 addieren. So hilft diese bei dichotomen Merkmalen, bei denen z.B. ein Teil der Befragten die Antwort verweigert hat, keine Aussage treffen konnte oder bei der keine der beiden Kategorien zutrifft, dass sich summarisch 100% für die beiden Kategorien der Variable ergeben.

Als mögliche Gründe zur Kalibrierung können u.a. angeführt werden, dass die zugrundeliegende Zielpopulation keine stratifizierte Stichprobenziehung erlaubt, da zu viele Schichtungsvariablen existieren oder sich keine Schichtbildung finden lässt, die für alle Untersuchungsvariablen am geeignetsten erscheint. Des Weiteren kann die Notwendigkeit einer Klumpenstichprobe eine vorherige Stratifizierung verhindern. Ein zusätzliches Problem kann darin bestehen, dass zwar Informationen über den Auswahlrahmen vorliegen, aber nicht in einer Art und Weise, dass eine vorherige Schichtung möglich ist. Dies ist gerade bei CATI-Erhebungen oftmals der Fall, da der Auswahlrahmen lediglich Zahlenfolgen enthält, die Rufnummern nachempfunden sind. Diese erlauben jedoch keine (direkte) Bildung von Schichten anhand soziodemografischer Merkmale.[4] Eine geschichtete Zufallsauswahl, d.h. die Berücksichtigung einer Schichtinformation in das

---

4 Im Rahmen von Festnetzstichproben ist in Deutschland zumindest näherungsweise eine regionale Schichtung anhand der Vorwahl möglich. Für Mobilfunkstichproben bleibt jedoch auch diese Möglichkeit aus. Hier bestünde theoretisch die Möglichkeit zur Schichtung nach unterschiedlichen Netzbetreibern. Da in Vorwahlbereichen der (derzeitig) drei Netzbetreibern jedoch auch Subanbieter enthalten sind, die vermehrt unterschiedliche Teilpopulationen ansprechen können, ist eine solche Schichtung nur in Ausnahmefällen sinnvoll. Ein solches Beispiel wäre die vermehrte Ziehung von Anbietern, die Sonderkonditionen zur Telefonie

Auswahlverfahren, ist daher nicht möglich. Eine nachträgliche Schichtung hilft jedoch, die durch Befragung dann erworbene Schichtinformation in den Schätzer einzubauen.

Demnach lassen sich zwei unterschiedliche Anwendungsgebiete der Kalibrierung feststellen. Diese wird einmal verwendet um die *Präzision der Schätzwerte zu steigern* und demnach die Varianz der Schätzwerte zu verringern und darüber hinaus zur *Reduktion der Verzerrung durch Nonresponse* (vgl. Lumley 2011, S. 135ff.).

11.5 Berechnung von Design- und Anpassungsgewichten

Im Folgenden wird erläutert, wie Design- und Anpassungsgewichte bestimmt und in den Schätzer eingebaut werden.

11.5.1 Bestimmung der Inklusionswahrscheinlichkeit

Parameter Auswahlwahrscheinlichkeit

π_i^F : Inklusionswahrscheinlichkeit für Einheit i aus Festnetz-SP

π_i^C : Inklusionswahrscheinlichkeit für Einheit i aus Mobilfunk-SP

m^F : Bruttostichprobenumfang Festnetz

m^C : Bruttostichprobenumfang Mobilfunk

M^F : Anzahl Rufnummern im Auswahlrahmen Festnetz

M^C : Anzahl Rufnummern im Auswahlrahmen Mobilfunk

k_i^F : Anzahl Festnetznummern der Einheit i

k_i^C : Anzahl Mobilfunknummern der Einheit i

z_i : Anzahl erhebungsrelevanter Personen im HH der Einheit i

Auch wenn in der Regel sowohl für Festnetz als auch für Mobilfunkstichproben Rufnummern aus einem zugrundeliegenden Auswahlrahmen mit gleichen Wahrscheinlichkeiten gezogen werden, ist die Auswahlwahr-

---

in bestimmte Gebiete im Ausland anbieten (sog. Ethno-Anbieter), um vermehrt Personen mit Migrationshintergrund mit der Mobilfunkstichprobe zu erreichen.

scheinlichkeit einer Einheit (Person) in einer solchen Stichprobe nicht für jede Einheit gleich. So stellt eine Festnetzstichprobe typischerweise ein zweistufiges Verfahren dar, innerhalb dessen in einem ersten Schritt eine Telefonnummer (ein Haushalt) gezogen und anschließend die Zielperson z.b. über einen Kish-Grid (*Schweden-Schlüssel*) oder ein (Randomized)-Birthday-Verfahren ermittelt wird. Die Auswahlwahrscheinlichkeit einer Einheit ist demnach abhängig von der Anzahl der Rufnummern m^F in der Bruttostichprobe, der Anzahl der Rufnummern M^F im Auswahlrahmen, der Anzahl der Festnetzrufnummern (k_i^F), über die der zu Einheit i gehörige Haushalt aus dem Auswahlrahmen kontaktiert werden kann[5] sowie der Anzahl z_i der erhebungsrelevanten Haushaltsmitglieder des zur Einheit i gehörigen Haushalts. Erhebungsrelevant sind in diesem Kontext genau diejenigen Mitglieder des Haushalts, die ebenfalls Teil der Zielpopulation sind. Ist die Zielpopulation einer Erhebung z.b. die bundesdeutsche Bevölkerung ab 18 Jahren, so genügt es nicht, während einer Erhebung nach der Anzahl der Personen, die insgesamt im Haushalt leben, zu fragen, sondern es muss erfasst werden, wie viele (dieser) Personen mindestens 18 Jahre alt sind (und eine deutsche Staatsbürgerschaft haben).[6] Die Inklusionswahrscheinlichkeit der Einheit i in einer Festnetzstichprobe lässt sich somit näherungsweise anhand von

$$\pi_i^F = \frac{m^F}{M^F}\frac{k_i^F}{z_i}$$

bestimmen. Für eine Herleitung der Formel siehe Gabler und Ayhan (2007).

Bei Mobilfunkstichproben wird im Allgemeinen davon ausgegangen, dass es sich um Personenstichproben handelt und daher die Anzahl der erhebungsrelevanten Haushaltsmitglieder nicht ermittelt werden muss. Zwar gibt es auch Ansätze, die das Erreichen mehrerer erhebungsrelevanter Haushaltsmitglieder zu einem Mobilfunkanschluss nicht ausschließen (siehe z.b.: ADM 2012, S. 23), jedoch wird in der Regel davon ausgegangen, dass ein Mobiltelefon ein personalisierter Gegenstand ist und sich daher ein

---

5 Für gewöhnlich wird angenommen, dass der zugrundeliegende Auswahlrahmen alle Rufnummern beinhaltet, über die ein Haushalt kontaktiert werden kann. Daher wird hier nicht unterschieden zwischen Rufnummern innerhalb des Auswahlrahmens und denjenigen außerhalb.

6 Für eine genauere Erläuterung siehe Abschnitt: Stichprobenziehung.

Mobilfunkanschluss einer Person zuordnen lässt (vgl. Gabler et al. 2012, S. 149ff.; Sand 2014, S. 17). Auch Busse und Fuchs (2013) räumen bei ihrer Untersuchung des *Experimental Mobile Phone Panels (2010/11)* ein, dass ein sog. *Cell Phone-Sharing* unter mehreren Haushaltsmitgliedern zwar durchaus auftreten kann, dass jedoch für einen Großteil der Mobilfunkanschlüsse ein Hauptnutzer zu identifizieren ist (vgl. Busse & Fuchs 2013, S. 6ff.).

Demnach ist die Inklusionswahrscheinlichkeit einer Einheit i bei Mobilfunkstichproben nur abhängig vom Stichprobenumfang, d.h. von der Anzahl m^C der Mobilfunkrufnummern der Bruttostichprobe, der Größe des Auswahlrahmens für die Mobilfunkstichproben M^C sowie der Anzahl der Mobilfunkrufnummern k_i^C, unter denen eine Einheit i kontaktiert werden kann. Die Berechnung der Inklusions- oder Auswahlwahrscheinlichkeit der i-ten Einheit erfolgt dann nach

$$\pi_i^C = \frac{m^C}{M^C} k_i^C .$$

Wie S. Häder et al. (2009) in ihren Überlegungen der CELLA 1-Studie anführen, besteht bei der Durchführung von Dual-Frame-Erhebungen einmal die Möglichkeit, nach Only-Haushalten eines bestimmten Telekommunikationsmediums zu screenen, während die restlichen Befragungen über das andere Telekommunikationsmedium stattfinden (*Screening-Ansatz*). Die andere Möglichkeit ist der Verzicht auf ein solches Screening und die direkte Befragung einer Einheit über das Telekommunikationsmedium, über das dieses kontaktiert wurde (*Overlap-Ansatz*). Beide Ansätze haben durchaus Vorzüge, wobei aufgrund der geringeren Interviewerbelastung sowie niedrigerer Erhebungskosten in der Regel ein Overlap-Ansatz bevorzugt wird (vgl. S. Häder et al. 2009, S. 25).[7]

Die Bestimmung der gemeinsamen Inklusionswahrscheinlichkeit einer Einheit i über beide Stichproben hinweg wird von Gabler und S. Häder (2009, 2012) im Rahmen der CELLA 1- und CELLA 2-Erhebung durch

---

7 Dies sollte im Kontext von deutschen Dual-Frame-Erhebungen verstanden werden, bei denen der Anteil der Mobile-OnlyHaushalten der Zielpopulation vergleichsweise gering ist. Im amerikanischen Kontext zeigt z.B. Kennedy (2007), dass ein Screening-Ansatz bei bestimmten Voraussetzungen (wie z.B. ein hoher Anteil an Only-Haushalten in der Zielpopulation) vorteilhaft sein kann.

$$\pi_i \approx \pi_i^F + \pi_i^C = \frac{m^F}{M^F} \frac{k_i^F}{z_i} + \frac{m^C}{M^C} k_i^C$$

angegeben, unter der Annahme, dass

$$\pi_i^{F \cap C} = \pi_i^F * \pi_i^C \approx 0$$

zutrifft, also dass die Wahrscheinlichkeit, eine Einheit über beide Stichproben im Rahmen derselben Erhebung zu befragen, vernachlässigbar ist (vgl. Gabler & Ayhan 2007; S. Häder et al. 2009, S. 28ff.; Gabler et al. 2012, S. 148ff.).

Als geeigneter Schätzer für den Totalwert einer interessierenden Variable y kann der Horvitz-Thompson-Schätzer $\hat{Y}_{HT}$ verwendet werden. Dieser berücksichtigt die ungleichen Inklusionswahrscheinlichkeiten, wie sie im Rahmen von Telefonstichproben in der Regel vorliegen. Im Fall einer Dual-Frame-Erhebung lässt er sich schreiben als

$$\hat{Y}_{HT} = \sum_{i \in S(F) \cup S(C)} d_i * y_i = \sum_{i \in S(F) \cup S(C)} \frac{1}{\pi_i} * y_i .$$

$S(F)$ bezeichnet die Menge der Einheiten in der Festnetzstichprobe und $S(C)$ die Menge der Einheiten in der Mobilfunkstichprobe. Das Designgewicht d_i ist die Inverse der Inklusionswahrscheinlichkeit für Einheit i (vgl. Lohr 2009, S. 241ff.).

Alternativ zu dem hier vorgestellten Gewichtungsansatz, der innerhalb Deutschlands mittlerweile allgemein üblich ist, werden gerade in der amerikanischen Literatur sog. *Composite Weighting*-Ansätze diskutiert. Im Rahmen dieser Ansätze wird ein gemeinsamer Schätzwert des Überlappungsbereiches (Dual-User) beider Stichproben anhand einer Konvexkombination der Schätzwerte der einzelnen Stichproben berechnet. Schätzwerte der Only-Haushalte werden innerhalb dieses Ansatzes anhand der Only-Haushalte in der jeweiligen Stichprobe ermitteln. Für den Überlappungsbereich erfolgt dann eine Konvexkombination der Schätzwerte durch die Einführung von Composite-Faktoren, deren Summe 1 ergibt. So würde in diesem Ansatz der Schätzwert einer bestimmten Variable der Dual-User aus der Festnetzstichprobe mit einem Parameter λ (der zwischen 0 und 1 liegt) multipliziert. Für die gleiche Variable würde dieser Schätzwert der Dual-User der Mobilfunkstichprobe mit $(1-\lambda)$ multipliziert. Eine nähere Erläuterung dieser Ansätze findet sich u.a. in Lohr (2011), Brick et al. (2011) und Sand (2014).

11.5.2 Berechnung von Kalibrierungsgewichten

Anpassungsgewichtung, etwa aufgrund von Nonresponse, kann allgemein als Sonderfall der Kalibrierung betrachtet werden. So ist es, wie in Abschnitt 4.2 dargestellt wurde, nicht nur dann sinnvoll und hilfreich, eine Kalibrierung der Stichprobenergebnisse durchzuführen, wenn Nonresponse innerhalb der Erhebung vorkommt, sondern auch zur Steigerung der Präzision des Schätzers. Für die Anpassungsvariablen stimmen dann Schätzungen und Werte in der Population überein, so dass für Untersuchungsvariablen, die mit den Hilfsmerkmalen stark korrelieren, eine Verbesserung der Präzision zu erwarten ist. Entscheidend ist daher die richtige Wahl der Hilfsvariablen[8] (vgl. Lumley 2011, S. 136).

Unabhängig davon, ob eine solche Kalibrierung zur Steigerung der Präzision und/oder zur Verringerung der Verzerrung aufgrund von Nonresponse durchgeführt wird, bedarf es Hilfsvariablen, für die sowohl die Stichproben- als auch die Populationswerte[9] bekannt sind und anhand derer eine Anpassungsgewichtung durchgeführt wird. Im Falle einer Anpassungsgewichtung aufgrund von Nonresponse sind für diese Anpassungsvariablen nach Särndal und Lundström (2005, S. 22) folgende Eigenschaften der Hilfsvariablen wünschenswert:

- Die Hilfsvariablen sollten eindeutig einen Zusammenhang mit dem Antwortverhalten aufweisen
- Die Hilfsvariablen sollten einen explanatorischen Zusammenhang mit den Hauptuntersuchungsmerkmalen haben
- Die Hilfsvariablen identifizieren (annähernd) die wichtigsten Wertebereiche/Domains der Erhebung. Der Vektor der Hilfsvariablen beinhaltet alle Merkmale, die für spätere Untersuchungen als Subgruppen herangezogen werden

---

8 Zumindest in den hier vorgestellten Kalibrierungsmodellen.
9 Ausreichend sind oft gewisse Parameter der Population wie Summen bei den Anpassungsmerkmalen.

Hierbei wird ersichtlich, dass in den meisten Fällen angenommen wird, dass Unit-Nonresponse *Missing at Random (MAR)* ist und sich eindeutig Variablen bestimmen lassen, für deren Ausprägungen die Antwortneigung konstant angesehen wird. Im Folgenden werden *Poststratifizierung* und *Raking* näher erläutert. Abschnitt 5.3 befasst sich dann mit der Kombination von Design- und Anpassungsgewichten sowie mit dem verallgemeinerten Regressionsschätzer (*Generalized Regression (GREG) Estimator*).

Poststratifizierung

Poststratifizierung (nachträgliche Schichtung) ist eines der gängigsten Kalibrierungsverfahren. Typischerweise werden Indikatoren soziodemografischer Subgruppen der Zielpopulation als Hilfsvariablen für die Gewichtung verwendet. So finden z.b. häufig *Alter, Geschlecht, Bildungsabschluss* oder *Region* Verwendung. Für die Berechnung der Poststratifizierungsgewichte ist es dabei erforderlich, dass alle Merkmalskombinationen der Hilfsvariablen in der Population verfügbar sind (vgl. Valliant et al. 2013, S. 353). Als mögliche Quellen dieser Populationswerte dienen häufig Daten der amtlichen Statistik, wie z.b. die Veröffentlichungen des Mikrozensus oder des Zensus. Als Poststrata (h=1,..., H) werden die jeweiligen Merkmalskombinationen herangezogen. So müsste z.b. für die Anpassungsgewichtung nach Alter, Geschlecht und Bildungsabschluss eine entsprechende Kontingenztabelle *Alter X Geschlecht X Bildungsabschluss* für die Population verfügbar sein. Die Schichten werden auch häufig als Zellen bezeichnet. Die Berechnung der Anpassungsgewichte g_i^{POST} erfolgt hier durch einen *Soll-durch-Ist-*Ansatz.

Nimmt in einer Stichprobe S die Variable ϑ_{hi} den Wert 1 an, wenn die Einheit i in Schicht h (Poststratum) Respondent ist und 0, wenn diese Einheit die Teilnahme verweigert, so ist das Ziel der Poststratifizierung, für die Menge der Respondenten R_h in Schicht h Gewichte g_i^{POST} zu entwickeln, für die gilt:

$$\sum_{i \in S} g_i^{POST} * d_i * \vartheta_{hi} = \sum_{i \in R_h} g_i^{POST} * d_i = N_h$$

Die Variable ϑ_{hi} gibt somit an, ob eine gezogene Einheit aus einer bestimmten Schicht tatsächlich auch an der Erhebung teilnimmt. Daher kann diese als eine Art „Responseindikator" verstanden werden. N_h entspricht der Anzahl der Einheiten der Zielpopulation in der Schicht h (vgl. Lohr 2009, S.343). Dabei lässt sich die Anzahl der Einheiten in Schicht h schätzen durch

$$\hat{N}_h = \sum_{i \in \mathcal{R}_h} d_i.$$

Oft verwendet man für eine Einheit i aus Zelle h

$$g_i^{POST} = \frac{N_h}{\hat{N}_h}$$

(vgl. Valliant et al. 2013, S. 353). Im Nenner steht die Summe der Designgewichte d_i in Schicht h.

Exemplarisch kann dies anhand der Daten der Erhebung INFLUENZA 2014 veranschaulicht werden. Um die Poststratifikation an einem möglichst einfachen Beispiel zu erläutern, wird davon ausgegangen, dass lediglich die Variablen *Bildung* und *Alter* zur Verfügung stehen.[10] Die Verteilung der Zielpopulation gemessen am Zensus 2011 lässt sich durch folgende Kontingenztabelle beschreiben:

Tabelle 11.1 Zensus 2011: Gemeinsame Verteilung von Alter und Bildungsabschluss (in %)

Bildungsabschluss/ Alter	18-29	30-49	50-59	60-69	70+	Summe
Ohne oder noch kein Abschluss	0,56	1,59	0,82	0,72	1,25	4,94
Haupt-/ Volksschulabschluss	2,73	8,43	6,41	6,94	12,65	37,17
Mittlerer Schulabschluss	4,91	12,27	5,58	2,96	2,35	28,07
Fachhochschulreife	1,55	3,41	1,52	1,04	0,92	8,45
Allg./fachgebundene HS-Reife	5,05	9,25	3,45	1,95	1,67	21,37
Summe	14,8	34,96	17,8	13,61	18,83	

Die Realisierung der gleichen Kontingenztabelle sieht in den designgewichteten Erhebungsdaten wie folgt aus:

---

10 In den späteren Vergleichen der unterschiedlichen Gewichtungsverfahren in Tabelle 11.8 wurden weitere Variablen zur Kalibrierung bemüht.

Tabelle 11.2　　INFLUENZA 2014: Gemeinsame Verteilung von Alter und Bildungsabschluss (in %; designgewichtet)

Bildungsabschluss/ Alter	18-29	30-49	50-59	60-69	70+	Summe
Ohne oder noch kein Abschluss	0,40	0,79	0,45	0,37	0,64	2,64
Haupt-/ Volksschulabschluss	1,86	3,65	2,88	4,23	6,14	18,76
Mittlerer Schulabschluss	3,80	8,93	7,76	6,29	4,58	31,37
Fachhochschulreife	1,95	3,39	1,33	1,65	1,16	9,48
Allg./fachgebundene HS-Reife	7,29	13,54	6,57	5,49	4,87	37,75
Summe	15,29	30,30	18,99	18,03	17,38	

Bei einer reinen Poststratifikation werden nun die jeweiligen Zellen der Zensusdaten durch diejenigen, die sich aus Tabelle 11.2 ergeben, geteilt, wodurch die folgende Gewichtungsmatrix entsteht:

Tabelle 11.3　　INFLUENZA 2014: Gemeinsame Verteilung von Alter und Bildungsabschluss (in %; designgewichtet)

Bildungsabschluss/ Alter	18-29	30-49	50-59	60-69	70+
Ohne oder noch kein Abschluss	1,42	2,01	1,84	1,93	1,96
Haupt-/ Volksschulabschluss	1,47	2,31	2,22	1,64	2,06
Mittlerer Schulabschluss	1,29	1,37	0,72	0,47	0,51
Fachhochschulreife	0,79	1,01	1,14	0,63	0,79
Allg./fachgebundene HS-Reife	0,69	0,68	0,53	0,35	0,34

Die in dieser Tabelle dargestellten Gewichte entsprechen den Poststratifizierungsgewichten. Die zellenweise Multiplikation der Tabellen 11.3 und 11.2 ergibt somit diejenige Verteilung, die auch im Zensus 2011 abgebildet ist. Eine Person, die zwischen 18 und 29 Jahren alt ist und (noch) keinen Schulabschluss hat, würde bei dieser Erhebung somit ein Kalibrierungsgewicht von 1,42 erhalten.

Raking

Bei einer Poststratifizierung (nachträglichen Schichtung) kann es - etwa bei Verwendung von mehreren Anpassungsvariablen mit vielen Kategorien - schnell vorkommen, dass mehr Zellen gebildet werden müssen, als

Einheiten in der Stichprobe vorhanden sind. Die Zellbesetzung in der Stichprobe kann daher 0 sein, auch wenn es in der Population Einheiten in dieser Zelle gibt. Die Entscheidung, ob es sich um eine strukturelle 0 oder eine Stichproben 0 handelt, ist nicht immer leicht zu treffen. Zudem sind aus der Population die Besetzungszahlen der Zellen nicht immer vorhanden, sondern nur einzelne Randverteilungen. Eine Soll-durch-Ist-Prozedur als Kalibrierungsmethode scheidet damit aus. Bei dieser Vorgehensweise werden Gewichte so konstruiert, dass zumindest die Randverteilungen der Anpassungsvariablen richtig geschätzt werden. Dies wird auch *Raking* bezeichnet. Ein berühmter Vertreter dieser Klasse ist der *Iterative Proportional Fitting (IPF)*- Algorithmus.[11]

Raking erlaubt also die Schichtung nach mehreren Variablen, ohne dass für alle Zellen deren Häufigkeiten aus der Population bekannt sein müssen. Das Prozedere erfolgt dabei analog zur Poststratifizierung, wobei die Kalibrierung in jedem Schritt auf die jeweiligen Randverteilungen der Zielpopulation abwechselnd angepasst werden, bis sich die dadurch entwickelten Gewichte nicht mehr oder kaum noch verändern (vgl. Lumley 2011, S. 139).

Will man z.B. eine Stichprobe auf die Variablen *Alter* und *Bildungsabschluss* anpassen und verfügt lediglich über die Randverteilungen dieser Variablen in der Zielpopulation, so werden die Anpassungsgewichte nach folgendem Algorithmus entwickelt:[12]

- Stufe 1: Jede Zellhäufigkeit in einer Spalte wird durch die Summe der Zellhäufigkeiten in dieser Spalte dividiert und mit den marginalen Anpassungshäufigkeiten der ersten Anpassungsvariable multipliziert.
- Stufe 2: Jede Zellhäufigkeit in einer Zeile wird durch die Summe dieser Zellhäufigkeiten in der Zeile dividiert und mit den marginalen Anpassungshäufigkeiten der zweiten Anpassungsvariable multipliziert.
- Stufen 1 und 2 werden solange wiederholt, bis keine (nennenswerten) Änderungen in den Gewichten mehr sichtbar sind.

Am Beispiel der Erhebung INFLUENZA 2014 ist ein solches Vorgehen z.B. dann denkbar, wenn die in Tabelle 11.1 dargestellten Kreuzkombinationen nicht verfügbar sind, sondern lediglich die Randverteilungen der beiden

---

11   Für andere Anpassungsverfahren siehe Gabler (1991): Eine allgemeine Formel zur Anpassung an Randtabellen. ZUMA-Nachrichten 29, S. 29-43.

12   Hier am Beispiel einer zweidimensionalen Kontingenztabelle.

Variablen Alter und Bildung. In Kombination mit Tabelle 11.2 kann dies anhand von Tabelle 11.4 dargestellt werden.

Tabelle 11.4   INFLUENZA 2014: Gemeinsame Verteilung von Alter und Bildungs-abschluss inklusive der Randverteilung aus dem Zensus 2011 (in %; designgewichtet)

Bildungsabschluss/ Alter	18-29	30-49	50-59	60-69	70+	Summe	Zensus 2011
Ohne oder noch kein Abschluss	0,40	0,79	0,45	0,37	0,64	2,64	4,94
Haupt-/ Volksschulabschluss	1,86	3,65	2,88	4,23	6,14	18,76	37,17
Mittlerer Schulabschluss	3,80	8,93	7,76	6,29	4,58	31,37	28,07
Fachhochschulreife	1,95	3,39	1,33	1,65	1,16	9,48	8,45
Allg./fachgebundene HS-Reife	7,29	13,54	6,57	5,49	4,87	37,75	21,37
Summe	15,29	30,30	18,99	18,03	17,38		
Zensus 2011	14,8	34,96	17,8	13,61	18,83		

Als erster Iterationsschritt würde nun die Altersverteilung im Zensus durch die Altersverteilung aus der Erhebung INFLUENZA 2014 dividiert werden. So würde sich z.B. für diejenigen mit einem Alter zwischen 18 - 29 das erste Kalibrierungsgewicht durch 14,8/15,29 bestimmen lassen. Daraus ergeben sich in den Altersgruppen folgende Gewichte

0,97   1,15   0,94   0,75   1,08.

Diese werden dann spaltenweise mit den jeweiligen Zellen multipliziert, sodass sich die neue Kontingenztabelle 11.5 ergibt.

Tabelle 11.5 INFLUENZA 2014: Gemeinsame Verteilung von Alter und Bildungsabschluss erste Iteration

Bildungsabschluss/ Alter	18-29	30-49	50-59	60-69	70+	Summe	Zensus 2011
Ohne oder noch kein Abschluss	0,39	0,91	0,42	0,28	0,69	2,68	4,94
Haupt-/ Volksschulabschluss	1,80	4,22	2,70	3,19	6,65	18,56	37,17
Mittlerer Schulabschluss	3,68	10,31	7,27	4,75	4,96	30,97	28,07
Fachhochschulreife	1,89	3,91	1,25	1,25	1,26	9,55	8,45
Allg./fachgebundene HS-Reife	7,05	15,62	6,16	4,14	5,27	38,24	21,37
Summe	14,8	34,96	17,8	13,61	18,83		
Zensus 2011	14,8	34,96	17,8	13,61	18,83		

Es zeigt sich, dass die Randverteilung des Alters exakt mit den Angaben des Zensus 2011 übereinstimmt. Allerdings trifft dies nicht für die Randverteilung der Bildungsvariable zu. Daher wird im zweiten Iterationsschritt ein weiteres Kalibrierungsgewicht für Bildung anhand der Randverteilung unter der Kontingenztabelle 11.5 berechnet. Das Gewicht für eine Person, die (noch) keinen Schulabschluss aufweist wird demnach durch 4,94/2,68 berechnet. Für die gesamte Randverteilung der Bildungsabschlüsse ergeben sich daher folgende Gewichte:

1,84   2,00   0,91   0,89   0,56

Durch die zeilenweise Multiplikation der einzelnen Zellen mit den jeweiligen Gewichten ergibt sich nunmehr die dritte Kontingenztabelle.

Tabelle 11.6   INFLUENZA 2014: Gemeinsame Verteilung von Alter und Bildungsabschluss zweite Iteration

Bildungsabschluss/ Alter	18-29	30-49	50-59	60-69	70+	Summe	Zensus 2011
Ohne oder noch kein Abschluss	0,71	1,67	0,77	0,52	1,27	4,94	4,94
Haupt-/ Volksschulabschluss	3,60	8,44	5,41	6,39	13,33	37,17	37,17
Mittlerer Schulabschluss	3,34	9,34	6,59	4,31	4,50	28,07	28,07
Fachhochschulreife	1,67	3,46	1,11	1,10	1,11	8,45	8,45
Allg./fachgebundene HS-Reife	3,94	8,73	3,44	2,31	2,95	21,37	21,37
Summe	13,25	31,65	17,32	14,63	23,15		
Zensus 2011	14,8	34,96	17,8	13,61	18,83		

Hier zeigt sich, dass nun zwar die Randverteilungen der Bildungsvariable, jedoch nicht mehr diejenigen der Altersvariable mit den Zensusdaten übereinstimmt. Daher wird in einem folgenden Schritt nochmals auf das Alter angepasst, gefolgt von einer weiteren Anpassung auf die Bildungsvariable. Dieses Prozedere wird so lange durchgeführt, bis sich die Gewichte nicht mehr verändern und die Randverteilungen beider Variablen mit den Angaben der amtlichen Statistik übereinstimmen. Im Fall der soeben beschriebenen Anpassung dauert es 14 Iterationen, bis sich schließlich die Kontingenztabelle 11.7 ergibt und sich die Anpassungsgewichte nicht mehr verändern.

Tabelle 11.7   INFLUENZA 2014: Gemeinsame Verteilung von Alter und Bildungsabschluss finale Iteration

Bildungsabschluss/ Alter	18-29	30-49	50-59	60-69	70+	Summe	Zensus 2011
Ohne oder noch kein Abschluss	0,80	1,86	0,79	0,48	1,01	4,94	4,94
Haupt-/ Volksschulabschluss	4,23	9,81	5,82	6,17	11,14	37,17	37,17
Mittlerer Schulabschluss	3,70	10,23	6,68	3,92	3,55	28,07	28,07
Fachhochschulreife	1,81	3,70	1,10	0,98	0,86	8,45	8,45
Allg./fachgebundene HS-Reife	4,27	9,35	3,41	2,06	2,27	21,37	21,37
Summe	14,8	34,96	17,8	13,61	18,83		
Zensus 2011	14,8	34,96	17,8	13,61	18,83		

Nach der letzten Iteration stimmen die Randverteilungen mit den Angaben der amtlichen Statistik überein. Im Gegensatz zur Poststratifizierung ergeben sich jedoch innerhalb der einzelnen Zellen andere Werte, als diejenigen, die in Tabelle 11.1 dargestellt sind. Demnach wird durch dieses Verfahren lediglich eine Konvergenz der einzelnen Randverteilungen, nicht jedoch der jeweiligen Kreuzkombinationen der beiden Variablen erwirkt.

Ein solches Verfahren beschränkt sich in der Regel nicht bloß auf zwei Variablen und kann im Zuge der Gewichtung auch einzelne Kreuzkombinationen bestimmter Variablen zur Anpassung beinhalten.

11.5.3 Kombination von Design- und Anpassungsgewicht

Die Kombination von Design- und Anpassungsgewicht hat das Ziel, ein gemeinsames Gewicht w_i für jede Einheit i zu entwickeln, das neben der Designgewichtung auch eine Anpassungsgewichtung enthält. Im einfachsten Fall lässt sich ein solches, gemeinsames Gewicht, durch die Multiplikation von Design- und Anpassungsgewicht erreichen. Das gemeinsame Gewicht berechnet sich dann nach

$$w_i = g_i * d_i \quad \forall i \in \mathcal{R}$$

(vgl. Lohr, 2009, S. 132). Ein Schätzer $\hat{Y}$ für einen Totalwert Y der Zielpopulation ergibt sich durch

$$\hat{Y} = \sum_{i \in \mathcal{R}} w_i * y_i = \sum_{i \in \mathcal{R}} g_i * d_i * y_i.$$

In diesem Zusammenhang ist der *verallgemeinerte Regressionsschätzer (Generalized Regression Estimator; GREG))* ein weiterer Schätzer. Särndal und Lundström (2005) empfehlen diese Art der Kalibrierung aufgrund der positiven Eigenschaften des Schätzers. Grundsätzlich verwendet der Schätzer, ebenso wie andere Kalibrierungsansätze, Hilfsvariablen, anhand derer eine Anpassung unter der Berücksichtigung des Designs erfolgen soll. Hierbei wird der Vektor der Hilfsvariablen x verwendet, für den sowohl in der Zielpopulation, als auch in der Erhebung Angaben vorliegen. Die beiden

Autoren bemerken, dass unabhängig von der Existenz von Nonresponse die Verwendung des GREG-Schätzers zur Kalibrierung eine Varianzreduktion für einen Schätzer $\hat{Y}$ des Totalwertes herbeiführen kann. Diese ist dabei abhängig von der Stärke des Zusammenhanges zwischen der interessierenden Variablen y und dem Vektor der Hilfsvariablen x (vgl. Särndal & Lundström 2005, S. 34).

Ein weiterer Vorzug dieser Kalibrierungsmethode liegt in der direkten Berücksichtigung der Inklusionswahrscheinlichkeit innerhalb der Berechnung der Anpassungsgewichte. So beschreiben die Autoren, dass eine solche Kalibrierung in zwei Phasen erfolgen kann. Im Anschluss an eine Designgewichtung erfolgt zuerst eine Anpassung etwa des Nonresponse anhand der verwendeten Antwortwahrscheinlichkeit und dann eine Kalibrierung durch die Verwendung des GREG-Schätzers.

In der Notation von Gabler et al., die diese Art der Kalibrierung zur Gewichtung der Dual-Frame-Erhebung *CELLA 2* verwendeten, kann der GREG-Schätzer $\hat{Y}_{GREG}$ für einen Populationswert nach

$$\hat{Y}_{GREG} = \sum_{i \in \mathcal{R}} g_i^{GREG} * d_i * y_i$$

angegeben werden. Das Kalibrierungsgewicht g_i^{GREG} wird dabei durch

$$g_i^{GREG} = \frac{1}{q_i}\left(1 + c_i\left(\sum_{i \in U} x_i - \sum_{i \in \mathcal{R}} \frac{1}{\pi_i q_i} x_i\right)^{'}\left(\sum_{i \in \mathcal{R}} \frac{c_i}{\pi_i q_i} x_i x_i^{'}\right)^{-1} x_i\right)$$

berechnet. U bezeichnet die Zielpopulation. q_i beschreibt die Antwortwahrscheinlichkeit der Erhebungseinheit i, während c_i Gewichte sind, die vom Forscher festgelegt werden. Diese Gewichte c_i können z.B. als Bedeutungsgewichte einzelner Beobachtungen dienen. Als Standardwert für diese wird in der Regel der Wert 1 verwendet. Der Term $1/q_i$ beschreibt die Berücksichtigung der Antwortwahrscheinlichkeit im gesamten Gewichtungsprozedere des Zwei-Phasen-GREG-Schätzers nach Särndal und Lundström (2005) (vgl. Gabler et al. 2012, S. 163; Särndal & Lundström 2005, S. 52, S. 64). Little und Rubin (1987) diskutieren, dass die Einbeziehung von Responsewahrscheinlichkeiten, die zuvor anhand eines Modells geschätzt wurden, zwar eine mögliche Verzerrung durch Nonresponse verringern kann, jedoch neigen solche Schätzer zu einer hohen Varianz. Durch die Einbeziehung eines Nonresponsegewichtes $1/\hat{q}_i$ erlangen Respondenten, denen aufgrund des Modells eine niedrige Teilnahmewahrscheinlichkeit erhalten zugeschrieben wird, so ein höheres Gewicht und können dadurch die geschätzten Ergebnisse übermäßig beeinflussen. Darüber hinaus legt ein solches Verfahren ein übermäßiges Vertrauen auf die korrekte Modellspezifikation des (Regressions-) Modells, dass zur Bestimmung der Antwortwahrscheinlichkeit einer Einheit i mit Ausprägungen im Vektor der Hilfsvariablen x_i verwendet wurde (Little & Rubin 1987, S. 58). Da unter der MAR-Annahme ein kalibrierter Schätzer ebenfalls annähernd unverzerrt ist, wird daher in der Regel von einer separaten Nonresponsegewichtung und anschließenden Kalibrierung abgesehen. Als Wert für q_i wird daher 1 angenommen.

$$g_i^{GREG} = 1 + \left(\sum_{i \in U} x_i - \sum_{i \in \mathcal{R}} \frac{1}{\pi_i} x_i \right)' \left(\sum_{i \in \mathcal{R}} \frac{1}{\pi_i} x_i x_i' \right)^{-1} x_i$$

11.6 Was vor Feldbeginn und während der Erhebung zu beachten ist

Bezüglich der Gewichtung von Telefonstichproben, insbesondere bei Dual-Frame-Erhebungen, sind bereits einige Punkte vor dem eigentlichen Feldbeginn zu berücksichtigen und zu dokumentieren, um eine akkurate Bestimmung der Inklusionswahrscheinlichkeiten sowie eine passende Designgewichtung und Kalibrierung zu ermöglichen. Diese Punkte sind oftmals eng mit der Stichprobenziehung sowie mit der Vollständigkeit der relevanten Gewichtung und der Konstruktion von Fragebögen verbunden. Im Rahmen von Dual-Frame-Erhebungen ist es z.B. auch unter dem (Design-) Gewichtungsaspekt wichtig zu wissen, welcher Ansatz zur Befragung der jeweiligen Nutzergruppen von Telekommunikationsmedien gewählt wird. Allgemein unterscheidet man bei Dual-Frame-Erhebungen *Landline-* und *Mobile-Onlys* sowie die Gruppe der *Dual-User.*

Innerhalb der Befragung gibt es z.B. nach S. Häder et al. (2009) entweder die Möglichkeit, einen *Screening-Ansatz* oder einen *Overlap-Ansatz* zu verwenden. Ein Screening-Ansatz verwendet einen der beiden Auswahlrahmen vorrangig und befragt lediglich diejenigen Einheiten des anderen Auswahlrahmens, die zu der Gruppe der Onlys gehören, während alle restlichen Einheiten des zweiten Auswahlrahmens ausgescreent werden. Ein Beispiel für einen solchen Ansatz wäre, alle Landline-Onlys und Dual-User über das Festnetz und in einer separaten Mobilfunkstichprobe ausschließlich Mobile-Onlys zu befragen. Bei einem Overlap-Ansatz wird eine Einheit unabhängig davon, ob diese zu einem Only- oder Dual-User-Haushalt gehört, über das Medium befragt, über das diese kontaktiert wurde. Aus Kosten- und Zeitgründen fällt die Wahl zumeist auf einen Overlap-Ansatz, bei dem eine Designgewichtung wie in 5.1 erfolgt (vgl. S. Häder et al. 2009, S. 25ff.; AAPOR Cell Phone Task Force 2010, S. 30f.). Bei einem Screening-Ansatz ist ein geeigneter Schätzwert für die Population durch die Summe der beiden (designgewichteten) Schätzwerte der einzelnen Stichproben zu berechnen. Dies liegt daran, dass die beiden Zielpopulationen der jeweiligen Stichproben disjunkt sind (vgl. Lohr 2007, S. 325).

Aus der Darstellung der Berechnung der Inklusionswahrscheinlichkeiten in Abschnitt 5.1 wird überdies ersichtlich, dass zu deren Bestimmung die Kenntnis der Größe des/ der Auswahlrahmen(s) notwendig ist. Da oftmals die Stichprobenziehung nicht von den Auftraggebern einer Erhebung durchgeführt wird, ist es daher wichtig, sich eine solche Information einzuholen, falls diese nicht mit der Stichprobe übermittelt wird.[13]

Ein weiterer Schritt vor Feldbeginn besteht darin, eine Stichprobe vor dem Einsatz zu permutieren und in kleinere Tranchen einzuteilen. Bei einer zuvor festgelegten Nettostichprobengröße hilft dies, die entsprechende Zielgröße zu erreichen, ohne verzerrte Schätzergebnisse zu erhalten oder die gesamte Bruttostichprobe zu verwenden, obwohl man bereits die entsprechende Zielgröße erreicht hat. Verzerrte Schätzer können ohne dieses Vorgehen auf zweierlei Arten entstehen. Eine mögliche Ursache kann die Reihenfolge der übermittelten Rufnummern der Bruttostichprobe sein. So übermittelt z.b. GESIS ihre Festnetz- und Mobilfunkstichproben geordnet nach Vorwahl und in alpha-numerischer Reihenfolge. Ohne eine Permutation der Liste der Rufnummern in der Bruttostichprobe und bei Abbruch nach dem Erreichen einer bestimmten Nettostichprobengröße, bevor alle

---

13 Bezüglich der Angaben, die im Rahmen einer Erhebung verfügbar sein sollen, siehe Kapitel Feldberichte.

Rufnummern kontaktiert wurden, ist bei einer solchen Auswahl mit verzerrten Ergebnissen zu rechnen.

Eine weitere Ursache kann bei vorzeitigem Erreichen der gewünschten Fallzahl darin bestehen, dass Rufnummern unterschiedlich oft kontaktiert werden oder die Anzahl der Kontaktversuche für alle Rufnummern zu gering ausfällt. Hierbei besteht das Problem, dass gerade schwer erreichbare Einheiten, für die mehrere Anrufversuche benötigt werden, um ein abgeschlossenes Interview zu erhalten, systematisch aus der Erhebung ausgeschlossen werden. Unterscheiden sich diese Einheiten von denjenigen, die nur wenige Anwahlversuche für ein abgeschlossenes Interview benötigen (z.B. innerhalb ihrer soziodemografischen Charakteristika), so kann ein daraus resultierender Schätzer für die Zielpopulation verzerrt sein. Die Einteilung in Tranchen kann Abhilfe schaffen. Hierbei wird die Bruttostichprobe in mehrere Teilstichproben zerlegt, die dann nacheinander abgearbeitet werden. Wichtig hierfür ist, dass in jeder Tranche die maximale Anzahl von Anwahlversuchen vollzogen wird. Auch bei vorzeitigem Erreichen der Fallzahl muss die aktuelle Tranche bis zum letzten Anwahlversuch bearbeitet werden. Daher lohnt es sich in der Regel, Tranchen, die später zum Einsatz kommen, kleiner zu gestalten als diejenigen, die zuerst verwendet werden. Für die Gewichtung ist überdies relevant, dass die Größe der jeweiligen Tranchen dokumentiert ist. Wird die ursprüngliche Bruttostichprobe nicht vollständig ausgeschöpft, so wird zur Bestimmung der Inklusionswahrscheinlichkeiten in diesem Fall die Summe der Rufnummern aller verwendeten Tranchen anstelle der Bruttostichprobengröße verwendet.

Bei der Gestaltung des Fragebogens, der zum Einsatz kommt, gilt es, bereits zu Beginn der Planung diejenigen Items zu berücksichtigen, die zur Designgewichtung und Kalibrierung benötigt werden. Bei Festnetzstichproben ist die Anzahl der Festnetzrufnummern eines kontaktierten Haushaltes zu erfassen. Da es sich bei Festnetzstichproben in der Regel um ein zweistufiges Verfahren handelt, ist demnach nicht wichtig, unter wie vielen Festnetzrufnummern die tatsächliche Zielperson, die erst auf der zweiten Auswahlstufe, z.B. über einen Kish-Grid oder ein Birthday-Verfahren, ermittelt wird, erreicht werden kann. Von Bedeutung ist hier viel mehr die Anzahl der Rufnummern unter denen der Haushalt, bzw. die Einheit auf der ersten Auswahlstufe erreicht werden kann. Dabei handelt es sich um ein

vereinfachtes Modell, dass den Auswahlprozess möglichst akkurat nachzu-
bilden versucht.[14] Daher sollte die Frage

„Unter wie vielen Rufnummern im Festnetz ist Ihr Haushalt erreichbar?"

anstelle von

„Unter wie vielen Rufnummern im Festnetz sind Sie erreichbar?"

gestellt werden.[15]

Die Wahrscheinlichkeit, dass gerade die Zielperson ausgewählt wurde
(zweite Auswahlstufe), wird durch Einbeziehung der erhebungsrelevanten
Haushaltsgröße (z_i) berücksichtigt. $1/z_i$ drückt demnach aus, dass jedes
Haushaltsmitglied, das zur Zielpopulation gehört, die gleiche Auswahlwahrscheinlichkeit hat. Falls dies aufgrund bestimmter/spezieller Aus-
wahlkriterien nicht der Fall ist, sollte dieses besondere Vorgehen zusätzlich
Berücksichtigung finden.

Im Rahmen von Mobilfunkstichproben ist dies weniger problematisch.
Hier wird allgemein davon ausgegangen, dass es sich bei der Kontaktperson
gleichzeitig auch um die Zielperson handelt. Bei Mobiltelefonen wird in der
Regel unterstellt, dass es sich um einen personalisierten Gegenstand handelt (vgl. S. Häder et al. 2009, S. 27f.; Busse und Fuchs 2013, S. 6ff; AAPOR
Cell Phone Task Force 2010, S. 34f.). Somit gilt bei einer Mobilfunkerhebung
lediglich zu erfragen, über wie viele Mobilfunknummern die Zielperson
zu erreichen ist. Bei Dual-Frame-Erhebungen ist es darüber hinaus wichtig, dass die Anzahl der Rufnummern, über die ein Haushalt im Festnetz
und eine Einheit im Mobilfunk erreicht werden kann, einzeln abgefragt
wird. Es genügt demnach nicht, lediglich nach der Anzahl der Rufnum-

---

14 Denkbar wäre zum Beispiel, dass eine Einheit des Haushaltes über mehr Ruf-
     nummern zu erreichen ist, als die restlichen erhebungsrelevanten Personen des
     Haushaltes. Dies könnte u.a. dadurch zutreffen, dass diese Einheit über einen
     zusätzlichen, privaten Anschluss verfügt, der ausschließlich von dieser Person
     verwendet wird. Darüber hinaus ist es denkbar, dass eine Einheit in mehreren
     Privathaushalten lebt. Auch in diesem Fall müsste dies in der Berechnung der
     Inklusionswahrscheinlichkeit gesondert berücksichtigt werden. Da allerdings zu
     vermuten ist, dass solche Situationen eine Ausnahme darstellen, gehen wir davon
     aus, dass die dadurch entstehende Ungenauigkeit vernachlässigbar ist.
15 Hierbei handelt es sich um eine vereinfachte Formulierung.

mern insgesamt zu fragen, sondern es sollte dezidiert ermittelt werden, wie viele Festnetz- und Mobilfunknummern jeweils vorhanden sind. Eine für Festnetzstichproben relevante Variable, um die Inklusionswahrscheinlichkeit präzise bestimmen zu können, ist, wie bereits erwähnt, die Anzahl der *erhebungsrelevanten Personen* im Haushalt. Diese unterscheidet sich im Gegensatz zur generellen Haushaltsgröße dadurch, dass nur diejenigen Einheiten gezählt werden, die zur Zielpopulation gehören. Die Haushaltsgröße ist demnach größer oder gleich der Anzahl der erhebungsrelevanten Zielpersonen im Haushalt. Ein Beispiel hierfür wäre die Befragung der Wahlbevölkerung Deutschlands über das Festnetz. Hierbei entspricht die Anzahl der erhebungsrelevanten Personen derjenigen, die (in den meisten Fällen) mindestens 18 Jahre alt sind und über die deutsche Staatsbürgerschaft verfügen. Die Haushaltsgröße wiederum gibt die Anzahl aller im Haushalt lebenden Personen an, ungeachtet davon, ob diese zur Zielpopulation gehören oder nicht. Die Verwendung der Haushaltsgröße anstelle der Anzahl der erhebungsrelevanten Personen führt demnach dazu, dass die Auswahlwahrscheinlichkeit einer Zielperson bei Mehrpersonenhaushalten, bei denen nicht alle Haushaltsmitglieder zur Zielpopulation gehören, unterschätzt wird. Die befragte Einheit würde in einem solchen Fall ein zu hohes Designgewicht erhalten und ein Schätzer wäre dadurch potenziell verzerrt.

Vor der eigentlichen Erhebung ist darüber hinaus noch zu prüfen, ob für die gewählte Zielpopulation Kalibrierungsvariablen in angemessener Form verfügbar sind. Hierbei ist sowohl die Quelle der Daten für die Zielpopulation als auch die Vollständigkeit der Angaben von entscheidender Bedeutung. Darüber hinaus sollte die Abfrage der entsprechenden Kalibrierungsvariablen in ihrer Form mit der Datenquelle, die für die Zielpopulation vorhanden ist, vergleichbar sein. Die Anpassungsvariablen sollten demnach genau das messen, was zur späteren Kalibrierung für die Zielpopulation verwendet wird. Ein simples Beispiel wäre, wenn das Alter als Anpassungsvariable verwendet wird. Ein Problem kann in dieser Abfrage dadurch entstehen, dass in der Erhebung lediglich die Altersklassen „18 b. u. 25", „25 b. u. 35", etc. abgefragt werden, während die Datenquelle der Zielpopulation Alter lediglich in der Form von „18 - 29", „30 -39", etc. wiedergibt. Hier besteht das Problem, dass sich die Angaben der Erhebung nicht in einer sinnvollen Art und Weise aggregieren lassen, um der Verteilung in der Datenquelle der Zielpopulation zu entsprechen.

Gerade bei Erhebungen, die ein Oversample einer bestimmten Subpopulation der Zielpopulation durchführen, gilt es darüber hinaus zu beachten, dass innerhalb dieses Oversamples zusätzlich die Anzahl der erhebungsrelevanten Einheiten der Subpopulation erfasst wird. Wird z.b. eine Festnetzerhebung aller Personen durchgeführt, die mindestens 18 Jahre alt sind und ergänzend zu der regulären Stichprobe noch ein Oversample erhoben, das nur diejenigen Einheiten befragt, die mindestens 60 Jahre alt sind (da diese Einheiten für die Forschungsfrage von besonderem Interesse sind und man deshalb mehr Informationen über diese Subpopulation erhalten möchte), so sollte in der regulären Stichprobe nach der Anzahl der Personen im Haushalt, die mindestens 18 Jahre alt sind, gefragt werden, während der Fragebogen des Oversamples zusätzlich noch die Frage nach der Anzahl der Personen im Haushalt, die mindestens 60 Jahre alt sind, beinhalten muss. Darüber hinaus muss in diesem Szenario das Alter der Befragten erfasst werden. Der Grund hierfür liegt in der Gewichtung eines solchen Oversamples und kann anhand von Abbildung 4 in Abschnitt 8 nachvollzogen werden.

Wenn innerhalb der Feldphase ein zusätzliches Screening eingeführt wird, so wirkt sich auch dies auf die Inklusionswahrscheinlichkeit einzelner Einheiten im Rahmen der Erhebung aus. In diesem Zug ist wichtig, dass ein solches Screening erst nach Abschluss der Tranche eingeführt wird, die derzeitig in Bearbeitung ist, da sich ansonsten die Wahrscheinlichkeit, dass eine Einheit im Rahmen der Stichprobe ausgewählt wurde, nur noch schwer nachvollziehen lässt. Das Screening, das dann entweder nur noch Einheiten mit einem bestimmten Merkmal auswählt oder bestimmte Einheiten ausschließt, sollte erst mit der Bearbeitung einer neuen Tranche eingeführt werden. Dies sollte für die entsprechende Tranche vermerkt werden und in der Berechnung der Auswahlwahrscheinlichkeiten Berücksichtigung finden. Exemplarisch soll dies anhand des folgenden Beispiels dargelegt werden:

Bei einer Festnetzerhebung mit dem Fokus auf gesundheitliche Aspekte bei einer bestimmten Symptomatik soll lediglich ein bestimmter Anteil von Personen, die symptomfrei sind, befragt werden. Der Erhebung liegt eine Bruttostichprobe von m^F Rufnummern zugrunde. Der Auswahlrahmen beinhaltet M^F Rufnummern. Die Bruttostichprobe wird in die drei Tranchen m_1^F, m_2^F und m_3^F Rufnummern zerlegt. Innerhalb der zweiten

Tranche wird der Anteil an zuvor gewünschten, symptomfreien Einheiten bereits erreicht. Dennoch wird diese Tranche bis zum Ende der Bearbeitung aller Rufnummern dieser Tranche inklusive der Ausschöpfung der maximalen Anzahl der Anwahlversuche vollständig bearbeitet und sowohl symptomfreie als auch symptombehaftete Einheiten befragt. Mit der dritten Tranche wird dann ein Screening eingeführt, das alle symptomfreien Einheiten aus der Erhebung ausscreent. Nur so lässt sich die Inklusionswahrscheinlichkeit jeder Einheit der Erhebung eindeutig bestimmen. In dem zugrunde liegenden Beispiel berechnet sich die Inklusionswahrscheinlichkeit einer Einheit in der Stichprobe nach:

$$\pi_i = \begin{cases} \dfrac{m_1^F + m_2^F}{M^F} * \dfrac{k_i^F}{z_i} & \text{wenn i symptomfrei ist} \\[3ex] \dfrac{m_1^F + m_2^F + m_3^F}{M^F} * \dfrac{k_i^F}{z_i} & \text{wenn i symptombehaftet ist} \end{cases} \qquad 16$$

Ein solches Vorgehen ist durchaus legitim und erlaubt noch immer die Bestimmung der Auswahlwahrscheinlichkeiten aller Einheiten der Erhebung. Anders sieht dies jedoch bei der Einführung einer sog. *Nettofeldsteuerung* aus. Nettofeldsteuerung (im Gegensatz zu einer regulären Feldsteuerung) screent dabei bereits in der Feldzeit, die Befragten nach soziodemografischen Charakteristika, sodass diese denjenigen der zugrundeliegenden Zielpopulation entsprechen. Das Problem bei diesem Vorgehen besteht darin, dass dadurch die Bestimmung der Inklusionswahrscheinlichkeit einer Einheit nahezu unmöglich wird, da diese davon abhängig ist, ob eine bestimmte Zelle in der Befragung bereits voll besetzt ist. Um dies verständlicher zu machen, hier ein Beispiel:

Angenommen, es würde eine Nettofeldsteuerung nach Alter, Geschlecht und Bildungsabschluss durchgeführt werden. Im Laufe der Feldphase wird die Anzahl der weiblichen Personen zwischen 40 und 50 Jahren mit Abitur als erstes erreicht. Der Anteil dieser Personengruppe in der Erhebung

---

16 Es handelt sich hierbei um eine vereinfachte Darstellung, die die Annahme trifft, dass bereits zu Feldbeginn abzusehen ist, dass alle gebildeten Tranchen auch eingesetzt werden.

entspricht demnach in der Feldphase dem der Zielpopulation (z.B. so wie es im Mikrozensus angegeben ist). Bei den nächsten erfolgreichen Kontakten werden daher keine Frauen zwischen 40 und 50 Jahren mit Abitur befragt und ausgescreent. Die Wahrscheinlichkeit, dass eine Person mit bestimmten soziodemografischen Charakteristika befragt wird, ist deshalb abhängig davon, ob und welche anderen Zellen bereits vollständig besetzt sind. Im Gegensatz zu einer Einführung des Scrennings nach Abschluss einer Tranche ist somit die Wahrscheinlichkeit der Inklusion weiterer Elemente abhängig von den „bereits befüllten" Zellen. Für eine unverzerrte Schätzung von Populationswerten bedarf es jedoch einer genauen Kenntnis des Auswahlprozesses und der Auswahlwahrscheinlichkeit für eine spätere Designgewichtung. Diese ist bei einem solchen sequentiellen Vorgehen nicht mehr möglich und kann daher zu verzerrten Ergebnissen führen.

Für eine (näherungsweise) unverzerrte Schätzung ist es daher von großer Bedeutung, dass bereits vor der eigentlichen Erhebung alle für die spätere Gewichtung relevanten Informationen Berücksichtigung finden. Darüber hinaus ist es wichtig, dass während der Erhebung alle für die Bestimmung der Inklusionswahrscheinlichkeiten relevanten Angaben angemessen dokumentiert werden und dass Maßnahmen im Feldgeschehen zu einem Zeitpunkt vorgenommen werden, der eine Berücksichtigung in der Berechnung der Auswahlwahrscheinlichkeiten ermöglicht. Demnach sollten diese Maßnahmen nur beim Wechsel von Tranchen vorgenommen werden.

11.7   Datenaufbereitung und Durchführung der Gewichtung(en)

Wie einleitend dargestellt, bedarf es bei der Durchführung der Designgewichtung und Kalibrierung von Erhebungsdaten einer Expertise. So sollte z.B. die Kalibrierung nicht „willkürlich" durchgeführt werden, sondern den Untersuchungsgegenstand und die Datenlage stets berücksichtigen. Weiterhin ist es für beide Gewichtungsarten erforderlich, mit einer (annähernd) vollständigen Datenmatrix für diejenigen Daten zu arbeiten, die für die Bestimmung der Inklusionswahrscheinlichkeiten sowie für eine anschließende Kalibrierung notwendig sind. Überdies sollten die Daten in einer angemessenen Art und Weise vorliegen. Oftmals trifft dies jedoch nicht für Daten zu, die aus einer Erhebung stammen. Für die Designgewichtung können z.B. Angaben zur Größe der Auswahlgrundlage und/oder der Bruttostichproben fehlen. Weiterhin besteht die Möglichkeit, dass Erhebungseinheiten keine oder falsche Angaben z.B. zur erhebungsrelevanten Haushaltsgröße sowie zur Anzahl der Rufnummern, unter denen sie erreicht werden können, geben. Überdies besteht die Möglichkeit, dass bereits bei der Konstruktion des Fragebogens Fehler in der Abfrage dieser Parameter erfolgt sind. Denkbar in diesem Kontext ist z.B. das Auslassen der Abfrage der erhebungsrelevanten Haushaltsmitglieder, sodass lediglich nach der generellen Haushaltsgröße gefragt wird oder das Abfragen der Rufnummern insgesamt (anstelle einer Abfrage getrennt nach Telekommunikationsmedium). Letzteres lässt sich bereits vor Erhebungsbeginn durch eine gründliche und durchdachte Fragebogenkonstruktion vermeiden. Auch die Größe der Auswahlgrundlage(n) sowie der Bruttostichprobengröße(n) sollte, falls mit der Stichprobenziehung eine externe Instanz beauftragt wurde, im Vorfeld der Erhebung bereits in Erfahrung gebracht werden.

Erfahrungsgemäß treten fehlende Angaben einzelner Erhebungseinheiten wesentlich häufiger bei soziodemografischen Charakteristika auf, die für eine Kalibrierung benötigt werden. Da die Bestimmung der Inklusionswahrscheinlichkeiten sowie die Kalibrierung im besten Fall mit einer vollständigen Datenmatrix funktioniert, liegt die erste Aufgabe der Datenaufbereitung zur späteren Gewichtung darin, diese zu erlangen. In den meisten Fällen kann dies durch die Ermittlung geeigneter Imputationswerte erreicht werden. Sowohl für die Designgewichtung als auch für die Kalibrierung kann dies durch gleiche oder ähnliche Verfahren erfolgen. Jedoch kann ein bestimmtes Vorgehen z.B. für die Bestimmung der Inklusionswahrscheinlichkeiten plausibler sein als für die Kalibrierung.

Oftmals wird etwa bei fehlenden Werten zur Angabe der erhebungsrelevanten Haushaltsgröße oder der Anzahl der Rufnummern, unter denen ein Haushalt erreichbar ist, der Wert 1 „eingesetzt" mit der Begründung, dass mindestens eine Person (diejenige mit der das Interview erfolgt ist) bzw. mindestens eine Rufnummer des Mediums, das für das Interview verwendet wurde (diejenige unter der die Erhebungseinheit erreicht wurde), vorhanden ist. Eine weitere Möglichkeit besteht in der Imputation des Mittelwertes. Beide Vorgehen haben jedoch Nachteile. Das erste Verfahren neigt dazu, die Inklusionswahrscheinlichkeit einer Erhebungseinheit zu überschätzen, während das zweite die Varianz der ermittelten Inferenz unterschätzt. Dies liegt daran, dass durch das Ersetzen eines fehlenden Wertes durch den Mittelwert eine Art „Regression zur Mitte" durchgeführt wird. Das Einsetzen des (Stichproben-) Mittelwertes verändert die Schätzung aus der Stichprobe nicht. Die Variation, die sich jedoch über die unterschiedlichen Zielpersonen, wenn diese antworten würden, normalerweise ergeben würde, wird hierdurch allerdings „geglättet".

Alternativ kann das Vorgehen, das im Rahmen der CELLA 1 - Erhebung verwendet wurde, in Betracht gezogen werden. Dabei wurde lediglich die Art des Anschlusses (analog oder ISDN) erfragt und dann der Wert 1 bzw. 2,5 für die Anzahl der Rufnummern verwendet.[17] Jedoch zeigen Untersuchungen der Folgeerhebung, dass dieses Vorgehen die durchschnittliche Anzahl der Rufnummern eines Haushaltes mit Analoganschluss unter- und diejenige der Haushalte mit ISDN-Anschluss überschätzt. Weiterhin ist fraglich, ob eine Zielperson dazu in der Lage ist, korrekte Angaben zur Art des Anschlusses und/oder zur Anzahl der Rufnummern zu geben. Eine Untersuchung von Meier (2007) zeigt etwa, dass im Rahmen einer Feldbegehung ca. 25% aller Haushalte fehlerhafte Angaben zur Anzahl der Anschlüsse, unter denen diese erreichbar sind, geben. Erschwert wird diese Situation durch die mittlerweile weit vorangeschrittene Umstellung auf ALL-IP-Anschlüsse, die bis zu zehn Rufnummern erlauben.

Ein gängiges Vorgehen, das die Schätzung durch Erhebungsdaten weniger stark beeinflusst und sich sowohl für die Variablen, die zur Designgewichtung verwendet werden als auch für die der Kalibrierung eignet, stellt die multiple Imputation (mittels Kettengleichung) dar. Die Ermittlung von Imputationswerten kann z.B. durch das Paket *mice* der Statistiksoftware *R* vorgenommen werden. Eine Schätzung der Imputationswerte kann dabei in Abhängigkeit der Variable und deren Eigenschaften u.a. durch *Predictive Mean Matching, logistische* oder *polytome Regression* vorgenommen werden. Diese stellen gängige Verfahren zur Schätzung von metrischen, binären und kategorialen Variablen dar. Eine nähere Erläuterung der jeweiligen Verfahren findet sich in van Buuren und Groothuis-Oudshoorn (2011). Bei diesem iterativen Verfahren warnt van Buuren (2011) jedoch davor, es leichtfertig anzuwenden. So sollte ein gesteigertes Augenmerk darauf gelegt werden, wie die Variablen verteilt sind und welche Variablen als Prädiktor für andere Variablen herangezogen werden. Daher ist die Festlegung

---

17 Aufgrund der vermehrten Umstellung auf Voice-Over-IP-Technologien würde eine solche Abfrage vermutlich heute nicht mehr gestellt werden.

der Hilfsvariablen zur Imputation sowie der Definition/Einschränkung der Prädiktor-Matrix von zentraler Bedeutung. So ist es denkbar, dass Alter durchaus als Prädiktor für einen Bildungsabschluss dienlich sein kann, im Umkehrschluss jedoch Bildungsabschluss nicht als Prädiktor für das Alter dient. Diese „Besonderheiten" sollten dann in der Prädiktor-Matrix entsprechend berücksichtigt werden. Eine detailreiche Einführung, wie dies durchzuführen ist, wird in van Buuren und Groothuis-Oudshoorn (2011) gegeben.

Wenn die Variablen, die zur Designgewichtung benötigt werden, vollständig für alle Erhebungseinheiten sind, gilt weiterhin zu entscheiden, ob eine „Obergrenze" für die Anzahl der Rufnummern und erhebungsrelevanten Haushaltsmitglieder eingeführt wird. Vorteilhaft an einem solchen Vorgehen ist, dass hierdurch evtl. unplausible Werte ausgeschlossen werden können und, dass die Variation der Gewichte reduziert wird. Eine geringere Variation/Spannweite der Gewichte kann dabei zu einer verringerten Varianz der Schätzwerte führen. Jedoch kommt dies mit einer Erhöhung der Verzerrung der Schätzergebnisse einher. Unter dem Aspekt des *Mean Squared Errors* besteht hierbei ein Trade-Off zwischen der Verzerrung der Schätzergebnisse und der Varianz der Schätzung. Für die Einführung einer solchen Obergrenze wird oftmals empfohlen, diese bei dem 90%- oder 95%-Perzentil zu setzen.

Im Anschluss kann die Berechnung der Designgewichte unter der Verwendung des Horvitz-Thompson-Schätzers anhand der in Abschnitt 5.1 dargelegten Vorgehensweise erfolgen. Die dadurch ermittelten Designgewichte ermöglichen die Schätzung des Totalwertes der Zielpopulation.[18] Oftmals wird anschließend eine Normierung auf den Stichprobenumfang vorgenommen. Der Vorteil eines solchen Vorgehens besteht einmal darin, dass dies die direkte Schätzung von Mittelwerten mit der verwendeten Nettostichprobengröße erlaubt. Darüber hinaus entspricht die Summe der Gewichte genau jener Nettofallzahl und der Erwartungswert der Gewichte ist 1. Daher erlaubt dieses Vorgehen eine einfachere Abschätzung, welche Erhebungseinheiten „hoch-" bzw. „runtergewichtet" werden. Dennoch liefern beide Arten der Gewichte bei Abwesenheit von systematischem Nonresponse erwartungstreue Schätzwerte.

---

18 Die Summe der unnormierten Designgewichte dient als Schätzer der Populationsgröße.

.

Die Wahl des Kalibrierungsverfahrens ist immer abhängig von den verfügbaren Angaben zur Zielpopulation und der Realisierung in der Erhebung. So wurde bereits in Abschnitt 5.2.1 angemerkt, dass sich eine Soll-durch-Ist-Gewichtung nur dann empfiehlt, wenn die Kreuzkombination aller Anpassungsvariablen in der Zielpopulation verfügbar ist und die einzelnen Zellen ausreichend besetzt sind bzw. sich in den Erhebungsvariablen keine „Stichprobennullen"[19] befinden. Da dies mit einer steigenden Zahl von Anpassungsvariablen deutlich schwieriger wird, empfiehlt es sich oftmals einen der anderen Kalibrierungsansätze zu wählen. Grundsätzlich wurden aufgrund der Eigenschaften des Schätzers sowie dessen Handhabe gute Erfahrungen mit dem GREG-Schätzer gemacht. Bei Verfügbarkeit aller Angaben und Merkmalskombinationen liefern jedoch alle Kalibrierungsansätze gleiche oder vergleichbare Punktschätzer, wie mittels Tabelle 11.8 gezeigt werden kann, die anhand der Daten der Erhebung INFLUENZA 2014 des Robert Koch-Institutes ermittelt wurde.

Tabelle 11.8   Haushaltsgröße nach Art der Kalibrierung (in %)

Haushaltsgröße	Ungewichtet	Designgew.	Poststrat.	IPF	GREG	MZ 2012
1 Person	48,0	39,4	42,4	42,2	42,2	40,5
2 Personen	36,6	36,9	34,3	34,3	34,2	34,5
3 Personen	7,8	11,1	10,6	10,7	10,9	12,5
4 Personen	4,4	6,2	6,4	6,3	6,4	9,2
5+ Personen	1,4	2,3	2,6	2,6	2,5	3,3

Weiterhin wichtig bei der Kalibrierung ist, dass auf alle Variablen, deren Auswertung als Subpopulation angestrebt wird, angepasst wird. Bei einer Forschungsfrage, die z.b. gezielt bestimmte Prävalenzen nach Alter untersuchen möchte, muss diese Variable entsprechend Teil des Vektors der Hilfsvariablen sein, da sonst die Varianz der Schätzwerte verzerrt geschätzt wird.

Nach der Kalibrierung ist weiterhin die Entscheidung zu treffen, ob die Gewichte „getrimmt" werden sollen. Diese kosmetische Anpassung der Gewichte berücksichtigt ebenfalls die Argumentation des Mean Squared

---

19   Als „Stichprobennull" versteht man eine leere Zelle einer Kontingenztabelle der Erhebung, die in der gleichen Kontingenztabelle der Zielpopulation besetzt ist.

Errors und den Trade-Off zwischen Verzerrung und der Reduktion der Varianz. Hierbei wird eine „geringfügige" Verzerrung zu Gunsten einer reduzierten Varianz in Kauf genommen. Das Trimmen der Gewichte stellt einen Prozess dar, der einen Höchst- und/oder Mindestwert für die Gewichte festlegt, ohne dass dabei die Summe der Gewichte verändert wird. So werden z.b. im Rahmen der Gewichtung des *European Social Surveys (ESS)* die normierten Gewichte auf einen Höchstwert von 4 getrimmt. Demnach haben alle Gewichte, die zuvor einen Wert größer als vier gehabt haben, diesen Maximalwert. Gleichzeitig werden jedoch auch andere Ausprägungen der Gewichtungsvariablen erhöht, sodass die Summe der Gewichte gleich bleibt. Eine weitere Nebenbedingung dieses Verfahrens ist, dass auch der Erwartungswert der Gewichte unverändert bleibt. Eine weitere Möglichkeit besteht in dem Trimmen auf ein Perzentil als Unter- und Obergrenze. So geschehen z.b. in der Gewichtung der Daten der INFLUENZA 2014-Erhebung. Dafür wurde als Minimalwert das 0,5%-Quantil und als Maximalwert das 99,5%-Quantil festgelegt. Damit die Bedingung

$$n = \sum_{i \in S} w_i$$

mit n als Größe der Stichprobe und w_i als Gewicht der Einheit i weiterhin erfüllt bleibt, mussten bei diesem Vorgang die Gewichte nochmals normiert werden, unter der Bedingung, dass keines der Gewichte einen Wert außerhalb der beiden *Grenzen* annimmt. Anhand von Abbildung 11.2 kann nochmals die Anzahl der Gewichte, aufgrund derer das Trimmen notwendig wurde, nachvollzogen werden.

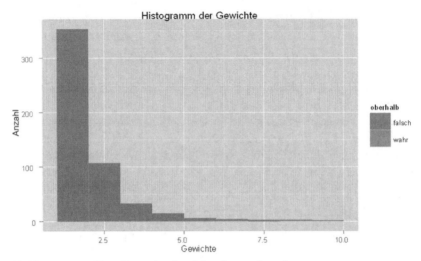

Abbildung 11.2   Verteilung der Gewichte (ungetrimmt)

Aufgrund der Umgestaltung der Gewichte, die hier vorgenommen wurde, nahmen 15 Gewichte den Wert Minimal- oder Maximalwert an.

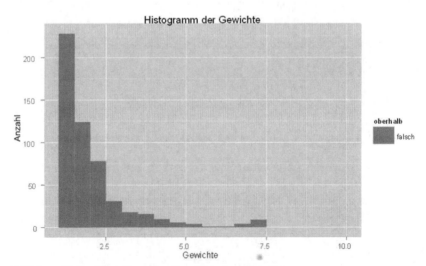

Abbildung 11.3   Verteilung der Gewichte (getrimmt)

Jedoch ist auch für ein solches Vorgehen abzuwägen, wie hoch die dadurch erzielte Reduktion der Varianz ist und wie groß die dadurch erwirkte Verzerrung der Schätzwerte ist.

11.8 Gewichtung bei speziellen Stichprobendesigns

Auch bei Dual-Frame-Erhebungen kann es wünschenswert sein, mehr Erhebungseinheiten einer bestimmten Subpopulation zu erheben, um über diese genauere Aussage treffen zu können. In einem solchen Fall sollte die Einbeziehung eines Oversamples in Betracht gezogen werden, das unabhängig von der eigentlichen Haupterhebung gezogen wurde und als eigene Stichprobe, die nach einer bestimmten Kohorte screent, behandelt wird. Ein solches Oversample wurde z.B. in der Erhebung INFLUENZA 2014 verwendet. Von hohem Interesse waren dabei gerade diejenigen Personen, die mindestens 60 Jahre alt waren. Aufgrund dessen wurde zusätzlich zur regulären Festnetzstichprobe noch eine weitere Stichprobe, die gezielt nach Personen mit diesem Mindestalter screente, verwendet. Abbildung 11.4 visualisiert dazu nochmals das Vorgehen in den beiden Festnetzstichproben.

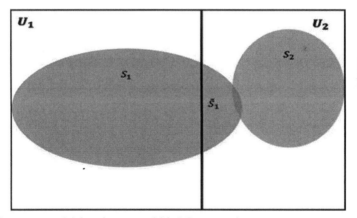

Abbildung 11.4   Stichprobenauswahl bei Oversamples

$$\tilde{S}_1 = S_1 \cap U_2$$

Der Bereich U_1 beschreibt die Population der unter 60-Jährigen, aus der eine Festnetzstichprobe erhoben werden kann. U_2 entspricht der Population der mindestens 60-Jährigen. S_1 bezeichnet die Stichprobe, die alle Personen der Zielpopulation befragt, und S_2 die Oversampling-Stichprobe aus dem Auswahlrahmen Festnetz. $\tilde{S}_1$ entspricht demjenigen Teil der mindestens 60-Jährigen, der durch die unrestringierte Stichprobe in die Erhebung gelangt ist. Hieraus wird ersichtlich, dass eine *einfache* Berechnung der Designgewichte auf Basis des Single-Frame-Ansatzes den Anteil der mindestens 60-Jährigen in der Population überschätzen würde. Daher wurde die Berechnung der Inklusionswahrscheinlichkeiten anhand einer Konvexkombination[20] für die mindestens 60-Jährigen nach der folgenden Vorgehensweise angepasst. Die Inklusionswahrscheinlichkeit des Festnetzes für die Einheit i bestimmt sich durch

$$\pi_i^F = \begin{cases} \dfrac{m_1^F}{M^F} * \dfrac{k_i^F}{z_i} & \forall i \in S_1 \cap U_1 \\[2ex] \dfrac{m_1^F}{M^F} * \dfrac{k_i^F}{z_i} * \dfrac{1}{\alpha} & \forall i \in S_1 \cap U_2 \\[2ex] \dfrac{m_2^F}{M^F} * \dfrac{k_i^F}{z_i} * \dfrac{1}{1-\alpha} & \forall i \in S_2. \end{cases}$$

α berechnet sich durch den Anteil von $\tilde{S}_1$ an $\tilde{S}_1 + S_2$. m_1^F und m_2^F sind die beiden Bruttostichprobengrößen.

Die dadurch ermittelten Inklusionswahrscheinlichkeiten wurden für die Berechnung der Inklusionswahrscheinlichkeiten über beide Auswahlrahmen nach Single-Frame-Ansatz verwendet.

Alternativ besteht die Möglichkeit, die gemeinsame Inklusionswahrscheinlichkeit einer Erhebungseinheit, die mindestens 60 Jahre alt ist, über beide Stichproben zu bestimmen. Dieses Vorgehen erfolgt analog zu demjenigen des Dual-Frame-Ansatzes und berechnet in einem ersten Schritt die

---

20   Siehe Abschnitt 4.1

gemeinsame Wahrscheinlichkeit einer mindesten 60-jährigen Erhebungseinheit als Summe der einzelnen Wahrscheinlichkeiten nach

$$\pi_i^{F,60+} = \pi_i^{S_1} + \pi_i^{S_2} \quad \forall\, i \in U_2.$$

$\pi_i^{F,60+}$ entspricht dabei der Inklusionswahrscheinlichkeit einer mindestens 60 Jahre alten Person. $\pi_i^{S_1}$ und $\pi_i^{S_2}$ sind die Inklusionswahrscheinlichkeiten der beiden Stichproben der Einheit i. Auch dieser Ansatz geht davon aus, dass die Wahrscheinlichkeit, eine Erhebungseinheit über beide Stichproben zu ziehen, vernachlässigbar ist.

Beide Verfahren, die hier vorgestellt wurden, liefern vergleichbare Punktschätzer, wenn die entsprechenden Inklusionswahrscheinlichkeiten zur Designgewichtung verwendet werden. Jedoch muss für den zweiten Ansatz in jeder der beiden Stichproben nach der Anzahl der erhebungsrelevanten Einheiten der regulären Stichprobe sowie des Oversamples gefragt werden, um eine Berechnung der Inklusionswahrscheinlichkeit für beide Stichproben zu ermöglichen. Für den ersten der hier dargestellten Ansätze zur Bestimmung der Inklusionswahrscheinlichkeiten ist dies aufgrund der Konvexkombination nicht notwendig. Hier ist die Frage nach der Anzahl der erhebungsrelevanten Haushaltsmitglieder nach der Definition der entsprechenden Stichprobe ausreichend. Daher ist dieser in der Anwendung einfacher zu handhaben.

Die anschließende Gewichtung kann nach beiden Vorgehen dann anhand der hier vorgestellten Verfahren erfolgen.

11.9 Literatur

AAPOR Cell Phone Task Force. (2010). *New Considerations for Survey Researchers when Planning and Conducting RDD Telephone Surveys in the U.S. with Respondents Reached via Cell Phone.*

ADM (2012). *ADM-Forschungsprojekt Dual-Frame-Ansätze 2011/2012.* https://www.adm-ev.de/fileadmin/user_upload/PDFS/ADM_Dual_Frame_Projekt_-_Forschungsbericht.pdf

Brick, J.M., I. Cervantes, I. Lee, S., & Norman, G. (2011). Nonsampling errors in dual frame telephone surveys. *Statistics Canada - Survey Methodology 37*, 1–12. doi.org/10.1515/jos-2016-0029

Busse, B. & Fuchs, M. (2013). Prevalence of Cell Phone Sharing. *Survey Methods: Insights from the Field*, 1–15. http://dx.doi.org/10.13094/SMIF-2013-00004

Gabler, S. (1991). Eine allgemeine Formel zur Anpassung an Randtabellen. *ZUMA-Nachrichten 29*, 29–43.

Gabler, S. & Ayhan, O. (2007). Gewichtung bei Erhebungen im Festnetz und über Mobilfunk: Ein Dual-Frame Ansatz. In S. Gabler & S. Häder (Hrsg.), *Mobilfunktelefonie - Eine Herausforderung für die Umfrageforschung* (S. 39–45). ZUMA-Nachrichten Spezial Band 13, Mannheim.

Gabler, S., Häder, S., Lehnhoff, I. & Mardian, E. (2012). *Weighting for Unequal Inclusion Probabilities and Nonresponse in Dual Frame Telephone Surveys*. In S. Häder, M. Häder, & M. Kühne (Hrsg.), *Telephone Surveys in Europe* (S. 147–167). Springer, Heidelberg. https://doi.org/10.1007/978-3-642-25411-6_11

Häder, S. (1996). Wer sind die Nonpubs? Zum Problem anonymer Anschlüsse bei Telefonumfragen. *ZUMA Nachrichten 20*, 45–68.

Häder, S., Gabler, S. & Heckel, C. (2009). Stichprobenziehung für die CELLA-Studie. In M. Häder & S. Häder, *Telefonbefragungen über das Mobilfunknetz - Konzept, Design und Umsetzung einer Strategie zur Datenerhebung* (S. 21–49). https://doi.org/10.1007/978-3-531-91490-9_3

Heckel, C. & Wiese, K. (2012). Sampling Frames for Telephone Surveys in Europe. In S. Häder, M. Häder, & M. Kühne (Hrsg.), *Telephone Surveys in Europe* (S. 103–119). https://doi.org/10.1007/978-3-642-25411-6_9

Kennedy, C. (2007). Evaluating the Effects of Screening for Telephone Service in Dual Frame RDD Surveys. *Public Opinion Quarterly 71*, 750–771. https://doi.org/10.1093/poq/nfm050

Little, R. & Rubin, D. (1987). *Statistical Analysis with Missing Data*. John Wiley and Sons. Inc., Hoboken, NJ, USA. DOI: 10.1002/9781119013563.ch1

Lohr, S. L. (2009). *Sampling - Design and Analysis*. CENGAGE Learning. *DOI: 10.2307/1271491*

Lohr, S. L. (2007). Recent developments in multiple frame surveys. *American Statistical Association Proceedings of the Survey Research Methods Section*, 3257–3264.

Lohr, S. L. (2011). Alternative survey sample designs: Sampling with multiple overlapping frames. *Statistics Canada - Survey Methodology 37*, 197–213.

Lumley, T. (2011). *Complex Surveys: A Guide to Analysis Using. R.* John Wiley & Sons, Inc., Hoboken, NJ, USA. DOI: 10.1002/9780470580066

Lundström, S. & Särndal, C. E. (2001). *Estimation in the Presence of Nonresponse and Frame Imperfections.* Statistics Sweden, Örebro.

Sand, M. (2014). Dual-Frame-Telefonstichproben - Entwicklung, Handhabung und Gewichtung. *GESIS Technical Reports 2014, 2.*

Sand, M. (2015). *Dual-Frame-Telefonstichproben: Gewichtung im Falle von Device-Specific Nonresponse.* In J. Schupp & C. Wolf (Hrsg.), *Nonresponse Bias: Qualitätssicherung sozialwissenschaftlicher Umfragen* (S. 119–146). Springer, Wiesbaden. https://doi.org/10.1007/978-3-658-10459-7_4

Särndal, C. E. & Lundström, S. (2005). *Estimation in Surveys with Nonresponse.* John Wiley and Sons. Inc., Hoboken, NJ, USA. DOI: 10.1002/0470011351

Valliant, R., Dever, J. & Kreuter, F. (2013). *Practical Tools for Design and Weighting Survey Samples.* Springer, Heidelberg. DOI: 10.1007/978-1-4614-6449-5

van Buuren, S. & Groothuis-Oudshoorn, K. (2011). MICE: Multivariate Imputation by Chained Equations in R. *Journal of Statistical Software 45*, 1-65. DOI: 10.18637/jss.v045.i03

Tobias Gramlich & Sabine Häder

12 Methoden- und Feldberichte

Auf einen Blick

▸ Transparenz und Nachvollziehbarkeit aller Schritte von der Planung bis zur Auswertung einer empirischen Studie sind wesentliche Merkmale wissenschaftlicher Arbeit und notwendige Voraussetzung, um die Güte und Aussagekraft der Ergebnisse einer Erhebung einschätzen zu können. Viele Details einer empirischen Untersuchung können Auswirkungen auf Ergebnisse haben bzw. sind wichtig für eine korrekte Auswertung und bei der Interpretation von Ergebnissen. Ausführliche und vollständige und Methoden- und Feldberichte sind deswegen wichtiger Bestandteil einer empirischen Untersuchung.

▸ Ein entsprechender Bericht muss nicht für Laien, aber zumindest für Personen mit Fachkenntnis Design und Durchführung einer Erhebung vollständig und nachvollziehbar (sowie wahrheitsgemäß) beschreiben.

▸ Das Verfassen und die Übergabe eines ausführlichen Feld- bzw. Methodenberichts durch das ausführende Erhebungsinstitut ist selbstverständlich, trotzdem sollten Auftraggeber und Auftragnehmer Übergabe, Form und Inhalt bereits in den vertraglichen Vereinbarungen/Leistungsvereinbarungen festhalten.

▸ Das Interesse an einer ausführlichen Dokumentation ist für verschiedene Gruppen aber ggf. unterschiedlich; Auftragnehmer und Auftraggeber beachten frühzeitig, dass es weitere Interessenten an ausführlicheren Beschreibungen und Dokumentationen geben könnte.

▸ Der richtige Umfang eines Methodenberichts lässt sich kaum allgemeingültig festlegen.

▸ Offenheit und Transparenz von Forschungsmethoden ist unbedingter Teil einer guten wissenschaftlichen Praxis.

▸ Rezipienten und Multiplikatoren von Ergebnissen einer Erhebung sollten möglichst leicht Zugang zu Methodenberichten haben, um ggf. vor eigener Multiplikation von Ergebnissen selbst die Qualität und Aussagekraft einer Erhebung prüfen zu können.

© Springer Fachmedien Wiesbaden GmbH, ein Teil von Springer Nature 2019
S. Häder et al. (Hrsg.), *Telefonumfragen in Deutschland*, Schriftenreihe der ASI – Arbeitsgemeinschaft Sozialwissenschaftlicher Institute, https://doi.org/10.1007/978-3-658-23950-3_12

▶ Verschiedene nationale und internationale Berufsverbände der Markt-
und Sozialforschung haben mehr oder weniger verbindliche Empfehlungen zum Inhalt solcher Methodenberichte herausgegeben. Daneben geben
auch formellere Normen wie die DIN-ISO 20252 Richtlinien („Mindestan-
forderungen") zum Inhalt solcher Methodenberichte vor. Aus allen diesen
Empfehlungen wird klar, dass einseitige „Methodensteckbriefe" o.ä. diesen Anforderungen in keiner Weise gerecht werden.

12.1   Zweck von Methoden- und Feldberichtberichten

Die Begriffe „Feldbericht" und „Methodenbericht" werden hier synonym
verwendet. In der Kommunikation mit dem Erhebungsinstitut sollten Auftraggeber klären, ob beide Seiten das selbe Verständnis dieser Begriffe haben. Evtl. bezeichnet „'Feldbericht'" auch die Berichterstattung/das Monitoring *während der Feldzeit einer laufenden Erhebung* (z.B. die Entwicklung
der Anzahl Interviews, die Anzahl der aktuell eingesetzten Rufnummern,
Interviewerzeiten o.ä.).

Hier und im Folgenden beziehen sich beide Begriffe auf einen vollständigen und ausführlichen Bericht des Erhebungsinstituts über alle Aspekte
einer Erhebung *nach Abschluss* der Erhebung. Ob, in welchen Abständen
und mit welchen Inhalten Rückmeldungen und ausführlichere Berichte
während der Feldzeit vom Erhebungsinstitut verfasst und an den Auftraggeber übergeben werden sollen, sollten Auftraggeber und Erhebungsinstitut
explizit festlegen.

Transparenz, Objektivität und Nachvollziehbarkeit sind wesentliche
Merkmale einer professionellen wissenschaftlichen Arbeitsweise. Sie zeichnet sich in einer ausführlichen Dokumentation aller wichtigen Arbeitsschritte aus, die anderen erlaubt, Vorgehensweisen nachzuvollziehen und
die Qualität einer Erhebung selbst und unabhängig einzuschätzen.[1]

Alle beteiligten Akteure haben jeweils ein Interesse an einer ausführlichen Beschreibung und Dokumentation einer (telefonischen) Erhebung:
Auftraggeber/Auftraggeberin einer Erhebung, durchführende Erhebungs-

---

[1]   Zum Begriff der „Qualität" im Rahmen von Befragungen („Surveys") siehe als
Übersicht Lyberg (2012), ausführlich Biemer und Lyberg (2003).

institute, weitere Datennutzende, Medien und eine interessierte (Fach-)Öffentlichkeit.

Ausführliche und vollständige Feld- und Methodenberichte erfüllen dabei verschiedene Zwecke: Auftragnehmer (z.b. Erhebungsinstitute) dokumentieren dadurch transparent und nachvollziehbar für den Auftraggeber, dass und wie die vereinbarten Leistungen erbracht wurden und beschreiben auch Probleme, Hindernisse, Ursachen von Problemen sowie Entscheidungen und Auswirkungen bei Problemen der Leistungserbringung. Andererseits können Auftraggeber anhand der Feld- und Methodenberichte überprüfen, dass und wie die vereinbarte Leistung vom Erhebungsinstitut erbracht wurde. Einer (Fach-)Öffentlichkeit erlauben ausführliche Feld- und Methodenberichte eine eigene, unabhängige Einschätzung der Qualität einer Erhebung und ihrer Ergebnisse, indem alle wesentlichen Merkmale vollständig und transparent dokumentiert werden. Inhalte von Feld- und Methodenberichten erlauben eine Evaluation aller möglichen Fehlerquellen im Sinne des Total Survey Error-Modells, sowohl auf der „Measurement"-Seite (u.a. Messfehler), als auch auf der „Representation"-Seite (Grundgesamtheit, Auswahlgrundlage, Stichprobendesign, Nonresponse u.a.) durch ausführliche Beschreibung der Metadaten einer Erhebung, die sich auf die einzelnen Aspekte des Total Survey Error-Modells beziehen.[2] Die American Statistical Association ASA (1998) fasst die Bedeutung der Diskussion von möglichen Fehlerquellen passend zusammen: „The quality of a survey is best judged

---

2 Interessanterweise ist eine fehlende oder fehlerhafte Dokumentation selbst nicht eigener oder expliziter Teil des TSE-Modells – trägt im statistischen Sinne auch nicht zu messbarem Bias oder zusätzlicher Varianz bei. Allerdings beruht die Evaluation einer Erhebung im Rahmen eines Total Survey Errors ganz wesentlich auf vollständigen (und leicht zugänglichen) Metadaten einer Erhebung. Dabei lässt sich bereits aus den Ausführungen Demings 1944 über Fehlerquellen bei Erhebungen die Bedeutung einer ausführlichen Beschreibung für eine korrekte und adäquate Interpretation von Surveyergebnissen ableiten: „Without some recognition of the problems involved in carrying out the survey both from the standpoint of the collecting agency and the respondent, sizeable errors in interpretation are almost sure to arise. The more important the survey, the more important are the errors of interpretation" (S. 367). Die Fehlerquelle des „Specification" oder „Analytic Error" bei komplexen Surveydesigns scheint – bedingt durch mangelhafte Ausbildung aber auch ignorierte oder fehlende notwendige Dokumentation von Erhebungsdetails - deutlich unterschätzt zu werden (West et al. 2016).

not by its size, scope, or prominence, but by how much attention is given to dealing with all the many important problems that can arise" (S. 11).

Werden Ergebnisse oder Daten veröffentlicht, entsteht von anderen Nutzerkreisen ggf. Nachfrage nach ausführlichen Beschreibungen und einer ausführlichen Dokumentation, um Qualität und Aussagekraft der Ergebnisse selbst einschätzen zu können. Wenn Ergebnisse veröffentlicht werden, sollten ausführliche Dokumentationen im Idealfall zusammen mit den Ergebnissen veröffentlicht werden (oder zumindest zeitgleich und mit dem Hinweis, wo eine ausführliche Dokumentation und Beschreibung zu finden ist).

Werden Ergebnisse einer Erhebung veröffentlicht und nicht nur für interne Zwecke verwendet, haben auch andere Gruppen ein berechtigtes Interesse daran, nachvollziehen zu können, wie eine Erhebung geplant und durchgeführt wurde und wie die Ergebnisse einer Untersuchung zustande gekommen sind. Das gilt insbesondere für Untersuchungen, die für sich beanspruchen, wissenschaftlich zu sein, d.h. wissenschaftlichen Standards genügen sollen. In vielen Fällen ist es denkbar, dass andere Gruppen ein größeres Interesse (und auch größere Sachkenntnis) an einem ausführlichen Methodenbericht haben als die Auftraggeber einer Erhebung. Feld- und Methodenberichte sollten einer Fachöffentlichkeit ermöglichen, alle relevanten Details einer Erhebung von der Planung bis zur Auswertung nachzuvollziehen. Rezipienten und Multiplikatoren von Ergebnissen einer Erhebung sollten möglichst leicht Zugang zu Methodenberichten haben, um ggf. vor eigener Multiplikation von Ergebnissen selbst die Qualität und Aussagekraft einer Erhebung prüfen zu können.

Werden Ergebnisse veröffentlicht, entsteht ggf. auch erst mit Zeitverzug Nachfrage nach Details der Anlage und Durchführung. Spätere – dann oft mit hohem Aufwand bei der Beantwortung verbundenen oder auch oft erfolglose – Nachfragen an Auftraggeber und Erhebungsinstitute können vermieden werden, wenn der Feld- und Methodenbericht des Erhebungsinstitutes an den Auftraggeber bereits ausführlich alle Details zu Design und Durchführung umfasst, sicher gespeichert und leicht zugänglich ist.

Offenheit und Transparenz von Forschungsmethoden ist unbedingter Teil einer guten wissenschaftlichen Praxis. In aller Regel enthalten Feld- und Methodenberichte auch keine Betriebsgeheimnisse der Erhebungsinstitute oder der Auftraggeber (z.B. Preise und Kosten). Es entspricht nicht wissenschaftlichen Standards, wenn Ergebnisse einer Erhebung „durch ein

Geheimnis" zustande kommen. Auftraggeber von Erhebungen mit wissenschaftlichem Anspruch sollten daher mehr auf einen ausführlichen Bericht Wert legen (und müssen sich auch an diesem Maßstab messen lassen), da hier eher auch mit berechtigten Nachfragen der (Fach-) Öffentlichkeit zu rechnen ist oder auch entsprechende Rechenschaftspflichten bestehen, als wenn Ergebnisse einer Erhebung allein intern Verwendung finden sollen.

V.a. Auftraggeber von Erhebungen mit wissenschaftlichem Anspruch und/oder öffentlich finanzierter Erhebungen sollten in Betracht ziehen, nicht nur Methodenbericht und Fragebogen zu veröffentlichen – ggf. nach einer angemessenen Karenzzeit –, sondern allen Interessierten und/oder der Fachöffentlichkeit Zugang zu den (datenschutzgerecht anonymisierten) Daten zu ermöglichen, z.b. über ein wissenschaftliches Datenarchiv oder ein Forschungsdatenzentrum.

Auftraggeber einer Erhebung klären neben Fragen der Speicherung der erhobenen Daten und der Ergebnisse selbst auch Fragen der dauerhaften und sicheren Speicherung aller Materialien, die für die eigentliche Erhebung verwendet wurden, während der Erhebung anfielen und eben der ausführlichen Dokumentation der Durchführung der Erhebung durch ein Erhebungsinstitut dienen. Forschungsdaten stoßen oft auch erst Jahre nach der eigentlichen Erhebung und Erstauswertung erneut auf Interesse (z.B. für Sekundäranalysen), sind dann aber ohne genaue Kenntnis der Details des Designs und der Durchführung kaum mehr von Wert.[3] Die DFG fordert daher in ihren Regeln zur „Sicherung guter wissenschaftlicher Praxis" eine „sichere" Speicherung von mindestens 10 Jahren. Neben der Sicherung und Speicherung von Forschungsdaten sollten Auftraggeber auch auf eine sichere Speicherung und Zugänglichkeit der Methodenberichte und weiterer Materialien achten, z.B. auch über Forschungsdatenzentren oder Datenarchive.

---

3   Deming bemerkt dazu schon 1944 (!): „In the presentation of data the omission of an adequate discussion of all errors and the difficulties encountered constitutes a serious defect in the data and is sure to to lead to misinterpretation and misuse" (S. 368).

12.2   Besondere Verantwortung der Erhebungsinstitute und Multiplikatoren

Erhebungsinstitute haben eine besondere Verantwortung: Nur sie besitzen oft genaue Kenntnis der Durchführung einer Erhebung, oft besitzen sie auch mehr fachliche Kompetenz in der methodischen und statistischen Bewertung der Güte und Aussagekraft einer Erhebung als die oft v.a. inhaltlich an den Ergebnissen einer Erhebung interessierten Auftraggeber. Auftraggebern sind methodische und statistische Voraussetzungen, Grenzen und Schwächen einer Erhebung oder methodische und statistische Einschränkungen bei der Verallgemeinerungsfähigkeit oft nicht klar. Erhebungsinstitute sollten Auftraggeber deutlich und explizit auf Grenzen der Verallgemeinerungsfähigkeit und Unsicherheit bei einer möglichen Verallgemeinerung hinweisen und darauf, welche Aussagen mit den Ergebnissen einer Befragung gemacht werden können. Erhebungsinstitute sollen hier Hilfestellungen geben, wie Ergebnisse einer Erhebung interpretiert und dargestellt werden dürfen.

Diese besondere Verantwortung und Kompetenz der Erhebungsinstitute betonen auch viele der mehr oder weniger verbindlichen Kodizes und Qualitätsstandards der verschiedenen Berufsverbände. ADM, ASI und BVM betonen bspw. die Trennung zwischen „Darstellung und Interpretation" von Ergebnissen, wobei im zweiten Fall „wissenschaftlich-methodische Kriterien" gälten und hier dann auch statistische Unsicherheit beim Schluss von Ergebnissen einer Stichprobe auf eine Grundgesamtheit berücksichtigt werden müsse. Diese Verpflichtung gälte aber auch für die Auftraggeber, die auf diesen Umstand „und eventuell durch entsprechende Vereinbarungen auf deren Einhaltung" hinzuweisen seien (S. 42). Erhebungsinstitute seien bei Veröffentlichung „falscher oder irreführender Darstellung und Interpretation" auch „im Rahmen der Gesetze" dazu „verpflichtet, geeignete Maßnahmen zur Berichtigung" zu ergreifen. Ähnlich sehen die amerikanischen Berufsverbände die Verantwortung ihrer Mitglieder.

Auch den Medien/der Presse und anderen Multiplikatoren kommt eine besondere Verantwortung zu: Sie greifen Veröffentlichungen der Auftraggeber auf, übernehmen diese verändert oder unverändert und berichten ihrerseits über Ergebnisse, oftmals aber ohne erneut die Güte einer Erhebung und ihre Aussagekraft zu prüfen bzw. zu überprüfen, ob die Veröffentlichung des Auftraggebers schon Aussagen macht, die über die Aussagefähigkeit der Erhebung hinausgehen. In der Regel beschränken sich Angaben in Veröffentlichungen in den Medien darauf, dass Ergebnisse „repräsentativ" seien (siehe dazu auch Kapitel 3), ohne nähere und nachprüfbare Hinweise, was damit eigentlich gemeint ist und entsprechend nachprüfbare Belege. In einigen Fällen unterscheidet sich auch das Ziel einer Veröffentlichung einer Erhebung: Haben Auftraggeber und Multiplikator unterschiedliche Grundgesamtheiten vor Augen, führt das dazu, dass im einen Fall Ergebnisse auf eine Grundgesamtheit verallgemeinert werden können, im anderen aber keine Aussagen über eine andere Grundgesamtheit getroffen werden dürfen. Gerade die Hinweise des Deutschen Pressrates sind hier völlig ungenügend und irreführend. Hinweise und Hilfestellung, die die US-amerikanischen Berufsverbände AAPOR und NCPP für Journalistinnen/ Journalisten geben, sind hier deutlich hilfreicher. Veröffentlichen Medien Ergebnisse empirischer Studien oder über Ergebnisse empirischer Studien, müssen sie verstärkt ihrer Verantwortung nachkommen und vor Veröffentlichung von Ergebnissen selbst prüfen, ob Design und Durchführung einer Erhebung die Schlussfolgerungen anhand der Ergebnisse tatsächlich zulassen. Dazu müssen sie möglichst leicht selbst Zugang zu Informationen über eine Erhebung erlangen können, um selbst unabhängig Qualität und Aussagekraft prüfen zu können. Ist eine eigenständige und unabhängige Prüfung nicht möglich, stellt das einen klaren Qualitätsmangel einer Erhebung und ihrer Ergebnisse dar (die dann sogar einer weiteren Veröffentlichung von Ergebnissen entgegensteht).

12.3 Inhalt und Gliederung von ausführlichen Methoden- und Feldberichten

Wesentlich für eine ausführliche Dokumentation einer Erhebung ist Transparenz und Vollständigkeit: Ein Feld- oder Methodenbericht muss alle Merkmale für eine nachvollziehbare Bewertung der Qualität der Ergebnisse einer Erhebung enthalten. Die unterschiedlichen Empfehlungen und Richtlinien unterschiedlicher Akteure unterscheiden sich in der Art (allgemein oder sehr detailliert) und Anzahl (wenige allgemeine Punkte oder ausführliche und operationale Aufzählung) der zu berichtenden Merkmale einer Dokumentation. Folgende Punkte stellen aber über alle verschiedenen Empfehlungen einen gemeinsamen Kern an Merkmalen dar, die ein vollständiger und ausführlicher Bericht enthalten muss, damit die Qualität einer Erhebung und ihrer Ergebnisse eingeschätzt werden kann.

Vollständige und transparente Berichte und Dokumentationen einer Erhebung enthalten demnach mindestens:[4]

1. Auftraggeber

2. Geldgeber (wenn abweichend vom Auftraggeber, z.B. wenn über Drittmittel finanziert; ggf. mit Förderkennzeichen)

3. Auftragnehmer, Erhebungsinstitut(e) (ggf. Abteilungen), namentlich Verantwortliche für Stichprobe, Durchführung und Auswertung

4. weitere Dienstleister (Unterauftragnehmer; externe mitwirkende Organisationen als auch Einzelpersonen)

5. Name des Projektes

6. Ziel der Erhebung

7. Angabe, ob Erhebung Teil einer Mehrthemenbefragung ist

8. Grundgesamtheit (Zielpopulation), über die Aussagen getroffen werden soll: räumlich-geographisch als auch zeitliche Abgrenzung;

9. Angabe einer absoluten Größe zu Gruppen der Grundgesamtheit/Zielpopulation, die durch das Erhebungsdesign ausgeschlossen sind (Größe und Auswirkungen auf Aussagekraft der Ergebnisse)

10. Beschreibung der Auswahlgrundlage: Größe, Datum, Quelle; Angaben zur Abdeckung der Grundgesamtheit: Beschreibung (inkl. Größe) von Gruppen der Zielpopulation, die nicht in der Auswahlgrundlage enthalten sind; Beschreibung, wie mit Elementen umgegangen wird, die in der Auswahlgrundlage enthalten sind, aber nicht zur Zielpopulation gehören; Hinweis, falls es keine Auswahlgrundlage gibt; bei Verwendung von Access-Panels u.ä. Beschreibung der ursprünglichen Rekrutierung, Panelausfälle und -pflege

11. Beschreibung des Auswahlverfahrens, Beschreibung des Stichprobendesigns (ggf. für jede Stufe) bis hin zur Befragungsperson (Stufen,

---

4   Diese Liste stützt sich hauptsächlich auf Vorgaben der DIN-ISO-Verordnung 20252, die Empfehlungen/Selbstverpflichtungen der nationalen (ADM, ASI, BVM) und internationalen Berufsverbände der Markt- und Meinungsforschungsinstitute (ESOMAR, WAPOR, AAPOR). Im Einzelnen sind die Empfehlungen im Anhang zusammenfassend dokumentiert.

Schichtung, Klumpung (Anzahl und mittlere Größe), Oversamplings, Auswahlverfahren im Haushalt, Screeningmerkmale, Tranchierung der Stichprobe. Eine Beschreibung muss so ausführlich sein, dass eindeutig nachvollzogen werden kann, ob es sich – über alle Stufen – um eine Zufallsstichprobe handelt. Der Begriff „Zufallsstichprobe" soll nur verwendet werden, wenn jede Stufe der Auswahl eine Zufallsstichprobe ist. Bei Quotenstichproben erfolgt eine Beschreibung anhand der Quotenmerkmale mit Quellenangabe sowie Soll/Ist-Vergleichen der Quotenmerkmale.

12. Der Begriff Stichprobengröße wird in vielen Berichten ungenau verwendet. Hier sollen Brutto- und Nettostichprobengrößen für jede Auswahlstufe berichtet werden. Darunter fällt letztlich die Anzahl der befragten Personen.

13. Eine Responserate inklusive Beschreibung der Art und Weise ihrer Berechnung inklusive aller einzelnen Komponenten. Das schließt die Angabe und Herkunft einer ggf. verwendeten elegibility rate e mit ein. Hier werden verschiedene Begriffe oft uneinheitlich verwendet (Responserate, Ausschöpfung, Erfolgsquote, completion rate, Teilnahmerate, u.a.). Eine Dokumentation sollte daher ausführlich beschreiben, was genau eine Rate widerspiegelt und wie sie berechnet wurde.

14. Angabe der detaillierten Ausfallursachen: Hier werden verschiedene Begriffe verwendet: Dispositionscodes, Ausschöpfungsprotokoll, Ausfallprotokoll u.a. Ausfälle sollen für jede Stufe getrennt nach Ursache berichtet werden. Ist eine Angabe der detaillierten Ausfallursachen nicht möglich, soll der Grund dafür beschrieben werden und dieser Umstand als Einschränkung der Erhebung aufgefasst und beschrieben werden.

15. Nonresponseanalysen (z.b. Merkmale der befragten Personen im Vergleich zu den Merkmalen aller zu befragenden Personen oder der Grundgesamtheit) zusammen mit einer Bewertung der Abweichungen[5]

16. Diskussion möglicher Verzerrungen durch Nonresponse (anhand Responseraten, den detaillierten Ausfallursachen, Nonresponseanalysen und entsprechenden Konsequenzen für Bias) sowie dem weiteren Umgang mit Ausfällen (z.b. durch Gewichtung oder Imputation)

17. Angaben zum Erhebungsmodus: alle eingesetzten Modi und Sprachen

18. Angaben zu den verwendeten oder notwendigen statistischen Auswertungsverfahren („specifications for adequate replication")

19. Angaben zu den verwendeten oder notwendigen Gewichtungsverfahren (Designgewichtung, Korrekturgewichtung, Anpassungsgewichtung: Zumindest allgemeine Gewichtungsmerkmale müssen berichtet und dokumentiert werden. Proprietäre Verfahren oder Algorithmen müssen nicht im Detail beschrieben werden, allerdings muss auch hier durch die Nennung von Kontaktpersonen die Möglichkeit gegeben sein, sich von Angemessenheit und Qualität der eingesetzten Verfahren überzeugen zu können. Gewichtete und ungewichtete Verteilungen verschiedener Merkmale sollen gegenübergestellt werden und Veränderungen durch Gewichtung beschrieben und diskutiert werden.

20. Angaben zu verwendeten Imputationsverfahren (z.B. Verfahren und Merkmale)

21. Angaben zu Zeitpunkten der Durchführung der Erhebung: Beginn, Ende, Dauer der Feldzeit; Kontaktzeiten (Wochentage und Uhrzeiten)

22. Fragebogen und alle weiteren verwendeten Erhebungsinstrumente: genauer Fragewortlaut, Fragekontext, -reihenfolge und Anordnung der Antworten, Hilfetext und Anweisungen in allen eingesetzten Sprachen („all relevant stimuli")

---

5   Solche Vergleiche zwischen Respondenten und der Grundgesamtheit anhand weniger soziodemographischer Merkmale sind populär, ersetzen aber keine ausführliche Diskussion von Fehlerquellen. Bereits 1947 (!) beschreibt Deming (S. 154): „A sampling procedure can not be credited (though it can be discredited) by comparing its results with data from other sources. A procedure must be judged by its design, not by its coincidences. The statistically engaged in sampling is cooly unimpressed by comparisons."

23. Angaben zum Interviewereinsatz: Anzahl Interviewer, Kontaktzeiten, (durchschnittliche) Anzahl Interviews/Interviewer, Angaben und Materialien der Interviewerschulungen; Angaben zur Interviewersupervision und Art und Umfang der Interviewerkontrolle, ggf. Ergebnisse der Kontrolle und eingeleitete Maßnahmen

24. Angaben zu Maßnahmen zur Erhöhung der Teilnahme- oder Kooperationsbereitschaft (Ankündigungsschreiben, Erinnerungen, Anzahl Kontaktversuche, Art und Höhe der Incentivierung der Teilnehmer, besondere Interviewerschulungen oder -trainings, besondere Verweigererkonversionen u.a.

25. Angaben zur Untersuchung der Datenqualität: Einsatz von Kontroll-/ Wiederholungsinterviews, Untersuchungen auf Fälschungen oder Satisfycing, Plausibilitätsprüfungen und Validierungen. Hinweise auf Ergebnisse (Anzahl entfernter Interviews durch Fälschungen, Inkonsistenzen oder unplausiblen Angaben) und Auffälligkeiten und ggf. eingeleitete Maßnahmen sowie Hinweis, wenn es keine solche Untersuchungen gab

26. Angaben zum Item-Nonresponse bei einzelnen Fragen zusammen mit der Diskussion, ob dadurch Schlussfolgerungen verzerrt sein können

27. Angaben, ob berichtete Ergebnisse der Erhebung auf gewichteten oder ungewichteten Daten beruhen

28. Angaben, ob und welche Ergebnisse auf Subgruppen basieren, zusammen mit einer definitorischen Abgrenzung und den ungewichteten Fallzahlen dieser Subgruppen)

29. Angabe zur Präzision/Unsicherheit der Ergebnisse beim Schluss von der Stichprobe auf die Grundgesamtheit: Das beinhaltet zum Beispiel Angaben zu Voraussetzungen und Art und Weise der Bestimmung der Genauigkeit der Ergebnisse, Angaben zum Stichprobenfehler, zu Designeffekten durch Gewichtung, Klumpung oder andere Aspekte des Stichprobendesigns zusammen mit Auswirkungen auf die Genauigkeit z.B. durch Angabe von Konfidenzintervallen. Insgesamt soll eine irreführende Darstellung der Präzision vermieden werden. Insbesondere bei Subgruppen nimmt die Schätzgenauigkeit mit sinkender Fallzahl ab. Bei Nichtzufallsstichproben soll der Begriff „Stichprobenfehler"/"sampling error" nicht verwendet werden, stattdessen sollen dort Modelle zur

Angabe einer Schätzgenauigkeit zusammen mit ihren Annahmen ausführlicher dargestellt und diskutiert werden.

30. Hinweise/Verweise auf gleiche/ähnliche Erhebungen (z.b. vorhergehende Erhebungen)

31. Als weitere Angaben: Tabellenband, Codebuch, ggf. verwendete Random-Route-Anweisungen oder Quotenpläne

32. Angaben, ob ein Datensatz (Rohdaten und/oder aufbereiteter Datensatz) übergeben wurde, zusammen mit einer Beschreibung der Datei (u.a. Dateiformat(e), Datum, Größe (Anzahl Zeilen und Spalten)

33. Angabe von Zugangsmöglichkeiten zu den Rohdaten für Dritte, z.b. Verweise auf Forschungsdatenzentren oder sonstige Datenarchive, ggf. Archivnummer

Diese Liste macht deutlich, dass brauchbare Beschreibungen und Dokumentationen von Erhebungen nicht im Rahmen von „Zusammenfassungen" oder „Steckbriefen" möglich sind. Ein ausführlicher Methodenbericht erlaubt eine unabhängige Beurteilung verschiedener Aspekte der Qualität einer Erhebung und ihrer Ergebnisse und ist damit ein wesentliches Qualitätskriterium einer Erhebung selbst.

12.4 Literatur

Biemer, P. & Lyberg, L. (2003). *Introduction to Survey Quality*. New York: Wiley.

Deming, E. (1944). On Errors in Surveys. *American Sociological Review 9*, 359-369.

Deming, W. Edwards (1947). Some Criteria for Judging the Quality of Surveys. *Journal of Marketing 12* (2), 145–157.

Lyberg, L. (2012). Survey Quality. *Survey Methodology 2*, 107-130.

Weitere Literatur siehe Anhang A2.

Jennifer Allen & Johannes Lemcke

13   Ausschreibung einer Telefonstudie[1]

Auf einen Blick

Checkliste für die Ausschreibung einer Telefonstudie

Für die Erstellung einer Ausschreibung für eine Telefonstudie sollten folgende Dinge besonders beachtet werden:

1. Es sollten die Bewerbungsbedingungen aufgeführt werden.

2. Die Leistungsbeschreibung kann sich an der Vergabe- und Vertragsordnung für Leistungen (VOL/A) orientieren.

3. Die Auftragsdatenvereinbarung wird über § 11 des Bundesdatenschutzgesetztes geregelt und sollte die darin enthaltenen Bestandteile benennen.

4. Die Leistungsbeschreibung sollte eine detaillierte Beschreibung sämtlicher zu erbringender Dienstleistungen enthalten:

   - **Studienbeschreibung**: Hier sollte eine kurze Darstellung des Studienziels erfolgen.

   - **Beschreibung der Grundgesamtheit**: Es muss in diesem Teil genau definiert werden wer Teil der Studie sein darf.

   - **Stichprobenziehungsverfahren**: Es sollte eine genaue Beschreibung des einzusetzenden Verfahrens erfolgen.

   - **Pretest**: Der Auftragnehmer sollte eine Beschreibung des geforderten Pretestverfahrens erhalten.

   - **Interviewerschulung**: Es sollte vor der Ausschreibung eine Beschreibung des Schulungskonzepts vorliegen.

   - **Qualitätsmaßnahmen/Beschwerdemanagement**: Die Anforderungen an die Qualitätssicherung müssen ausformuliert werden. Außerdem müssen klare Regelungen für den Umgang mit Beschwerden formuliert werden.

---

1   Bei dieser Beschreibung wird vorausgesetzt, dass die Studie selbst und damit auch die Fragen durch den Auftraggeber inhaltlich und methodisch erarbeitet und geprüft wurden.

© Springer Fachmedien Wiesbaden GmbH, ein Teil von Springer Nature 2019
S. Häder et al. (Hrsg.), *Telefonumfragen in Deutschland*, Schriftenreihe
der ASI – Arbeitsgemeinschaft Sozialwissenschaftlicher Institute,
https://doi.org/10.1007/978-3-658-23950-3_13

- **Datenaufbereitung/Feldberichte:** Es sollte klar formuliert werden in welchem Format die Daten geliefert werden sollen. Für den Feldbericht sollte der Umfang geklärt werden und (bei längeren Befragungszeiträumen) in welchen Intervallen Zwischenberichte geliefert werden sollen.

13.1 Einleitung

Die erfolgreiche Durchführung einer Befragung bzw. eines Surveys hängt zu einem großen Teil von der Qualität der Studienplanung ab. Nach der inhaltlichen Konzeption folgen die Überlegungen und Arbeitsschritte, die für eine reibungslose Durchführung nötig sind. Zentral dabei ist die Frage, ob das Studienvorhaben in-house, also mit einem eigenen Team von Mitarbeitern und Interviewern umgesetzt wird oder ob die Erhebung ausgegliedert, also an eine externe Firma vergeben wird. Häufig ist eine interne Lösung schlicht nicht möglich – z.b. weil die Personalmittel nicht zur Verfügung stehen oder die Zeit fehlt ein eigenes Telefonstudio samt der technischen Ausstattung aufzubauen. Neben den Hauptaspekten *Zeit* und *Kosten* können auch weitere Faktoren bei dieser Entscheidung eine Rolle spielen. Eventuell ist es für den Erfolg eines Studienvorhabens sinnvoll, auf die Expertise eines externen Partners zu setzen, der neben der Durchführung der Interviews bereits bei der Erstellung und Testung des Instruments beratend zur Seite steht.

Entscheidet man sich für die Beauftragung eines kommerziellen Datenerhebungsinstituts, muss eine Ausschreibung formuliert werden, die detailliert alle Anforderungen für die Durchführung des Forschungsprojekts beinhaltet, so dass möglichst viele kompetente Angebote von verschiedenen Instituten abgegeben werden, von denen das Geeignetste ausgewählt werden kann (das billigste Angebot muss nicht zwangsläufig das Wirtschaftlichste sein). Bei einer Auftragsvergabe ist bei der Erstellung eines Zeitplans zu bedenken, dass je nach Größe des Auftrags entsprechende Fristen für die Bekanntmachung und die Bearbeitung eingehalten werden müssen. In wenigen Ausnahmefällen ist eine beschränkte Ausschreibung oder eine freihändige Vergabe zugelassen. Aber in der Regel müssen Leistungen ab 25.000 Euro national (Öffentliche Ausschreibung) und Leistungen ab 135.000 Euro europaweit (Offenes Verfahren) ausgeschrieben werden. Bei einem nationalen Vergabefahren muss für die Erstellung der Vergabeunterlagen, die Wahrung der Angebotsfrist, die Prüfung und Auswertung der Angebote eine Zeitdauer von mindestens drei Monaten eingeplant werden. Handelt es sich um ein EU-weites Vergabeverfahren sollte mit ca. acht Monaten gerechnet werden.

Im Folgenden wird beschrieben, welches die wichtigsten Punkte sind, die bei der Ausschreibung eines wissenschaftlichen Forschungsprozesses bedacht und in einer Leistungsbeschreibung detailliert beschrieben werden müssen. Es sei vorab gesagt, dass alle Aspekte auch dann relevant sind, wenn für die Durchführung der Studie kein externes Unternehmen beauftragt werden soll und die Datenerhebung durch eigene Ressourcen realisiert wird. Der einzige, aber bedeutende Unterschied ist der, dass bei einer selbstdurchgeführten Erhebung die Ausformulierung sämtlicher Schritte nicht zwingend erforderlich ist und die Einhaltung nicht bindend bzw. eine Änderung im laufenden Prozess möglich ist. Das heißt, es können noch während der Datenerhebung Verfahren geändert oder Aspekte neu mit aufgenommen werden.

Ist geplant, ein externes Datenerhebungsinstitut zu beauftragen, besteht hierfür in der Regel kein oder nur ein sehr geringer Spielraum. Folgende forschungsspezifische Voraussetzungen sind Grundlage für den kommenden Abschnitt: die Erhebungstechnik ist das computerassistierte telefonische Interview (CATI). Das Erhebungsinstrument ist ein standardisierter Fragebogen.

13.2 Formale Bestandteile einer Ausschreibung

Bewerbungsbedingungen

In diesem Bereich werden wichtige Bedingungen aufgeführt, welche in der Bewerbung aufgeführt werden sollten. Dazu zählen folgende Bestandteile:

- Fristen und Termine
- Zusätzlich einzureichende Unterlagen (wie bspw. der Nachweis über Vereinbarungen mit Subunternehmen)
- Eignungskriterien
- Darstellung des Bewertungsschemas, das für die Bestimmung der Eignung zugrunde gelegt wird
- Zuschlagskriterien

- Darstellung des Bewertungsschemas, das zur Bestimmung der Zuschlagser-
  teilung zugrunde gelegt wird

Leistungsbeschreibung mit Leistungsverzeichnis

In diesem Bereich kann sich an der Leistungsbeschreibung der Vergabe-
und Vertragsordnung für Leistungen orientiert werden. Diese sieht unter
anderem folgende Bestandteile vor:

Leistungsbeschreibung (Auszug aus der VOL/A[2])

(1) Die Leistung ist eindeutig und erschöpfend zu beschreiben, so dass alle
    Bewerber die Beschreibung im gleichen Sinne verstehen müssen und,
    dass miteinander vergleichbare Angebote zu erwarten sind (Leistungs-
    beschreibung).

(2) Die Leistung oder Teile derselben sollen durch verkehrsübliche Bezeich-
    nungen nach Art, Beschaffenheit und Umfang hinreichend genau
    beschrieben werden. Andernfalls können sie
    a) durch eine Darstellung ihres Zweckes, ihrer Funktion sowie der an
       sie gestellten sonstigen Anforderungen,
    b) in ihren wesentlichen Merkmalen und konstruktiven Einzelheiten
       oder
    c) durch Verbindung der Beschreibungsarten beschrieben werden.

Vereinbarung zur Auftragsdatenverarbeitung

Diese Vereinbarung wird zwischen den beiden Parteien, dem Auftragsgeber und dem Auftragsnehmer geschlossen, mit dem Ziel, dass Rechte und
Pflichten aus dem entstandenen Verhältnis konkretisiert werden. Das sogenannte Auftragsdatenverarbeitungsverhältnis wird nach § 11 Bundesdatenschutzgesetz (BDSG) geregelt. Inhalt dieser Vereinbarung sollten die
folgenden Bestandteile sein[3]:

- Gegenstand und Dauer des Auftrag

---

2   Vergabe- und Vertragsordnung für Leistungen – Teil A (VOL/A), regelt das Verga-
    beverfahren für Dienst- und Lieferleistungen unterhalb der Schwellenwerte.

3   Datenschutzbeauftragter   Info: https://www.datenschutzbeauftragter-info.de/
    fachbeitraege/auftragsdatenverarbeitung-mustervertrag-%C2%A711-bdsg/ [letzter
    Abruf: 19.01.2018]

- der Umfang, die Art und der Zweck der vorgesehenen Erhebung, Verarbeitung oder Nutzung von Daten, die Art der Daten und der Kreis der Betroffenen,
- die nach § 9 BDSG zu treffenden technischen und organisatorischen Maßnahmen,
- die Berichtigung, Löschung und Sperrung von Daten,
- die nach Absatz 4 bestehenden Pflichten des Auftragnehmers, insbesondere die von ihm vorzunehmenden Kontrollen,
- die etwaige Berechtigung zur Begründung von Unterauftragsverhältnissen,
- die Kontrollrechte des Auftraggebers und die entsprechenden Duldungs- und Mitwirkungspflichten des Auftragnehmers,
- mitzuteilende Verstöße des Auftragnehmers oder der bei ihm beschäftigten Personen gegen Vorschriften zum Schutz personenbezogener Daten oder gegen die im Auftrag getroffenen Festlegungen,
- der Umfang der Weisungsbefugnisse, die sich der Auftraggeber gegenüber dem Auftragnehmer vorbehält,
- die Rückgabe überlassener Datenträger und die Löschung beim Auftragnehmer gespeicherter Daten nach Beendigung des Auftrags.

13.3 Erstellung einer Leistungsbeschreibung

Die Leistungsbeschreibung ist die Grundlage für die Vergabe einer Leistung, hier: einer computerunterstützten telefonischen Befragung. Die Leistungsbeschreibung enthält detaillierte Beschreibungen sämtlicher zu erbringender Dienstleistungen. Potentielle Bieter sollen einen möglichst guten Eindruck von dem erhalten, was von ihnen verlangt wird, so dass ein entsprechend adäquates Angebot erstellt und beim Auftraggeber eingereicht werden kann. Umso präziser die einzelnen Leistungen dargestellt werden, desto besser können die verschiedenen Angebote miteinander verglichen und deren Qualität bewertet werden.

Studienbeschreibung

Ein einleitender Bestandteil der Leistungsbeschreibung sollte eine kurze Darstellung des Studienvorhabens sein. So können potentielle Bieter die zu erbringende Leistung in ein Gesamtbild einordnen und so ggf. besser für die Ausgestaltung eines Angebots vorbereitet sein. Es sollte das Forschungsinstitut, sowie das Forschungsprojekt strukturell und inhaltlich kurz dargestellt werden. Des Weiteren sollte der angestrebte Zeitplan beschrieben werden.

Beispiel:

„Das Robert Koch-Institut führt im Auftrag des Bundesministeriums für Gesundheit regelmäßig Gesundheitsstudien durch. Für die Erhebung der Gesundheitsdaten 2011/2012 beabsichtigt das Robert Koch-Institut, ein externes Unternehmen mit der Durchführung der telefonischen Befragung zu beauftragen. Die Studie schließt methodisch und inhaltlich an die Gesundheitsbefragungen „Gesundheit in Deutschland aktuell" in den Jahren 2008/2009 und 2009/2010 an. Insgesamt müssen 19.200 vollständige Interviews erhoben werden."

Beschreibung der Grundgesamtheit

Es muss genau definiert werden, wer Bestandteil der Studie sein darf. Sollen Personen oder Haushalte befragt werden? Wenn Altersgrenzen eingehalten werden sollen, muss definiert werden, ab bzw. bis zu welchem Alter eine Person zur Grundgesamtheit gehört. Auch regional können Festlegungen getroffen werden. Wird die Befragung deutschlandweit oder nur in einer bestimmten Region durchgeführt? Handelt es sich um eine bevölkerungsrepräsentative Querschnittsbefragung, sind außer der Definition des Mindestalters keine weiteren Kriterien zu benennen. Soll hingegen eine Befragung von Personen aus spezifischen Gruppen (z.B. aus speziellen Berufsgruppen oder Personen mit Vorerkrankungen) durchgeführt werden, müssen die entsprechenden Merkmale beschrieben werden und darauf basierend vom Umfrageinstitut ein entsprechendes Stichprobenverfahren angewendet oder ein telefonisches Screeningverfahren durchgeführt werden.

An dieser Stelle sollte auch darauf eingegangen werden, wie mit Personen ohne ausreichende Deutschkenntnisse umgegangen werden soll – vorausgesetzt das Umfrageinstitut verfügt ausschließlich über deutschsprachige Interviewer. Sind Proxy-Interviews erlaubt? Darf eine dritte Person der befragten Person Übersetzungshilfen geben?

Beispiel:

> *„Die Erhebung wird als computerunterstützte telefonische bevölkerungsrepräsentative Querschnittsbefragung (CATI) durchgeführt. Befragt werden in Deutschland lebende volljährige Personen, die in einem Privathaushalt leben und über einen Festnetz- oder einen Mobilfunkanschluss erreichbar sind. Dabei ist zu berücksichtigen, dass nur Personen teilnehmen können, die über ausreichende Deutschkenntnisse verfügen, um den Fragebogen inhaltlich in der Telefonsituation nachzuvollziehen."*

Stichprobenziehungsverfahren

Ebenso genau wie die gerade aufgeführte Beschreibung der Grundgesamtheit sollte auch eine Beschreibung des zu verwendenden Stichprobenverfahrens erfolgen. Welches Stichprobenverfahren kommt zum Einsatz? Wie viele Auswahlstufen gibt es in der Stichprobenziehung? Welcher Nettostichprobenumfang wird angestrebt?

Beispiel:

> *„Das Stichprobendesign bildet die volljährige, deutschsprachige Wohnbevölkerung in Privathaushalten der Bundesrepublik ab, sofern sie über Festnetzanschlüsse erreichbar sind. Stichprobenbasis bildet ein erstelltes Telefonnummernsample, das aus dem ADM Mastersample gezogen wird, das die Grundlage fast aller bundesweit repräsentativen Telefonbefragungen in Deutschland bildet. Der Ausgangspunkt dieses Verfahrens besteht darin, aus dem Pool öffentlich zugänglicher Nummernverzeichnisse eine Bestandsliste sämtlicher in der Bundesrepublik vorhandener Festnetzanschlüsse zu erstellen."*

> *„Aus dieser hypothetischen Grundgesamtheit wird dann uneingeschränkt zufällig die Anzahl der erforderlichen Telefonnummern gezogen, die sich aus der Sollzahl der vorgegebenen Interviews multipliziert mit einem Unsicherheitsfaktor ergibt. Die Repräsentativität auf Personenebene wird durch eine zweite Auswahlstufe erreicht. Dabei wird in Mehrpersonenhaushalten nur diejenige volljährige Person als Zielperson ermittelt und befragt, die beim ersten Kontakt des entsprechenden Haushalts zuletzt Geburtstag hatte (Last-birthday-Methode)."*

Durchführung von Pretests

Unter diesem Punkt sollte beschrieben werden, welche Art von Pretest vom Auftraggeber erwartet wird. Wie umfangreich und unter Berücksichtigung welcher Kriterien soll der Pretest durchgeführt werden? Die Stichprobengröße des Pretests sollte benannt werden. Welche Art von Dokumentation soll erstellt werden und in welcher Form werden die Ergebnisse vom Auftragnehmer aufbereitet und dem Auftraggeber vorgestellt? Eine Berichtsform kann definiert werden.

Beispiel:

„Der Auftragnehmer führt vor jeder Studie innerhalb von 5 Arbeitstagen einen Pretest (n=mind. 100) durch, wertet diesen anhand vorgegebener Parameter (Programmierung, Filterführung, Häufigkeitsauszählungen, Missing-Werte, Dauer der Themenblöcke, Analyse des Interviewer- und Probanden-Feedbacks) aus und erstellt einen Pretestbericht, der dem Auftraggeber übermittelt wird. Der Auftraggeber wird nach Durchsicht der Daten und ggf. nach Vornahme notwendiger Korrekturen mit dem Auftragnehmer den Startpunkt der Feldphase vereinbaren."

Interviewer und Interviewerschulung

Der finanzielle und personelle Aufwand für die Schulung der Interviewer ist bei der in-house-Variante sehr viel höher, aber auch nicht ganz zu vernachlässigen, wenn die Interviews durch Mitarbeiter einer externen Firma durchgeführt werden. Der Auftraggeber muss abwägen, inwieweit er sich an der Schulung beteiligen kann. Optimal wäre eine Beteiligung des beauftragenden Forschers an der Schulung. Aber auch wenn dies nicht möglich sein sollte, z.B. aufgrund von zu großer Entfernung zwischen Auftraggeber und Umfrageinstitut, ist die Sichtung und ggf. die gemeinsame Erstellung der Schulungsunterlagen unverzichtbar. In welchem Ausmaß dies passieren kann, hängt von Budget, Know-how und zeitlichen Ressourcen ab.

Im Zuge der Ausschreibung sollten Aspekte wie Größe und Erfahrung des Interviewerstamms berücksichtigt werden. Potentielle Bieter sollten aufgefordert werden, Angaben hierüber zu geben. Ebenso sollte ein Schulungskonzept Bestandteil der einzureichenden Unterlagen sein.

Beispiel:

„Vor jeder Studie sind die einzusetzenden Interviewer über die Zielsetzung der jeweiligen Studie sowie über die Besonderheiten dieser Erhebung einzuweisen und zu schulen. Den Interviewern sind Erläuterungen und Hinweise an die Hand zu geben, z.B. in Form eines vom Auftragnehmer in Abstimmung mit dem Auftraggeber zu entwickelnden Schulungsmanuals. Der Auftragnehmer verpflichtet sich, ausschließlich geschultes Personal einzusetzen. Im Angebot ist ausführlich darzustellen, mit welchen Maßnahmen eine hohe Qualität der Schulung abgesichert wird. Das finale Schulungskonzept entsteht in enger Zusammenarbeit mit dem Auftraggeber. Der Auftragnehmer gibt dem Auftraggeber die Möglichkeit, an allen Schulungen vor Ort teilzunehmen. Die Schulungstermine werden mit dem Robert Koch-Institut abgestimmt."

Qualitätsmaßnahmen während der Feldlaufzeit (Interviewführung, Performance)

Es sollte ausführlich beschrieben werden, welche Anforderungen an die Supervision der Interviewer gestellt werden. Um die Qualität der Supervisionstätigkeiten einschätzen zu können, sollten potentielle Bieter aufgefordert werden, neben dem Betreuungsschlüssel Supervisor/Interviewer auch ein Supervisionskonzept zu erstellen. Sofern es personelle und finanzielle Ressourcen zulassen, wäre auch eine Beteiligung des Auftragnehmers bei dieser Aufgabe denkbar.

Beispiel:

„Im Angebot ist ausführlich darzustellen, mit welchen Maßnahmen eine hohe Qualität der Interviewerkontrollen abgesichert wird. Der Auftragnehmer ermöglichst dem Auftraggeber im Rahmen von unregelmäßigen Site-visits eigene Supervisionstätigkeiten auszuüben."

Beschwerdemanagement

Ausführungen zum Beschwerdemanagement sollten eine klare und eindeutige Regelung enthalten, wie mit Beschwerden durch Ziel- oder Kontaktpersonen im Rahmen der Feldphase umgegangen werden soll. Dies beinhaltet unteranderem eine eindeutige Aufteilung der Zuständigkeiten der Bearbeitung etwaiger Beschwerden.

Beispiel:

> *„Es soll eine ständige Telefonnummer mit angeschlossenem Anrufbeant-*
> *worter eingerichtet werden. Diese enthält grundlegende Informationen über*
> *die Studie. Weiterhin wird eine Website auf den Seiten des Befragungsin-*
> *stituts mit Kontaktdaten und allgemeinen Informationen zur Studie zur*
> *Verfügung gestellt."*

Datenaufbereitung

In diesem Bereich sollte eine detaillierte Angabe der geforderten Maßnahmen, inklusive der gewünschten Dateiformate, erfolgen. Weiterhin sollten
Angaben über die geforderten Kontaktdatensätze und die Implementierung
von Gewichtungen enthalten sein.

Beispiel:

> *„Die erhobenen Daten sind vom Auftragnehmer auf Vollständigkeit und*
> *Plausibilität zu prüfen. Die erhobenen Daten sind vom Auftragnehmer*
> *in einen SPSS- und einen Stata-Datensatz zu überführen (inkl. Variab-*
> *len- und Wertelabels sowie Codierung fehlender Werte). Die Daten sollen*
> *dem Auftraggeber ebenfalls als csv-Datei übermittelt werden. Die Liefe-*
> *rung aller Prozess- und Erhebungsdaten hat getrennt zu erfolgen. Für jede*
> *verwendete Rufnummer muss der Verlauf aller Kontaktversuche, d.h. das*
> *jeweilige Kontaktdatum und Uhrzeit sowie das entsprechende Anwahler-*
> *gebnis gespeichert und dem Robert Koch-Institut übermittelt werden. Die*
> *Daten werden sowohl gewichtet als auch als Rohdatensatz (ohne Bereini-*
> *gungsprozeduren) an den Auftraggeber übermittelt. Alle Informationen zu*
> *den Bereinigungs- und Gewichtungsprozeduren werden dem Auftragge-*
> *ber zur Verfügung gestellt. Die Erstellung von Gewichten erfolgt in enger*
> *Abstimmung mit dem Auftraggeber."*

Feldberichte (Zwischen- und Endberichte)

In diesem Teil der Leistungsbeschreibung ist detailliert zu beschreiben, welche Form von Berichten vom Befragungsinstitut erwartet werden und wie
häufig diese zu erstellen und zu übermitteln sind. Je nach Größe bzw. Dauer
der telefonischen Befragung ist zu entscheiden, ob ein Endbericht ausreicht
oder ob Zwischenstände in Form eigener Berichte sinnvoll wären. Ist eine
Telefonstudie für einen längeren Zeitraum geplant, sind Zwischenberichte

mit Ausschöpfungs- und Ausfallprotokollen durchaus empfehlenswert. Die hierbei entstehenden Kosten sind mit dem Nutzen abzuwägen.

Beispiel:

„*Nach Beendigung der Studie hat der Auftragnehmer einen Endbericht zu erstellen. Er ist spätestens einen Monat nach Feldende der jeweiligen Befragung fällig. Dieser beinhaltet die Lieferung einer Datei mit den vollständigen Angaben des verwendeten Fragebogens (inkl. Häufigkeitsauszählung der Variablen), die Lieferung eines Feldverlaufberichts und die Darstellung der Ausschöpfung bzw. der Response. Die Responseberechnungen haben nach den aktuellen Vorgaben der American Association for Public Opinion Research (AAPOR) zu erfolgen.*"

Wertung der Angebote

Zur Beurteilung eines Angebotes können verschiedene zuvor definierte Kriterien herangezogen werden. In einem ersten Schritt sollte die Eignung eines potentiellen Auftragnehmers geprüft werden. Das bedeutet, dass man anhand bestimmter Kriterien eine Entscheidung trifft, ob das Angebot eines Bieters überhaupt in Betracht gezogen werden soll. Hierfür ist es möglich, sich bestimmte Bescheinigungen und Zertifikate der Bieter einreichen zu lassen.

In einem nächsten Schritt werden die Angebote, die die Eignungsprüfung bestanden haben, miteinander verglichen und anhand zuvor detailliert beschriebener Zuschlagskriterien bewertet. Hierbei kann es sinnvoll sein, schlicht dem günstigsten Angebot den Zuschlag zu erteilen. Sollten jedoch weitere Aspekte für die Durchführung der Studie von Bedeutung sein, z.B. Schulungsaufbau, Erfahrung der Interviewer, sollten diese in die Bewertung einfließen. Dies ist je nach Studie zu entscheiden und muss entsprechend formuliert werden.

13.4   Exkurs: Datenschutz in Telefonumfragen

Der Datenschutz bei telefonischen Befragungen unterliegt sowohl allgemeinen gesetzlichen Grundlagen, als auch Standesregeln privater Vereinigungen, wie dem Arbeitskreis Deutscher Markt- und Sozialforschungsinstitute (ADM). Zunächst soll an dieser Stelle ein Überblick der allgemeinen Grundsätze des Datenschutzes in Deutschland erfolgen, welche unabhängig vom Befragungsmodus bestehen.

Der Datenschutz regelt ganz allgemein „den Umgang mit den über eine Person gespeicherte Daten und kümmert sich vor allem um den Schutz der Persönlichkeit der betreffenden Person" (M. Häder 2009, S. 4). Der Datenbegriff im Zusammenhang mit dem Datenschutz bei telefonischen Befragungen rekurriert dabei auf den Begriff der *personenbezogenen Daten*. Dabei sind Daten dann personenbezogen, „wenn sie eindeutig einer bestimmten Person zugeordnet sind oder diese Zuordnung zumindest mittelbar erfolgen kann" (ebd. S. 7). Prinzipiell sind auch ausgefüllte Fragebögen personenbezogene Daten, so lange mittels einer Zuordnung (meist einer Identifikationsnummer) eine Identifikation der befragten Person erfolgen kann.

In Deutschland befindet sich der Datenschutz in einer Art Vermittlungsposition zwischen zwei öffentlichen Grundsätzen des Grundgesetzes bzw. der Rechtsprechung des Bundesverfassungsgerichts. Zum einen beschreibt Artikel 5 Abs. 3 Satz 1 Grundgesetz [GG] die Freiheit der Forschung „Kunst und Wissenschaft, Forschung und Lehre sind frei". Diese *Forschungsfreiheit* kann durch andere gesetzliche Regelungen eingeschränkt werden (bspw. im Bereich der Waffenforschung). Prinzipiell bezieht sich diese Forschungsfreiheit auch auf die Wahl der zu verwendenden Methoden, wie bspw. der telefonischen Befragung. Zum anderen gilt in Deutschland das *Prinzip der informationellen Selbstbestimmung*. Nach diesem Prinzip, welches sich aus der Rechtsprechung des Bundesverfassungsgerichts ergibt, hat jeder Mensch das Recht, über Informationen, die seine Person betreffen, selbst zu bestimmen (BVerfGE 65, S. 41f.).

Aus dem Prinzip der informationellen Selbstbestimmung leitet sich die Forderung an datenerhebende Institutionen oder Personen ab, dass Personen, von denen Daten gesammelt werden, ihr Einverständnis zur Erhebung und Weiterverarbeitung dieser Daten geben müssen. Dieses Prinzip kann nur durch eine andere gesetzliche Regelung eingeschränkt werden. Der Bundesgerichtshof fordert in seiner Rechtsprechung ein *informiertes Einver-*

ständnis, d.h. die Befragten sind über das Ziel der Befragung und über die Einhaltung der Datenschutzbestimmungen aufzuklären. Der ADM hat hierfür standardmäßige Datenschutzerklärungen entworfen, welche im Internet abrufbar sind. Inhalt dieser Datenschutzerklärungen sind im Speziellen der Name und die vollständige Adresse des Erhebungsinstituts bzw. des Auftraggebers, der explizite Hinweis, dass keine Weitergabe der Daten erfolgt, die die befragte Person erkennen lassen und eine schematische Darstellung der Auswertungsschritte auf Populationsebene (d.h. die Auswertung der Daten in aggregierter Form). Weiterhin wird nochmals die Freiwilligkeit der Teilnahme herausgestellt. Diese Informationen müssen den Befragten laut dem ADM auf Verlangen, per Briefpost, Telefax oder E-Mail schriftlich zur Verfügung gestellt werden. Außerdem besteht die Möglichkeit, diese Informationen im Internet als Download anzubieten (ADM 2016). Zusätzlich zu diesen Regelungen schreibt das Bundesdatenschutzgesetz (BDSG § 4a Abs.1) vor: „Die Einwilligung bedarf der Schriftform, soweit nicht wegen besonderer Umstände eine andere Form angemessen ist". Speziell für telefonische Befragungen greifen dabei besondere Umstände. Diese besonderen Umstände sind dem BDSG nach an bestimmte Konditionen geknüpft: „Im Bereich der wissenschaftlichen Forschung liegt ein besonderer Umstand im Sinne von Absatz 1 Satz 3 auch dann vor, wenn durch die Schriftform der bestimmte Forschungszweck erheblich beeinträchtigt würde". Diese erhebliche Beeinträchtigung wäre bei telefonischen Befragungen gegeben, da mit einer extra abgegebenen schriftlichen Einverständniserklärung ein erhöhter Non-Response zu erwarten ist (M. Häder 2009). Aus diesem Grund wurde für *einmalig durchgeführte* sozialwissenschaftliche Befragungsstudien Forschungen eine Ausnahmeregelung geschaffen. In solchen Fällen ist keine schriftliche Form der Einverständniserklärung durch die Probanden von Nöten. Eine Ausnahme von dieser Regelung bilden Panelstudien, bei denen dieselbe Person mehrmals befragt wird. Hier sollte eine schriftliche Einverständniserklärung vorliegen. Das baldige Inkrafttreten der EU Datenschutz-Grundverordnung (DSVGO) ändert (neben vielen anderen datenschutzrechtlichen Teilbereichen) auch bei der Formerfordernis der Einverständniserklärung einen wichtigen Grundsatz. So ist neu durch die DSGVO, dass nun nach Art. 7 Nr. 1 DSGVO keine konkreten Formanforderungen mehr an die Einwilligung gestellt werden.[4] Grundsätzlich ist nur noch von einer Nachweisbarkeit durch die entsprechenden Stellen die Rede. Bestehend bleibt, dass die Einwilligung nur durch eine konkrete Handlung erfolgen kann (wie bspw. das Setzen eines Häkchens in elektronischer Form).

Zu betonen ist, dass der genannte Grundsatz der Forschungsfreiheit nur für wissenschaftliche Forschung gilt und dieser Grundsatz in Abgrenzung gegenüber Telefonwerbung und Verkaufsförderung gesetzt werden muss (ADM 2016). So sind „[...] Anrufe zu Werbe- und/oder Verkaufszwecken also dann, wenn keine Vertragsbeziehung zu dem Betroffenen besteht oder keine ausdrückliche Einwilligung des Betroffenen vorliegt oder wenn (im gewerblichen Bereich) diese auch nicht aus überzeugenden Gründen unterstellt werden kann [unzulässig]" (ebd.: S. 1). In diesem Sinne ist die Unterscheidung zwischen Anrufen aus Werbezwecken und Anrufen aus Forschungszwecken elementar. Nur letztere sind zulässig. Der ADM nennt als Abgrenzungskriterium für diese beiden Bereiche die Aufgabenstellung und Zielsetzung der Studie und explizit nicht den Inhalt der Befragung (vgl. ebd.). So sind nach Meinung des ADM, Studien deren Forschungsziel die Evaluation der Werberesonanz eines spezifischen Produkts sind, zulässig. Eine z.T. andere Meinung besteht innerhalb des juristischen Diskurses. Hier ist die Abgrenzung zwischen Werbung einerseits und Markt- und Meinungsforschung andererseits nicht unproblematisch. So liegt ein Urteil des OLG Kölns vom 12. Dezember 2008 vor, welches auch Umfragen als Werbung deklariert, die dem Ziel dienen unmittelbar oder mittelbar den Absatz zu steigern (Tscherwinka 2012). Mittlerweile gilt jedoch der §30 a BDSG, welcher der Markt- und Meinungsforschung eine wichtige gesellschaftliche Rolle zuspricht und diese explizit im Gesetzestext nennt. Weiterhin wurde durch die Rechtsprechung die Unterscheidung zwischen Sozial-, Markt- und Meinungsforschung verstärkt. Erstere wurde durch eine Entscheidung des Amtsgerichts Berlin-Mitte vom 21. Juni 2011 (Az.: 5 C 1003/11) gestärkt. In dieser Entscheidung wurde eine einstweilige Verfügung gegen die Forsa Gesellschaft für Sozialforschung und statistische Analysen mbh aufgehoben, nachdem diese Verfügung durch einen Befragten angestrengt wurde, der ohne vorherige Einwilligung, telefonisch zu gesellschaftspolitischen Themen befragt wurde. In der Begründung der Entscheidung verwies das

---

4   vgl. https://www.datenschutzbeauftragter-info.de/grundverordnung-anforderungen-an-eine-einwilligung/ [letzter Abruf: 01.11.2017]

Gericht darauf, dass die beklagte Gesellschaft auch in der Vergangenheit Umfragen zu gesellschaftspolitischen Themen durchgeführt hat und dass bisher keine Umfragen zum Zwecke der unmittelbaren oder mittelbaren Verkaufsförderung ausgeführt wurden. So gesehen stärkt diese Entscheidung die Sozialforschung, welche nicht mit dem Ziel der Absatzförderung durchgeführt wird. Projektverantwortliche mit dem Ziel der Sozialforschung mittels telefonischen Studien können diese Entscheidung als „[...] eine Fundgrube und eine erfreuliche Verweisungsmöglichkeit bei etwaigen zukünftigen Rechtsstreitigkeiten" (ebd. S. 207) verwenden.

Der zuvor beschriebene potentielle Interessenkonflikt zwischen der Forschungsfreiheit und der informationellen Selbstbestimmung, wird in der Rechtspraxis durch das *Prinzip der Verhältnismäßigkeit* eingehegt. Hier wird versucht, dass möglichst auf beiden Seiten, Forschenden und Befragten, die Grundrechte gewährleistet bleiben. In diesem Sinne müssen Sozialforscher schon vor Beginn der telefonischen Befragung ermitteln, ob eine Befragung und mithin ein Eingriff in die Privatsphäre der Befragten nötig ist, um die Fragen und Ziele der Forschung zu beantworten bzw. zu erreichen. Ist zur Beantwortung der Forschungsfrage eine telefonische Befragung die einzige geeignete und vertretbare Forschungsmethode gilt weiterhin der allgemeine Grundsatz der *Datenminimierung*. In diesem Fall ist immer zu bestimmen, wie möglichst wenig in die Privatsphäre der Befragten eingedrungen werden kann (und somit möglichst wenige Daten erhoben werden). Im Fall der telefonischen Befragung bedeutet das, dass bspw. nur zu Anrufzeiten telefoniert wird, welche den Befragten zugemutet werden können. Hier greifen dann bspw. die weiter oben genannten Standesregeln. So legt der ADM in seinen Richtlinien für telefonischen Befragungen (2016) für alle Mitgliedsinstitute als zumutbar geltende Anrufzeiten fest. Werktags von Montag bis Freitag sollten Anrufe nicht vor 9 Uhr und nicht nach 21 Uhr erfolgen. Für das Wochenende gelten entsprechend andere Regelungen.

Neben dem grundlegenden Gewährleistungsziel der Datenminimierung werden noch weitere Ziele genannt, welche vor allem in der Gestaltung von technischen Systemen, bei denen die Datensicherheit gewährleistet werden soll Anwendung finden. Diese, auch als klassische Gewährleistungsziele der Datensicherheit benannten Ziele, sind die folgenden (Bock et al. 2016):

- *Verfügbarkeit:* Verfügbarkeit bezeichnet die Anforderung, dass personenbezogene Daten zur Verfügung stehen müssen und ordnungsgemäß im vorgesehenen Prozess verwendet werden.

- *Integrität:* Dieses Gewährleistungsziel beschreibt die Anforderung, dass informationstechnische Systeme die Daten unversehrt, vollständig und aktuell halten.
- *Vertraulichkeit:* Hier wird die Anforderung formuliert, dass keine Person *unbefugt* personenbezogene Daten zur Kenntnis nehmen darf.

Zu diesen Gewährleistungszielen kommen noch drei weitere Gewährleistungsziele hinzu, welche auf den Schutz der Betroffenen ausgerichtet sind (ebd.):

- *Nichtverkettung:* Nichtverkettung bezeichnet die Anforderung, dass die erhobenen Daten nur für den Zweck verarbeitet und ausgewertet werden, für welchen sie auch erhoben wurden. Die Aufbewahrung und Weiterleitung in Form von Datenarchiven oder anderen Forschungszwecken unterliegt gesonderten Voraussetzungen. So sollte für eine solche Weiterverwendung ein öffentliches Interesse vorliegen.
- *Transparenz:* Dieses Gewährleistungsziel bezeichnet die Anforderung, dass in jedem Abschnitt der Datenerhebung, Datenspeicherung und Datenauswertung die Betroffenen, Betreiber und zuständigen Instanzen erkennen können, welche Daten für welchen Zweck im Verfahren verarbeitet werden.
- *Intervenierbarkeit:* Mit der Intervenierbarkeit wird die Anforderung beschrieben, dass den Betroffenen die ihnen zustehenden Rechte bspw. der Löschung, jederzeit effektiv im Prozess der Datenverarbeitung gewährt werden.

Diese Gewährleistungsziele werden vom Datenschutzbeauftragten in seiner Funktion als beratendes Element im Gesamtprozess der telefonischen Befragung geprüft. Weiterhin liegen diese Gewährleistungsziele der Rechtsprechung, dem Bundesdatenschutzgesetz, den einzelnen Landesdatenschutzgesetzen und der EU-Datenschutz-Grundverordnung zugrunde bzw. werden in diesen formuliert.

Zu diesen basalen datenschutzrechtlichen Regelungen und Prinzipien kommen gerade für telefonische Befragungen noch weitere relevante Maßnahmen, die im Prozess der Studienplanung- und Durchführung beachtet werden sollten.

Grundsätzlich sind die erhobenen personenbezogenen Daten zu anonymisieren. Allerdings ist dieses scheinbar einfache Vorgehen in den letzten

Jahren zunehmend schwerer geworden. Zwar werden mit der Löschung von Telefonnummer und ggf. der Gemeindeklassenzuordnung (bei Festnetzrufnummern) Aussagen über die einzelne Person und ihre Einstellungen oder ihr Gesundheitsverhalten unwahrscheinlicher, da nun prinzipiell nur noch über Populationswerte Aussagen getroffen werden können. Allerdings werden heutzutage (gerade bei großen Gesundheitsbefragungen) sehr viel mehr Variablen erhoben, welche auch in kleinteiligen Bereichen eine Zuordnung von einzelnen Befragten wahrscheinlicher macht. In diesem Fall werden die Daten eher pseudonymisiert. Die Gefahr einer Deanonymisierung wird umso größerer desto mehr Hilfsdaten (Auxiliary Data) wie bspw. Zensusdaten oder gar Telefonbucheinträge an die Erhebungsdaten hinzugefügt werden. Um dieser Gefahr zu entgegenzuwirken hat es sich bewährt, Variablen, welche potentiell die Re-Identifikation von Befragten ermöglichen, mit vergröberten Kategorien auszuweisen (M. Häder 2009). So gibt es bspw. Empfehlungen für den Mikrozensus. So darf in dieser Erhebung nachträglich keine einzelne Gemeinde eingrenzbar sein, die weniger als 500.000 Einwohner umfasst.

Ein weiterer, besonders für telefonische Befragungen relevanter Bereich, ist die Form der Stichprobenziehung. Wie in Kapitel 4 beschrieben, werden bei einer Telefonstichprobe Telefonnummern zufällig generiert, so dass auch nicht eingetragene Rufnummern Teil der Auswahlgrundlage sind. Dies führte in den vergangen Jahren zum Aufbau einer sogenannten Sperrdatei, in welcher potentielle Teilnehmer gespeichert werden, die sich gegen jegliche Teilnahme von wissenschaftlichen Befragungen ausgesprochen haben. Dieses Modell der Speicherung, zum Nutzen der nicht Befragungswilligen, führt allerdings zu sensiblen datenschutzrechtlichen Sachverhalten, auf welche in diesem Exkurs nicht weiter eingegangen werden kann. Allgemein sollte jedoch darauf geachtet werden, dass das ausgewählte Erhebungsinstitut, wenn möglich, die Vorgaben des ADM und der Sperrdatei beachtet.

Zum Abschluss wird an dieser Stelle nochmals auf die speziellen Maßnahmen der Qualitätssicherung, die sich bei telefonischen Befragungen ergeben, eingegangen. Wie bereits in Kapitel 7 Feldphase beschrieben, sollten bei telefonischen Befragungen kontinuierliche Qualitätssicherungsmaßnahmen durchgeführt werden. So besteht bei telefonischen Befragungen rein technisch die Möglichkeit des stichprobenartigen Mithörens des telefonischen Interviews durch einen Supervisor, zum Zweck der Qualitätssicherung. Der ADM (2016) hat auch für dieses Vorgehen eine Empfehlung gefunden. Zunächst ist das unangekündigte Mithören des telefonischen Interviews laut ADM gestattet. Das Mithören ist dabei allerdings erst nach der datenschutzkritischen Kontaktanbahnungsphase, in welcher meist der Name der ermittelnden Person fällt, erlaubt. Die Interviewer müssen nur vor Beginn ihrer Tätigkeit über diese mögliche Qualitätssicherungsmaßnahme informiert werden. Zum externen Mithören schreibt der ADM: „Externes Mithören, d.h. das Mithören telefonischer Interviews von externen Apparaten, ist nur zulässig zwischen in der Bundesrepublik Deutschland ansässigen und tätigen Forschungsinstituten, die bei der Durchführung einer wissenschaftlichen Untersuchung zusammenarbeiten – entweder als Tochtergesellschaften oder als eigenständige Teilauftragnehmer und/oder Unterauftragnehmer oder im Rahmen einer Forschungsgemeinschaft." Dagegen ist der häufig denkbare Fall des externen Mithörens durch die Auftraggeber, d.h. der Forschenden, außerhalb der Räumlichkeiten des Befragungs- bzw. Forschungsinstituts, in jedem Fall illegitim. Diese Auffassung des ADM wird allerdings im rechtswissenschaftlichen Diskurs nicht gänzlich geteilt. So wird das heimliche Mithören in der Rechtsprechung als mit dem Persönlichkeitsschutz der Mitarbeitenden als nicht zu vereinbaren gewertet (Tscherwinka 2012). Weiterhin werden auch die Persönlichkeitsrechte des Gesprächspartners verletzt. Auch von einer konkludenten Einwilligung sowohl auf Seiten der Mitarbeitenden (d.h. der Interviewer) als auch auf Seiten der Gesprächspartner (d.h. der Befragten) ist nicht auszugehen (ebd.). Weiterhin ist auch die Argumentation, welche darauf abstellt, dass nur festangestellte Mitarbeitende unter die Regelungen des BDSG fallen, und freie Mitarbeitende (eine gängige Praxis bei privaten Markt- und Meinungsforschungsinstituten) nicht davon betroffen sind, arbeitsrechtlich nicht haltbar. Aus diesen juristischen Gründen nehmen einzelne Institute Abstand von der Praxis des Mithörens.

13.5 Checkliste Leistungsbeschreibung:

- Studienpopulation & Stichprobendesign/-ziehungsverfahren
- Personelle Ressourcen
- Größe des Interviewerstamms
- Anzahl von supervidierenden Personen

- Ausstattung des Telefonlabors, CATI-Equipment, Einsatz eines Dialers (technische Kapazitäten)
- Schulung der Interviewer
- Planung der Feldarbeit/Sample Management
- Einsatzzeiten der Interviewer
- Kontrolle der Interviewer/Qualität der Interviewführung
- Möglichkeiten der Feldkontrolle bzw. Einsicht in laufende Feldprozesse
- Durchführung eines Pretests
- Definition von zu übermittelten Analysedatensätzen und vorab zu tätigenden Datenaufbereitungsschritten (Plausibilitätskontrollen, Umgang mit fehlenden Werten, Wild Codes [unzulässige Werte], Filterprüfungen, Inkonsistenzen, etc.)
- Erstellung und Übermittlung von Feldberichten, Ergebnisberichten, ggf. Gewichtungsprozeduren und Responsedarstellungen
- Datenschutzmaßnahmen, datenschutzgerechter Umgang mit Erhebungs- und Prozessdaten
  - Ausformulierung der technischen und organisatorischen Maßnahmen, die zur Gewährleistung eines ausreichenden Schutzes der erhobenen personenbezogenen Daten durchgeführt werden. Erstellung eines Datenschutzkonzeptes

13.6 Literatur

ADM Arbeitskreis Deutscher Markt- und Sozialforschungsinstitute e.V. (2016). Richtlinie für telefonische Befragungen. URL: https://www.adm-ev.de/index.php?eID=tx_nawsecuredl&u=0&file=fileadmin/user_upload/PDFS/R04_D.pdf&t=1516445469&hash=34027891eb1bc169c8414a4d159c2995276fb451.

Bock, K., Ernestus, W., Kamp, M., Konzelmann, L., Naumann, T., Robra, U., Rost, M., Schulz, G., Stoll, J., Vollmer, U., & Wilms, M. (2016). *Das Standard- Datenschutzmodell. Eine Methode zur Datenschutzberatung und -Prüfung auf der Basis einheitlicher Gewährleistungsziele.*

Datenschutzbeauftragter (2017). URL: https://www.datenschutzbeauftragter-info.de/fachbeitraege/auftragsdatenverarbeitung-mustervertrag-%25C2%25A711-bdsg/.

Häder, M. (2009). Der Datenschutz in den Sozialwissenschaften - Anmerkungen zur Praxis sozialwissenschaftlicher Erhebungen und Datenverarbeitung in Deutschland. *RatSWD - Working Paper Series* (90).

Tscherwinka, R. (2012). Herausforderungen und Chancen beim Zusammen-
treffen von Datenschutz und Umfrageforschung aus rechtlicher Sicht.
In F. Faulbaum, M. Stahl, & E. Wiegand (Hrsg.), *Qualitätssicherung in
der Umfrageforschung: Neue Herausforderungen für die Markt- und
Sozialforschung* (S. 183-222), VS Verlag für Sozialwissenschaften.

Anhang 1 Beschreibung der verwendeten Erhebungen

Die Schlussfolgerungen und Empfehlungen in diesem Band für die Planung und Durchführung telefonischer Befragungen beruht auf jahrelanger Erfahrung und Expertise in der Beratung, Planung, Durchführung, Auswertung und Darstellung der Ergebnisse telefonischer Erhebungen aus Sicht der akademischen Sozialforschung, inhaltlich interessiertem Auftraggeber sowie aus der Sicht eines Erhebungsinstitutes. Daher beruhen und beziehen sich die Empfehlungen nicht auf einzelne bestimmte Erhebungen sondern sollen allgemein für telefonische Befragungen anwendbar sein.[1]

Eine besondere Rolle in dieser Arbeit nehmen aber trotzdem einige spezielle telefonische Erhebungen ein, um sie für Veranschaulichungen und Beispiele zu verwenden, oder weil sie besondere methodische Merkmale zur Veranschaulichung aufweisen: die Erhebungen CELLA1 und CELLA2 sowie Erhebungen durchgeführt von/im Auftrag des Robert Koch-Institutes („Gesundheit in Deutschland aktuell" sowie zum Grippe-Impfverhalten).

Im Folgenden sollen diese Erhebungen kurz beschrieben werden. Einen ausführlichen Methodenbericht (wie in Kapitel 12 beschrieben) ersetzen diese kurzen Beschreibungen nicht, dazu sei auf die entsprechenden Originalveröffentlichungen verwiesen.[2]

---

1 Jede zu untersuchende Fragestellung erfordert dabei eine genaue Evaluation möglicher Auswirkungen eines gewählten Studiendesigns. Allgemeine Empfehlungen, Blaupausen und weit verbreitete „Standardlösungen" müssen stets von neuem daraufhin überprüft werden, ob sie für eine spezifische Fragestellung oder Grundgesamtheit angemessen und zielführend sind. Auch wenn die Minimierung eines Total Survey Errors (siehe dazu ausführlich Kapitel 2) immer das Ziel einer Erhebung sein sollte, können Abwägungen zwischen verschiedenen Fehlerquellen für unterschiedliche Erhebungen auch unterschiedlich ausfallen.

2 Bereits hier sei darauf hingewiesen, dass unsere Ergebnisse zu den Originalveröffentlichungen abweichen können, da wir im Rahmen des Forschungsprojektes Zugang auch zu den unaufbereiteten Originaldaten – z.T. um inhaltliche Merkmale reduziert – und v.a. den umfangreichen Paradaten der Erhebungen hatten und dadurch weitere oder von den Originalarbeiten abweichende Auswertungen durchführen konnten.

© Springer Fachmedien Wiesbaden GmbH, ein Teil von Springer Nature 2019
S. Häder et al. (Hrsg.), *Telefonumfragen in Deutschland*, Schriftenreihe der ASI – Arbeitsgemeinschaft Sozialwissenschaftlicher Institute, https://doi.org/10.1007/978-3-658-23950-3_14

A1 Erhebungen CELLA1 und CELLA2 von GESIS und TU Dresden

Zur Untersuchung von Durchführbarkeit und Eigenschaften von Befragungen über Mobilfunk im Gegensatz und im Vergleich zu etablierten Befragungen über das Festnetz führten GESIS und TU Dresden (Lehrstuhl für Methoden der empirischen Sozialforschung) gemeinsam zwei von der DFG geförderte Projekte durch. Diese beiden Projekte und Erhebungen dienten vorrangig der Untersuchung und Beantwortung surveymethodischer Fragen. Für ausführliche Beschreibungen und Ergebnisse der beiden Forschungsprojekte sei auf die Veröffentlichungen von Häder und Häder (2009) zum CELLA1-Projekt bzw. Häder et al. (2012) zum Projekt CELLA2 verwiesen. Die (inhaltlichen Fragebogen-) Daten beider Erhebungen sind über das GESIS-Datenarchiv zugänglich (ZA-Nummern 4875 bzw. 5067). Beide Erhebungen sind sehr frühe und exemplarische Anwendungen sog. *Dual-Frame*-Erhebungen über Festnetz *und* Mobiltelefon.

A1.1 Die Erhebung CELLA1 2007/2008

Von Mitte Oktober 2007 bis Mitte April 2008 führte das Telefonlabor des Zentrums für sozialwissenschaftliche Methoden an der Technischen Universität Dresden telefonische Interviews für die CELLA1-Studie durch. Diese Befragung war eine Mixed-Device-Erhebung, die gleichzeitig und unabhängig voneinander im Festnetz und über Mobilfunk durchgeführt wurde. Für beide Stichproben war die Grundgesamtheit identisch (deutschsprachige Bevölkerung ab 16 Jahren – gegeben einen Zugang zum jeweiligen Telefonnetz). Zu den Telefonnummern der Festnetz- und Mobilfunkstichproben wurden maximal 10 Kontaktversuche unternommen.

Für die Festnetzstichprobe wurden rd. 17.000 Telefonnummern aus dem GESIS-Auswahlrahmen für Festnetzstichproben (siehe Kapitel 4) gezogen und rund 1.000 Interviews über Festnetz geführt. Unter ggf. mehreren Zielpersonen im Haushalt wurde über verschiedene Varianten der Geburtstagsmethode ausgewählt. Eine Responserate wird mit 20% bzw. 27% angegeben.[3]

---

3 Je nachdem, wie Telefonnummern mit Anrufbeantworten berücksichtigt werden, die keinen eindeutigen Schluss auf die Zugehörigkeit zur Grundgesamtheit zulas-

Für die Mobilfunkstichprobe wurden knapp 25.000 Rufnummern aus dem Auswahlrahmen von BIK, Aschpurwies und Behrens für Mobilfunkstichproben gezogen und darunter knapp 1.200 Interviews geführt; dafür wurde unter einer Mobilfunknummer keine weitere Auswahl einer Zielperson durchgeführt. Mehr als der Hälfte der Mobilfunknummern wurde eine SMS zur Ankündigung des Kontaktversuchs/eines Interviews geschickt. Eine Responserate wird für die Mobilfunkstichprobe ohne SMS-Ankündigung mit 12% angeben, bei der Stichprobe mit SMS-Ankündigung wird eine Responserate von 15% angegeben.[4]

Die Anzahl und Aufteilung der Interviewenden auf die Substichproben ist aus den vorliegenden Paradaten nicht mehr eindeutig zu rekonstruieren. In den drei Substichproben (Festnetz, Mobilfunk mit/ohne SMS-Ankündigung) waren 33, 15 und 20 Interviewende (Studierende der TU Dresden) tätig, die im Mittel 31, 22 bzw. 37 Interviews führten.[5]

A1.2 Die Erhebung CELLA2 2010

Für das CELLA2-Projekt führte das Markt- und Meinungsforschungsinstitut forsa zwischen Juli und September 2010 jeweils rund 1.500 Interviews über Festnetz und Mobilfunk. Die Grundgesamtheiten beider Substichproben waren identisch und entsprachen denen aus der CELLA1-Erhebung (deutschsprachige Bevölkerung ab 18 Jahren mit Festnetz bzw. Mobiltelefon).

Die GESIS-Auswahlrahmen bildeten die Grundlagen für die jeweiligen Stichprobenziehungen. Die Festnetzstichprobe umfasste rund 31.000 Telefonnummern, die Mobilfunkstichprobe rund 50.000 Telefonnummern.

Zur Auswahl unter mehreren potentiellen Zielpersonen im Haushalt kamen in der Festnetzstichprobe erneut Varianten der Geburtstagsmethode zum Einsatz, während in der Mobiltelefonstichprobe keine weitere Auswahl einer Zielperson durchgeführt wurde.

---

sen; die Zahlen entsprechen daher einer Responserate 3 bzw. 5 nach den Beschreibungen der AAPOR (siehe dazu ausführlich Kapitel 10).

4 Werden hier Telefonnummern mit unklarem Status als ungültig betrachtet – ähnlich einer maximalen Responserate 5 der AAPOR-Beschreibungen –, stiege eine Responserate auf 34 bzw. 41%.

5 Auch hier ist die Streuung jedoch groß: Interviewende führten 13 bis zu 202 Interviews.

Insgesamt wurden rund 190.000 Kontaktversuche zu diesen Telefonnummern unternommen. 83 Interviewer führten im Mittel 36 Interviews.

A.2 Verschiedene ausgewählte Erhebungen des Robert Koch-Instituts

Gegenüber diesen telefonischen Erhebungen der CELLA-Forschungsprojekte, die von akademischem Interesse an Fragen der Einsatzfähigkeit und Durchführbarkeit sowie Varianten methodischer Details der Durchführung getrieben waren, stehen Erhebungen, deren Interesse inhaltlicher Art ist.

Zur Veranschaulichung verschiedener Merkmale und Eigenschaften telefonischer Erhebungen dienen in diesem Band drei Erhebungen des Robert Koch-Instituts (RKI). Das sind zum einen die beiden Erhebungen „Gesundheit in Deutschland Aktuell" (GEDA) aus den Jahren 2010 und 2012 (im Folgenden GEDA 2010 bzw. GEDA 2012) sowie eine telefonische Erhebung zum (Grippe-) Impfverhalten in Deutschland INFLUENZA 2014). Die beiden GEDA-Erhebungen wurden allein über Festnetz durchgeführt (sind aber aufgrund ihrer für epidemiologische Fragestellungen zum Nachweis z.B. auch seltenerer Erkrankungen oft notwendigen Größe – hier über 20.000 Interviews bei der GEDA 2010 bzw. rund 17.000 Interviews in der GEDA 2012! – sehr wertvoll und erlauben dann auch sehr präzise oder auch kleinräumige Auswertungen), die INFLUENZA 2014-Erhebung hingegen war deutlich kleiner, aber war eine sog. Dual-Frame-Erhebung mit separaten Festnetz- und Mobilfunkstichproben.

Für ausführliche Beschreibungen der Durchführung und Ergebnisse der Erhebungen selbst sei wieder auf die Originalarbeiten verwiesen. Die Datensätze und ausführliche Dokumentationen dazu (inhaltliche Ergebnisberichte, Fragebögen und Codebooks) der GEDA-Erhebungen 2010 und 2012 sind über das Forschungsdatenzentrum des Robert Koch-Institutes verfügbar.[6]

---

6   Wir verwenden hier jedoch nicht die über das Forschungsdatenzentrum verfügbaren Public-Use-Datensätze, sondern inhaltlich stark reduzierte Versionen, die um Paradaten (siehe dazu Kapitel 6) der Erhebungen erweitert sind.

A2.1   Die Erhebungen „Gesundheit in Deutschland Aktuell"
(GEDA 2010 und GEDA 2012)

Die beiden Erhebungen sind in Design und Durchführung sehr ähnlich, unterscheiden sich aber im Detail an einigen Stellen. Für beide Erhebungen war die Grundgesamtheit identisch (deutschsprachige Bevölkerung – mit Festnetzanschluss – ab 18 Jahren) und es wurden zu Telefonnummern jeweils bis zu 15 Kontaktversuche unternommen.[7] Beide Erhebungen wurden bundesweit durchgeführt. Sie wurden z.t. durch regionale Zusatzstichproben aufgestockt, um ggf. auch regional belastbarere Aussagen treffen zu können.[8] Beide Erhebungen haben auch eine vergleichsweise lange Feldzeit (gerade bei epidemiologischen Fragestellungen oft auch notwendig, um verzerrende saisonale Effekte zu vermeiden) von 10 Monaten (GEDA 2010) bzw. knapp einem Jahr (GEDA 2012). Gerade bei langen Feldzeiten kommt einer aktiven Steuerung der Feldphase (z.b. auch eine Tranchierung der Stichprobe) und Kontrolle der Interviewer eine besondere Bedeutung zu (siehe dazu die Kapitel 7 und 8).

Die GEDA 2010-Erhebung wurde vom Telefonlabor des Robert Koch-Institutes durchgeführt. Für die rund 22.000 Interviews der GEDA 2010 wurden knapp 908.000 Kontaktversuche unter rund 216.000 Telefonnummern unternommen, die aus dem GESIS-Auswahlrahmen für Festnetzstichproben[9] gezogen worden waren. Gab es mehrere potentielle Zielpersonen im

---

7   In aller Regel muss nur zu vergleichsweise wenigen Telefonnummern der Bruttostichprobe diese maximale Anzahl Kontaktversuche auch tatsächlich unternommen werden, da die meisten Interviews bereits bei frühen Kontaktversuchen – meistens bereits dem ersten oder zweiten – stattfinden oder aber die meisten ungültigen Nummern bereits nach wenigen erfolglosen Kontaktversuchen aussortiert werden können (z.b. nicht geschaltete Nummern nach dem ersten oder zweiten Anruf). In Einzelfällen werden aber auch mehr wie 15 Kontaktversuche unternommen, z.b. nach Terminvereinbarungen.

8   Für die Zwecke in dieser Arbeit wurden diese regionalen Zusatzstichproben – Saarland, Brandenburg, Frankfurt a.M. – ignoriert, wenn vermutet werden konnte, dass es Zusammenhänge zwischen räumlicher Verortung und den Untersuchungsmerkmalen gab. Dadurch kann es zu Abweichungen zu den Originalveröffentlichungen des RKI kommen. Die hier berichteten Fallzahlen (Anzahl Telefonnummern und Interviews) beziehen sich z.b. auf die Stichprobe *ohne* die regionalen Oversamplings.

9   Tatsächlich wurde hier eine Variante des GESIS-Auswahlrahmens (Grundlage sind eingetragene 1000er-Blöcke anstatt 100er-Blöcke) verwendet, sodass im Vergleich

Haushalt, wurde eine Person über die Last-Birthday-Methode ausgewählt. Eine Responserate nach AAPOR wird mit 25,3% (minimale Responserate 1) bis 31,3% (maximale Responserate 5) angegeben. GEDA 2012 wurde von USUMA Markt- und Sozialforschung im Auftrag des RKI erhoben. Für 16.800 Interviews (ohne regionale Aufstockungen der Stichproben) wurden rund 319.000 Telefonnummern dieses Mal aus dem ADM-Auswahlrahmen gezogen[10] und rund 1.370.000 Kontaktversuche unternommen. In den Haushalten wurden Zielpersonen ggf. über einen Schwedenschlüssel („Kish-Grid") ausgewählt.[11] Eine Responserate nach den Beschreibungen der AAPOR liegt zwischen 20,5% (minimal) und 22,4% (maximale Responserate 5).

---

     zum sonst üblichen GESIS-Auswahlrahmen auch Nummern aus nichteingetragenen 100er-Blöcken in die Stichprobe gelangen konnten.

10   Zur Erzeugung des ADM-Auswahlrahmens werden nicht nur Rufnummernblöcke mit mindestens einer eingetragenen Rufnummer verwendet. Gegenüber dem GESIS-Auswahlrahmen wird dadurch Undercoverage minimiert (der ADM-Auswahlrahmen enthält mehr vergebene aber nicht eingetragene Nummern), andererseits sind Stichproben weniger effizient (der ADM-Auswahlrahmen enthält auch mehr nicht geschaltete Nummern).

11   Im Haushalt erfolgte nach Auflistung aller Haushaltsmitglieder dann aber keine einfach Zufallsstichprobe, sondern eine Variante einer geschichteten Auswahl nach Alter und Geschlecht.

A2.2 INFLUENZA 2014: eine Erhebung des RKI zum Grippe-Impfverhalten

Ende März bis Ende Juni 2014 führte USUMA Markt- und Sozialforschung für das RKI eine weitere telefonische Erhebung zum (Grippe-) Impfverhalten und zu Einstellungen gegenüber dem Impfen durch.[12] Diese Erhebung bestand aus drei Substichproben: jeweils einer Festnetz- und Mobilfunkstichprobe (Dual-Frame-Erhebung) der deutschsprachigen Bevölkerung ab 18 Jahren, sowie einer zusätzlichen Festnetzstichprobe zur Erhöhung der Fallzahl von Personen ab 60 Jahre, um für diese für die Fragestellung besonders relevante Gruppe präzisere Aussagen treffen zu können. Alle drei Stichproben wurden aus dem jeweiligen GESIS-Auswahlrahmen gezogen. In den beiden Festnetzstichproben wurde in den Haushalten die Zielperson ggf. über die Last-Birthday-Methode ausgewählt, während in der Mobilfunkstichprobe keine weitere Auswahl einer Zielperson stattfand. Zu einer Telefonnummer wurden maximal bis zu 10 Kontaktversuche unternommen.[13]

Für die Festnetzstichprobe wurden rund 43.000 Kontaktversuche zu 11.000 Telefonnummern unternommen und letztendlich 646 Interviews realisiert. Eine Responserate liegt zwischen 17% und 25%. Für die Festnetzstichprobe „60+" wurden zu 21.000 Nummern knapp 75.000 Kontaktversuche unternommen und 505 Personen im Alter von 60 Jahren oder älter interviewt (Responserate zwischen 11% und 20%). Für die Mobilfunkstichprobe wurden rund 11.000 Telefonnummern gezogen und über 80.000 Kontaktversuche unternommen. Letztlich wurden hier 365 Interviews realisiert. Je nach Berücksichtigung von „Telefonnummern" mit unklarem Status liegt eine Responserate zwischen 6% und 16%.

Eine besondere Herausforderung bei dieser Erhebung bestand einmal im vergleichsweise großen Screeningaufwand in der Festnetzstichprobe „60+", zum anderen in der Frage der Auswertungs- und Gewichtungsstrategie, die nicht nur das Dual-Frame-Design (Integration von „normaler" Festnetz- und Mobilfunkstichprobe, siehe dazu auch Kapitel 11) berücksichtigen

---

12   Dieser Datensatz ist bislang nicht als Public-Use-File über das Forschungsdatenzentrum des RKI verfügbar. Ergebnisse der Erhebung wurden zwar intern verwendet, aber nicht weiter veröffentlicht.

13   Der ADM hatte zu diesem Zeitpunkt seine Empfehlungen in diesem Punkt (in der Regel maximal 10 anstatt 15 Kontaktversuche zu einer Nummer) bereits revidiert.

muss, sondern auch das Oversampling der Personen im Alter von 60 Jahren oder älter im Festnetz.[14]

Tabelle A1 fasst Metadaten der verwendeten Erhebungen noch einmal kurz zusammen.[15]

---

14 Je nachdem, ob die Festnetzstichprobe 60+ als Oversample *alleine* im Festnetz oder *aller* 60-jährigen Personen (d.h. der 60-Jährigen der Dual-Frame-Erhebung) betrachtet wird, oder ob diese Stichprobe *lediglich separat* – d.h. gar nicht als Oversample im eigentliche Sinn (zu einer weiteren Stichprobe), sondern als eigene, unabhängige Erhebung – betrachtet werden soll, fiele eine Gewichtungsstrategie unterschiedlich aus.

15 Hier sei nochmals darauf hingewiesen, dass Zahlen von den Originalarbeiten abweichen können, da hier besondere Datensätze verwendet wurden, aus denen z.B. bestimmte Beobachtungen weiter berücksichtigt oder ausgeschlossen wurden, weil sie z.b. während der ursprünglichen Erhebung absichtlich unterschiedlich behandelt wurden – z.b. regionale Aufstockungen der RKI-Erhebungen oder weil bestimmte Telefonnummern öfters angerufen wurden, um ihren Status abschließend zu klären (sog. „Qualifizierungsanrufe" während der Influenza-Erhebung).

Tabelle A1 Übersicht und Metdaten der in diesem Band verwendeten telefonischen Erhebungen [16]

Erhebung	CELLA1		CELLA2		GEDA 2010	GEDA 2012	INFLUENZA 2014		
Erhebungsinstitut	Telefonlabor TU Dresden		forsa		Telefonlabor RKI	USUMA	USUMA		
Feldzeit	18.10.2007–22.04.2008		10.07.2010–30.08.2010		22.09.2009–10.07.2010	23.03.2012–07.03.2013	21.04.2014–27.06.2014		
Modus	Festnetz	Mobilfunk	Festnetz	Mobilfunk	Festnetz	Festnetz	Festnetz 60+	Festnetz	Mobilfunk
Grundgesamtheit	A 16	B 16	A 16	B 16	A 18	A 18	A 60	A 18	B 18
Auswahlgrundlage	GESIS	BIK	GESIS	GESIS	GESIS	ADM	GESIS	GESIS	GESIS
Anzahl Interviewer	33	15 bzw. 20	83		138	85			
Anzahl Nummern (Stichprobengröße)[16]	16.165	24.045	30.360	46.966	215.449	364.206	20.978	11.000	10.974
Anzahl Interviews	1.009	1.162	1.500	1.507	22.050	19.294	505	647	367
Responserate (AAPOR RR1)	20,0	12,0	10,7	7,0	25,3	20,5	10,5	16,9	5,6
Responserate (AAPOR RR5)		15,0	18,4	15,6	31,3	22,5	19,1	24,3	15,4
Auswahlverfahren im Haushalt	Cx,Dx	--	Cx,Dx	--	C	E	C	C	--

A: deutschsprachige Bevölkerung (mit Festnetzanschluss) ab ... Jahren
B: deutschsprachige Bevölkerung (mit Mobiltelefon) ab ... Jahren
C: Last-Birtday
D: Next-Birtday
E: Schwedenschlüssel
x: mit vorgegebenem Datum
R: regionale Aufstockungen/Oversamples (Saarland, Brandenburg, Frankfurt a.M.) von Analysen ausgeschlossen

16 Bei einzelnen Analysen können sich durch nachträgliche Bereinigungen leicht unterschiedliche Fallzahlen ergeben. Die Angaben, die an dieser Stelle gemacht wurden, entstammen dem Kooperationsvertrag zwischen dem RKI, GESIS und der TU Dresden.

A2.3 Literatur

Häder, M. & Häder, S. (2009). *Telefonbefragungen über das Mobilfunknetz. Konzept, Design und Umsetzung einer Strategie zur Datenerhebung.* Wiesbaden: VS Verlag für Sozialwissenschaften.

Häder, M., Häder, S., & Gabler, S. (2009). Sozialwissenschaftliche Telefonumfragen in der Allgemeinbevölkerung über das Mobilfunknetz (CELLA 1). Köln: GESIS Datenarchiv. ZA4875 Datenfile Version 1.0.0, doi:10.4232/1.4875.

Häder, M., Häder, S. & Gabler, S. (2011). Sozialwissenschaftliche Telefonumfragen in der Allgemeinbevölkerung über das Mobilfunknetz (CELLA 2.0). Köln: GESIS Datenarchiv. ZA5067 Datenfile Version 1.0.0, doi:10.4232/1.10829.

Häder, S., Häder, M., & Kühne, M. (Hrsg.) (2012). *Telephone Surveys in Europe. Research and Practice.* Berlin: Springer.

Robert Koch-Institut (Hrsg.) (2012). Beiträge zur Gesundheitsberichterstattung des Bundes. Daten und Fakten: Ergebnisse der Studie „Gesundheit in Deutschland aktuell 2010". Berlin: Robert Koch-Institut.

Robert Koch-Institut, Abteilung für Epidemiologie und Gesundheitsmonitoring (2013). Gesundheit in Deutschland aktuell 2010 (GEDA 2010). Public Use File 3. Version. doi:10.7797/27-200910-1-1-3.

Robert Koch-Institut (Hrsg.) (2014). Beiträge zur Gesundheitsberichterstattung des Bundes. Daten und Fakten: Ergebnisse der Studie „Gesundheit in Deutschland aktuell 2012". Berlin: Robert Koch-Institut.

Robert Koch-Institut, Abteilung für Epidemiologie und Gesundheitsmonitoring (2014). Gesundheit in Deutschland aktuell 2012 (GEDA 2012). Public Use File 1. Version. doi:10.7797/29-201213-1-1-1.

Lange, C., Jentsch F., Allen, J., Hoebel, J., Kratz, A. L., von der Lippe, E., Müters, S., Schmich, P., Thelen, J., Wetzstein, M., Fuchs, J., & Ziese, T. (2015). Data Resource Profile: German Health Update (GEDA) – the Health Interview Survey for Adults in Germany. *International Journal of Epidemiology 44* (2), 442-450. doi:10.1093/ije/dyv067.

Anhang 2 Empfehlungen zu Inhalten von Methoden- und Feldberichten

Es existieren verschiedene Richtlinien und Empfehlungen, an denen sich Form und Inhalt von Methoden- und Feldberichten orientieren können. Diese sind mehr oder weniger verbindlich. Explizite gesetzliche Regelungen gibt es nicht.[17] Grundsätzlich gelten aber „normale" rechtliche Randbedingungen, d.h. Angaben in Feldberichten dürfen nicht absichtlich unwahr sein oder Praktiken unlauter sein (BGB bzw. UWG). Daneben kommen weitere Vorgaben und Empfehlungen in Betracht, z.b. der Deutschen Forschungsgemeinschaft DFG und der Hochschulrektorenkonferenz HRK (Regeln guter wissenschaftlicher Praxis), der Berufsverbände der Markt-, Meinungs- und Sozialforschung (WAPOR, AAPOR, NCPP, ESOMAR, ADM, BVM, ASI etc.), aber auch formellere Vorgaben z.b. von Qualitätssiegeln (DI-Norm bzw. Europäische Norm DIN-ISO-20252 „Markt-, Meinungs- und Sozialforschung – Begriffe und Dienstleistungsanforderungen"). Auch der Hintergrund, vor dem Empfehlungen zum Inhalt und Umfang solcher Methodenberichte gegeben werden, ist unterschiedlich: Die meisten Empfehlungen werden vor dem Hintergrund ausgesprochen, die Qualität einer Erhebung und ihre Ergebnisse unabhängig einzuschätzen und nachvollziehen zu können. Das trifft z.b. auf die Empfehlungen der Berufsverbände, wissenschaftliche Akteure und die Amtliche Statistik zu. Andere – sehr frühe, sehr ausführliche – Empfehlungen stehen eher vor dem Hintergrund, nicht die Ergebnisse einer bestimmten Erhebung einschätzen und replizieren zu können, sondern das dabei angewandte (und praktisch bewährte) Erhebungsdesign für andere Anwendungen zu „kopieren". Diese Empfehlungen (United Nations Statistical Division 1950, 1964) stammen aus einer Zeit, in der Informationen z.b. über eine Bevölkerung v.a. über Zensen (oder Nichtzufallsstichproben) erhoben wurden und (Zufalls-)Stichproben noch nicht standardmäßig verbreitet waren und zum Einsatz kamen. Durch ausführliche Dokumentation

---

17 Verschiedene Rahmenbedingungen der *Durchführung* von z.B. telefonischen Befragungen werden aber natürlich durch Gesetze, Gerichtsentscheide und verbindliche Regelungen z.B. der Bundesnetzagentur berührt und festgelegt – z.B. Vertraulichkeit der Kommunikation; Entscheide, ob (ungewünschte) Anrufe für Forschungszwecke zulässig sind oder nicht, Entscheidungen über (un)zumutbare Anrufzeiten oder Anzahl an Wiederholungsanrufen o.ä.

© Springer Fachmedien Wiesbaden GmbH, ein Teil von Springer Nature 2019
S. Häder et al. (Hrsg.), *Telefonumfragen in Deutschland*, Schriftenreihe der ASI – Arbeitsgemeinschaft Sozialwissenschaftlicher Institute, https://doi.org/10.1007/978-3-658-23950-3_15

sollten erfolgreiche Konzepte Nachahmer bei der Erzeugung belastbarer Datengrundlagen finden und sich weiter durchsetzen.

Im Folgenden werden verschiedene Empfehlungen zusammengefasst dargestellt und dokumentiert.

ICC/ESOMAR – internationaler Kodex für die Markt- und Sozialforschung

Der Kodex der Europäischen Dachorganisation der Markt- und Meinungsforschung ESOMAR (2007) betont zwar schon in seinen Grundprinzipien das Prinzip der „Transparenz" ein („Marktforscher müssen sicherstellen, dass Projekte und Tätigkeiten genau, transparent und objektiv konzipiert, ausgeführt, berichtet und dokumentiert werden"), umschreibt dieses Prinzip auch genauer in Artikel 4 („Marktforscher müssen ihren Auftraggebern die angemessenen technischen Einzelheiten aller für sie durchgeführten Forschungsprojekte zur Verfügung stellen") und ergänzt in Artikel 11, dass „Auftraggeber und Marktforscher gemeinsam" sicherstellen müssen, „dass die veröffentlichten Ergebnisse nicht irreführend sind." Der ESOMAR-Kodex definiert aber nicht weiter, was diese „transparente Berichterstattung" oder „angemessen technische Einzelheiten" alles beinhalten sollen. Daneben fordert Artikel 11 lediglich, dass „Marktforscher [...] immer in der Lage sein [müssen], die technischen Informationen zugänglich zu machen, die notwendig sind, um die Gültigkeit der veröffentlichten Ergebnisse bewerten zu können".

WAPOR Codes of Ethics

Expliziter als der ICC/ESOMAR-Kodex sind Richtlinien der World Association of Public Opinion Research. In Abschnitt II („Rules of Practice between Researchers and Sponsors/Clients") gibt die WAPOR unter Punkt C („Rules of Practice Regarding Reports and Study Results") Unterabschnitt 20 folgende Punkte vor, die technische Berichte/Methoden- oder Feldberichte an den Auftraggeber mindestens enthalten sollen:

- Auftraggeber
- Erhebungsinstitut

- Ziel der Erhebung
- Grundgesamtheit, über die Aussagen getroffen werden soll
- Angaben zum Auswahlverfahren
- Angaben zur Anzahl befragter Personen („actual sample size")
- Angaben zur Responserate und der Art der Berechnung ODER Anzahl und Merkmale der befragten Personen im Vergleich zu Anzahl und Merkmalen aller zu befragenden Personen
- Angaben zu verwendeten oder notwendigen statistischen Auswertungsverfahren
- Angaben zu verwendeten/notwendigen Gewichtungsverfahren
- Angaben zur Durchführung der Erhebung („full description of the method employed in the study")
- Angaben zum Zeitpunkt und zur Feldzeit der Erhebung
- Fragebogen und alle anderen verwendeten Erhebungsinstrumente
- Angaben zum Interviewereinsatz („interview schedule"): Anzahl, Kontaktzeiten
- Angaben, ob und welche Ergebnisse auf Subgruppen basieren
- ggf. Angaben zur Präzision/Unsicherheit der Ergebnisse beim Schluss auf eine Grundgesamtheit

Auch wenn diese Punkte an prominenter Stelle, dem „Code of Ethics" der WAPOR, erwähnt werden, bleiben es auslegungsfähige Empfehlungen oder Richtlinien („... should contain an adequate explanation of the following ...").

Gemeinsame Empfehlungen von ESOMAR/WAPOR

Die gemeinsamen Empfehlungen von WAPOR und ESOMAR geben unter Punkt 5 („Relationship with the General Public") wesentlich genauere (als ESOMAR) und weitere Angaben (als WAPOR) in ihren jeweiligen Kodizes. Unter Punkt 5.2 („Requirements for Publishing Results") und 5.3 („Further Information to be made Available") werden folgende Punkte ausführlicher beschrieben:

- Auftraggeber
- Erhebungsinstitut

- Definition der Grundgesamtheit, auf die verallgemeinert werden soll und kann
- ggf. Angaben zu Gruppen, die durch das Erhebungsdesign ausgeschlossen sind
- Anzahl befragte Personen, Anzahl Sampling Units
- Zeitpunkt und Feldzeit der Erhebung
- detaillierte Angaben zum Auswahlverfahren
- ggf. Angaben zur Responserate (mit dem Verweis auf die Empfehlungen der AAPOR)
- ggf. Diskussion eines möglichen Nonresponse-Bias
- Angaben zum Erhebungsmodus
- Angabe, ob gewichtete Ergebnisse berichtet werden
- ggf. detaillierte Angaben zum Gewichtungsverfahren (zumindest „allgemeine" Gewichtungsvariablen, nicht notwendigerweise „proprietäre" Algorithmen und „spezielle" Gewichtungsverfahren)
- Angaben zum Item-Nonresponse bestimmter Variablen sind insbesondere dann zu berichten, wenn dieser Anteil die Schlussfolgerungen beeinflussen kann oder wenn Ergebnisse verschiedener Erhebungen miteinander vergleichen werden
- genauer Fragewortlaut („must be included")
- Fragekontext und Fragereihenfolge im Fragebogen
- Angabe, ob es sich um eine Mehrthemenbefragung handelte

Als „key information" werden genannt

- Auftraggeber, Erhebungsinstitut, Zeitpunkte und Erhebungsmethode

Auch wenn nicht alle „notwendigen technischen Informationen" zur Bewertung der Güte und Aussagekraft einer Erhebung an den Auftraggeber (oder in einer Veröffentlichung) berichtet werden, so fordert die gemeinsame Empfehlung von WAPOR und ESOMAR, dass Erhebungsinstitute und die veröffentlichenden Medien in der Lage sein müssen, diese Informationen auf Nachfrage zur Verfügung zu stellen. Allerdings schließt Punkt 5.3 auch mit der Einschränkung: „There is no obligation for further information beyond this to be supplied".

AAPOR Code of Professional Ethics and Practices

Die Standesregeln der AAPOR (2015) betonen bereits an früher Stelle als Grundprinzipien ihrer Arbeit u.a. Wissenschaftlichkeit und Transparenz (S. 1). Auch wenn Vertraulichkeit in Bezug auf Auftraggeber, Erhebungen und Ergebnisse einen besonderen Stellenwert erhalten (und Mitgliedsinstitute ohne ausdrückliche Genehmigung keine Informationen über eine Erhebung im Auftrag veröffentlichen), weisen Erhebungsinstitute aber Auftraggeber auf die eigenen Statuten und darin insbesondere auf den Abschnitt zu den zu veröffentlichenden Angaben der Erhebung hin, wenn Auftraggeber ihrerseits Ergebnisse veröffentlichen (Abschnitt I C). In eigener Verantwortung stehen Erhebungsinstitute nur, sofern sie Ergebnisse eigener Erhebungen veröffentlichen. Tatsächlich stehen Erhebungsinstitute aber auch in der Pflicht, faktische Fehldarstellungen oder -interpretationen auch von Auftraggebern zu korrigieren (Abschnitt I D).

Abschnitt III befasst sich ausführlich mit „Standards for Disclosure" und benennt eine Liste von Punkten, die z.B. in Form von ausführlichen Methoden- oder Feldberichten entweder an Auftraggeber übergeben werden oder auch allgemein einer (Fach-)Öffentlichkeit zugänglich gemacht werden, um unabhängige Einschätzungen der Qualität der Durchführung einer Erhebung und ihrer Ergebnisse zu ermöglichen.

- Auftraggeber, falls davon abweichend: Geldgeber
- Erhebungsinstitut(e)
- genauer Fragewortlaut (inkl. Antworten und Anordnung, Anweisungen für Interviewer und Teilnehmer)
- Beschreibung und (räumliche) Abgrenzung der Grundgesamtheit
- Zeitpunkte der Datenerhebung (Start, Ende)
- Beschreibung der Auswahlgrundlage(n) und Abdeckung der Zielpopulation; Beschreibung von Gruppen (und möglichst ihrer Größe) der Zielpopulation, die nicht abgedeckt werden. Wenn nicht eine definierten Auswahlgrundlage zugrunde liegt, wird auch darauf explizit hingewiesen.
- ggf. Name des Dienstleisters, der die Stichprobe erstellt hat
- ggf. bei Access-Panels o.ä. als Auswahlgrundlage die Art und Weise der ursprünglichen Rekrutierung
- Beschreibung des Stichprobendesigns (-plans), ggf. Schichtung, Klumpung, Oversampling, Auswahlverfahren im Haushalt. Kommen Quotierungen zum

Einsatz sollen die Quotierungsmerkmale beschrieben werden. Die Beschreibung von Auswahlgrundlagen und Stichprobendesign muss so ausführlich sein, dass daraus hervorgeht, ob es sich um eine Zufallsstichprobe oder eine Nicht-Zufallsstichprobe handelt

- alle Erhebungsmodi und Sprachen
- Stichprobengröße(n)
- Präzision/Genauigkeit der Schätzergebnisse: bei Zufallsstichproben Angaben zu Stichprobenfehler, Designeffekt durch Gewichtung, Klumpung und andere Aspekte des Stichprobendesigns. Bei Nicht-Zufallsstichproben soll – um Verwechslungen zu vermeiden – **nicht** der Begriff „Stichprobenfehler" verwendet werden. Modelle und Annahmen zur Angabe der Schätzgenauigkeit sollen hier ausführlich dargestellt werden.
- ggf. Angaben zu Gewichtungsverfahren inkl. Gewichtungsmerkmale und Quelle (der Populationswerte)

Während diese Liste von Metadaten für jede Erhebung („in any report") zusammen mit den Ergebnissen („include [...] or make them available immediately upon relase of that report") dem Auftraggeber oder der (Fach-) Öffentlichkeit zugänglich gemacht wird, sollen weitere Informationen innerhalb von 30 Tagen auf Nachfrage („of any request"; dabei bleibt unklar, ob diese Nachfrage nur den Auftraggeber oder ggf. andere Interessierte betrifft) zugänglich gemacht werden:

- ggf. genauere Angaben zur Teilnehmerpflege im und zu Ausfällen aus dem zugrundeliegenden Access-Panel o.ä.
- Angaben Interviewerschulungen, -supervision und -kontrolle
- alle weiteren verwendeten Materialien („relevant stimuli")
- Angaben zu eingesetzten Maßnahmen zu Erhöhung der Kooperationsbereitschaft (z.B. Ankündigungsschreiben, Incentives, spezielle Maßnahmen zur Verweigererkonversion)
- Angaben zu Maßnahmen zur Sicherung der Datenqualität (z.B. Kontrollinterviews u.a.; Angaben, wenn es keine solcher Maßnahmen gab)
- Zusammenfassung/Angabe der ausführlichen Ausfallursachen, um Responseraten u.ä. berechnen zu können. Können Ausfallursachen nicht im Detail berichtet werden, soll dieser Umstand berichtet und als Einschränkung der Erhebung hervorgehoben werden.

Standesregeln der CASRO

Der US-amerikanische Interessenverband der Erhebungsinstitute CASRO (Council of American Survey Research Organizations)[18] beschreibt in seinem „Code of Standards and Ethics for Survey Research" (2011) im Abschnitt III B des Regelwerks („Responsibilities in Reporting to Clients and the Public") ebenfalls Empfehlungen zur Berichterstattung an den Auftraggeber (oder ggf. an die interessierte Öffentlichkeit)

- Auftraggeber
- Erhebungsinstitut
- Zeitpunkte der Erhebung, Feldzeit
- Angaben zu Grundgesamtheit und Auswahlgrundlage
- detaillierte Angaben zum Auswahlverfahren (Stichprobendesign, Auswahlgrundlage, Erhebungsmodus, ggf. Clustergröße, Anzahl Kontaktversuche, explizite Definition der Grundgesamtheit/Screeningkriterien)
- detaillierte Angaben zur Anzahl Interviews (Anzahl kontaktierte Personen, Anzahl nicht erreichte Personen, Anzahl Abbrüche, Anzahl „neutraler" („non-eligible") Ausfälle, Anzahl Interviews/befragter Personen
- detaillierte und vollständige Angaben zur Berechnung einer Responserate („completion rate")
- Fragebogen oder vollständiger Wortlaut der Fragen, inklusive Intervieweranweisungen und zusätzlichen verwendeten Materialien
- Angaben zu Gewichtungs- oder besonderen Auswertungs-/Schätzverfahren (bei „proprietären" Techniken genügen allgemeine Angaben, allerdings muss das Erhebungsinstitut in der Lage sein, vertrauenswürdigen „qualifizierten und kompetenten" Personen über diese Verfahren Auskunft zu geben)
- Angaben zur Präzision und Unsicherheit durch Stichprobenfehler, Nichtstichprobenfehler und bei Verallgemeinerung von Stichprobenergebnissen auf die Grundgesamtheit; irreführende Eindrücke der Präzision sollen vermieden werden
- Angaben/Unterlagen zu Interviewerschulungen, Datenvalidierungen, Codebücher, ggf. andere wichtige Materialien

---

18 2017 hat sich CASRO mit der Marketing Research Association MRA unter dem neuen Namen „Insights Association" zusammengeschlossen.

Diese Aufstellung betrifft die Dokumentation gegenüber dem Auftraggeber (und ggf. einer interessierten Öffentlichkeit). Hier ist die Empfehlung der CASRO am ausführlichsten (z.B. was die Angaben zur Berechnung einer „Responserate" angeht). Der CASRO-Code gibt auch Empfehlungen, welche Informationen bei jeder Veröffentlichung von Ergebnissen einer Erhebung mindestens angegeben werden sollen:

- Auftraggeber
- Ziel und Aufgabe der Erhebung
- Beschreibung der Stichprobe und Anzahl der Interviews
- Zeitpunkt und Feldzeit der Erhebung
- Erhebungsinstitut
- genauer Fragewortlaut
- alle Angaben, die notwendig sind, damit „Laien" die Güte und Aussagekraft der Erhebung und der Ergebnisse einschätzen können
- Informationen, die notwendig sind, um einen berichteten „sample error" nachzuvollziehen

Standards von ADM, ASI und BVM zur Qualitätssicherung

Der Arbeitskreis Deutscher Markt- und Sozialforschungsinstitute ADM hat zusammen mit weiteren Dach- und Berufsverbänden der Markt- und Sozialforschung (der Arbeitsgemeinschaft Sozialwissenschaftlicher Institute ASI und dem Berufsverband Deutscher Markt- und Sozialforscher BVM) Standards zur Qualitätssicherung veröffentlicht. Abschnitt IV G (S. 38ff) widmet sich ausführlich der „Darstellung und Interpretation der Ergebnisse". Hier beschreibt der ADM zunächst, dass eine „gezielt unvollständige Darstellung, beispielsweise um widersprüchliche Einzelbefunde zu unterdrücken, [...] dem ethischen Anspruch an Wissenschaft und Forschung widerspräche [Konjunktiv im Original]". Damit ist implizit eine erste Forderung des ADM, dass alle Angaben an den Auftraggeber auch vollständig sein müssen (auch wenn der ADM hier gezielt einen Konjunktiv verwendet und es bleibt auch nur implizit, dass „Vollständigkeit der Darstellung" damit auch ein Teil der Qualitätsstandards der Mitglieder des ADM, der ASI und des BVM sind), wenn sowohl Auftraggeber, Auftragnehmer als auch die Erhebung und Ergebnisse wissenschaftlichen Ansprüchen genügen sollen.

Abschnitt IV G.3 („Dokumentation (Bericht, Tabellenband, mündliche Präsentation)", S. 38f) regelt, welche „Grundinformationen" mindestens in einem Methodenbericht dokumentiert und an den Auftraggeber übergeben werden müssen, „um die wissenschaftliche Qualität der Durchführung sowie Möglichkeiten und Grenzen der Interpretierbarkeit der Ergebnisse" zu ermöglichen:

- Auftraggeber
- Erhebungsinstitut
- Aufgabenstellung
- „Zielgruppe" (ungenau: vermutlich i.s.v. Grundgesamtheit, auf die verallgemeinert werden soll)
- „Zahl der befragten Personen (Stichprobengröße)" (ungenau: die Zahl der befragten Personen ist nicht notwendigerweise die Stichprobengröße)
- statistische Fehlertoleranz der Ergebnisse (Konfidenzintervall)
- Untersuchungszeitraum
- Angaben zum Stichprobenverfahren
- Angaben zum Erhebungsverfahren, Erhebungsmodus
- Stichproben-Ausschöpfung (ungenau: vermutlich i.s.v. Responserate, ohne weitere Vorgaben, wie eine Ausschöpfung zu berichten/berechnen sei)
- Zahl der eingesetzten Interviewer
- Methode und Ergebnis der Interviewerkontrollen
- der Fragebogen
- angewandte Gewichtungsverfahren und (S. 56) gewichtete als auch ungewichtete Strukturdaten, durch Gewichtung erzeugte Stukturveränderungen, verwendete Gewichtungsmerkmale
- (darüber hinaus ein „Tabellenband", der die eigentlichen Ergebnisse. Hier bleiben verbindliche Vorgaben zu „notwendigen" Angaben über die Anzahl bzw. den Anteil der Befragten, die mit „weiß nicht" geantwortet haben oder „keine Angabe" gemacht haben aber implizit)
- Veränderungen an den Rohdaten (S. 54f) durch „formal-logische Fehler, inkonsistente oder unplausible Ergebnisse"

Zuvor beschreibt Abschnitt IV E.2 (S. 36) die „Dokumentation der Ergebnisse (quantitativ)" in Form eines „Feldprotokolls", in dem das Erhebungsinstitut „die Qualität der Feldarbeit bei der Umsetzung eines Stichprobenplans" dokumentiert. Dieses „Feldprotokoll" wird dem Auftraggeber nur „auf Wunsch" ausgehändigt. Es enthält

- die Anzahl der eingesetzten und bearbeiteten Befragungsorte (Anzahl Klumpen oder PSUs)
- die Anzahl der eingesetzten Interviewer
- ein „Ausschöpfungsprotokoll", in dem die Art der Ausfälle getrennt dokumentiert ist („Nichterreichbarkeit, Verweigerungen, usw.")

ZAW-Rahmenschema für Werbeträgeranalysen

Der Zentralverband der Deutschen Werbewirtschaft hat ein „Rahmenschema" veröffentlicht (zuletzt aktualisiert 1994).[19] Der Abschnitt ist absichtlich so ausführlich, weil eben auch die Ausführungen so umfangreich sind. Bereits das Vorwort betont bei den Änderungen gegenüber der vorherigen Auflage die Änderungen zugunsten einer „ausführlichen Dokumentation der Untersuchung" (S. 13). Abschnitt 1 (S. 14–29 dient v.a. wichtigen Begriffsdefinitionen im Rahmen des ZAW-Schemas. Abschnitt 3 (Seiten 60–68) befasst sich dann ausführlich mit den Inhalten einer Dokumentation, „gemäß ZAW-Rahmenschema"

Eine Dokumentation, die dem ZAW-Rahmenschema entspricht sollte bestehen aus Vorbemerkung, einer ausführlichen Methodenbeschreibung, den Ergebnissen der Interview(er)kontrolle und einer Beschreibung der *vom Erhebungsinstitut erhaltenen* Dateien (z.B. der Stichprobe oder der Auswahlgrundlagen). Eine Besonderheit weisen Erhebungen nach dem ZAW-Rahmenschema auf (S. 60): werden Ergebnisse dieser Erhebungen mit Hinweis auf die Durchführung nach den Empfehlungen des ZAW-Rahmenschemas („ganz oder in Teilen") veröffentlicht, können alle Interessierten Einblick in die vollständigen Methoden- und Verfahrensbeschreibungen verlangen.[20]

---

19 Die 8. Auflage beinhaltet Änderungen (S. 11f), die sich explizit auf telefonische Befragungen beziehen, eine „Gleichwertigkeit von Quota-Stichproben" attestieren, eine „Mindest-Ausschöpfung der bereinigten Nettostichprobe" einführen und auch auch eine „ausführliche Dokumentation einer Untersuchung" vorsehen.

20 Wobei unklar bleibt, ob und auf wen der Kreis der „Interessierten" beschränkt ist, oder gegenüber wem Interessierte Auskunft verlangen können, gegenüber dem Erhebungsinstitut oder gegenüber dem Auftraggeber.

In den „Vorbemerkungen" eines Untersuchungsberichts sollen „mindestens" enthalten sein:

- Auftraggeber
- Verantwortliche (intern oder extern) für „Anlage", Stichprobenziehung, Durchführung und Auswertung
- Ziel einer Untersuchung
- Grundgesamtheit auf die sich dargestellte Ergebnisse beziehen
- „Erhebungsform" (ungenau: Erhebungsmodus)
- Auswahlverfahren („Random/Quota") (eine Stichprobe darf nur als „Random" bezeichnet werden, wenn *jede* Stufen eine Zufallsstichprobe darstellt)
- Untersuchungszeitraum (Dauer, Ende)

Die „ausführliche Methodenbeschreibung" enthält (ggf. erneut und detaillierter als die Vorbemerkungen) Angaben

- zur Grundgesamtheit:
  - geographische sowie räumliche und zeitliche Bestimmung der Grundgesamtheit
  - die absolute Größe
  - die Abdeckung der Grundgesamtheit durch die Auswahlgrundlage
  - Quellen und Jahresangaben
- zum Auswahlverfahren:
  - für jede Stufe eine Beschreibung von Schichten und Klumpen, Anzahl Sampling Units (PSU, SSU, ...),
  - Angaben zur Stichprobenziehung (Fläche vs. Liste, bei Random Walk Hinweise ob Adressgenerierung getrennt von Interview stattgefunden hat),
  - Beschreibung aller Auswahlschritte bis zur Befragungsperson
  - Bei Quotenstichproben die Verteilungen der Quotenmerkmale mit Quellenangaben zusammen mit Soll/Ist-Vergleichen der Quotenvorgaben
- zur Durchführung der Feldarbeit:
- „alle für die Bewertung der Qualität einer Stichprobe nötigen Informationen": soweit noch nicht aufgeführt schliesst das z.B. weiter ein eine maximale Anzahl der Kontaktversuche, ggf. Erinnerungen, Anzahl Interviews pro Interviewer, Angaben zu Interviewerinstruktionen, -kontrolle und Supervision.
  - Umfang der Bruttostichprobe

- Umfang der Nettostichprobe („ausgewertete Stichprobe")
- Termine (Beginn, Ende, Dauer der Feldarbeit
- „detaillierte Angaben zum Interview"
- Zahl der eingesetzten Interviewer
- ggf. Art der Incentivierung
- zur Auswertung:
  - Angaben zu Subgruppen (Anzahl und definitorische Abgrenzung)
  - verwendete Definitionen, statistischen Verfahren
  - Angaben von gewichteten und ungewichteten Fallzahlen der Subgruppen für die Auswertungen vorgesehen sind

Die Empfehlungen/Vorgaben des ZAW-Rahmenschemas gipfeln in einer „Mustergliederung", deren Punkte „möglichst ausführlich" behandelt werden sollen:

- Ziel der Erhebung
- Auftraggeber
- beteiligte Institute, durchführende Abteilungen
- Verweise auf vorhergehende gleiche Erhebungen
- Verweise auf vergleichbare Erhebungen
- Hinweise auf Konformität mit Anforderungen an Form, Durchführung und Inhalt der Erhebung (verwendete Definitionen und Klassifikationen, Berechnungsformeln, Qualitätszertifizierungen usw.)
- externe Mitwirkende (Organisationen und Personen)
- Hinweis ob die beschriebene Untersuchung Teil einer größeren Untersuchung ist (Wiederholungsbefragung, Trend, Querschnitt; auch: Mehrthemenbefragung)
- Abgrenzung und Beschreibung der Grundgesamtheit (Größe und Definitionen, ggf. Beschreibung einer Datei)
- Auswahlverfahren („präzise" Beschreibung der Stufen, Schichten, Auswahlverfahren im Haushalt, Umgang mit populationsfremden Elementen)
- Definition der Zielpersonen
- ggf. Quotenvorgaben und Quellen
- Anzahl Tranchen
- Anzahl Sampling Points/Adressen pro Sampling Point

- „Ausweisung der Ausfälle" (Anzahl und Art der Ausfälle, „ausführliches Ausfallprotokoll für alle Stufen" einer Stichprobe)
- („Ausschöpfungsgrad", „Ausschöpfungsprotokoll")
- Bewertung der Ausfälle (Diskussion von Konsequenzen für Bias)
- „Umgang mit Ausfällen" (unklar: Hinweise und Angaben zu Imputation, Gewichtung?)
- Hinweise auf Genauigkeit der Schätzergebnisse, Voraussetzung (!) und Art und Weise der Bestimmung der Genauigkeit, Genauigkeit für verschiedene Fallzahlen („Fehlertoleranztabelle")
- Fragestellung und verwendete Materialien
- Angaben zur Design- und Korrekturgewichtung
- Angaben zu statistischen Auswertungsverfahren
- Angaben zu Auswertungen, die auf Subgruppen basieren
- Lesehilfen zu Auswertungen
- Hinweise zu Problemen bei der Auswertung (Formeln, Item-Nonresponse u.a.)
- Datum der Stichprobenziehung, Datenstand für Stichprobenziehungen
- Beginn, Dauer, Ende der Feldzeit
- (Brutto und Netto-)Stichprobenumfänge
- Anzahl Interviewer
- Angaben zu Interviewerschulungen
- Verteilung der Kontaktversuche auf Tage und Uhrzeiten
- Angaben zum Call-Management (Call-Back-Steuerung)
- Angaben zur Art und Umfang der Interviewerkontrolle
- Angaben zu Art und Umfang der Plausibilitätskontrolle
- Fragebogen und sonstige verwendete Materialien, Ankündigungsschreiben, Einleitungstexte Intervieweranweisungen
- Anweisungen bei Random Route
- Quotenplan und -anweisungen

Ausschöpfung und Ausschöpfungsprotokoll

Das ZAW-Rahmenschema beschreibt eine „Ausschöpfung" und einen „Ausschöpfungsgrad" als *ein* Qualitätsmerkmal einer (Zufalls-)Stichprobe. Ausfälle *können eventuell* zu Verzerrungen führen.

Als Maß der Ausschöpfung wird ein „Ausschöpfungsgrad" definiert als „das Verhältnis zwischen der Anzahl der tatsächlich untersuchten Stichprobenelemente und der gesamten Stichprobenelemente" (S. 20):

$$Ausschöpfungsgrad = \frac{Anzahl\ Interview}{Gesamtheit\ der\ Stichprobenelemente - stichprobenneutrale\ Elemente} \tag{1}$$

Eine „Erfolgsquote" (S. 21) soll mindestens 70% betragen. Eine niedrigere Rate muss begründet werden und gesonderte Nonresponseanalysen durchgeführt werden. Dazu sind besondere Fragen am Ende jedes Interviews zur Antreffbarkeit, zur Mobilität und Interviewbereitschaft zu stellen.

Ausfälle untergliedern sich in „stichprobenneutrale Ausfälle", die keine Verzerrungen verursachen und „stichprobenverzerrende Ausfälle". Ob Ausfälle „neutral" oder potentiell „verzerrend" sind, kann sich nach Art und Weise der Stichprobe unterscheiden. Zu stichprobenneutralen Ausfällen (hier ursprünglich bei einer Adressstichprobe privater Haushalte) zählt das ZAW-Rahmenschema:

- Dateifehler (Registerfehler; Haushalte existieren an der angegeben Adresse nicht), bei Telefonstichproben: Nummer existiert nicht („'kein Anschluss unter dieser Nummer). Unter Adresse/Rufnummer gibt es keinen Haushalt oder Telefonanschluss
- eine Wohnung ist längere Zeit tatsächlich unbewohnt
- an Adresse ist kein Haushalt (mehr) vorhanden, technisch bedingte Ausfälle, Faxnummern u.ä.
- eine Adresse ist nicht auffindbar
- im Haushalt an einer Adresse/unter einer Rufnummer ist keine Person der Zielpopulation vorhanden
- Adresse/Rufnummer führt nicht zu Angehörigen der Grundgesamtheit (z.B. Firmenanschlüsse, nicht deutschsprachige Haushalte, Anstaltshaushalte u.ä.)

Demgegenüber stehen potentiell stichprobenverzerrende Ausfälle:
- Ausfälle von Interviewern/ganzen Sampling Points (!)
- einzelne (!) nicht bearbeitet Adressen/Rufnummern
- niemand erreichbar, auch nach mehreren Kontaktversuchen
- Kontaktpersonen verweigern Auskünfte zur (potentiellen?) Zielperson
- kein Interview trotz Terminvereinbarung/Erinnerung
- Interview nach Abschluss der Feldarbeit, fehlerhaft durchgeführte Interviews (!), Computerfehler bei CATI (!?)

Während die vorherigen Ausfallursachen potentiell verzerrend sind, geht das ZAW-Rahmenschema bei den folgenden Ausfallursachen von einer höheren Gefahr der Verzerrung aus (zu beachten ist hier der explizite Bezug auf eine „Zielperson"!):
- Zielperson ist trotz mehrerer Kontaktversuche nicht erreichbar (längere Zeit abwesend, z.b. verreist, krank)
- Zielperson verweigert Interview
- Zielperson bricht Interview ab
- Zielperson aus gesundheitlichen Gründen nicht befragbar

Obwohl das ZAW-Rahmenschema im Bereich der Sozialforschung weitgehend unbekannt oder unbeachtet (anders als z.b. im Bereich der Medien-, Medienwirksamkeits- und Medienreichweitenforschung), stellt es doch die ausführlichste (auch weitergehend als z.b. die Vorgaben der Berufsverbände ADM und ASI, aber auch der Norm-Vorgaben nach DIN/ISO) und auch operationalste Zusammenstellung an Anforderungen an Feld- oder Methodenberichte dar.

Vorschläge der DFG zur Sicherung guter wissenschaftlicher Praxis und Empfehlungen der HRK zur Umsetzung an deutschen Hochschulen

Das Vorwort zu den Vorschlägen der DFG (2013, S. 8) zur Sicherung guter wissenschaftlichen Praxis beginnt mit der Betonung, „Wissenschaft gründet auf Redlichkeit. Diese ist eines der wesentlichen Prinzipien guter wissenschaftlicher Praxis und damit jeder wissenschaftlicher Arbeit. [...] Unredlichkeit hingegen gefährdet die Wissenschaft. Sie zerstört [...] das

Vertrauen der Gesellschaft in die Wissenschaft [...]". Da auch Dachverbände der Markt- und Meinungsforschung sowie Erhebungsinstitute die Wissenschaftlichkeit und wissenschaftliche Qualität ihrer Tätigkeit hervorheben, ist auch ein Blick auf die Vorschläge der DFG und der Vorschläge zur Umsetzung zur Sicherung guter wissenschaftlicher Praxis angebracht.

Die DFG regelt in Ihren Empfehlungen nicht explizit oder ausführlich, welches Vorgehen oder welche Informationen notwendig sind, damit eine Erhebung und Ergebnisse wissenschaftlichen Ansprüchen genügen. Sie geht aber in zwei ihrer Empfehlungen explizit auf den Umgang mit Primärdaten ein, aus dem auch Vorgaben und Empfehlungen für die Art und Weise ableitbar sind, wie die Datenerhebung dokumentiert werden muss, um Ansprüchen guter wissenschaftlicher Praxis zu genügen. In Empfehlung 7 („Sicherung und Aufbewahrung von Primärdaten") betont die DFG die Wichtigkeit der Möglichkeit zur Replikation von Ergebnissen: Dies sei „nur möglich, wenn alle wichtigen Schritte nachvollziehbar sind. Dafür müssen sie aufgezeichnet werden "[...], dass Arbeiten an einem anderen Ort nachvollzogen werden können" (S. 21). Die DFG geht in ihren Empfehlungen soweit, „dass das Abhandekommen von Originaldaten aus einem Labor gegen Grundregeln wissenschaftlicher Sorgfalt verstößt und prima facie einen Verdacht unredlichen oder grob fahrlässigen Verhaltens rechtfertigt" (S. 21). Die DFG bezieht dies vor allem auf die erhobenen Primärdaten selbst, tatsächlich muss dies aber auch für die Informationen über die erhobenen Daten gelten: Wenn nicht oder nicht ausreichend belegt werden kann, *wie* Daten zustande gekommen sind, kann ein Auftraggeber (oder auch ein Erhebungsinstitut) nicht für sich in Anspruch nehmen, eine Erhebung oder deren Ergebnisse seien wissenschaftlich oder genügten wissenschaftlichen Ansprüchen.

Die Hochschulrektorenkonferenz (2013, ohne Seitenanagben) konkretisiert in ihren Empfehlungen zur Umsetzung dieser DFG-Vorschläge in Empfehlung II.4: „Die Prämisse der Wahrheitsfindung in der Wissenschaft fordert insbesondere die fortdauernde Bereitschaft zum Zweifeln an erzielten Ergebnissen, die genaue Dokumentation der Daten und Quellen und die maximale Transparenz der eingesetzten Methoden zur Erhebung der Daten [...,] und auch das wissentliche 'Übersehen' [Betonung im Original] von Unredlichkeiten im Umgang mit Daten und Texten ist selbst wissenschaftliches Fehlverhalten".

Auch wenn sich Empfehlungen der DFG und der HRK nicht explizit auf Erhebungsinstitute und Auftraggeber/Verwerter von Befragungen und Befragungsergebnisse beziehen, umfasst es prinzipiell alle Akteure, die für sich in Anspruch nehmen, wissenschaftlich zu arbeiten und wissenschaftlichen Ansprüchen zu genügen.

Principles of Disclosure des National Council on Public Polls (NCPP)

Der NCPP teilt seine Vorgaben zur Veröffentlichungspraxis in drei Teile („Levels of Disclosure") auf. Die erste Ebene („Level 1 Disclosure") umfasst verbindlich folgende Punkte, die bei jeder Veröffentlichung von Befragungsergebnissen (durch eines seiner Mitglieder) angegeben werden müssen. Die Veröffentlichung dieser Informationen soll ermöglichen, dass Rezipienten die Güte und Aussagekraft von Befragungen und Befragungsergebnissen bewerten können. Dies umfasst die Veröffentlichung von:

- Auftraggeber
- Erhebungsinstitut
- Zeitpunkte der Erhebung, Feldzeit
- Angaben zum Stichprobenverfahren
- Angaben zur Zielpopulation/Grundgesamtheit
- Anzahl der befragten Personen („size of the sample that serves as the basic basis of the survey report"; d.h. nicht unbedingt die „Stichpobengröße" i.e.S.)
- ggf. Hinweis darauf, dass Ergebnisse und Auswertungen auf Subgruppen basieren; Beschreibung und Anzahl befragter Personen in diesen Gruppen
- Erhebungsmodus
- genauer Wortlaut und Angaben zur Fragenreihenfolge

(Dabei sei beachtet, dass hier nicht notwendigerweise Informationen enthalten sind, die einer Responserate entsprechen.)

Diese Informationen sollen vom Erhebungsinstitute auf Nachfrage auch der interessierten Öffentlichkeit zur Verfügung gestellt werden, wenn der Auftraggeber selbst Ergebnisse der Erhebung veröffentlicht hat. Erhebungsinstitute (bzw. Mitglieder des NCPP) sind zusätzlich sogar verpflichtet („shall have the responsibility"), diese Informationen zur Verfügung zu stellen und zusätzliche Informationen zu geben, um ggf. missverständliche Darstellungen und Interpretationen der Befragungsergebnisse durch Auftraggebers zu korrigieren („put into the proper context").

Auf der zweiten Ebene („Level 2 Disclosure") veröffentlichen Erhebungsinstitute auf (schriftliche) Nachfrage Informationen zu veröffentlichten Befragungen/Befragungsergebnisse zu

- Abdeckung/Coverage der Grundgesamtheit/Zielpopulation durch die Auswahlgrundlage

- ggf. Angaben zum Auswahlverfahren der Befragungsperson (z.b. im Haushalt)

- maximale Anzahl der Kontaktversuche

- genauer Wortlaut des Begrüßungs- oder Einleitungstextes (vor der ersten Frage)

- genauer Fragewortlaut in allen Sprachen, in denen die Befragung ggf. durchgeführt wurde

- Fallzahlen, gewichtet und ungewichtet, zu jeder in der Veröffentlichung berichteten Subgruppe

- Anzahl beantworteter Fragen, aber der ein Interview als vollwertiges/'vollständiges' Interview gezählt wurde

- Angaben, ob Interviewer bezahlt wurden (aber nicht notwendigerweise, nach welchem Vergütungsmodell)

- Angaben zu Incentives oder Vergütung für Befragungspersonen

- ggf. Angaben zu verwendeten Gewichtungsverfahren, um von der Stichprobe auf eine Grundgesamtheit schließen zu können

- Angaben zu Fallzahlen, um verschiedene Responseraten nachzuvollziehen oder berechnen zu können.

(Hier ist aber unklar, auf wessen schriftliche Nachfrage Informationen bereitgestellt werden sollen.)

Schließlich („Level 3 Disclosure") empfiehlt der NCPP, dass Mitglieder

- die (anonymisierten) Rohdaten veröffentlichter Befragungsergebnisse ebenfalls zu veröffentlichen,

- den genauen Fragewortlaut, Fragenreihenfolge und Auszählungen zu veröffentlichten Befragungen ebenfalls veröffentlichen (wenn auch zeitlich begrenzt), und

- sich öffentlich zur Einhaltung dieser Prinzipien bekennen.

Mindestanforderung lt. DIN-ISO 20252

Alle DIN-ISO-20252 zertifizierten Dienstleister müssen mindestens folgende Informationen im Bericht an den Auftraggeber berichten (Abschnitt 7.2, Berichterstattung bei Quantitativen Studien):

- Name des Auftraggebers
- Name des Forschungsdienstleisters
- die Zielsetzungen des Forschungsprojekts
- die Zielgruppe für dieses Forschungsprojekt
- die erreichte Stichprobengröße im Vergleich zur angestrebten Stichprobengröße sowie gegebenenfalls Gründe für die Nichterreichung der angestrebten Stichprobe
- das Datum der Feldarbeit
- das Verfahren zur Stichprobenziehung, einschließlich des Verfahrens zur Auswahl der Befragten
- das Verfahren zur Datenerhebung
- die Rücklaufquote (bei Zufallsstichproben) sowie die Definition und das Verfahren zu deren Berechnung
- gegebenenfalls die Art der Incentives
- gegebenenfalls die Anzahl der Interviewer
- gegebenenfalls die Methoden der Validierung der Interviewer
- Fragebogen, alle visuellen Vorlagen oder Karten sowie andere relevante Dokumente zur Datenerhebung
- gegebenenfalls die Dokumente, Materialien oder Produkte, die als Teil des Forschungsprojekts eingesetzt wurden
- gegebenenfalls die Gewichtungsverfahren
- gegebenenfalls die eingesetzten Schätzungs- und Imputationsverfahren
- die Zuverlässigkeit der Ergebnisse, einschließlich (bei der Verwendung von Zufallsstichproben) Schätzungen des Stichprobenfehlers und der stichprobenfremden Fehler bzw. Anzeichen dafür
- die Ergebnisse, die auf Untergruppen basieren, und die Anzahl der Fälle bei der Auswertung von Untergruppen

Einzelne Punkte oder Begriffe sind dabei ungenau oder unspezifisch. Ausserdem schreibt die Norm nicht weiter vor, in welchem Detail oder Umfang zu den einzelnen Punkten berichtet werden muss. Trotzdem dürfte diese Richtlinie im Rahmen von formellen Qualitätszertifizierungen der Erhebungsinstitute am ehesten Verwendung finden (oder können sich Auftraggeber am ehesten auf einen der Zertifizierung entsprechenden Dokumentation berufen). Auftraggeber und Auftragnehmer sollten bereits bei der Auftragsvergabe darauf achten bzw. vereinbaren, welche Form und welchen Umfang ein solcher Methoden- oder Feldbericht haben soll und welche Angaben er ggf. auch zusätzlich oder detaillierter enthält.

Nicht alle Angaben sind eventuell von Interesse für Auftraggeber. Werden Ergebnisse aber veröffentlicht, können Dritte Interesse an diesen Angaben haben oder benötigen Information zur Einschätzung der Qualität uns Aussagekraft der Ergebnisse.

Publizistische Grundsätze (Pressekodex) des Presserats

Die Richtlinien des Presserates richten sich weniger an Auftragnehmer und Auftraggeber, sondern geben Richtlinien, mit welchen Angaben Befragungsergebnisse veröffentlicht werden müssen. Der Presserat beschreibt entsprechende Richtlinien unter Ziffer 2 des Presskodex („Sorgfalt"). Bei Veröffentlichung von Umfrageergebnissen sind zu nennen:

- Zahl der Befragten
- Zeitpunkt der Befragung
- Auftraggeber bzw. Eigeninitiative des Erhebungsinstitutes
- die genaue Fragestellung
- Hinweis, ob Ergebnisse „repräsentativ" sind
- bei graphischen Darstellungen müssen irreführende Verzerrungen ausgeschlossen sein

Nähere Angaben macht der Presserat nicht, z.B. wann Ergebnisse „repräsentativ" sind oder wann eine graphische Darstellung irreführend ist. Tatsächlich ist auf Basis allein dieser Angaben kaum möglich, die Qualität und Aussagekraft einer Erhebung einzuschätzen. Gerade aber die Verbreitung von Befragungsergebnissen in den Medien macht es wichtig, dass Multiplikatoren von Befragungsergebnissen in der Lage sind, die Qualität und

Aussagekraft von Erhebungen und den auf ihnen beruhenden Ergebnisse zu beurteilen. Für eine Darstellung in der Presse mag der Hinweis ausreichend sein, eine Erhebung sei „repräsentativ" (siehe zur Verwendung dieses Begriffs auch Kapitel 3), allerdings muss sich ein solcher Hinweis dann in der transparenten und detaillierten Berichterstattung in Feld- und Methodenberichten belegen lassen. Das impliziert, dass Auftraggeber entsprechend Feld- und Methodenberichte „ihrer Erhebung" zugänglich machen für Medienangehörige oder auch eine interessierte Öffentlichkeit, damit diese selbst und unabhängig einschätzen und nachprüfen können, ob und für welche Grundgesamtheit, „Ergebnisse repräsentativ" sind.

NCCP-Hinweise für Journalisten

Der National Council for Public Polls, ein US-amerikanischer Dachverband der Markt und Meinungsforschungsinstitute (ähnlich der US-amerikanischen AAPOR, der europäischen ESOMAR oder dem deutschen ADM), gibt eine Liste von 20 Fragen vor, die sich Journalistinnen und Journalisten stellen sollten, wenn sie Ergebnisse von Befragungen (hier vor allem Meinungsumfragen) berichten. Aus dieser Liste von 20 Fragen lassen sich Punkte ableiten, die zusammen mit Ergebnissen einer Befragung veröffentlicht werden müssen, um die Qualität einer Erhebung und die Aussagekraft ihrer Ergebnisse einschätzen zu können:

- Erhebungsinstitut
- Auftraggeber
- Ziel der Erhebung
- Anzahl befragte Personen
- Auswahlverfahren (diesen Punkt betont der NCPP besonders, da dies oftmals den Unterschied zwischen „wissenschaftlichen" und „pseudo"-Befragungen ausmache)
- Angaben zur Auswahlgrundlage/Grundgesamtheit
- ggf. Hinweise, dass Ergebnisse auf bestimmten Subgruppen beruhen
- Hinweise zur Responserate (berechnet und berichtet nach einer bekannten Formel) und Diskussion, wie Nonresponse Ergebnisse beeinflussen könnte
- Zeitpunkt und Feldzeit der Erhebung

- Art der Datenerhebung, Angaben zum Erhebungsmodus (damit verbunden auch Angaben zur Grundgesamtheit, auf die verallgemeinert werden kann, Diskussion, welchen Einfluss die Art der Datenerhebung auf Ergebnisse hat)
- Angaben zur Präzision/Unsicherheit, mit der von der Gruppe der befragten Personen auf eine Grundgesamtheit verallgemeinert werden kann (hier verweist der NCPP darauf, dass v.a. bei Vergleichen zwischen Gruppen diese Unsicherheit berücksichtigt werden muss)
- Angaben zu Interviewern (Anzahl, besondere Schulungen)
- Angaben zu Incentives und anderen Maßnahmen, die die Teilnahme erhöhen sollen
- genauer Fragewortlaut, Fragenreihenfolge, Fragebogen
- ggf. Angaben zu Gewichtungsverfahren, ob Ergebnisse auf gewichtete/ungewichteten Daten beruhen
- Angaben zu anderen Erhebungen mit gleicher/ähnlicher Fragestellung und Diskussion von Gemeinsamkeiten bzw. Unterschieden
- Hinweise/Anmerkung zur Interpretation der Ergebnisse (Aufbereitung, Auswertung, Auswertungsverfahren)

Nicht 20, aber immer noch (mindestens) sechs sehr ähnlich Fragen beschreibt Bensted (2006), die sich nicht nur Journalisten stellen sollten, sondern jede/jeder, der Ergebnisse von Befragungen präsentiert oder präsentiert bekommt; daraus lassen sich die folgenden notwendigen Informationen zur Beurteilung einer Erhebung und der Ergebnisse zusammengefasst ableiten:

- Angaben zum Modus und Diskussion der möglichen Auswirkungen auf die Ergebnisse (z.B. Intervieweranwesenheit bei sensitiven Fragen)
- Angaben zum Auswahlverfahren (Zufalls- vs. Nichtzufallsstichprobe)
- Angaben zur Präzision/Unsicherheit mit der Befragungsergebnisse auf die Grundgesamtheit übertragen werden können (Angaben zu Sampling Error und Nonsampling Error; Anzahl Interviews, Hinweise und Diskussion der Auswirkungen von Nonresponse, Messfehler)
- ggf. Angaben zu Gewichtungsverfahren, ob Ergebnisse auf gewichtete/ungewichteten Daten beruhen (um ein komplexes Survey-Design auszugleichen)
- Angaben zu Item-Nonresponse und Diskussion der Auswirkungen auf Ergebnisse

AAPOR: Questions to ask when writing about Polls

- Die American Association for Opinion Research gibt eine ähnliche Hilfestellung für Journalisten, die Ergebnisse aus Befragungen (hier insb. im
  Umfeld von Wahlen) berichten, aus der wiederum eine Liste von Angaben
  abgeleitet werden kann, die notwendig sind, um die Qualität und Aussage-
  kraft von Befragungen und ihrer Ergebnisse einschätzen zu können. Diese
  Angaben sollen bei jeder Veröffentlichung von Ergebnissen genannt wer-
  den oder auf Nachfrage unverzüglich („promptly") zur Verfügung gestellt
  werden:
- Auftraggeber
- Grund und Ziel der Erhebung
- Erhebungsinstitut
- Angaben zur Durchführung der Erhebung:
- Anzahl befragte Personen
- Angaben zur Grundgesamtheit auf die verallgemeinert werden soll/auf die
  verallgemeinert werden kann
- Angaben zur Auswahlgrundlage
- Angaben zum Auswahlverfahren
- Angaben zur Präzision/Unsicherheit, mit der Befragungsergebnisse auf
  eine Grundgesamtheit verallgemeinert werden können
- Angaben zu Zeitpunkt und Feldzeit der Erhebung
- Angaben zu Art der Datenerhebung, Erhebungsmodus
- genauer Fragewortlaut, Fragenreihenfolge, Fragebogen
- ggf. Angaben zu Gewichtungsverfahren, ob Ergebnisse auf gewichteten/
  ungewichteten Daten beruhen
- ggf. Hinweise, ob berichtete Ergebnisse auf bestimmten Subgruppen beruhen (inkl. Fallzahl dieser Gruppen)

AAPOR: 17 questions to judge data quality

In ähnlicher Weise beschreibt ein Bericht der AAPOR (2016) 17 Fragen ausführlich (aber „intentionally non-technical"), die Datennutzer sich und Datenproduzenten stellen sollen, um die Datenqualität (hier „validity of a survey's results", S. 1) beurteilen zu können. Zu Beginn betont die AAPOR auch hier wieder das Primat der Transparenz in allen notwendigen Schritten bei der Durchführung (einschließlich Planung und Design) einer Erhebung, um die Qualität der Ergebnisse umfassend bewerten zu können. Dabei verweist die AAPOR auch auf die Erhebungsinstitute selbst: renommierte und ernstzunehmende Erhebungsinstitute zeichnen sich dadurch aus, dass sie zur Bewertung notwendige Informationen (ggf. auf Nachfrage) zur Verfügung stellen (können).

Die 17 Fragen zur Bewertung der Qualität einer Erhebung und ihrer Ergebnisse fasst die AAPOR unter fünf Hauptthemen (bei denen auch der direkte Bezug zu einem Total Survey Error Modell sehr deutlich wird):

1) Coverage (Grundgesamtheit, Zielpopulation und Auswahlgrundlage)

1. Haben die meisten Elemente der Zielpopulation/Grundgesamtheit auf die verallgemeinert werden soll eine (implizit aber nicht genannt: berechenbare) Auswahlwahrscheinlichkeit? Sind diejenigen Elemente der Grundgesamtheit, die keine Auswahlwahrscheinlichkeit haben, anders als Elemente, die eine positive Auswahlwahrscheinlichkeit haben?

2. Beruht eine Stichprobe auf einer etablierten Auswahlgrundlage? Wenn nicht: wie wurden Respondenten ursprünglich rekrutiert? (Implizit: wurden Elemente einer Auswahlgrundlage auf Grundlage eines Nichtzufallsprozesses – z.B. Selbstselektion in ein Access-Panel– in die Auswahlgrundlage rekrutiert/aufgenommen?)

2) Sampling (Stichprobendesign, Auswahlverfahren)

3. Wie wurde die Stichprobe gezogen? Handelt es sich um eine Zufallsstichprobe (d.h. mit bestimmbaren Auswahlwahrscheinlichkeiten) oder um eine Nichtzufallsstichprobe?

4. Welche Schritte im Rahmen der Stichprobenziehung oder während der Datenerhebung wurden unternommen, um die Qualität der Stichprobe in Bezug zur Grundgesamtheit zu erhöhen? Darunter fällt z.B. Schichtung und Quotierung bei der Stichprobenziehung oder bei der

Auswahl der Zielpersonen, Anpassungsgewichtung der Interviews an bekannte Werte der Grundgesamtheit, aber auch Verfahren wie Statistical Matching (z.B. Propensity Score Matching)

5. Sind diese Maßnahmen auch wirksam? Gibt es Vergleiche (vor und nach einer Anpassungsgewichtung) von Merkmalen aus der Stichprobe mit einem „Goldstandard", z.B. der Grundgesamtheit oder einer anderen qualitativ hochwertigen Erhebung?

6. Gibt es Angaben zum Stichprobenfehler/Wie groß ist die Schätzungenauigkeit beim Schluss von Ergebnissen einer Zufallsstichprobe auf die Grundgesamtheit?

3) Nonresponse

7. Gibt es Angaben zu Höhe der Art und Weise der Berechnung einer Responserate? Allerdings verbindet die AAPOR diese Frage gleich mit dem mehrmaligen Hinweis, dass eine Responserate allein keinen guten Qualitätsindikator einer Erhebung darstellt, da einerseits Responseraten durch unterschiedliche Berechnungsweisen schwer vergleichbar sind, andererseits weil Responseraten nur bedingt einen Hinweis auf Verzerrungen oder ein höheres Risiko von Verzerrungen geben. Um Missverständnisse zu vermeiden, soll bei Nichtzufallsstichproben der Begriff „Responserate" nicht und stattdessen der Begriff „Teilnahmerate" („participation rate") verwendet werden.

8. Gibt es Angaben/Untersuchungen zu Verzerrungen durch Nonresponse? Sorgen drehen sich weniger um niedrige Responseraten, sondern um Verzerrungen durch Nonresponse. Darüber geben (niedrige) Responseraten nur bedingt Aufschluss: bei niedrigen Responseraten ist lediglich auch das Risiko für Nonresponsebias größer. Aufschlussreicher als (niedrige oder hohe) Responseraten sind Vergleiche zwischen Respondenten und Nonrespondenten oder zwischen Respondenten und der Grundgesamtheit.

9. Gibt es Analysen, die Nonresponsebias untersuchen (z.B. Vergleiche mit externen Daten, Vergleiche von verschiedenen Respondenten (frühe vs. späte Teilnehmer), Vergleiche nach verschiedenen Korrekturverfahren)? Wenn es keine solche Analysen gibt, gibt es eine Begründung, weshalb nicht?

10. Gibt es Angaben zu Maßnahmen zum Ausgleich/zur Verringerung von Nonresponsebias, z.B. durch Gewichtung? Gibt es Angaben zu Annahmen und den bei der Gewichtung verwendeten Merkmalen?

11. Gibt es Angaben zum Einfluss dieser Korrekturmaßnahmen auf Ergebnisse? Werden gewichtete und ungewichtet Ergebnisse miteinander verglichen (für mehrere verschiedene Merkmale, die nicht zur Gewichtung verwendet wurden)? Gibt es Hinweise auf entsprechende Berücksichtigung der Gewichte bei den statistischen Auswertungen? Gibt es Hinweise darauf, wie sich Gewichtung auf die Schätzgenauigkeit auswirkt?

4) Measurement/Messfehler

12. Wie wurde die Erhebung durchgeführt? Angaben zum Erhebungsmodus und Hinweise auf Moduseffekte

13. Sind die Fragen selbst „gut"? Verschiedene Aspekte der Fragebogenkonstruktion werden hier angesprochen und mit der Forderung unterstrichen, den genauen Wortlaut von Fragen und Antworten sowie die Reihenfolge zu veröffentlichen. Ergänzt wird das durch die Nennung des Auftraggebers, des Erhebungsinstitutes und der Länge des Fragebogens.

14. Gibt es Maßnahmen zur Untersuchung der Datenqualität/der Angaben der Respondenten und wie wird z.B. mit „professionellen Respondenten" umgegangen? Das betrifft z.B. Untersuchungen zu und Umgang bei Satisfycing der Respondenten aber auch Angaben zur Dauer der Feldzeit, den Einsatz von Incentives und die Reputation des Erhebungsinstituts.

5) Other factors/weitere Aspekte

14. Gibt es Angaben zur Feldzeit? Wie lange war die Feldzeit? Generell seien Responseraten und Ergebnisse besser („a more representative sample"), je länger die Feldzeit sei, da sich früh von spät Teilnehmenden unterscheiden könnten und bei längerer Feldzeit auch mehr Maßnahmen zur Steigerung der Teilnahme unternommen werden könnten. Dabei wird auch berücksichtigt, dass es in der Natur der Sache liege, dass bestimmte Fragestellungen nur sehr kurze Feldzeiten bedingten.

16. Wurden Incentives eingesetzt, um Teilnahme und Kooperation zu steigern? Verbunden ist diese Frage mit dem Hinweis, dass sowohl der Umstand, dass es Incentives gab las auch, dass es keine Incentives gab, Ergebnisse beeinflussen kann, dadurch dass unterschiedliche Gruppen mehr oder weniger zur Teilnahme motiviert wurden.

17. Stellt das Erhebungsinstitut vollständig, ausführlich und nachvollziehbar seine Bemühungen dar, eine Erhebung durchgeführt zu haben? Sind Vorgehensweisen transparent und methodische auf aktuellem Stand? Kann das Erhebungsinstitut eine Reihe von ähnlichen oder anderen erfolgreich durchgeführten Projekten oder Erhebungen vorweisen? Hat das Erhebungsinstitut bewährte Strategien zur Qualitätssicherung?

Qualitätsstandards in der Amtlichen Statistik

Auch wenn die Amtliche Statistik anderen Anforderungen und rechtlichen Rahmenbedingungen ausgesetzt ist, gilt für sie zunächst auch, dass „statistische Ergebnisse [...] in kaum einem Fall für sich selbst [sprechen]. Um sachgerecht mit den Ergebnissen von statistischen Erhebungen umgehen zu können, benötigen die Nutzer in der Regel eine Reihe weiterer Informationen" (Körner und Schmidt 2006, S. 109). Daher hat sich auch die Amtliche Statistik einen Rahmen gegeben, um belastbare und auch vergleichbare Ergebnisse zu schaffen. Auf Europäischer Ebene hat dies Ausdruck gefunden im „Verhaltenskodex für Europäische Statistiken" (Statistisches Bundesamt 2012). Dieser enthält allerdings weniger operationale Handlungsempfehlungen, betont aber u.a. die Wichtigkeit der Genauigkeit und Zuverlässigkeit (Grundsatz 12) und auch der Kohärenz und Vergleichbarkeit (Grundsatz 14). Im Zuge der Verpflichtung auf diesen Verhaltenskodex des Europäischen Statistischen Systems (ESS) hat in Deutschland die Amtliche Statistik von Bund und Ländern (Statistische Ämter von Bund und Ländern 2006, S. 13ff.) mit der Form der „Qualitätsberichte" (Körner und Schmidt 2006) dieses Instrument umgesetzt, das Nutzern von Produkten der Amtlichen Statistik Informationen über diese Produkte in standardisierter Form bereitstellt. Ausführlicher beschrieben ist der Standard zur Umsetzung der Qualitätsberichte in den nationalen Statistikämtern in Eurostat (2009).

Im Folgenden wird exemplarisch der Qualitätsbericht zum Mikrozensus beschrieben.

Qualitätsbericht Mikrozensus

Die Berichterstattung über den Mikrozensus erfasst u.a. folgende Punkte:

- Allgemeine Angaben zur Statistik
  - Angaben zu Grundgesamtheit, Erhebungs- und Darstellungseinheiten, Räumliche Abdeckung, Berichtszeitraum/-zeitpunkt, Periodizität, Rechtsgrundlagen der Erhebung, Maßnahmen zur statistischen Geheimhaltung und Qualitätsmanagement
- Inhalte und Nutzerbedarf
  - Inhaltliche Schwerpunkte der Erhebung, verwendete Klassifikationssysteme, verwendete statistische Konzepte und Definitionen,
- Methodik
  - Beschreibung der Methodik: Konzept der Datengewinnung (Stichprobendesign) und Durchführung der Erhebung (u.a. Modus), Hinweise zur Datenaufbereitung (auch Hochrechnung und Saisonbereinigung), Hinweise zum Aufwand für befragte Personen
- Genauigkeit und Zuverlässigkeit
  - Stichproben- und nicht-stichprobenbedingte Fehler (Hinweise zu Sampling Error, Coverage und Nonresponse Error)
- Vergleichbarkeit
  - Hinweise zur räumlichen und zeitlichen Vergleichbarkeit mit früheren Erhebungen
- Kohärenz
  - Hinweise zur Vergleichbarkeit mit anderen Erhebungen der Amtlichen Statistik
- Verbreitung und Kommunikation

In ähnlicher Weise findet sich die Beschreibung dieser Struktur einer Dokumentation von Erhebungen (und „Statistiken" in weiterem Sinne) in vielen nationalen Statistischen Ämtern wieder, z.B. bei Statistics Finland (2014, S. 114ff.), dem Office for National Statistics (2007, Abschnitt A 3, Tabelle A 1) oder auch außerhalb des Europäischen Statistischen Systems (ESS), z.B. Statistics Canada (2009, S. 87ff.) oder in den USA (OMB 2006, S. 26ff. oder auch von der US-Zensusbehörde 2013, S. 133ff.).

Auch supranationale Organisationen, die entsprechende Erhebungen durchführen oder veröffentlichen, haben entsprechende Empfehlungen veröffentlicht. Ein besonders frühes (aber trotz prominenter Autorenschaft – W.E. Deming, P.C. Mahalanobis, F. Yates, R.A. Fisher – wenig beachtetes) Beispiel ist die vom Statistischen Büro der UN bereits 1950 (!)veröffentlichten Empfehlung „Preparation of Sampling Survey Resports". Dieser Empfehlung folgte 1964 eine weitere Ergänzung.

Diese Empfehlungen stammen aus der frühen Zeit der Zufallsstichproben, in der weniger die transparente Darstellung zum Zwecke der Bewertung der Aussagekraft und Güte einer Erhebung und ihrer Ergebnisse im Zentrum des Interesses an solchen Berichten stand, sondern mehr der Austausch um Erfahrungen bei der Durchführung von (echten) Zufallsstichproben zur Deckung eines Datenbedarfs, der bis dahin entweder durch vollständige Zensen oder Nichtzufallsstichproben gedeckt wurde. Während Zweck der Dokumentation sich geändert hat (Austausch von Erfahrungen, Möglichkeit zur Nachahmung), hat sich am Nutzen einer solchen Dokumentation überhaupt nichts geändert. Tatsächlich ist diese Aufstellung über zu berichtende Informationen einer Erhebung die früheste und gleichzeitig die detaillierteste.

Empfehlungen der UN Statistical Division (1950, 1964)

Der Grund für die UN Statistical Divison zur Veröffentlichung entsprechender Empfehlungen über den Inhalt von Berichten über Befragungen lag darin, „that [...] it would becom increasingly possible to improve samplig practices in many important respects. [...] the wide circulation of reports [...] will foster international exchange of experience, and will suggest the use of sampling in various undertakings now beeing carried out by complete counts or by non-random partial surveys" (UNSD 1950, S. 1).

Eine „allgemeine Beschreibung" sollte demnach enthalten:

- den Grund für die Erhebung; Beschreibung des Nutzens der Ergebnisse der Erhebung
- eine genaue Beschreibung der Grundgesamtheit; jedes Missverständnis soll hier vermieden werden
- „nature of the information collected" (und zwar „in considerable detail"): Fragebogen, genauer Fragewortlaut, Fragereihenfolge, Hilfctexte und Inst-

ruktionen, alle zusätzlichen verwendeten Materialien; umfasst auch Informationen zum Erhebungsmodus

- Angaben zum Stichprobenverfahren, Größe der Stichprobe, Anteil der Stichprobe an der Grundgesamtheit, Anzahl Kontaktversuche
- Beschreibung des Typs der Befragung (einmaliger Querschnitt, wiederholter Querschnitt, Panel, Ad-hoc-Befragung, Mehrthemenbefragung oder Befragung zu speziellem Thema/zu speziellem Zweck/einer speziellen Gruppe)
- Angabe zur Feldzeit, Beginn und Dauer
- Angaben zur Genauigkeit der Ergebnisse; Präzision/Unsicherheit (dabei auch genaue Beschreibung, wie genau diese Angaben zustande kommen)
- Angaben zu Kosten der Vorarbeite, der Feldarbeit, Auswertung
- Bewertung, ob und inwieweit die Erhebung den erwarteten Nutzen erbracht hat
- Namen von Auftraggeber und Erhebungsinstitut
- Angaben zu Maßnahmen zur Erhöhung der Teilnahmebereitschaft

Danach folgen weitere Empfehlungen zu weiteren Angaben, u.a.

- Angaben zur Auswahlgrundlage: z.B. genaue geographische Grenzen, Angaben zu Aktualität und Quelle der Auswahlgrundlage; ggf. Angaben wie eine solche Auswahlgrundlage ad hoc erstellt wurde (z.B. Beschreibung eines Random-Route-Verfahrens)
- Angaben zu den Erhebungseinheiten, ggf. auf allen Stufen der Stichprobenbeziehung, z.B. Anzahl der Cluster und Clustergrößen, Anzahl der Schichten
- Angaben zur „Domain of Study": Angabe des kleinsten Teils der Grundgesamtheit, über den mit angebbarer Genauigkeit (Präzision/Unsicherheit) Aussagen getroffen werden können/sollen
- Angaben zur Zusammensetzung verschiedener Stichproben („Composite Sampling Schemes"), z.B. Größenverhältnis der beiden Stichproben zueinander
- Angaben zum Auswahlverfahren und Gründe, für Abweichungen von einer Zufallsauswahl
- Angaben zur Anzahl eingesetzter Interviewer, Interviewerschulungen, Angaben zu Methoden der Supervision und der Datenprüfung
- Angaben zur besonderen Aufbereitungs- und Auswertungsverfahren (z.B. Gewichtungs- oder Imputationsverfahren, spezielle Auswertungsverfahren)

- Angaben zu weiteren Auswertungen, die nicht veröffentlicht wurden
- weitere Angaben, die nicht unmittelbar von Interesse für das Verständnis des Berichts sind, aber die Dritten ermöglicht, eigene Auswertungen anzustellen
- Angaben und Diskussion zu anderen nicht-stichprobenbedingten Fehlern: Angaben und Hinweise auf Coverage-Fehler, Nonresponse-Fehler; ggf. Methoden und Ergebnisse der Prüfung auf diese Fehler
- Angaben zum Vergleich und ggf. der Unterschiede zu anderen Informationsquellen
- Angaben, die eine Abschätzung der Effizienz (i.S. von Kosteneinsatz und Nutzen/Genauigkeit der Ergebnisse) erlauben

(Die Ergänzung und Aktualisierung von 1964 umfasst im Wesentlichen dieselben Empfehlungen, ergänzt um mehr Begriffsklärungen v.a. bei Stichprobenarten und -verfahren). Die Empfehlungen ordnen verschiedene Angaben nicht immer nachvollziehbar verschiedenen Punkten dieser Aufzählung zu, trotzdem bleibt diese Empfehlung der UN eine der frühesten und detailreichsten Aufzählungen von notwendigen Informationen, um Qualität und Güte einer Erhebung nachvollziehen und einschätzen zu können.

GESIS-Leitfaden zur Erstellung von Methodenberichten für die Archivierung von Forschungsdaten

Nicht nur für Auftraggeber und Rezipienten von Ergebnissen einer Erhebung sind Methodenberichte notwendig. Insbesondere auch bei einer Zweitnutzung durch weitere Datennutzer sind ausführliche Informationen zum ursprünglichen Design und zur Durchführung der Erhebung notwendig, um einerseits – ggf. nach Jahren der Erstnutzung – unabhängig die Eignung und Qualität einer Erhebung für eine Zweitnutzung (vor einem anderen Hintergrund als ursprünglich vorgesehen oder vorhersehbar) einschätzen zu können, und andererseits, um alle relevante Information z.B. über ein bei der Auswertung zu berücksichtigendes Stichprobendesign, Gewichtung usw. auch tatsächlich berücksichtigen zu können.

Eine „Chekliste" für einen „Methodenbericht", der als „Studienbericht" zusammen mit den Forschungsdaten im Datenarchiv archiviert wird (und ggf. Dritten dann auch standardisiert zugänglich gemacht wird), bietet Watteler (2010):

- Verweis auf Datenarchivnummer
- Forschungsziel
- Name des Projektes
- Angaben zu Verantwortlichen für Vorbereitung und Konzeption (Primärforscher, wissenschaftliche Beiräte und ihre Institution)
- Erhebungsinstitut
- Studiendesign (evtl. ungenauer Begriff, da hiermit z.b. nicht das „Erhebungsdesign" gemeint ist, sondern die Beschreibung, wie das Forschungsziel erreicht werden soll; dabei ist z.b. die eigentliche Erhebung nur ein Teil dieser Umsetzung)
- Angaben zum Sampling oder zur Stichprobenanlage umfassen die „Spezifikation" des Stichprobenverfahrens
- Angaben zur Grundgesamtheit (ungenaue bzw. mehrdeutige Verwendung der Begriffe: hierunter fasst die Empfehlung auch Angaben zur Auswahlgrundlage und die Beschreibung der eigentlichen Zielpopulation)
- die genaue Beschreibung der „Auswahl" oder „Stichprobenrealisierung"
- Angaben zu evtl. Korrekturen an der Stichprobe (z.b. wenn Adressen oder Telefonnummern nachgezogen wurden)
- Angaben zur Gewichtung: Angaben zu Gewichtungsmerkmalen (die im eigentlichen Archivdatensatz enthalten sind)
- Angaben zu Pretests: Modus und weitere Bedingungen, unter denen Tests des Fragebogens und der Feldprozeduren durchgeführt wurden; Besonderheiten während der Tests (z.b. Anwesenheit Dritter) und Ergebnisse der Tests, die zu Korrekturen am Instrument oder den Prozeduren führten
- Zeitpunkt der Erhebung
- Erhebungsmodus
- Besonderheiten bei der Interviewsituation (z.b. die Möglichkeit der Anwesenheit Dritter)
- Angaben zu eingesetzten Interviewern: z.b. Hinweise auf besondere Schulungen und Trainings, gemeint ist vermutlich auch die Anzahl der eingesetzten Interviewer
- Angaben zu einer Responserate (hier „Ausschöpfung" oder „Rücklauf" genannt): Das umfasst auch Angaben zur Brutto- und Nettostichpro-

bengröße und zur Art der Ausfälle. Die Darstellung der Ausfälle und die Berechnung einer „Ausschöpfungsquote" (S.~5)

- Angaben zur „Datenerfassung", z.b. Korrekturen am Datensatz, Einsatz bestimmter Standards bei der Vercodung von z.b. Berufen oder Bildungsabschlüssen
- Angaben zur Qualitätskontrolle und Datenprüfung (ungenau formuliert: „Kontrolle der Reliabilität, Validität, Repräsentativität"; darunter fallen z.b. Vergleiche mit der Grundgesamtheit, Angaben zur Schätzgenauigkeit („Berechnung von Konfidenzintervallen"), Angaben zum Umgang mit fehlenden Werten z.b. durch Imputation oder anderweitige Schätzung (hier aber als „Maßnahme der Qualitätskontrolle")
- Angaben zur Anonymisierung, die besonders bei einer Speicherung und/ oder Verfügbarmachung über ein Datenarchiv notwendig sind und dann evtl. das Analysepotential einschränken können
- Verweise auf Publikationen, die auf Daten dieser Erhebung basieren
- Beschreibung der Datei (Dateiformat(e), Anzahl Beobachtungen, Anzahl Variablen)

Tabelle A2   Tabelle für die Berechnung und Darstellung einer „Ausschöpfung"

		Befragte	
		Anzahl	in %
	Ursprüngliche Bruttostichprobe		
+	Ersatz für stichprobenneutrale Ausfälle		
=	Bruttostichprobe		
-	stichprobenneutrale (qualitätsneutrale) Ausfälle		
=	bereinigter Stichprobenansatz		
-	systematische Ausfälle		
=	auswertbare Interviews (Nettostichprobe)		

Insgesamt erscheint diese Checkliste v.a. im Vergleich zu den anderen Empfehlungen und Vorgaben zu unvollständig[21] (und verwendete Begriffe zu

---

21 Tatsächlich enthält das den Empfehlungen beigefügte Beispiel der Studienbeschreibung des Allbus 2008 auch andere, weitere wichtige Punkte als die dort vorgestellte Checkliste selbst bzw. verwendet gar nicht alle Punkte der Checkliste. In der Aufzählung hier sind diese Punkte mit in die „Checkliste" aufgenommen.

ungenau und missverständlich), um sich – ggf. nach Jahren der Erstnutzung – ein vollständiges Bild des Designs und der Durchführung einer Erhebung machen zu können. Diese Übersicht eignet sich aber, um in einem Datenarchiv sehr standardisiert Überblick über Datenbestände zu erhalten. Ziel sollte aber auch hier sein, zusammen mit den zu archivierenden Daten auch den ursprünglichen ausführlicheren Methodenbericht des Erhebungsinstitutes zugänglich zu machen.[22]

A2   Literatur

American Association for Public Opinion Research (AAPOR) (ohne Jahresangabe). Questions to ask when writing about Polls. Oakbrook Terrace: AAPOR. http://www.aapor.org/AAPORKentico/Education-Resources/For-Media/Questions-to-Ask-When-Writing-About-Polls.aspx (letzter Zugriff: 21.03.2018)

American Association for Public Opinion Research (AAPOR) (2015). The Code of Professional Ethics and Practices (Revised 11/30/2015). Oakbrook Terrace: AAPOR. http://www.aapor.org/Standards-Ethics/AAPOR-Code-of-Ethics/ (letzter Zugriff: 21.03.2018)

American Association for Public Opinion Research (AAPOR) (2016). AAPOR Report. Evaluating Survey Quality in Today's Complex Environment. Oakbrook Terrace: AAPOR. http://www.aapor.org/Education-Resources/Reports/Evaluating-Survey-Quality.aspx (letzter Zugriff: 21.03.2018)

---

22 Können oder sollen die Primärdaten nicht über ein Forschungsdatenzentrum oder einem Datenarchiv Dritten für eigene Analysen zugänglich sein, bietet die Sammlung und Archivierung von Methodenberichten auch ohne die eigentlichen Daten (ähnlich z.b. dem WSI-Tarifvertragsarchiv) über Datenarchive einen gewissen Reiz. So würden zumindest Metadaten vieler Erhebungen erschlossen und zugänglich. So würden surveymethodische Entwicklungen dokumentiert und nachvollziehbar, z.B. auch die Entwicklung von dokumentierten Responseraten über die Zeit – bislang ein sehr aufwändiges meta-analytisches Unternehmen. Die Möglichkeit zur „Nachahmung" von erfolgreich eingesetzten Surveydesigns (wie im Sinne der Empfehlungen des UN Statistical Office (1950, 1964)) würde zudem die Kohärenz und Vergleichbarkeit von Ergebnissen verschiedener Erhebungen erhöhen.

American Statistical Association (ASA). Section on Survey Research Methods (Hrsg.) (1998). Judging the Quality of a Survey. ASA Series: What is a Survey? Alexandria: American Statistical Association.

Arbeitskreis Deutscher Markt- und Sozialforschungsinstitute e.V. ADM (Hrsg.) (1999). Standards zur Qualitätssicherung in der Markt- und Sozialforschung. Frankfurt: ADM.

Benstead, L. J. (ohne Jahresangabe). Six Questions Everyone should ask about Surveys and Polls. Portland: Portland State University. https://www.pdx.edu/hatfieldschool/sites/www.pdx.edu.hatfieldschool/files/Evaluating\%20Polling\%20Data\%20EL-2\%20LB\%20for\%20Ibtihel.pdf (letzter Zugriff 21.03.2018)

Council of American Survey Research Organizations CASRO (2014). Code of Standards and Ethics for Market, Opinion, and Social Research. Port Jefferson: CASRO. http://www.casro.org/?page=TheCASROCode2014 (letzter Zugriff: 21.03.2018)

Deutsche Forschungsgemeinschaft DFG (2013). Vorschläge zur Sicherung guter wissenschaftlicher Praxis. Denkschrift. Empfehlungen der Kommission „Selbstkontrolle in der Wissenschaft". Weinheim: Wiley-VCH. Online verfügbar unter http://www.dfg.de/sites/flipbook/gwp/ (letzter Zugriff: 21.03.2018)

Deutscher Presserat (2015): Publizistische Grundsätze (Pressekodex). Richtlinien für die publizistische Arbeit nach den Empfehlungen des Deutschen Presserats. Beschwerdeordnung. Berlin: Deutscher Presserat.

DIN Deutsches Institut für Normung e.V. (2006). Markt-, Meinungs- und Sozialforschung – Begriffe und Dienstleistungsanforderungen (ISO 20252:2006). Berlin: DIN e.V.

ESOMAR und WAPOR (2014). ESOMAR/WAPOR Guideline on Opinion Polls and Published Surveys. Amsterdam: ESOMAR.

Eurostat (2009). ESS Standard for Quality Reports. 2009 edition. Luxembourg: Office for Official Publications of the European Communities.

Gawiser, S. R. & Witt, G. E. (2006). 20 Questions a Journalist should ask about Poll Results. Washington: National Council on Public Polls. http://www.ncpp.org/?q=node/4 (letzter Zugriff: 21.03.2018)

Hochschulrektorenkonferenz (2013). Gute wissenschaftliche Praxis an deutschen Hochschulen. Empfehlung der 14. Mitgliederversammlung der HRK am 14. Mai 2013 in Nürnberg. Bonn: Hochschulrektorenkonferenz.

ICC und ESOMAR (2008). ICC/ESOMAR International Code on Market and Social Research. Amsterdam: ESOMAR.

Italian National Institute of Statistics - Istat (2012). Quality Guidelines for Statistical Processes. Rom: ISTAT.

Körner, T. & Schmidt, J. (2006). Qualitätsberichte – ein neues Informationsangebot über Methoden, Definitionen und Datenqualität der Bundesstatistiken. *Wirtschaft und Statistik 2*, 109–117.

National Council on Public Polls NCPP (2006). Principles of Disclosure (Revised 2006). Washington: National Council on Public Polls. http://www.ncpp.org/?q=node/19 (letzter Zugriff: 21.03.2018)

OECD (2007). Data and Metadata Reporting and Presentation Handbook. Paris: OECD.

OECD Statistics Directorate (2012). Quality Framework and Guidelines for OECD Statistical Activities. Paris: OECD.

Office for Management and Budget OMB (2006). Standards and Guidelines for Statistical Surveys. Washington: OMB, The White House.

Office for National Statistics (2006). Guidelines for Measuring Statistical Quality. London: ONS.

UK Statistics Authority (2009). Code of Practice for Official Statistics. London: UK Statistics Authority.

Statistics Canada (2009). Statistics Canada Quality Guidelines (Fifth Edition 2009). Ottawa: Statistics Canada.

Statistics Netherlands (2014). Quality Guidelines 2014. Statistics Netherlands' Quality Assurance Framework at Process Level. The Hague: Statistics Netherlands.

Statistical Office of the United Nations (1950). The Preparation of Sampling Survey Reports. *Statistical Papers Series C No 1*. New York: Statistical Office of the United Nations.

Statistical Office of the United Nations (1964). Recommendations for the Preparations of Sample Survey Reports. (Provisional Issue). *Statistical Papers Series C No 1 Rev. 2*. New York: Statistical Office of the United Nations.

Statistische Ämter des Bundes und der Länder (Hrsg.) (2006). Die Qualitäts-standards der amtlichen Statistik. Wiesbaden: Statistisches Bundes-amt.

Statistisches Bundesamt (2012). Europäische Statistiken Verhaltenskodex. Wiesbaden: Statistisches Bundesamt.

Statistisches Bundesamt (2015). Mikrozensus 2015. Qualitätsbericht. Wies-baden: Statistisches Bundesamt.

Wasmer, M., Blohm, M., Walter, J., Scholz, E. & Jutz, R. (2014). Konzeption und Durchführung der „Allgemeinen Bevölkerungsumfrage der Sozi-alwissenschaften" (ALLBUS) 2012. *GESIS Technical Reports 2014-22.* Gesis: Mannheim.

Watteler, O. (2010). Erstellung von Methodenberichten für die Archivierung von Forschungsdaten. Gesis: Mannheim.

West, B. T., Sakshaug, J. W. & Aurelien, G. A. (2016). How Big of a Problem is Analytic Error in Secondary Analyses of Survey Data? *PLoS ONE 11* (6), 1–29.

World Association of Public Opinion Research WAPOR (2011). WAPOR Code of Ethics (Revised WAPOR Code of Ethics). Lincoln: WAPOR. http://wapor.org/wapor-code-of-ethics/ (letzter Zugriff: 21.03.2018)

Zabal, A., Martin, S., Massing, N., Ackermann, D., Helmschrott, S., Barkow, I., & Rammstedt, B. (2014). PIAAC Germany 2012. *Technical Report.* Münster: Waxmann.

Stichwortverzeichnis

© Springer Fachmedien Wiesbaden GmbH, ein Teil von Springer Nature 2019
S. Häder et al. (Hrsg.), *Telefonumfragen in Deutschland*, Schriftenreihe
der ASI – Arbeitsgemeinschaft Sozialwissenschaftlicher Institute,
https://doi.org/10.1007/978-3-658-23950-3

Die Autorinnen und Autoren dieses Bandes

Jennifer Allen, Robert Koch-Institut, Wissenschaftliche Mitarbeiterin Epidemiologisches Datenzentrum, Labor für Gesundheitsbefragungen, Studium der Soziologie an der Freien Universität Berlin; Arbeitsschwerpunkte: Umfrageforschung, Gesundheitsstudien, die europäische Gesundheitsbefragung (European Health Interview Survey - EHIS). E-Mail: AllenJ@rki.de.

Siegfried Gabler; Dr. sc., bis 2016 Teamleiter Statistik bei GESIS und Privatdozent an der Universität Mannheim; Forschungsschwerpunkt: Umfragestatistik, insbesondere Stichproben, Gewichtung, Design Effekte, Dual Frame Ansatz. Projekte: CELLA 1+2, Sampling Expert Panel im European Social Suvey, Zensus 2011, MiMoSe.

Tobias Gramlich, Diplom-Verwaltungswissenschaftler, Studium an der Universität Konstanz, von 2015 bis 2017 Projektmitarbeiter MiMoSe bei GESIS, seit Oktober 2017 Mitarbeiter im Statistischen Landesamt Hessen.

Michael Häder, Prof. Dr. sc. oec., Inhaber des Lehrstuhls für Methoden der Empirischen Sozialforschung am Institut für Soziologie der Technischen Universität Dresden. Forschungsgebiete: Delphi-Befragungen und Datenqualität bei telefonischen Surveys. E-Mail: michael.haeder@tu-dresden.de.

Sabine Häder, Dr. oec., Senior Statistician im Team Umfragestatistik bei GESIS, Forschung zu Stichproben insbesondere für Telefonumfragen und für international vergleichende Studien, Projekte: CELLA 1+2, Sampling Expert Panel im European Social Suvey, MiMoSe, Managing Editor von *methods, data, analyses.* E-Mail: sabine.haeder@gesis.org.

Hagen von Hermanni, Studium der Soziologie und Betriebswirtschaftslehre an der Universität Leipzig, von 2015 bis 2017 Projektmitarbeiter MiMoSe am Lehrstuhl für Methoden der empirischen Sozialforschung an der Technischen Universität Dresden, seit 2017 Mitarbeiter am Lehrstuhl für Theorie und Theoriegeschichte am Institut für Soziologie der Universität Leipzig. E-Mail: hagen.von_hermanni@uni-leipzig.de.

Martin Liebau, Senior Research Manager bei der USUMA GmbH – Markt- und Sozialforschungsinstitut, Forschung und Beratung, Arbeitsschwer-

© Springer Fachmedien Wiesbaden GmbH, ein Teil von Springer Nature 2019
S. Häder et al. (Hrsg.), *Telefonumfragen in Deutschland*, Schriftenreihe der ASI – Arbeitsgemeinschaft Sozialwissenschaftlicher Institute, https://doi.org/10.1007/978-3-658-23950-3

punkte: Datenerhebungen für sozialwissenschaftliche und marktwirtschaftliche Fragestellungen, Umfrage- und Methodenforschung, Netzwerkforschung. E-Mail: martin.liebau@usuma.com.

Johannes Lemcke, Robert Koch-Institut, Wissenschaftlicher Mitarbeiter Epidemiologisches Datenzentrum, Labor für Gesundheitsbefragungen, Studium der Soziologie und Psychologie an der Technischen Universität Dresden, Arbeitsschwerpunkte: Umfrage- und Methodenforschung, sozialwissenschaftliche Einstellungsforschung. E-Mail: LemckeJ@rki.de.

Robert Neumann, Dr. phil., wissenschaftlicher Mitarbeiter, Institut für Soziologie, Professur für Methoden der empirischen Sozialforschung, Technische Universität Dresden. Forschungsgebiete: Rational Choice Soziologie, Quantitative Makrosoziologie, Methoden empirischer Sozialforschung. E-Mail: robert.neumann@tu-dresden.de.

Luise Richter, Studium der Soziologie an der TU Dresden. Diplomarbeit zum Thema „Erreichbarkeit in telefonischen Befragungen". Mittlerweile in der Markt- und Meinungsforschung tätig. E-Mail: Luise.richter@gmail.com.

Matthias Sand, Dr. phil., Senior Statistician im Team Umfragestatistik bei GESIS, mit Forschungsschwerpunkt auf Stichprobendesigns und Gewichtungsverfahren bei komplexen Erhebungen. Ein besonderer Fokus der Arbeit liegt auf der Anwendung von Dual-Frame-Erhebungen sowie der Harmonisierung von Stichproben- und Gewichtungsverfahren der durch GESIS betreuten Umfrageprogramme. E-Mail: Matthias.Sand@gesis.org.

Patrick Schmich, Robert Koch-Institut, Wissenschaftlicher Mitarbeiter im RKI seit 2007, Leiter Labor für Gesundheitsbefragungen am RKI, Epidemiologisches Datenzentrum, Studium der Soziologie an der Freien Universität Berlin; Arbeitsschwerpunkte: Umfrage- und Methodenforschung, Organisation und Projektmanagement, Netzwerke, „Big Data", Panel und Kohortenstudien. E-Mail: SchmichP@rki.de.

Jürgen Schunter, Dr. phil., Geschäftsführender Gesellschafter der USUMA GmbH – Markt- und Sozialforschungsinstitut, Forschung und Beratung, Studium der Psychologie an der Freien Universität Berlin, Mitglied der Arbeitsgruppe „Response Rate" des ADM e.V., Arbeitsschwerpunkte: Datenerhebungen für sozialwissenschaftliche und markt- wirtschaftliche

Fragestellungen, Umfrage- und Methodenforschung, Systemtheorie, Mitarbeiterbindung. E-Mail: juergen.schunter@usuma.com.

Ronald Schurath, Dr. rer. nat., Leiter der Abteilung für Statistische Datenanalyse bei der USUMA GmbH – Markt- und Sozialforschungsinstitut, Forschung und Beratung, Studium der Mathematik an der Humboldt-Universität zu Berlin, Arbeitsschwerpunkte: Statistische Datenanalyse, Qualitätssicherung, Stichprobendesigns und Gewichtungsverfahren bei komplexen Erhebungen. E-Mail: ronald.schurath@usuma.com.

Rainer Schwarz, Gründer und Geschäftsführender Gesellschafter der USUMA GmbH – Markt- und Sozialforschungsinstitut, Forschung und Beratung, Studium der Mathematik an der Humboldt-Universität zu Berlin. E-Mail: rainer.schwarz@usuma.com.

Marike Varga, Robert Koch-Institut, Verwaltungsmitarbeiterin, Epidemiologisches Datenzentrum, Labor für Gesundheitsbefragungen, Studium der Soziologie und Strafrecht in Potsdam; Arbeitsschwerpunkte: Qualitätssicherung, Ausbildung und Schulung von Interviewern. E-Mail: VargaM@rki.de.

Matthias Wetzstein, Robert Koch-Institut, Wissenschaftlicher Mitarbeiter, Labor für Gesundheitsbefragungen Epidemiologisches Datenzentrum, Forschungsdatenzentrum, Studium der Soziologie an der Universität Heidelberg und Freien Universität Berlin; Arbeitsschwerpunkte: Umfrage- und Methodenforschung, Konzeption von Online-Befragungen, Altersforschung. E-Mail: WetzsteinM@rki.de.

Druck:
Canon Deutschland Business Services GmbH
im Auftrag der KNV-Gruppe
Ferdinand-Jühlke-Str. 7
99095 Erfurt